宗/教/与/生/态/丛/书

主　编　安乐哲 Mary Evelyn Tucker
执行主编　彭国翔



# 佛教与生态

Mary Evelyn Tucker、Duncan Ryuken Williams 编
何则阴、闫艳、覃江 译

凤凰出版传媒集团
江苏教育出版社
JIANGSU EDUCATION PUBLISHING HOUSE

图书在版编目(CIP)数据

佛教与生态 / 安乐哲等主编. —南京：江苏教育出版社，2008. 5
（世界宗教与生态丛书）
ISBN 978-7-5343-8620-6

Ⅰ. 佛… Ⅱ. 安… Ⅲ. 佛教—生态学—研究 Ⅳ. B948

中国版本图书馆 CIP 数据核字（2008）第 072708 号

| | |
|---|---|
| 书　　名 | 佛教与生态 |
| 主　　编 | 安乐哲　Mary Evelyn Tucker |
| 执行主编 | 彭国翔 |
| 责任编辑 | 李丰园　吉祖斌 |
| 装帧设计 | 张金风 |
| 出版发行 | 凤凰出版传媒集团 |
| | 江苏教育出版社(南京市马家街 31 号 210009) |
| 网　　址 | http://www.1088.com.cn |
| 集团网址 | 凤凰出版传媒网 http://www.ppm.cn |
| 经　　销 | 江苏省新华发行集团有限公司 |
| 照　　排 | 南京前锦排版服务有限公司 |
| 印　　刷 | 常熟市华通印刷有限公司 |
| 厂　　址 | 常熟市虞山高新技术产业园阳光大道 28 号(邮编 215557) |
| 电　　话 | 0512-52391383、52361778 |
| 开　　本 | 718×1000 毫米　1/16 |
| 印　　张 | 26.5 |
| 插　　页 | 1 |
| 字　　数 | 394 000 |
| 版　　次 | 2008 年 5 月第 1 版 |
| | 2008 年 5 月第 1 次印刷 |
| 书　　号 | ISBN 978-7-5343-8620-6 |
| 定　　价 | 29.00 元 |
| 邮购电话 | 025-85400774，8008289797 |
| 批发电话 | 025-83260767，83260768，83260760 |
| 盗版举报 | 025-83204538 |

# 前 言

彭国翔

如今,生态危机已经成为全世界各个国家和民族都要认真对待的重大问题。生态的恶化导致人类的毁灭,也不再是一个遥远的可能性,而已然成为悬在人类头上的一把利剑。所谓"解铃还需系铃人",既然人类是生态危机的制造者,也只有人类才能真正解决生态的问题。生态的问题,绝不仅仅是环境保护的问题,更涉及人的世界观和存在方式。因此,解决生态问题除了需要不断发展的科技条件之外,更需要价值与观念的资源。没有充分的价值与观念自觉,科技的发展对于生态只能是徒增其害而已。如果近代启蒙心态所导致的人类中心主义的世界观无法获得根本的扭转,人类的生存方式和相处之道不能由"客体的集合"(a collection of objects)转化为"主体的团聚"(a communion of subjects),那么,生态危机的问题就势必无法获得根本性的解决。值得庆幸的是,如何从世界各大精神性的传统中汲取解决全球生态危机的价值与观念资源,业已引起了世界范围内有识之士的充分关注。1996 至 1998 年之间,在众多基金会和有关研究机构的大力支持之下,哈佛大学世界宗教研究中心连续召开了"世界宗教与生态"系列研讨会。众多有代表性的专家学者分别从世界上各种精神性的传统出发,包括佛教、基督教、犹太教、伊斯兰教、儒家、道家道教、印度教以及各种本土的民间宗教,对生态问题进行了深入具体的探讨和回应。最终的成果,由哈佛大学出版社出版为"世界宗教与生态丛书"。

相对于英文世界中对于世界精神性传统与生态问题之间关系的重视,中文世界尤其中国大陆的相关学者虽然也已进行了若干不乏深度的反思,但多辗转攀缘于西方的种种论说。以掘井及泉的功夫深入中国自身的文化传统，从而培养、发展解决生态问题的智慧，相对于生态问题的严重性而言，似仍远远不够。尽管儒释道所谓“三教”魏晋以降已成中国文化的主流，但较为系统地自觉从儒释道三教中汲取生态问题的因应之道，似乎还是西方学者着了先鞭。这里选择翻译的《儒学与生态》、《佛教与生态》以及《道教与生态》，正是上述“世界宗教与生态丛书”中的三种。希望这三本书能够充分引起中文世界尤其是中国大陆学者的关注，成为激发我们进一步思考中国传统文化与生态问题的助缘。正如生态危机是所有人都无从闪避的问题一样，随着中国生态的严重恶化，无论在理论还是实践上，中国人更应当广泛和深入地参与到化解生态危机的探索之中。这不仅应当是中国政府的责任、中国大众的关怀，更应当是中国知识人思考的首要课题。

同样是由于认为儒释道三教传统与生态的问题更应当引起中国人自己的重视，在得悉笔者有组织翻译《儒学与生态》、《佛教与生态》以及《道教与生态》的想法时，也曾参与“世界宗教与生态”系列研讨会并为《道教与生态》和《儒学与生态》撰稿的安乐哲(Roger T. Ames)教授和杜维明教授立刻给予了充分的支持。安乐哲教授在2002—2003年担任北京大学客座教授时以及笔者2003—2004年在夏威夷大学担任客座教授时，还曾多次与笔者详细讨论了有关问题。由安乐哲和杜维明两位教授介绍，在整个“世界宗教与生态”系列研讨会和“世界宗教与生态丛书”中发挥了关键性作用并与白诗朗(John Berthrong)教授共同编辑了《儒学与生态》的玛丽·塔克尔教授，除了寄赠笔者原书之外，还帮助联系哈佛大学出版社，提供了免费的中文版权，充分体现了一位具有深厚精神性传统的学者对于全球生态问题的关怀。

西方学者能够不限于自身的精神传统而有《儒学与生态》、《佛教与生态》以及《道教与生态》的成果，我们也应当高瞻远瞩，不但可以从儒释道的角度来思考生态的问题，而且应当充分了解甚至进入世界上其他的精神传统。因此，除了这三本书的翻译之外，希望将来《基督教与生态》、《犹太教与生态》、《伊斯兰教与生态》、《印度教与生态》以及《本土的民间宗教与生态》也能进入中文世界，从而使世界各种伟大的精神传统能够和中国传统文化的儒释道三教一起，成为中国人进一步思考生态与人类生存问题的宝贵资源。

2005年4月于清华园新斋

# 致谢

“世界宗教与生态”系列研讨会将于1996至1998年间举行，在詹妮·博斯奇（Janey Bosch）、内奥米·威尔希尔（Naomi Wilshire）与利利·莱基奥（Lilli Leggio）的协助之下，由哈佛大学世界宗教研究中心的唐·孔克（Don Kunkel）与玛尔歌泽塔·R-赫德尔里克（Malgorzata Radziszewska-Hedderick）督导进行。另外，也在此中心任职的纳奇斯·莫希里（Narges Moshiri），在促进前两次研讨会的进行之中起到了不可或缺的重要作用。中心将出版系列丛书，以对研讨会中所探讨的论题展开进一步的讨论。丛书在埃里克·埃兹塔姆（Eric Edstam）熟练有效的协助之下，在凯思琳·道奇森（Kathryn Dodgson）的编辑指导之下，将由哈佛大学出版社负责流通发行。

这些成就的取得，还得归功于V.凯·拉斯穆森基金会（V. Kann Rasmussen Foundation）的慷慨解囊，因为该基金会承担了主要经费。研讨会的筹办者们对下列机构与个人也深表感谢！它们是：日本神道教神社协会（Association of Shinto Shrines），内森·卡明斯基金会（Nathan Cummings Foundation），哥伦比亚大学达拉姆·兴都喇印度研究中心（Dharam Hinduja Indic Research Center），哈佛大学佛教研究论坛（Harvard Buddhist Studies Forum），哈佛神学院公众生活价值研究中心（Harvard Divinity School Center for the Study of Values in Public Life），北美耆那教学术基金会（Jain Academic Foundation of North America），劳伦斯·洛克菲勒（Laurance Rockefeller），Sacharuna 基金会（Sacharuna Foundation），以及为迎接环境挑战的神学教育机构（Theological

Education)。召开研讨会之最初的可能由美国慈善协会(the Humane Society of the United States)敬重生命与环保中心(the Center for Respect of Life and Environment)促成,至今它仍然是一个主要的共同主办单位。巴克内尔大学(Bucknell University)也是一共办单位,它以安排斯蒂芬妮·斯奈德(Stephanie Snyder)承担不可估量的管理工作为援助,也以准许玛丽·伊芙琳·塔克尔(Mary Evelyn Tucker)与约翰·格里姆(John Grim)从教学中抽身出来专门担任会议协调者工作的方式提供帮助。斯蒂芬妮·斯奈德在关键细节上极富见地,并发人深思,能力非凡。巴克内尔大学校长威廉·亚当斯(William Adams)与负责学术管理的副校长丹尼尔·利特尔(Daniel Little)批准支付了赴会师生的差旅费。此外,深深感谢那些来自一些重要领域的专家,感谢他们在策划每次研讨会的筹办与每本文集的编辑出版时所提出的有益建议!他们在时间上所提供的充分保障与其卓越才能所提供的帮助,在完成此项目过程之中的每一步都显示出了不可或缺的重要作用!最后,感谢马丁·S. 凯普兰(Martin S. Kaplan)自始至终在此项目中所提供的无价支持、建议与鼓励!

(何则阴　译)

# 目　录

# 导　言

邓肯·R.威廉斯
(Duncan Ryūken Williams)

过去的几十年中，亚洲和西方的佛教行者在环保方面始终不懈地进行着多种多样的努力。最近在日本，一位佛教长老领导了一次活动，旨在拯救东京一处古老的城市森林不至于被砍伐来建造公寓大楼。长老在小树丛旁竖起一个大幅标牌，郑重声明树木具有“佛性”(Buddha-nature)。类似的从佛教角度出发来进行保护森林实践的运动也在泰国出现，许多富有环保思想的僧侣在森林中有选择地将树木“收授”(ordained)为三宝弟子。传统上，泰国佛教的沙弥(novice)受戒仪式是以剃掉须发和接受橘红袈裟为标志。泰国和尚也沿用此方式，将橘红的布条缠绕在树上，为雨林中的树木象征性地“授皈依”，好让它们成为佛教僧团成员。这种极其独特的方法或策略确实保护了泰国大片土地之上的森林免于遭受伐木破坏。这类为了保护环境而颇具创意地采用佛教观念与实践方式的做法，自20世纪60年代早期就已在泰国的三大领域，即学术界、佛教界与环保界开始了。

在学术界，来自诸多学科领域的学者们，对关于自然、生态伦理以及佛教徒为了环保事业所采取的行动等方面所揭示的佛教观点进行了评价。虽然佛学家们还都集中于研究佛经和其他文本材料，以及个别佛教思想家的自然观，但环境哲学家们(environmental philosophers)已转向佛教，将佛教视为构建一种新生态伦理学(a new ecological ethics)的概念来源。同时，人类学和社会学领域的学者们，已经研究了当代的一些佛教运动，以及一些一直积极参与并从事环保运动的“入世佛教徒”(engaged Buddhists)个人。

要提到的第二类人是亚洲和西方佛教团体中的出家弟子与居士,他们一直都在通过演讲、著书立说和组织各种活动来阐明环境危机问题,这就使得佛教在这方面起到了更加积极的作用。许多著名的佛教领袖,如佛使比丘(Buddhadāsa Bhikkhu)和一行禅师(Thich Nhat Hanh)都已认识到,如果佛教要继续与其团体的大多数成员保持紧密联系的话,就需要关注诸如生态之类的当代问题。机构组织方面,如"国际入世佛教徒联合网"(the International Network of Engaged Buddhists)、"佛教和平友谊会"(the Buddhist Peace Fellowship)、"佛教保护动物协会"(Buddhists Concerned for Animals)等组织,都是传达佛教关注生态与和平问题的独特立场的媒介机构。此外,当地的寺庙与居士,在宣传环境知识、环保能动性及环境保护方面所取得的成就亦是很显著的。在日本,当地的寺庙僧侣虽然没有机构性组织为其后盾,但他们在保护姬路(Himeiji)地区的水生生命,抗议日本西部核能扩张、核废料处置,以及保护东京地区少数濒危原始树林的活动中也起到了关键作用。或许更值得一提的就是亚洲与西方佛教居士中的一些领衔人物,如苏雷克·西瓦拉科萨(Sulak Sivaraksa)、Yanase Giryō、加里·斯奈德(Gary Snyder)和乔安娜·梅西(Joanna Macy),他们基于佛教视野的著述与能动主义的精神,为唤醒人们的生态意识作出了重大贡献。

最后,众多的环保主义者,已经发现一些佛教教义对环保而言都是极其有益的,如佛性、禅坐等佛教修行方式。许多环境主义者都非常熟悉深层生态学(Deep Ecology)运动,其兴盛的部分原因是佛教的激发与影响,深层生态学信奉"非人类中心主义的世界观"(a nonanthropocentric worldview)。此外,许多环保主义者都很熟悉一种名为"众生会"(Council of All Beings)的法会,它是一种让一个人设身处地设想自己处于另一物种之生存处境的佛教仪式,该仪式由佛教徒乔安娜·梅西和约翰·塞德(John Seed)设计。那些被佛教所深深吸引而又还不是正式佛教徒的环保积极分子们,或许可以被称为托马斯·特威德(Thomas Tweed)所谓的"佛教同情者"(Buddhist sympathizers),他们或者是处于"信徒与非信徒"(adherents and nonadherents)之间的人群。虽然佛教的确受到了环保运动的影响,但是这些新近事例也揭示了佛教将其世界观与修行方式渗透到环保团体之中的方法。

此论文集基于“哈佛大学世界宗教研究中心”(Harvard University Center for the Study of World Religions)为期三天的研讨会成果编辑而成，应邀参加此次会议的有佛教学者和积极从事环保事业的“入世佛教徒”。虽然本论文集同时反映了此两大群体共同的努力成就，但其重要性在于，它首先是一本学术论著。在此领域中，之前的出版物大都是由佛教徒(practitioner)或环保主义者写成。值得一提的两部学术性著作是，兰伯特·斯密特豪森(Lambert Schmithausen)所著的《佛教与自然》(*Buddhism and Nature*)和由J. 贝尔德·克里考特(J. Baird Callicott)与安乐哲编辑的论文集《亚洲传统思想中的自然》(*Nature in Asian Traditions of Thought*)。但他们对待佛教传统范畴的方式以及眼界都存有局限性。本册文集，虽然在本质上是学术性的，但旨在针对大学本科生与研究生，以及那些对佛教教义有一些基本了解并受过教育的普通大众。因此，本书还不能说是对佛教与生态这个议题进行了详尽论述，只能是为鼓励此方面的深入研究开了一个好头。

此册书以刘易斯·兰卡斯特(Lewis Lancaster)的文章作为开篇，重点概述了佛教与生态领域的一些关键议题，以及此研究领域所固有的一些复杂情形。其中之一就是要将佛教传统思想作为一个整体进行一般性的归纳研究。兰卡斯特提醒我们，既要意识到佛教在不同文化与地域方面所呈现的多样化现象，也要留意到处于特殊历史背景条件之下的佛教教义与修行方式的具体特征。此外，一些诸如利用过去的方法来说明当代问题的方法论在某些方面也是有问题的。虽然认识到了这些具体困难，但本文集的指导思想旨在表明，当涉及当今具体情况时，传统也一直在发生着自我调整式的变化。此外，本文集接纳这么一个预设前提，即在很大程度上，人们的自然观都受到宗教世界观或文化世界观的影响。因此，从历史学的角度深入探讨这些观点，不仅是要阐明过去更是要解释现在，这是非常重要的一点。这个问题可以表述为，传统思想与现代情境的“共存”(coexistence)现象，或者说是古为今用。虽然这可能是一种很别扭的共存，但是想一想佛教传统适应特定的时代、地点和情形的具体方式，就知道这在历史上也不是没有先例的。

文集的前五部分，以文化的、专题的与宗派的方法对佛教进行了一般性研究，同时也特别对佛教与生态问题进行了具体研讨。本文集所分析的文化区域主要包括东南亚、东亚和北美地区，有一些从泰国、日本和美国寻找到的具体个案。第一部分是关于泰国的论文。唐纳德·斯威勒（Donald Swearer）的文章，其内容是关于小乘佛教领域内的两大核心人物——佛使（Buddhadāsa）尊者与法藏长老（Dhammapiṭaka），他们是塑造当今泰国佛教界生态理论与实践讨论之突出特征的领军人物。莱斯利·施蓬泽尔（Leslie Sponsel）和波拉妮·纳塔德查-施蓬泽尔（Poranee Natadecha-Sponsel）合著的人类学论文，通过对泰国佛教寺院团体如何参与到促进环境意识之觉知与环保运动的活动之中的人类学调查，而成为对斯威勒之文有益的补充。

接下来，第二部分的三篇文章，集中讨论了一些特定的日本佛教思想家的自然观，以此作为讨论日本传统思想在环境世界观和环境伦理观方面所能提供的启示之开端。保罗·O. 英格拉姆（Paul O. Ingram）讨论了中世纪日本佛教真言宗僧人空海（Kūkai）以及他的类似曼荼罗（maṇḍala）的“互为缘起”（interconnectedness）的世界观，英格拉姆称之为“如饰宝珠的因陀罗网”（jeweled net of nature）理论。格雷厄姆·帕克斯（Graham Parkes）也从空海关于“此世存在（being）彰显着佛性”之教义作为开篇，进一步讨论中世纪的道元（Dōgen）禅师及与之相似的“非人类中心主义”（nonanthropocentric）的与肯定自然价值的世界观。“自然的”万物，包括肺结核与有毒废料，都要给予毫无分别的肯定，帕克斯对这一观点，进行了一种哲学与实践的质疑与反思以作为结尾。史蒂夫·奥丁（Steve Odin）用丰富的材料来突出证明，在一个特定的日本人自然观中所具有的审美与救赎概念，他将这一视角与奥尔多·利奥波德（Aldo Leopold）的环境伦理学（environmental ethics）以及保护主义美学（conservation aesthetics）联系起来，并提出了一种他称为关于“东—西方自然的盖娅理论”（East-West Gaia theory of nature）。

本论文集讨论的地理与文化方面的第三个区域是美国。虽然美国的历史相当短，但在佛教生态学（Buddhist ecology）的形成与环境友好型（environmentally friendly）寺院的修建方面，美国佛教起到了重要作用。

戴维·巴恩希尔(David Barnhill)分析了身为佛教诗人与环保主义活动家的加里·斯奈德的作品,指出斯奈德是西方人中最早认识到佛教与生态领域这二者之间具有极其丰富的界面沟通(interface)潜能的人。斯奈德特别清晰地阐释了一种受到佛教激发而形成的"生命区域主义"(Bioregionalism)理论,与一种佛教式的深层生态学理论。巴恩希尔认为,斯奈德的"旷野"(wildness)概念以及他的"萨满/神话"(shamanic/mythological)倾向,来源于他对太平洋西北地区迷人风光的深情厚爱,也来源于他与美国原住民之"部族团体"(community)和土地观念的共鸣。斯蒂芬妮·卡扎(Stephanie Kaza)在论文中,集中探讨了加利福尼亚州北部的两处可持续发展的环保型田园社团,它们是:绿峡谷农场(Green Gulch Farm)——一处禅宗修行中心,灵岩(Spirit Rock)中心——一处"内观"(vipassanā)[①]禅修中心。卡扎采用了加里·斯奈德关于土地的"再次栖居"(reinhabitation)理论的生态学指导思想,来评估这些中心的环境管理与教育实践工作。杰夫·山内(Jeff Yamauchi)的文章,以另一个案例的分析作为此讨论的补充,他在文中分析了加州南部的一处佛教静修中心,即"禅宗山中心"(the Zen Mountain Center)的"绿化"过程。他调查了此中心在保护当地的植物群落与动物种群方面所付出的努力与所获得的成就,并探讨了森林防火与森林管理问题。

此论文集还有一部分设专题讨论了佛教中动物的地位,其中对印度和日本独特的文化地域与传统思想进行了专门考察。克里斯托弗·查普尔(Christopher Chapple)的文章讨论了早期印度佛教经典《佛本生经》(Jātaka)中所记叙的不同的动物形象,查普尔指出,这些故事所描绘的机智、富有同情心、可爱的动物形象说明,佛教徒对于动物以及动物在"佛教宇宙论"(Buddhist cosmology)中的地位有着敏锐的认识。我的文章则是关于佛教出于"利他"(merit)之慈悲的佛教放生仪式的研究,及其一直在东亚和东南亚之盛行情况的介绍。本人对中世纪日本放生仪式的研究,揭示了佛教传统中有意识"解放动物"(animal liberation)之努力所带来的事与愿违的后果,即此仪式会无意识地导致一些动物死亡。

---

① 也可译为"毗钵舍那"。——译注

对佛教整体进行一般性研究的另一径路就是考察佛教不同的传统与宗派情况。本文集中，鲁本·L. F. 哈比托（Ruben L. F. Habito）与约翰·戴多·卢里（John Daido Loori）注意到了佛教的禅宗传统可能会为环保议题提供某种资源以及具有的一些局限性。哈比托指出，禅宗关于"自我与外界不可分离"（nonseparation of oneself and the world）的经验性体验，正可以作为接纳一种蕴涵生态保护论生活方式的起点，这就肯定了"活在当下"（living in the present moment）的意义。然而哈比托也承认，在禅宗教义中还存有另外一种诱因，可以促使人与此世发生分离而转向专注于内在生命的参悟。卢里是"禅宗山寺院"（Zen Mountain Monastery）的方丈，他将佛教"戒律"（precepts）阐释为一种环境伦理之蓝图。他在文章中说明，阐明佛教戒律是希望借此能构建一种与自然界和谐相处的生活方式，他的这一观点最初是在寺院中的一次"禅法"（Zen Dharma）开示中公开提出来的。

本文集的最后两部分，着眼于考察佛教所能作出的实践/政策层面上的贡献，以及在今后的研究中应当考虑的一些理论/方法论问题。关于佛教在环保问题方面的具体应对措施这部分，以肯尼思·克拉夫特（Kenneth Kraft）关于核废料问题的文章作为开篇。克拉夫特考证了佛教对这一未决问题产生关注的历史背景，并反思了作为学者与入世佛教徒，面对这一特殊的环境危机问题所应担负的责任。丽塔·M. 格罗斯（Rita M. Gross）广泛汲取不同宗派的佛教思想，提出了一种可以削弱"鼓励人口出生率之论调"（a pronatalist view toward population）的论证。格罗斯认为，佛教关于欲望与性的独特教义有助于缓和更多的关于人口与消费的争辩。于是关于这两个问题，她在人们所坚持的不可调和的两种极端的解决方式之间寻求走出一条中庸之道。史蒂文·洛克菲勒（Steven Rockefeller）在其文章中，勾勒出了佛教中的哪些核心成分将能对正在浮现的"全球伦理"（global ethics）论题作出贡献。他特别着眼于"地球宪章"（Earth Charter），该宪章有望于 2000 年提交联合国大会（United Nations General Assembly）讨论。该宪章旨在成为从根本上加强国际社团参与可持续发展努力的"软法律"（soft law）文书。以上三位作者所讨论的实际问题以及具体提议，对未来关于如何将佛教价值观应用于环境问题的研讨与处理，会提供模式性的参考。

最后一部分，主要讨论了涉及佛教与生态之间更广泛的结合面(interface)之间的理论与方法论问题。戴维·艾可(David Eckel)与伊恩·哈里斯(Ian Harris)都质疑亚洲的，特别是亚洲佛教的世界观轻易假定其固有环境友好性。实际上，他们质疑的是自何时起以及为什么佛教被认为是“生态友好型”(ecofriendly)宗教。他们都提出，生态友好这一概念是在相当晚近的时期才被提出的，而且在佛教史上，“自然”一词本身就是一个极其复杂且含有一些疑问的术语。虽然哈里斯倡导，将西方环保论文置于佛教思想体系进行翻译时要注意继续保持警觉性，但艾可提出了一种可以处理此复杂的佛教自然观的合理方法。艾伦·斯朋伯格(Alan Sponberg)评述说，他所称的“绿色佛教”(Green Buddhism)也是有局限性的。他特别质疑了佛教倡导的那种认为“众生完全平等的缘起观念”(a notion of interrelatedness between all beings that is entirely egalitarian)。相反，他认为需要更精确地评估传统佛教。其中，首先需要注意的是，佛教实际上常常提倡一种在人类与自然界之间存有等级化差别的观念；其次，要认识到他所称的“分等慈悲”(hierarchy of compassion)这一观念，在促进以一种特殊的佛教径路来解决环境伦理学的方式的形成方面所具有的裨益之处。

总之，本论文集的所有文章，为研究“佛教与生态”问题拓展了一系列可能的方法。各部分都运用了不同的方法或视角，有人类学的、社会学的、文本分析学的、史学研究的和哲学的或神学的方法。文章一方面使用一种较为客观性的描述与评论性的方法，另一方面也采用一种更带诠释性与参与性的(engaged)论述以进行研究，而使文章显得张弛有度。查尔斯·哈利斯(Charles Hallisey)在本次研讨会中作回应时认为，这种张力与存于历史性与预言性(the historical and the prophetic)之间的张力等同。这将是一种会带来累累硕果的张力，因它产生于两种径路之间。一种径路是对一些佛教自然观进行历史性的描述，或者是描述佛教徒入世之环保议题；另一种径路是重新诠释历史，并以一种预言式的论调论证，佛教思想中包含着一些特殊的环保议题。本论文集，展示了所有这些研究性的定位，并且认为，为了充分理解“佛教生态观”(Buddhist views on ecology)，所有这些不同的研究方法都是必需的。

还从来没有哪一种关于生态或自然的佛教观点可以被看做是绝对确凿无疑或永恒不变的真理。现在关于自然界的认识，有印度、中国、美国、泰国和日本各种佛教不同的自然观，它们各自基于不同的历史或时空条件而显示出不同的特征。对于每一种文化之中的世界观来说，并不存在着一个核心的"佛教性的"基本元素，而只存在着多样化的观点，所有这些多样化的观点都可能合理地归属到佛教这一家族中来。

然而，本论文集中的文章，已经开始揭示出了一些带普遍性的倾向，即，这些关于生态的研究，昭示的将更会是一种佛教式的而不是基督教式的研究径路。或者，我们也许能够发现，佛教作为一种宗教传统，其不同的研究视野会成为世俗研究方式的一种对照。我们期望，此论文集能够燃起人们持续追问之火花，这既会对促进多样化之佛教生态观的理解（例如，还有未开展研究的区域，如藏传佛教与汉传佛教[Tibetan and Chinese Buddhism]），也会对佛教作为一种应对环保问题的新的宗教资源，以及如何确定其中的哪些内容可能成为处理环保问题的主题资源带来有益的帮助。

最后，编者们在此衷心地感谢参与此次会议的学者与入世佛教徒为这本文集所作出的杰出贡献！我们还要感谢以下人员，他们是乔·弗兰克(Joe Franke)、拉里·格罗斯(Larry Gross)、琼·哈利法克斯(Joan Halifax)、查尔斯·哈利斯、乔安娜·汉德林-史密斯(Joanna Handlin-Smith)、杰弗里·霍普金斯(Jeffrey Hopkins)、莱斯利·河村(Leslie Kawamura)、威廉·拉斐尔(William LaFleur)、苏珊·默科特(Susan Murcott)、马蒂·皮尔(Marty Peale)、克里斯托弗·奎恩(Christopher Queen)与戴维·沙纳(David Shaner)。编者们还要特别感谢唐纳德·斯威勒与肯尼思·克拉夫特，感谢他们在文本的整理过程中所给予的协助，同时要对永富正俊(Masatoshi Nagatomi)先生致以谢意，因他在1996年退休之前，多年来一直在哈佛大学从事佛教自然观课程的教授。他在此次研讨会上致开幕辞，并一直出席会议，这对所有与会者来说，无疑就是一种灵感之源。

（何则阴　译）

# 概述:为研讨议题构建理论框架

# 佛教与生态:有感于西方文化的集体认知

刘易斯·兰卡斯特

(Lewis Lancaster)

佛教的研究正面临着一个具有重大历史意义的时刻,一个重新评价各种研究方法与资源的时刻,“佛教与生态”这一议题要求人们对之进行深思熟虑的对话。故我们在收集各种相关数据方面需要保持创新意识,而且我们希望,现在的研究能对将来研究佛教能否解决当今人类的各种社会问题以及可能有何种贡献提供方向性的指导。

我们都熟知一句话——“向唱诗班布道”。对于那些读了此类书的人来说,他们很可能已充分意识到了生态难题,因此没有必要再提醒他们关于人类目前所处的进退维谷或极其危险之境遇。从这个意义上来讲,您就是“唱诗班”的一员了,已经转向保护地球生态系统的支持者立场之上了。我不愿意再来烦琐而冗长地叙述造成这些危机的那些或过去或当前的事件与原因,我只愿意反思,作为研究人员,在考虑以何种佛教式的径路来解决问题时,我们所面临的挑战是什么。

通过为研究这一难题作准备,我们已经假定,佛教作为一种传统资源,对这个生态系统既脆弱而又正经历着快速有时甚或是破坏性变化的地球,可以起到一些治愈性的抚慰作用。要对这种“抚慰”作出界定,并且要把这种佛教式的解决方式传递给所有关心此事的人们,好让他们以此与其他可能的解决体系相比较,这更是一件责任重大之事。恕我坦率陈述我的担忧,在我们的出版物中,关于“佛教式的解决方法”(Buddhist solution),虽然我们尝试对其进行一种适当的界定,但期望我们的努力能收到预期效果仍然颇有难度。我们对佛教传统要作出这类判断是相当不易的,因为在界定那些我们认为应当属于佛教的原理时,我们极有可能冒险使用西方文化遗产中的“集体认知”(the collective perceptions)意识作为一个评估模板来臆定佛教。我们或许只能从佛教本身的教义表述及其修行方式之中,去找到一些可以被诠释为,能对于我们在现代与后现代时期所构建的伦理规范或价值观起到支持性论证的资源。

然而我坚信,本集中的论文,并不能完全狭隘地限于佛教及其修行的范围之内。作者们没有屈从于克利福德·格尔茨(Clifford Geertz)所称的“宗教典籍主义”(scripturalism),因其中能找到的只是“一堆牵强附会的狡辩”(a collection of strained apologies)[①]。这些文章也没有表示出我们在回避这些难题。毋庸置疑,人口压力是生态问题中最为关键的一个问题,很高兴的是丽塔·格罗斯的论文直接讨论了这一问题。

当我们在讨论人类世界正面临的问题时,佛教的传统思想应当被考虑进来,这是合情合理的。因为,依据信徒人数的多寡而论,佛教是最大的宗教之一,它在亚洲根基牢固,发展势头强劲,直到近代,佛教仍然是在亚洲各种不同文化区域范围内都能看见的唯一的宗教传统或社会传统。因而,它对亚洲历史特征的塑造,对当今亚洲文化现状以及社会发展的影响,作用都是非常巨大的。佛教本身的传播,也为在拥有不同背景与历史文化的民族之间进行国际性交往提供了一个可供参考的“模式”(model)。从这个意义上,我们可以说,佛教曾经为第一个世界性宗教,它是第一个超越了语言、血族关系、政治体制、文化区域与地域疆界限制的宗教。佛教以自身传播的历史证明,它可以从一种文化迁移到另一种文化之中,并且其自身强大的影响力丝毫没有受到削减。正是佛教的这种“易迁移性”(portable),使得它能够跨越恒河,穿过亚洲内陆的沙漠地区,而蔓延到亚洲东部的古老王国,因而它本身就可能蕴涵有某些具有强大生命力的“结构模式”(patterns),而这些结构模式也可以被应用到我们目前全球范围内的交流之中来。几个世纪以来,佛教就已经成长为一个具有稳定性的宗教,扎根于不同的国家与文化之内,我们研究的汉传佛教史、韩国佛教史或是藏传佛教史都可以证实此点。而且在过去的一个世纪之中,由于

---

① 见克里斯托弗·奎恩与萨莉·B. 金(Sallie B. King)合编:《入世佛教:亚洲佛教的解放运动》(*Engaged Buddhism: Buddhist Liberation Movements in Asia*, Albany: State University of New York Press, 1996),第115页,克里斯托弗·奎恩所作的引言。

受到亚洲当代佛教教团的驱动，佛教又一次显示出了它的易迁移性，在巴西、西欧、东欧、澳大利亚以及美国这些彼此都相隔遥远的地区，寻找到了它新的定居地。收集在此集子中的文章，它们本身就是这一“流动佛教”(portable Buddhism)的注脚，我们在此读到的将是泰国佛教、日本佛教与美国佛教在世界各地开展的种种活动。

我们面临的主要难题是，在佛教中能否找到一种独一无二的解决方式来处理生态问题，即我们可以采用什么样的方法，才能使佛教对生态问题的回答变得浅显易懂且路人皆知？我们如何才能够避免这种借用我们西方文化的整体认知与文化背景，作为审视佛教实践及佛教文献之标准的不良倾向？我们可贵的“发现”会因为研究方法的影响而受到质疑吗？我使用了“集体文化认知”这一表述，意思是说我们西方人，拥有某些人所共有的集体性观点与价值观。这些集体性的认知观念已经深入人心，且被人们广为接受，以至于它们不再被视做是一些“认知”，而被看成是“事物存在的方式”(the way things are)了。只有通过很长历史的回顾，我们才可能开始辨别出这些的确属于“认知”观念系列，也才能辨别出它们是借哪一些方式在影响着我们的生活。除非我们能对自己的集体认知状况有一个基本的清醒认识，否则我们就极有可能会陷入从佛教文本中萃取只言片语，来支撑我们现有的一些西方式观点的简单套路之中。假如我们不能清楚地觉知到自己集体认知与文化历史的特点，那么，我们在理解佛教传统的圆满威力及其独一无二之魅力时，无疑就会发生偏差。

让我用一个例子来告诉你，什么是我所认为的“西欧文化”(western European culture)，以及它如何由此延伸成美国人生活方式的一部分。这似乎是有些远离了生态主题，但是我将举例论证，当我们在考虑任何问题而转向佛教以寻求答案时，我们所面临的具体难题是什么。

在西方，我们有一种普遍令人信服的集体认知观念，那就是善良、高尚、有道德与可敬的人要给予贫穷和受压迫者以帮助。帮助穷人与受压迫者就构成了我们文化发展的一个主要层面，如在我们的基督教堂、犹太会堂、其他的一些协会与妇女联合会，比如慈善团体狮子会(Lions)、交流会(Exchange)与洪门会(Masons)都有这方面的许多例证。我们在海外的援助项目，如在海外建立的医院、孤儿院、养老院、免费食物供应库、公共收容所、庇护所与济贫院，也可以证实此点。为了维系社会存在本身之运转，这些机构都期望能应对社会因为不公而导致的一些生活资源短缺的窘况。贫困者——特别是那些值得帮助的贫困者，如寡妇、孤儿与残障人士——以及那些受压迫者，他们都必须得到帮助。我们极少会停下来反思，这样的行为也自有它的一段历史，而且这也是一个值得我们对之进行研究的历史现象。

虽然在希伯来《圣经》中明确记载了对穷人及受压迫者的强烈关注，但我们之中的许多人并没有认识到，直到"赎罪券"贩卖时期，这种关注才在西欧人的生活中达到顶峰。[①] 也就是说，从教会宣布说一个人不必再从一位神职人员处寻求帮助来替死者转移功德，以确保死者能借安全通道从炼狱升入天堂的时候起，帮助贫穷者与受压迫者这一行为，在其所揭示的社会重要性方面就达至了一个新台阶。但曾经，"赎罪券"取代来自僧侣苦行所转移而得到的利他功德，也可以起到用来影响死者升入天堂过程之作用。为了使"赎罪券"得以生效，人们就必须忏悔，然后对贫穷者与受压迫者施行一些慈善行为。出于此目的，渐渐地就成立起了一些团体[②]——在美国绝大多数城市中，我们仍能看到人们在大白天活动，成群结队的男男女女为了帮助穷人与受压迫者而奔波忙碌。当践履此等善举能与死者升入天堂紧紧系绑在一起时，贫穷者与受压迫者就变得尤为重要了。再也没有比向死者施以善举以让死者备受关注更好的事了。[③]

许多世纪以来，我们关于援助贫穷者与受压迫者的观念，一直都在发生新的转向与变化，经历了多种文化类型的转型。正如它所提供的帮助让人深感奇妙一样，它蕴涵着的阴暗面同样也会令人深感诧异。今天，心理学家与社会福利工作者告诫我们，一些基于鉴别穷人与受压迫者的项目已经引起人们深深的愤怒。换句话说，给予那些我们称为应当受到帮

---

① 见《出埃及记》第 23 章第 11 节与《申命记》第 15 章第 4 节。

② 鲁思·默菲(Ruth Murphy)：*Saint François de Sales et la civilité chrétienne*(Paris: Nizet, 1964)，她在其中揭示了社会准则形成的方式方法。

③ "天主教法典"(Canon Law)关于"赎罪券"之介绍，在查尔斯·哈伯曼(Charles Harbermann)等编的《天主教百科全书》(*Catholic Encyclopedia*, New York: Gilmary, 1957)第 783—788 页可以找到；也请参考康拉德·布尔玛(Conrad Boerma)著，约翰·鲍登(John Bowden)译：《富人、穷人与圣经》(*Rich Man, Poor Man — and the Bible*, London: SCM Press, 1979)。

助的贫穷者与受压迫者以资助,就是显明我们的行为应当是受到感恩的,因为通过对一些特定团体给予帮助,我们实际上是在说:"在诸如资源、教育、能力与健康的拥有上,你的情形是不如我的。"于是,这种礼物式的馈赠,变成了既能带来好处又能转嫁羞辱的载体。号召佛教也更多地参与到帮助贫穷者与受压迫者的行动之中,在某种意义上来说,就是企图让佛教模仿一种已深深扎根于我们欧洲文化传统之中的行为模式。我的意思是,在认识到帮助贫穷者与受压迫者之重要性这件事情上,我们已经获得了集体共识;但我们的这种集体认知也潜藏着不利的一面。若我们试图将自己的实践方式投射到他文化之中,我们就必须既考虑到这种行为将带来的益处,也考虑到它将导致的问题。

我力图要与佛教领袖和导师们一起,深入探讨这一问题,以质疑那些关于贫穷者与受压迫者的问题,来找到佛教可以提供哪些与西方所尝试的既不同而又独特的解决方法。我寻找到的答案正好可以总结在下面这段陈述之中:

> 第一个真谛是要认识到……苦难是普世性的;我们所有人都在受苦,在这点上富人与穷人毫无差别。……帮助应当给予所有的人。我们都是共同经历"诸受皆苦"的兄弟姊妹。……没人能逃得过苦难。……苦难深重的我们为他人提供帮助,是因为我们理解并能将他们的苦难感同身受。……假如我们认识到自己所受的苦,我们对那些同样受苦的人就会生出更多的慈悲(compassion)。

来自佛教史上领袖们的这一席话表明,不以恩人身份去资助他人也是完全可行的。也许,佛教徒从他们自身宗教传统内部去找寻解决方法,会比被迫从西方的方法模式构成之中找寻解决方案,更能为世界提供较多的帮助。

我开始寻找佛教援助贫穷者与受压迫者的例子,这或许是我对那些佛教学者与精神领袖们对此问题所作的回应式谈话所进行的反思。这种探究引导我去观察一位名为证严(Jen-yen)的台湾比丘尼的事迹。她在台湾东岸的花莲(Hwalin)地区成立了一所医院,该地区医疗条件极差,她的目标就是要建成台湾设施最完备的医院,其中还包括一所医学院,建成之后它将对所有人开放。她希望那所医院将是同类之中最好的，而且应当为所有人服务。关于医疗费用，每个病人可以根据自己的能力自愿缴付一定数额的金钱，不必填写表格或进行面对面的接触，也不会产生羞辱感，每个人都依据自己个人的财力与物力来付费。从那之后，她就把医疗队伍派往中东、非洲，甚至派到暴乱之后的洛杉矶去服务。在每一个地区，医疗组织可以为所有人提供服务。证严虽然为穷人服务，但她也为其他人服务。如在南加州发生地震之后，正常的水与天然气供应被切断，美国当地的许多中产阶级人士都认为，她所提供的移动式淋浴器相当受用。她帮助别人，甚至连富裕的洛杉矶居民她都一样地帮助，这为人们"做善事"(doing good)提供了一种不同的模式。关于佛教如何传达自己的关爱，或许她就为我们树立了最好的典范。也很少有慈善团体能像她一样，可以通过自愿性的行为筹集到如此巨额的资金。

接下来介绍一下几年前我在台湾参加完一次学术会议之后的情形。当时，我们被安排作一次观光，中途停下来去拜访了证严比丘尼。她让我们这些既理性又固执的教授们如此感动，以至于我们决定将在会议上因宣读文章所获得的酬资悉数捐赠。这位女士身上有某种莫名的吸引力，她让这群学界精英全体都感觉到，"他们"在那所医院里应当受到的"慈悲"待遇与一个身无分文的乞儿并无两样，体验到那种感受的确相当令人震撼。我并不是说这种方法在环保议题中也必然会生效，但它确实是值得人们深思的。

当我们将自己的文化认知理念加诸他文化时，就会带来一些负面后果。最新的例证是关于西方文化影响斯里兰卡佛教的批评。加纳纳丝·奥贝耶瑟科若(Gananath Obeyesekere)新造了一个术语"佛教新教"(Protestant Buddhism)，来定义在斯里兰卡被称为复兴佛教的佛教运动，而这种复兴正是在亨利·斯太尔·奥尔科特(Henry Steel Olcott)①上校及其所创建的"灵智学会"(Theosophical Society)的影响之下形成的。② 当

① 亨利·斯太尔·奥尔科特(1832—1907)，灵智学会的创始人及首任主席，首位正式转向佛教信仰的欧美人。奥尔科特在美国新泽西州的农场长大。——译注

② 加纳纳丝·奥贝耶瑟科若：《锡兰的宗教象征主义与政治变革》("Religious Symbolism and Political Change in Ceylon")，载《现代锡兰研究》(*Modern Ceylon Studies*) 1(1970)，第43—63页。

奥尔科特以一种维多利亚时代式的宗教观来行事时，虽然他奉行自己在巴利(Pali)经典文本中所发现的佛教传统，但他拒绝接纳斯里兰卡当地当时佛教信众的实践或修行方式，因而对当地佛教的习俗传统带来了深远影响。斯蒂芬·普罗瑟罗(Stephen Prothero)在最近的一篇文章中告诉我们，由奥尔科特推出的佛教形式具有这样的特征，即认为宗教的规范与本质内容要从原典文本中去寻找，并暗示说，这在实践中是找不到的。其次，这一"佛教新教"被界定为一个伦理体系，而非为一个精神或心智成长体系。① 斯坦利·汤比亚(Stanley Tambiah)和加纳纳丝·奥贝耶瑟科若已经声明，这是对佛教的背叛与出卖；一直处于斯里兰卡佛教核心地位的是一系列处理与健康、财富、出生和死亡等相关的事件的仪式或实践方式，而佛教新教却抛弃了这些核心因素。正如克里斯托弗·奎恩载于其新书《入世佛教》(*Engaged Buddhism*)中的出色论文所说，汤比亚、奥贝耶瑟科若与沃波拉·罗睺罗(Walpola Rahula)都描述了"具有悠久历史传承的锡兰僧伽罗佛教(Sinhala Buddhism)，首先是被迫发生变化，最终是沦落为一种狭隘之宗派的、伦理的与政治的暴力这样一幅悲惨画面之中"②。如果这些学者们的评价是正确的，那么，对于以让佛教传统保持更纯粹之本质的名义拒斥大众宗教的行为，我们都应当保持警觉。

我希望，这些例子能为我所意指的，控制着我们的许多行为方式与思维模式的集体文化认知提供某种说明。当我们讨论佛教与生态问题时，我们需要既尽力立足于西方文化传统又立足于佛教传统，来辨别出此类集体文化认知观念，然后再看看它们如何能够为我们提供一些帮助。在有关生态问题的讨论之中，占有重要地位的一个因素就是讨论工业、跨国公司与各种商业活动形式的作用。如果不讨论资本与商业活动，人们就无法讨论雨林树木的砍伐、水污染与大气中有毒物质的排放，以及因垦田种粮而侵占动物原生栖息地等问题。在此，我们又一次遇到了西方文化集体认知中根深蒂固的观念的影响。因为，自有《圣经》以来，财富及其伴

① 斯蒂芬·普罗瑟罗：《亨利·斯太尔·奥尔科特与"佛教新教"》("Henry Steel Olcott and 'Protestant Buddhism'")，载《美国宗教学会期刊》(*Journal of the American Academy of Religion*) 63, no. 2 (Summer 1995)，第281—302页。

② 参见奎恩的"导言"，见《入世佛教》，第5页。

生物商业活动，在西方文化源流中一直都备受毁誉。我们在马克思主义学说的论述中看到，对此的反思是商业化生活的罪恶已经接近恶魔程度。于是，由西方传统认知观念的本质看来，跨国企业以及其他商业活动就变成一种罪恶。当我们开始面对生态问题时，立刻就会想起我们西方文化中关于银行家、钱庄与商人的观念，他们通常被看做是贪婪的、冷漠的，是灾祸的来源，或者是收取高利贷利息的人群。所以我们在讨论生态问题时，不少的篇幅都集中于攻击商业行为。

然而，当我回转到佛教历史、文本与当前的活动中去时，却看到了一幅迥然不同的画面。佛教在其久远的初期，就已经成为商人们的宗教，而佛教的传播也是由商业团体来完成的。佛祖向君王们宣讲佛法，并从紧紧追随他的商人们手中获取大量馈赠。他的最重要的支持者之一，就是一位货币兑换商，名为“给孤独”（Anāthapiṇḍika）长者，他为佛祖及其门徒提供了一片四周有围墙的小树林。① 从他的名字我们可以知道，“给孤独”就是“为那些不拥有保护者的人提供帮助的人”。这表明，当我们论及佛教中的财富论与商人观时，我们所持的是一种非常不同于西欧式文化传统的观念。一向依赖商人并且敬重商人的佛教徒，他们大部分的教导也都是针对这群俗信徒而言的。② 而更重要的是，一些商人与君王对佛教有了一定的理解之后，他们最终会皈依佛教并去教化他人。我们知道，有一个关于一位商人教化一国王皈信佛教的故事；而对于古巴勒斯坦圣经及希腊圣经的反商氛围而言，这是不可理解的。许多证严比丘尼（我在前面提到过她）的支持者都是一些商人与财团法人。今天，商人俗信徒在佛教中所扮演的角色与在古印度时一样重要。如果讨论生态问题，预先就要对这一世俗阶层持排斥态度的话，那么佛教团体的支柱之一就会遭受

---

① 这个故事见于多处。参见巴利经典《增支部注》（*Manorathapūraṇī*, *Aṅguttara Commentary*），1:208；《法句经注释》（*Dhammapadatthakatha*），1:128。（“*Manorathapūraṇī*”为《增支部注》；“*Aṅguttara*”为《增支部》，内容即为汉传佛教中的《增一阿含经》。——译注）

② 在前世，菩萨（bodhisattva）曾是商人（《佛本生经》[*Jātaka*]，1:405）与钱庄老板（《相应部注》[*Sāratthappakāsinī*, *Saṃyutta Commentary*] 1:240）。寺院僧众中的年长者都被称做是钱庄老板（《长老偈注》[*Theragāthā Commentary*]，1:312）、商人（《长老偈注》，260）和商队首领（《长老偈注》1:238）的儿女。另一方面，一些被描述为守财奴的商人，也因而遭受到种种痛苦（《佛本生经》1:349）。（“*Sāratthappakāsinī*”意为巴利经典中的《相应部注》；“*Saṃyutta*”为《相应部》，相当于汉传佛教的《杂阿含经》。——译注）

强烈的打击。从这方面来看，或许我们也可以向佛教学习，我们也需要找出这类商人或公司的领导，邀请他们参加我们的会议，敦促他们成为寻求生态危机之解决办法的积极伙伴。我希望，将来在关于这些话题的一些会议上，一些来自银行或商业领域的佛教居士能够参与，能在会上发言或能对此问题作出回应。毕竟，我们社会中的许多最精明、最优秀的人群正专心致志地在从事着商业活动；若排斥这一团体的参与，对我们寻求问题的解决之道可能会造成极大的损伤。

在西方，人们的自然观之一是"伊甸园"(the Garden of Eden)论，那时的伊甸园，自然是没有痛苦的乐土。我相信，佛教有许多形式是不会赞同伊甸园式的自然观的。因为我们发现，在许多地方的佛教文本中，都谈到了那恐怖而骇人的森林，谈到了荒郊野外，有强盗成群出没，①有毒虫与猛兽②，还有食尸鬼，③也谈到了毒蛇横行的地方，④那些地方既没有食物也没有水源。⑤ 当一个人从巨大的原始丛林走出来，如果看到了任何类似城镇或是其他有人居住的迹象，他定会备感欣喜。在佛教中，人们判定事态变得更糟的方法之一，就是动物王国的兴盛繁荣与拥挤不堪，因为动物的过量繁殖可以说明，已有多少"人或较高的生命存在形式"(beings)沦落到了较低层次的轮回之中。

我们发现，在"般若波罗密多(Prajñāpāramitā)"(胜解慧)经典中，修行的典范是菩萨(bodhisattva)，他们在荒郊野外修行，并承受所有痛苦，如蚊叮虫咬，缺水少食，但却由于森林中的种种怖畏而增胜慈悲。菩萨相信，通过体验丛林中的极大痛苦，人们完全就会对那些不得不每天生活在这些危险之中的生命产生慈悲心。菩萨发愿说，当他成佛时，也一并成就佛国圣地，在那儿将没有动物，佛国人民只吃神圣的食物，而且水源充

---

① 《佛本生经》1:332、《法句经注释》2:254 与《佛本生经》2:335，载有盗贼与小偷的故事。

② 我们读到过凶猛的"那迦斯"(Nagas)龙(《增支部注》1:165)、巨大的蜘蛛(《佛本生经》5:469—470)、毒蛇(《无问自说经注》[*Udāna Commentary*]60 和《佛本生经》2:145)与野象(《譬喻经》[*Apadāna*]1:198)的内容。

③ 传说不论"男女"食尸鬼都会吞噬人肉。参见小乘佛教长部注《吉祥如意》(*Sumaṅgala Vilasini*) 2:483、《法句经注释》1:37。

④ "蛇"与"蛇咬"是很常见的主题(《无问自说经注》60、《佛本生经》2:145)。

⑤ 口渴是旅行者经常遇到的难题(《饿鬼事经注》[*Petavatthu Commentary*]141；《饿鬼事经》[*Petavatthu*]28)。

足——它将会像是一片位于大都市附近的快活林。①

然而当我们再转向《本生鬘论》(*The Jātakamālā*)②或本生故事时，我们会发现，追随佛陀之教导的一个理由就是，他一世又一世地、真真切切地表达着他对动物及其他生命的慈悲。于是，我们又面临着这样的挑战：我们如何才能陈述佛教教义与修行的多样性呢？我不能说怖畏的丛林就是佛教的本质，即使是把《本生鬘论》选做传统之唯一陈述的人也不能这样认为。

西方式的认知观念同样也影响着我们对释迦牟尼佛(śākyamuni)一生的理解。虽然，据我们现有的材料要重现他的活动是不够的。对佛陀流行的看法是，他是一位青年路德(Luther)，一位改革家，声称反对他所处时代的人，一个叛逆者，一位个人主义家。这些形象对我们都具有极大的感染力，但这些说法却没有什么证据可以证明。京都的荒牧典俊(Noritoshi Aramaki)竭力期望能确定佛陀最早的言教，他是通过从古老的佛教典籍《经集》(Suttanipāta)中找出一些文段来进行此论证的，因该《经集》与最古老的文本《奥义书》(*Upaniṣads*)和耆那教(Jain)典籍在某些方面都有遥相呼应之处。他推论说，在那个时代，人们的集体认知观念，能够完好地从这三大印度宗教之源流的三本原始经典中辨别出来。荒牧典俊依据《经集》格言与另外两古籍文句描绘出的一幅图画是，一个人由于面临无穷无尽的"轮回"(rebirth)与持续不断地由生到死又再生的转变过程而陷入深深的绝望之中。当他企望从这个无尽轮回的焦虑之中脱离时，释迦牟尼佛转向禁欲与修行以寻求解脱，他抛家弃子，在一种没有家庭系缚的生活之中探求达至觉悟之境。但是荒牧典俊认为，佛陀的这一追求仅是揭示了整个恒河平原社会所普遍具有的认知观念，释迦牟尼佛

---

① 爱德华·孔茨(Edward Conze)译：《八千颂般若》(*Astasahasrika Prajnaparamita*, Calcutta: Asiatic Society, 1958)，第139页。

② 参见H. 克恩(H. Kern)编：《本生鬘论》，"哈佛东方丛书"(*Harvard Oriental Series*, Cambridge, Mass.: Harvard University Press, 1943)卷一。菩萨把自己的生命奉献给饥饿母虎的著名故事(《舍身饲虎本生经》[*Vyāghrijātaka*])，在《根本说一切有部律》(*Mūlasarvāstivūda-vinaya*)与《譬喻经》(*Avadānas*)中(各在第51页与第95页)都有记载。《本生鬘论》英文译本由J. S. 斯佩耶尔(J. S. Speyer)翻译(Delhi: Motilal Banarsidass, 1971)；"佛教圣典丛刊"(*Sacred Books of the Buddhists*)卷一再版。

只是“选择”了这种方式,但他并不是作为一位改革者来作出此选择的。正如理查德·贡布里希(Richard Gombrich)所指出的那样,佛陀“关注的是去改造每个个人,帮助他们永远地脱离社会的羁绊,而他并不是要去改造世界”①。无疑,释迦牟尼佛是他所处时代的伟人,因为,他的方法带来了许多革新,但他所选择的生活方式——修行的方法——却并非其中之一。②

我们也要努力探究,当时释迦牟尼佛生活与教化的地区,究竟是处于一个什么样的状态。现在绝大多数学者都同意,那时恒河流域正处于森林砍伐时期,人口已经增长到了相当大的规模,城镇中心已经成为很重要的活动中心——星罗棋布的城市就如同岛屿,点缀在浩若海洋的雨林之中。这种城市化进程具有如下特征:商业活动与远程贸易增加,人口聚居中心之间交流频繁。可见,佛教的存在并非是一种局限于荒野的传统习俗,而是日渐成长的城市化进程中的一部分。佛教的主要支持者在商人、银行家与国王之中,同样也在工种迅速分工发展而显示出职业专业化特征的人群之中,如剃头匠、木匠、珠宝商、粮食商、渡船船工,甚至在城市之间抢劫商贸活动的强盗之中也日益增多。佛陀经常与所有这些人保持联系,他早期的许多传教都是针对这个或那个行业之中的一般俗信徒而言的。换言之,我们可以仔细重构佛教古代史,并尽力在其自身的复杂性与其社会语境之中来理解它。尽管释迦牟尼佛还是一位流浪的修行者,但他仍然生活在他所处的那个时代的日渐成长的城市环境中。他的童年时代是在一个城市环境之中度过的,我怀疑他那时对森林的看法与我在上文所描述的极为相似——森林是一个充满着危险与苦难的地方。

虽然我已经提到,将一种文化的集体认知强加到另一种文化之上,有时可能会带来严重问题,但让我举个例子来说明,佛教是如何从一种文化迁移到另一种文化,而又促进了两种文化环境中之全然相反观念的发展的。如在恒河河谷,佛教宣扬的认知观念是,森林是痛苦、危险与搏斗之

① 理查德·贡布里希:《小乘佛教:从古典贝拿勒斯到现代科伦坡的社会史研究》(*Theravada Buddhism: A Social History from Ancient Benares to Modern Colombo*, London: Routledge and Kegan Paul, 1988),第30页。

② 理查德·贡布里希:《佛教基本要义“缘起法则”:依于外缘的生灭与不依外缘的永恒》(“The Fundamental Truth of Buddhism: *Pratityasamutpada*—Conditioned Becoming and Conditionless Being”),载 *Machikaneyama Ronso* (Osaka) 22(1988),第28—29页。

源,但它进入汉文化区域时,当时当地的汉文化社会所持的却是一种全然不同的自然观。

固然佛陀时代的印度,是由散布在丛林海洋之中的许多城市岛屿所构成的,但当佛教传到中国时,中国人才刚开始将大自然看做是由耕田海洋之中散布着的许多山脉岛屿所组成的。中国的圣人们将自然视为人性之慈爱得以恢复的媒介,他们总是离开自己的耕种之地,到山林之中未经人类驯化的自然之间寻求慰藉。当佛教带着一种完全不同于中国古代圣人的自然观从印度传来时,它仍然能够为中国人提供一种对待自己身边之物质环境的重要方法。约翰·乔根森(John Jorgenson)在从澳大利亚国立大学(Australian National University)毕业时所写的"惊天动地"(ground breaking)的毕业论文[①]中指出,虽然中国人一直看重与自然的联系,而且认识到这种联系具有治愈性与支持性作用,但他们对此信念并没有作出任何理论阐释,他们只能作出情况就是如此的断言。在佛教中,他们找到了一种理论来解释这种人类与自然之间的密切联系,就是这种联系深深地植入了人类体验之精髓。

佛教对于中国自然观集体认知的重大贡献就是"佛性"这一概念。教导说"众生皆有佛性"(everything has Buddha-nature)是佛教在中国的一个革命性发展。每个人都有佛性,但是对中国人而言,最重要的是"无情世界"(insentient)之客观存在物也具佛性,如岩石、树木、莲花、溪流与山脉全都具有佛性。因而,人的心灵在本质上是具有佛性的,与构成"无情器世间"(insentient nature)的每一样物质都享用着一共同的东西,因为它们也都具有同样的佛性。通过引入"人的心灵与自然客观存在物同样都具有佛性"这一思想,中国人最终为自然强大的威力找到了解释。由禅(ch'an)宗僧人所写的佛教诗文,其措辞并不局限于佛教教义,而所描写的自然,有飘雪、落叶与水流岩石,因为这些都是佛性的体现。如艺术家画一朵莲花或一处岩石,要能抓住它们的神韵,就是要描绘佛性,这也是处理此宗教之要素的有效方法。乔根森提出,此处正是印度佛教观念与汉

---

① 约翰·乔根森:《无觉知境之感悟:禅宗审美源流考及其诗歌创作之激情梦幻》("Sensibility of the Insensible: The Genealogy of a Ch'an Aesthetic and the Passionate Dream of Poetic Creation", Ph. D. diss., Australian National University, 1989)。

民族中占主导地位的集体认知观念的一次幸会。结果，中国文化得到了丰富，艺术也在宗教体系中找到了自身稳固的地位。在本文集中，这种观念在关于佛教禅宗与生态的讨论之中也得到了呼应。

这种认为万物皆具佛性的观点同我们北美与欧洲的集体文化认知产生了共鸣。若我们期望能从佛教之中寻找有关自然之奇迹的支撑理论的话，很可能我们更多地将要仰赖于东亚的传统而不是印度的。这让我们得到了关于佛教的某种启示：佛教能够转移到一个与其文化起源差异甚大的文化氛围之中，并且还能够为该新地区文化提供一种具有极大宗教价值的佛教教义。那么，现在，在看待生态问题时，我们所面临的挑战就是，探寻佛教之中哪些方面的教导能为我们提供最大最好的帮助。

克洛德·列维-施特劳斯（Claude Lévi-Strauss）曾做过一次颇有意义的比较文化研究，其中，他依照不同社会所用的术语，“生煮”（raw-cooked）与“鲜腐”（fresh-rotten），将不同的文化特色作出区分。[①] 借此，他推论，自然物质发生了一些形式上的变化，并且这些存在形式在自然界中无法找到其原型。食物的烹制方式是代表文化转型的一个最基本的例子。比较而言，“鲜腐”喻指这样一种文化模式，其中食物新鲜采集，不用热量加工，直到自然腐烂为止。我们对自然的认知观念就包含着这种特点，可能，我们希望自然存有“鲜腐”现象，好让自然随着它自身的进程发展而没有任何人为的干涉。但是，既然“生煮”式的农耕操作方式、种植与建立人类永久的庇护所等所有这些生活方式占有压倒性的优势，那么，“鲜腐”这样的自然进程几乎是不可能的。并且，在转变之中，在“烹制”过程中，我们也制造了不少麻烦，因为这是一种入侵自然进程的行为。我们可能渴望有“鲜腐”式，但我们却的确生活在“生煮”式的社会之中。我们坐汽车、乘飞机去旅行，吃烤炉灶上烹熟的食物，对水加压，用热水与淋蓬头淋浴。虽然有一种美化“高雅野蛮人”（noble savage）的倾向，并寻求重新返回伊甸园，因那里一切都是“鲜腐”式的，但希望居住在这个星球上的数十亿之众的人们都能够成功地达到那种状态是完全不现实的。假如佛教真能为我们的生态进程提供些什么帮助的话，那一定是在“生煮”式的范

① 克洛德·列维-施特劳斯：《鲜腐与生煮》（*Le cru et le cuit*，Paris：Plon，1964）。

畴之内。

我一直都在努力展示一些困难、挑战、复杂性，与那些虽是隐藏的却具极强大影响力的集体认知观念，以及那些冲击我们将佛教作为一个宗教体系而进行讨论的事件。也许佛教徒们给我们提供的并非是我们想要得到的，如佛教徒有时告诫我们要畏惧自然。他们认为世界是一个无边的"因果之网"(net of causality)，在这网中，每一事物都向整个宇宙的一丝一缕传达着细微的波动，这或许是有益的一课，因它说明，我们对于自己有关自然的一切行为所造成的后果要更加心存畏惧。我们的生存正面临着危险，正如古代印度那些步入原始森林的人们一样，或许我们最好是能够对自然及其力量心存敬畏。我们决不能再陷入那种陷阱之中，那种以为自然是弱小的与被压迫的，而人类却是强大的，是那些"牺牲品"的拯救者的观念之中。自然界，含有微生物，含有穿透力极强并已透过臭氧层的猛烈射线，的确是令人敬畏的。任何认为人类能征服与打垮自然，甚或是拯救自然的信念都既是天真又是自大的，仅在模仿自然的程度上，人类的计策算是成功的。佛教教导我们万物皆是"变化中的无常"(in flux)，任何变化中的事物都不会永远处于一种状态。我们幻想所有的细菌或病毒都能保持在一种不变的状况之中，以便让我们能有充裕的时间去发明旨在摧毁它们的仪器。但在佛教经文与教义里，我们获悉的是这样一个"真谛"(the hard truth)：人类已经察觉到的任何危险都不会保持不变或永远存在，人类必须学会如何在一种随时变迁的自然状态之下生存。

在中国我们看到了自然的另一面，即自然具有治疗功效并且令人愉悦，但是我们应该记住，这种自然观是在整个王国的森林砍伐之后的时代才产生出来的。从古代与现代的风景观来看，中国文化表现出对树木的敌视。若干世纪以前，圣人们所寻找的自然，在那时而言，也是远古时期最原始荒野所残留的碎片。光说圣人们支持自然进程，只看到他们对自然的喜爱，只把这些描述看做是中国人对待自然的准确方式的话，无疑就会错漏掉当时人们真正欣赏的是农耕土地的田园生活这一事实。

佛教也引导我们去重新评价商业社团在这一奋争中的作用。已经有太多的书籍描绘过佛教是"彼岸的"(otherworldly)宗教，所以将佛教看做与商人有着伙伴关系，有时的确会使人为之震惊。

释迦牟尼佛遵循并提倡禁欲的修行方法，而我们的时代的确需要一种全新的“禁欲主义”(asceticism)，这当然是可行的。因为，这种禁欲主义要求使用较少的资源，最毋庸置疑的是，它标示着对人口增长的控制。也许在当今世界，释迦牟尼佛的古老方法仍然是非常重要并富有生命力的，而我们也可以借此构建一种新的禁欲主义；这种禁欲主义远远不只是指示性的，而应当是身体力行的、肯定生命的，甚至可能是饶有趣味的，因为如果它采取了清教徒式的枯燥乏味的方法，它就不能吸收到新的支持者了。

我们在这本集子中所讨论的问题既具重要性又具紧迫性。我呼吁，我们必须让所有复杂的佛教存在形式都展现于我们的讨论之中，并且，我们务必认识到，西方文化的集体认知具有潜在阻碍我们漠视其他解决之道的可能性。佛教可能会给我们的问题提供一些答案，这些答案或许会让我们惊讶，然而假如我们能够对佛教的多种多样的富有变化的情形保持小心谨慎，并充满觉知地去审视，我们就会发现自己已经具备开怀迎接解决我们所面临的环保问题的创新式方法的可能。

（何则阴　译）

# 小乘佛教与生态:泰国的情况

# 当代泰国的佛教生态诠释学介绍：佛使尊者与法藏长老[①]

唐纳德·K. 斯威勒
(Donald K. Swearer)

世界环境危机，促使全世界的宗教信仰者及关心社会问题的人士，在他们的传统文化中寻找办法来阐明导致问题的根本缘由以及问题所表现出的状况。对此，佛教徒也不例外。在探讨一个日益受到威胁的世界里的生存方法的对话中，佛教“相互依赖的世界观”（worldview of interdependence）与“善待环境”的生活方式之间的相融性，“慈悲”与“非暴力”主张的价值观，佛陀的生活方式以及早期“僧伽”（saṅgha）都被引证并对此探讨有着重大贡献。本文力求通过仔细研读泰国对佛法（buddhadhamma）的阐释最有权威的佛使比丘（Buddhadāsa Bhikkhu）和Phra Prayudh Payutto（现在法号为“法藏长老”，Dhammapiṭaka）的一些精选著作，以期对这个讨论提出一些独特的见解。[②]我特别要探究他们独特

---

① “法藏长老”（Dhammapiṭaka）是1993年授予“Phra Prayudh Payutto”的法号，他以前的法号曾为“Sivisuddhimoli”、“Rājavaramunī”和“Debvedi”。Phra Prayudh Payutto出版的著作都曾用过这些名字。此外，我在标题处使用“法藏长老”，但是在文章之中使用“Phra Prayudh”，这样做是遵循格兰特·A. 奥尔森（Grant A . Olson）在翻译《佛法：自然法则与生命价值》（*Buddhadhamma: Natural Laws and Values for Life*）时所确立的标准。

② 关于对佛使比丘和Phra Prayudh Payutto的思想介绍，参看佛使比丘著，唐纳德·K. 斯威勒辑并撰引言：《我与我的：佛使比丘论文选集》（*Me and Mine: Selected Essays of Bhikkhu Buddhadāsa*, Albany: State University of New York Press, 1989）；以及Phra Prayudh Payutto著，格兰特·A. 奥尔森译并撰引言：《佛法：自然法则与生命价值》（*Buddhadhamma: Natural Laws and Values for Life*, Albany: State University of New York Press, 1995）；并请参看格兰特·A. 奥尔森：《从佛使比丘到Phra Debvedi：两位智慧之僧》（“From Buddhadāsa Bhikkhu to Phra Debvedi: Two Monks of Wisdom”），载《极端保守主义：当今世界之佛教》（*Radical Conservatism: Buddhism in the Contemporary World*, Bangkok: Sathirakoses-Nagapradipa Foundation, 1990）；以及山蒂卡罗比丘（Santikaro Bhikkhu）：《佛使比丘：从空旷的自然之眼窥视生命与社会》（“Buddhadāsa Bhikkhu: Life and Society through the Natural Eyes of Voidness”），见克里斯托弗·S. 奎恩与萨莉·B. 金编：（转下页）

的"生态诠释学"(ecological hermeneutics)体系,也就是说要探究他们各自从泰国佛教的经文与传统之中萃取的关于环境方面的教导。在总结部分,我将从我所构建的关于佛使比丘和 Phra Prayudh 的生态诠释学的角度,简明扼要地评价一下伊恩·哈里斯对佛教环境保护主义所进行的评述[①]。

## 引　言

在过去的半个世纪,人口的增长、城市化、工业化和科技的发展导致了全球经济和社会模式的巨大改变。一定程度上来说,这些改变创造出了一个共同的经济文化,这种文化是由现代国家的基本需求以及跨国公司的商业利益决定的。这种文化从本质上来说是物质性的,因为人类的生活是否幸福往往是根据人们生产和消费的物品来定义的。比如说,一个国家的富有情况通常是根据她的国民生产总值来衡量的。

现代经济型文化的发展带来的后果是多方面的。比如说,随着公共医疗卫生服务、住房条件等的改善,全世界大多数人的寿命都延长了。简而言之,就人们生活的物质方面来说,越来越多的人从各种产品的生产和功能的日益

---

(接上页)《入世佛教:亚洲佛教的解放运动》。本文所参照的泰语论文资料包括:佛使:《佛教徒与关爱自然》(*Buddhasāsanik Kap Kān Anurak Thamachāt*[Buddhists and the care of nature], Bangkok: Kōmol Khimthoọng Foundation, 1990);佛使:《来自自然的呼唤》(*Siang Takọn Jāk Thamachāt* [Shouts from nature], Bangkok: Sublime Life Mission, 1971); Debvedī (Phra Prayudh Payutto):《僧侣与森林:这之间有问题吗?》(*Phra Kap Pā: Mī PanhāArai?* [Monks and the forest: Is there a problem?] Bangkok: Vanāphidak Project, 1992);法藏长老(Phra Prayudh Payutto):《泰国人与森林》(*Khon Thai Kap Pā*[Thais and the forest], Bangkok: Association for Agriculture and Biology, 1994)。关于泰国文化与自然环境之一般性介绍的英文文章,参见《泰国文化与环境:暹罗学会的一次研讨会论文集》(*Culture and Environment in Thailand: A Symposium of the Siam Society*, Bangkok: Siam Society, 1989);《人与自然:一种跨文化视野的考察》(*Man and Nature: A Cross-Cultural Perspective*, Bangkok: Chulalongkorn University Press, 1993)。泰语的拼写在依照国会图书馆的标准的基础上作了一些小小的修改,尤其是用"j"而不是用"čh."

① 伊恩·哈里斯:《环保主义者怎么会是信奉佛教的?》("How Environmentalist Is Buddhism?"),载《宗教》(*Religion*) 21, April 1991,第101—114页;哈里斯:《佛教环境伦理学与反传统:以生态佛教为例进行分析》("Buddhist Environmental Ethics and Detraditionalization: The Case of EcoBuddhism"),载《宗教》25, no. 3, July 1995,第199—211页;哈里斯:《因果关系和"终极目的":佛教环境伦理学问题》("Causation and 'Telos': The Problem of Buddhist Environmental Ethics"),载《佛教伦理学期刊》(*Journal of Buddhist Ethics*) 1(1994),第45—57页;哈里斯:《掌握佛教环境主义的要害:一种临时的类型学》(Getting to Grips with Buddhist Environmentalism: A Provisional Typology),载《佛教伦理学期刊》2(1995),第173—190页;以及哈里斯在本文集中的论文。

增加中获益。然而，就算从经济的角度来说，各种产品越来越多的生产和使用也是有利有弊的。一般说来，即使国民生产总值的衡量表明全球的物质财富取得了显著增长，批评人士也会马上指出，这种增长不仅在诸如泰国这种发展中国家，同时也在美国这种发达国家造成了严重的贫富悬殊现象。比如，1998 年开始出现在泰国富有的工业区、市区和较贫穷的农业区关于使用水的冲突，就使得农民多次抗议对他们的水供应的短缺，而这种情况在 1993 年遭遇干旱时就已经达到了危急关头。[①] 从全球范围内来看，尽管农业科技发展了，但是饥饿一直是个世界范围内的问题。依赖化肥和农药的集约型绿色革命所产生的全面而长久的问题比它所解决的问题还要多。生物科技也将会对基因工程产生的后果提出更多的质疑。[②]

各种科技的发展导致了从太空探索到激光手术诸方面的巨大突破。然而，科技进步同时也带给人们在现代社会中所体会到的绝望感以及暴力的泛滥、毒品的滥用与日益增加的武装暴力事件，还带来了看起来似乎难以解决的废弃物处理问题，尤其是大范围的核废弃物的放射性危害以及被有毒物质污染的水和食品供给所带来的威胁。

我们现代的经济文化对传统的道德观、宗教世界观，对人类存在于世的理解，以及对决定“至善”与“幸福”生活的构成因素的看法都有着普遍有害的影响。面对现代经济文化对人类传统生存方式的威胁，有些人寻求回到早先的历史时代，一个生活更淳朴的时代，这个时代被认为是人类初始时的一个理想化的神秘时代。这样做了的宗教原教旨主义者（religious fundamentalisms），无论是基督教徒、犹太教徒、穆斯林、印度教徒还是佛教徒，或许都被认为是从现代世界的无序和威胁中逃避到了早期的纯真生活和价值观中。但是还有另外一些和这些宗教原教旨主义者比起来对现代社会作出更有创造性和建设性回应的宗教人士。如全世界那些有思想的宗教信徒，从维护他们所忠实信仰的永恒洞察和延续着的价值观的角度，来理解和

① 《EGAT 警告大坝水位低》（“EGAT Warns of Low Water Level in Dams”），载《曼谷邮报》（*Bangkok Post*，Monday，13 November 1989），第 1、3 页。

② 例如，参看弗朗塞斯卡·布雷（Francesca Bray）：《农业对国家发展的益处》（“Agriculture for Developing Nations”），载《科学美国人》（*Scientific American*），July 1994，第 30—37 页；D. 皮门特尔（D. Pimentel）等人：《农业基因工程之利弊得失》（“Benefits and Risks of Genetic Engineering in Agriculture”），载《生物科学》（*Bioscience*）39，no. 10（1989），第 606—614 页。

诠释他们的传统,同时他们也参与当今世界的现实生活而不是进行逃避。

在过去的几年里,泰国的媒体投入大量的精力关注国家目标和商业发展目标之间的冲突,和大多数泰国人民(尤其是农村地区的农民们)的福利与环境的优化问题。尤其值得注意的是第七个全国发展计划,因为和前面的计划一样强调物质的增长并且以更平衡的发展和更平等的财富分配为代价而受到了批评。清迈大学(Chiang Mai University)社科系的Ananda Kanchanapan博士说,泰国只注重国民生产总值的增长,而这样做削弱了社会和自然环境之间的道德与精神的一体性。① 发表在《语言日报》(*Matichon*)上的一篇代表此观点的文章就指责泰国的发展以环境为代价,这种做法使社会名流获益,同时还提出了一种改革性的佛教观点,这种观点将挑战那些由于"太富有,太有权利,有太多吃喝与太多车子和情人"所造成的自私、贪婪与奢华的生活方式。②

## 佛使比丘:自然就是佛法

像已故的美国特拉普派苦行修士和崇尚和平的积极分子托马斯·默顿(Thomas Merton)一样,佛使尊者以已为例证明,要与这个世界有深切的精神交流就需要经过一定程度的苦修冥想。③ 和默顿的方式一样,佛使职业生涯的大部分时间都是在泰国森林里一个偏僻的寺院(即"解脱自在园",泰语为"Wat Suan Mokkhabalārāma",简称"Mōkh",位于泰国南部的猜耶[Chaiya])里生活和教学。和默顿一样,他也对他那个时代的重大问题作出积极的回应。虽然在泰国佛使主要被当成教师或"智慧之僧"(泰语为"phra paññā",英

① 根据1989年10月27日在泰国西北大学(Payap University)对麦高菲神学院(McGilvary Theological)全体员工所进行的一次讲座释义。这次讲座题目为"解读泰国社会之状况:关于泰国的暴力与异化问题"(Quam Khawjai Kiewkap Sangkhom Thai: Khabuankan Chai Amnāt lae Kanyaek Chīwit Ok Pen Suan [Understanding Thai society: Violence and alienation])。

② 非常有趣的是,昂贵的精英人才杂志《当代人物》(*Generation* 1, October 1989,第39—55页)刊登了这样的一篇纲领性文章《佛陀垂泪:有感于泰国佛教的衰落》("Namtatthakhot: Anicca Buddhasāsana nai Muang Thai" [The Buddha's tears: The decline of Buddhism in Thailand])。这篇文章提到了一些人的重要意见,他们呼吁泰国僧伽和泰国社会进行改革,其中包括佛使比丘和苏拉克·西瓦拉科萨(Sulak Sivaraksa)。

③ 佛使死于1993年7月3日。

语为“monk of wisdom”)，但是佛使运用“无执”(non-attachment)、“互为缘生”(dependent co-arising)和“空性”(emptiness)的教义为基础，来论述从禅修(meditation)、僧侣戒律、宗教仪式，到工作、政治、佛教中的女弟子，再到环境等范围极其广泛的话题以及其他人们所关注之事。

佛使生态阐释学的核心在于他把“佛法”与“自然”视为同一词语(泰语中“自然”为“thamachāt”，巴利语“dhammajāti”)。1932年，佛使感觉到自然就是“显现佛法的自然”(nature-as-dhamma)，拥有令人解脱(liberating)的能量，这种感觉激励他在苏拉塔尼省猜耶小镇边上的一个森林里建立了解脱自在园作为教学和修行中心，而不是在曼谷追求他的僧侣生涯。对于佛使来说他的森林寺院的自然环境就是个人转依佛法的环境。[①]

> 树，石头，沙子，甚至灰尘和昆虫都会“说话”。这并不是说如很多人所认为的那样它们是“灵”(泰国语“Phī”)或“神”(泰国语“devatā)。其实，如果我们居住在离树和石头很近的自然里，我们会发现我们所产生的感觉和思想都来自于普通事物。最初我们会有“平和与宁静的”(泰语“sangopyen”意为“quiet-cool”)感觉，然后会超越这种感觉直至个人的超脱。自然界把我们从日常世界中无处不在的烦恼、焦虑中“剥离”(巴利语“viveka”)出来，它所带给我们的深深的宁静感会保护我们的心灵和大脑。事实上，自然教授给我们的东西会让我们超越我们自身的“痛苦”(巴利语“dukkha”)而获得新生。那么，树和石头就能和我们“说话”。它们会帮助我们了解到我们从混乱、绝望、焦虑和痛苦的煎熬中沉静下来意味着什么。[②]

佛使把自然和佛法等同的看法促使他把自然当经文一样去解读。事实上感知自然不仅指心灵的感知还包括全身各种感官的感知，因此聆听

---

① 参见佛使：《来自自然的呼唤》。关于生态佛教与深层生态学之间的关系，请参看阿伦·亨特·巴德纳(Allan Hunt Badiner)编：《达摩盖娅：佛教与生态论文集》(*Dharma Gaia: A Harvest of Essays in Buddhism and Ecology*, Berkeley: Parallax Press, 1990)。

② 佛使著，唐纳德·K. 斯威勒译：《来自自然的呼唤》，第5—7页。

“自然的呼唤”(shouts of nature)比研究巴利经文更具有令人“涅槃”(“liberating”,读做“nibbāna”)的能力。此外,佛使强力声明,自然界比起坐在书桌旁来说更是个追求涅槃的合适环境。他说:“如果我们不花些时间待在这个地方(解脱自在园),我们实际上是不能感受到平和与宁静的。只有在森林里,树、石头、泥土、沙土、动物、鸟和昆虫们才会教会我们忘我(self-forgetting)。”[①]佛使的“灵性生态学”(spiritual biocentric)理论认为,和自然界协调统一的观点就等于是佛法中的人与佛合而为一的状态。从中可以推论出,破坏了自然也就意味着毁坏了佛法。

犬儒学派(Cynics)的人可能会争辩说,佛使的生态诠释学是利己的。毕竟,他的论文《来自自然的呼唤》是他在解脱自在园的菩萨天的布道,因此,我们是不是可以把他的教义理解为为了提高人们对他的森林聚会道场的兴趣和支持的一个聪明的策略?但是佛使超过65年的典范性的僧侣生涯就能很容易地驳斥这种说法。然而还有另外两种更严厉的批评:1)虽然他的言论不能被认为是为了宣传解脱自在园,但是有人争辩说,他所构建的佛教修行方式是要人们退却到森林里去,而不是参与到现实世界里来;2)从深层生态学的角度来看,佛使显得更加以人为中心而不是以生态为中心,也就是说,在他看来,森林的价值仅只是精神修炼的地方,而没有考虑森林自身所固有的存在价值。虽然这两种批评都不是没有道理,但是我还是要挑战这两种观点。

在佛使生命的晚期,自然界的破坏成了他最关注的问题。1990年,也就是他去世的三年前,他在解脱自在园作了很多非正式的讲演,其中一个的标题就是“佛教徒与关爱自然”。这篇文章提供了构成佛使生态诠释学的生物中心和伦理方面的见解。[②] 我们就从探究文章中的两个中心词——“关爱”(泰语“anurak”,巴利语“anurakkhaā”)和“自然”(泰语“thamachāt”)开始吧。[③]

---

① 佛使著,唐纳德·K. 斯威勒译:《来自自然的呼唤》,第7页。

② 关于对“生命中心论”(biocentrism)的伦理批评,参看卢克·费里(Luc Ferry)著,卡罗尔·沃尔克(Carol Volk)译:《新生态秩序》(*The New Ecological Order*, Chicago and London: University of Chicago Press, 1995)。

③ 我自己关于《佛教徒与关爱自然》一书的讨论,参见《佛使论关爱自然》(“Buddhadāsa on Caring for Nature”)一文,载《和平的种子》(*Seeds of Peace*) 10, no. 2, September-December 1994,第36—38页。

在全球都关注环境破坏问题的大环境下,泰国语"anurak"通常被翻译成英语中的"保护"。事实上,那在自己的区域和省内努力阻止对森林滥砍滥伐的几十位泰国僧侣被称为"phra kānanurak pā"或是"保护森林之僧"。体现在佛使生活和工作中的"关爱"(anurak)的意思更接近它的巴利文词源,它所传递的意思更丰富,更细致。也就是说,它富含"保护、庇护和关爱"的意思。佛使意指这种更深一层的、佛法性的"保护"(anurakkhā),一种来自人类本性中的固有的、积极的关爱之心。从这种意义上来说,关爱自然就和人类对自身周围所有事物都存有的"移情"(巴利文"anukampā")之感[1]相联系。如果你愿意这样看的话,关爱就是移情的表达方式。

一个人关爱森林是因为他对森林有移情之感,正如一个人关爱包括他自己在内的所有人一样,也是因为这个人对他人变得有移情之感了。"保护"是移情的表达方式,从根本上讲,它是和对当下琐事"无执"或"解脱"相联系的,这也是佛使思想的根本核心。他援引了很多泰语和巴利语来发展这个中心思想,包括"mai hen kae tua"(勿自私)[2],"cit wāng"(无执或心智解脱),"anattā(无我),"suññatā(空性)。1961 年在曼谷的西斯瑞医院(Sirirāt Hospital)的一次对佛法学习小组的讲话中,他明确地阐明了"无执"和佛教精神的关系:"这就是所有佛教教义与佛法的核心:无论什么东西都不应该黏附或执著"。[3] 我们能从自然界学到的就是"无执"或"无我"这种佛法的核心思想。

只有当我们克服了自私以及诸如欲望、贪婪、憎恨这些增胜我们自私的诱因而拥有德行后,我们才算是真心地关爱人类的整个环境,其中包括人类同胞。佛使对这个真理的意义深远的贡献在以下他所著的文章中可

① 西方的佛学学生通常把"anukampā"译做"有同情心",我的观点是译做"移情"更适合些。我头脑里有这样一幅画面或象征:一个音叉仿佛在与它周围的环境发生着和谐共振;参看哈维·B. 阿罗森(Harvey B. Aronson):《小乘佛教中的爱与共振》(*Love and Sympathy in Theravāda Buddhism*, Delhi: Motilal Banarsidass, 1980)。

② 达摩法会(Dhamma Saphā)出版的九本小册子之一《根除自私》(*Kan Tham Lāi Khwām Hen Kae Tua*[Rooting out selfishness], Bangkok: Dhamma Saphā),未注明出版日期。达摩法会是为了传播佛使教义而专门成立的一个协会。

③ 参见佛使比丘:《菩提树的"心材"》(*Heartwood from the Bo Tree*, Bangkok: United States Overseas Mission Foundation, 1985),第 13 页。那些批评佛使是现代的折中派思想家的人应该记住,他从来没有放弃过"无执"这一核心概念。虽然这个概念是佛教徒所普遍共有的,并且是现代佛教护教论者所特别强调的伦理重点,但是这个观念也是古典小乘佛教"戒法"(sila-dhamma)的根本。

见:《克服自私是政治体制的根本》(*Khwām Mai Hen Kae Tua Jampen Samrap Rabop Kanmuang Khong Lōk*, 1989),《服务他人可以使世界和平》(*Kn Rapchai Phūœn Tham Hai Lōk Santi*, 1960),《为了建设一个美好社会,用超脱的心智去工作吧》(*Kān Tham Ngān duœ Cit Wāng Phū'a Sangkhom*, 1975)。请注意无执、无私以及真诚关爱他人的潜能之间的永恒联系。因此,从佛使的佛法意义上来说,关爱就是对无论是"有情众生"(sentient)还是"无情器世间"(nonsentient),对无论人类还是自然界的所有生命形式移情的表达方式。

这种更深意义上的"保护"含义远远超出了那些大肆宣传的一般意义上的森林保护策略,比如说由保护环境的僧侣们实施的给树授皈依仪式(ordaining trees)这一条在泰国就变得和这些策略一样重要了。由此该谈谈第二个词"thamachāt"了。泰语"thamachāt"通常被翻译成"自然"。这个词的巴利词根则意指所有和佛法(jāti)有关或源于佛法的事物。也就是说,"thamachāt"包括所有处于真实、自然状态的事物,佛使称这种状态为正常的普通(pakati)状态,事物只有处于这样的状态才是真实的与佛法的状态。因此,"保护""自然"就理解成:要按世界上一切事物的最自然状态以"移情"的方式去用心关爱它们。也就是说,要按照它们自身的真实样子关爱它们,而不是按照我可能从中获益的样子或我想让它们成为的样子去关爱它们。事实上,保护自然的含义是指"我"和自然并不是对立的而是互为缘起的。换句话说,"无执"或"忘我"的伦理、灵性意义暗示了本体意义上"互为缘生"的真理。

从伦理角度来看,这意味着我们对自然的关爱是源于我们自身固有的那种对自然无私与"移情"的回应。这样做的动机不是为了满足我们自身愉悦的需要,比如说不是因为要保持我们自己美丽的花园,或是为了实现我们所渴望的通过保护自然以使我们身心健康的目的,或是为了我们后代的利益。当然,从实用主义和功能主义的角度来说,保护自然确实是具有巨大价值的。我认为佛使对这个事实也是不会有异议的。被精心照看的花园对园丁有意义,也能给观赏的人以启示;此外,人类的生存要依赖我们是否能够保护好我们日益减少的自然资源,是否能够解决越来越严重的自然环境污染问题。虽然在这两种意义上保护自然的行为都是值得赞赏的,但是它们都缺乏佛使对"保护自然"所意指的那种深刻的转变和精神意义(transformational or spiritual sense)。我认为佛使把自然和佛法视为同一的做法使得他的观点本质上就是以生物为中心的。也就是说，聆听自然的呼唤，关爱自然都是佛家“忘我”精神的表达，而不仅仅只是有助于人类的繁荣。

关于积极关爱他人这个观念不需要太多的解释。① 这个词自身就能从我们自己的经历中唤出很多的例子：关爱孩子的父母，朋友之间的相互关爱，有责任心的公民关心国家的安宁。但是佛使所说的关爱“自然”到底是指什么意思呢？关于自然，佛使既没有形而上学的概念，也没有浪漫主义的概念。正好相反，对于佛使来说，处于真实和自然状态的事物正是以它们动态的、互为缘起的(idappaccayatā, paṭicca samuppāda)本质为特点的。一切事物都在“互为缘起”的过程中相互联系着，正如佛使经常所说：“我们都是处于不可逃避的生老病死道路上的共同的朋友，患难与共。”②换句话说，这个世界就是一个相连的、互动的、合作的整体(泰语“sahakorn”，巴利语“saha＋karaṇa”)，而不是一个互不相同的、对立的零散体的集合。③ 因此，从最深层的意义上来说，关爱自然就是指加入这个互为缘起的存在状态之中，而不仅仅是人类为了自身的缘故而保护自然。

虽然人类之间的联系对于我们来说是不言而喻的，正如我们和家人、朋友的关系一样，但是人类和自然之间互为缘起的关系就没有这么明了。直到最近人们才普遍认识到，巴西热带雨林的毁坏以及往海洋里倾倒有毒物质会影响全世界的生态系统；或者，用更直接、更贴近个人的话来说，我个人是否节约水、电、气等等不仅影响我的家用账单，还会影响整个宇宙的健康。因此，关爱自然就是源于这么一个现实——我不是也不能独立于整个环境而生存。我不是“一个人的孤岛”(an island onto myself)；或者，用佛使的语言来说，我不是也不能“仅靠自己”(巴利语“atta”，泰语“tua kū khong kū”)生存，因为这样做违背了“自然法则”(dhammajāti＝idappaccayatā)。

因此，佛使关于“社会协作”(sahakorn)的见识延伸到了宇宙中最大的范围。

---

① 例如，参看内尔·诺丁斯(Nel Noddings)：《关怀：伦理学和道德教育的女性视角》(*Caring: A Feminine Approach to Ethics and Moral Education*, Berkeley: University of California Press, 1984)。

② 佛使经常在他的讲话中使用这句短语。如请参看《佛教徒与关爱自然》，第 34 页。

③ 佛使：《佛教徒与关爱自然》，第 34—35 页。

整个宇宙就是一个合作体。太阳、月亮和星星作为一个合作体而共同存在。同样地这也适用于人类和动物、树木和土地。我们身体的各部分以一个合作体的形式运转。只有当我们认识到世界就是一个相互的、互为缘起的、合作的实体,认识到人类相互都是在生老病死道路上共同的朋友,我们才能建立起高尚的,甚至天堂般的环境。如果我们的生命不是建立在这条真理的基础之上的,那么我们都必将灭亡。①

我个人的健康和其他一切东西及他人的健康都是相互依存、密不可分的,反之亦然。在佛使的观点中,这一点是无可争辩的"绝对真理"(saccadhamma)。违背这条真理就将自食苦果。今天,我们正在承受苦果。正如佛使预见性的表达一样:

贪婪和自私正在摧毁自然。……人类的整个环境已经被毒害了——到处都是"监狱",医院里住满了身体有病的人,并且我们无力建造足够的设施来照顾那些患有精神病的人。这是我们"纯粹自私"(泰语"khwām hen kae tua")的结果。……然而面对这一切的后果,人类的贪婪和自私还在继续膨胀。难道这种疯狂就没有止境了吗?②

在佛使的观点中,关爱自然不仅是关爱他人和自然,还要关爱我们自己。从外在来说,自然是物理性的自然。但是自然内在的真理就是佛法的"精髓"(dhammadhātu),这是佛法最基本或最根本的本质,也就是说,是指一切事物"互为缘起"的本质(paṭicca samuppāda, idappaccayatā)。"只有当我们认识到这个真理——佛法精髓的真理,只有这条关乎一切事

① 佛使:《佛教徒与关爱自然》,第35页,笔者译本。佛使的观点和其他宗教里可比的生态观的相同点很引人注目。如参看欧内斯特·卡迪纳尔(Ernesto Cardenal):《活着就要去爱》("To Live Is To Love"),见沃尔特·霍尔登·卡普斯(Walter Holden Capps)与温迪·M.赖特(Wendy M. Wright)编:《寂静之火:应西方神秘主义之邀》(*Silent Fire: An Invitation to Western Mysticism*, New York: Harper and Row, 1978)。

② 佛使:《佛教徒与关爱自然》,第15—16页。为了表达我对佛使思想的理解,我给出了一份泰语本的免费译本。

物本质的法则牢牢地记在我们的心里、头脑里,我们才能克服自私和贪婪。通过守护这条内在真理我们才能真正地关爱自然。"[①]

佛使环境哲学的特点可以归结为把自然和佛法视为一体的基础上的"灵性生命中心论"(a spiritual biocentrism)。他在解脱自在园的自然环境中淳朴的生活方式,进一步为他把这些教义付诸实践的可能性提供了令人信服的证据。佛使把生态诠释学构建于自然和佛法为一体存在的理论基础上,他自然就反击了对其环境哲学要么太专注于"来世"(otherworldly)要么太过人类中心(anthropocentric)化的批评。另外一种批评指出,佛使没能运用足够的小乘佛教的历史传统来证明他的生态诠释学,这种批评促使我们去了解 Phra Prayudh Payutto 的思想。

## 法藏长老:自然观及其对觉悟的追求

格兰特·A.奥尔森在其对法藏长老法体系的介绍中,对他的生平提供了一个概述。Phra Prayudh 出生于 1939 年,也就是在佛使建立解脱自在园之后的七年。他僧侣生涯的轨迹和佛使完全不同。为了成为泰国僧伽所认可的最杰出的巴利学者,他在泰国通过了第九级,也就是最高一级巴利文研究的学习。他的著作包括两本巴利字典,主编了最新版本的泰国《巴利大藏经》(*tipiṭaka*)和国立玛希隆大学(Mahidol University)巴利法规光碟,以及《佛法:自然法则与生命价值》[②]这部了不起的阐释佛法的著

---

① 佛使:《佛教徒与关爱自然》,第 12—13 页。

② 格兰特·A.奥尔森翻译了《佛法:自然法则与生命价值》(*Phutaham: Kotthamachāt lœ Kham Samrup Chīwit* [Buddhadhamma: Natural laws and values for life], Bangkok: Samnakphim Sukhaphap, 1971)的第一版。第二版是在泰国由布鲁斯·G.埃文斯(Bruce G. Evans)翻译的。目前,Phra Prayudh 的英文专著包括范围很广的一些话题:例如《佛教界之中的泰国佛教》(*Thai Buddhism in the Buddhist World*, Bangkok: Amarin, 1984);《期望美国解决泰国问题》(*Looking to America to Solve Thailand's Problems*, Bangkok: Sathirakoses-Nagapradipa Foundation, 1987);《走向可持续发展的科学观》(*Toward a Sustainable Science*, Bangkok: Buddhadhamma Foundation, 1993);《善、恶与超越:佛教教义中之"业"》(*Good, Evil, and Beyond: Kamma in the Buddha's Teaching*, Bangkok: Buddhadhamma Foundation, 1993);《21 世纪问题的一种佛教式的解决方法》第二版(*A Buddhist Solution for the Twenty-first Century*, Bangkok: Sahathammik, 1993);《佛教经济学:一种市场定位的中间道路》第二版(*Buddhist Economics: A Middle Way for the Market Place*, Bangkok: Buddhadhamma Foundation, 1994)。

作。虽然近几年来,Phra Prayudh 致力于学术工作,但是从 60 年代中期至 70 年代中期,他积极从事公共机构的领导工作,比如曾担任曼谷 Phra Phirain 寺院的住持,以及佛教僧侣所开办的摩诃朱拉隆功大学(Mahāchulalongkorn University)的常务秘书长。他还曾经被授予好几个名誉博士学位,并且在 1994 年还因为和平教育事业获得了联合国教科文组织的嘉奖。

佛使的名望主要在于他对佛法颇有创新意义的诠释,然而 Phra Prayudh 阐释的教义本质上更加系统化,和巴利文经典的教义及小乘佛教的历史传统更相一致。他们的这些不同,在一定程度上反映出了他们各自不同的僧侣生涯模式。佛使创建了一种从根本上超越泰国僧伽正常结构和体系的僧团生活模式,而 Phra Prayudh 却选择在常规僧团结构范围内做一位教育家和学者,也许更重要的是,他写的佛法完全没有个人的主观偏见,而是客观地呈现了佛祖的教义。① 相比较而言,佛使的教导则是基于一些根本主旨,他参照了各种各样的文献,却几乎没有参照原典或"客观存在的"历史文献。佛使没有忽略巴利文本的教义,尤其是巴利文"经典"(Suttas);然而,经典文献的参考对其哲学凝思并没有带来决定性的影响。

佛使和 Phra Prayudh 都用了巴利文本和佛教传统作为资料来源来处理环境问题,但是他们是通过不同的诠释方法来做到这一点的,这也反映出他们各自不同的历史背景以及他们与泰国僧伽间不同的关系。在 Phra Prayudh 最近的专著《泰国人与森林》中,他描述了几种与佛教环境伦理相关的理论。虽然这些理论和佛使的描述有共同之处,但是 Phra Prayudh 的诠释方法和佛使有几方面的不同,尤其是 Phra Prayudh 大量参照巴利经文,有些地方大量使用巴利词汇而不是泰语,而且,他在文章的组织和演绎方面更具系统性。换句话说,Phra Prayudh 的文章,包括那些关于环境的著述,都反映出他具有遵循文本考证的学者风范,不愧为一位结构严谨的作家。相比较而言,佛使更主要地是一个以口头而不是笔头为表达手段的哲学家。②

---

① Phra Prayudh Payutto:《佛法》,第 26—27 页,奥尔森的导言。

② 关于笔头和口头传播方式的划分不应该太清楚。虽然 Phra Prayudh 也作过很多讲座,但是和佛使相比,他更多地依然是运用笔头功夫而且完全是沉浸在巴利经典与论疏文献之中,而佛使的名声主要来源于其讲话的转录和发表。

Phra Prayudh 撰写的《泰国人与森林》是以时间为序,分三个方面来展开的:过去、现在和未来。关于现在,他把环境破坏问题归咎于当前西方社会三个导致错误信仰的世界观:人类和自然是相分离而存在的,人类是自然的主人,以及幸福在于一个人获得了多少物质上的好处。[①] 在他为 1993 年世界宗教大会准备的文章中,Phra Prayudh 从更加全面且不那么容易引起争端的角度提出了同样的立场。他把这三种不良信仰确定为对待自然、人类同胞,以及个人人生目标的三种错误态度。[②] 这三种错误的态度就导致了"错误的观点"(micchadiṭṭhi),如果要制止破坏环境的态度和行为,这个观点就必须得到转变。Phra Prayudh 坚持传统的小乘佛教观点,认为正确的观念导致正确的行为。[③] 和佛使及其他环境哲学家的观点一致,他辩驳说除非人们都普遍有了正确的观点并把自己看成自然的一部分,否则在世界范围内对环境破坏的趋势将会无法制止地继续下去。

与佛使把自然和佛法看成一体为基础的生命中心论不同,Phra Prayudh 强调佛教的伦理价值观为环境哲学论的核心。他强调佛教的三个道德价值观:"感恩"(泰语"kataññū",英语"gratitude"),"慈悲"(泰语 mettā,英语 loving-kindness)以及"安乐"(泰语 sukha,英语 happiness),这三个价值观能够促成对待包括植物、动物和我们人类同胞在内的积极的、有益的环境态度。他对"感恩"的讨论始于《小对话集锦》(*Khuddada Nikāya*)中的一篇文章:"一个在树阴下或坐或睡的人是不应该砍掉其一节树枝的。伤害了这样一个'朋友'的人就是邪恶的人。"[④]Phra Prayudh 对此评述道:

> 这个格言提醒我们:我们所享受的树阴也会荫蔽他人。一棵树就像是一位我们没有任何理由可以伤害的朋友,伤害一棵树就如同伤害一个朋友。对待自然的这样一种良善的内在态度,一方面可以

---

① Phra Prayudh:《泰国人与森林》,尤其是第 43—68 页。

② Phra Debvedi:《21 世纪问题的一种佛教式的解决方法》,第 7 页。

③ 参看 Phra Prayudh Payutto:《佛法》,第二部分。这个声称并不是为了陈述他介入佛教内部的那些认为"无观点"比"正确观点"好的人之间的哲学争论。

④ Phra Prayudh 著,唐纳德·K. 斯威勒译:《泰国人与森林》,第 22 页。

防止我们做出破坏性的行为，另一方面将会促使我们做出有益的行动。①

Phra Prayudh 把“感恩”和“慈爱”这两种道德价值观联系在了一起。后者来自于这样一种认知：根据“自然法则”（泰语“kotthamachāt”），人类和其他有生命的事物都普遍联结在生老病死这条共同的道路之上。Phra Prayudh 认为，这种共同感促使我们对周围的所有事物拥有合作和帮助的情感，而不是与它们竞争或敌对。② 他认为，确认到大家存有一个共同的敌人——“阎王”（maccurāja, the King of Death）或“死魔”（Māra），有助于慈悲的产生。从这种认知，他得出了根据因果关系而形成的生态训诫：“我们对植物和动物的利用都必须经过周密的、合理的思考，而不能不考虑行为的后果而对它们随意取用”。③ 此训诫之蕴意在于，有了正确的了知，我们就不会随意地增加自然界和人类世界的苦难。和佛使更加凭直觉以及以本体论为主的角度不一样，Phra Prayudh 对待自然的方法被看成理性与合乎伦理的。他强调“众生”（all life-forms）之间存有互为缘起的“业力”（karmic）影响，指出我们需要认真衡量人类行为的后果，以避免我们随意增加有情众生与无情器世间的苦难。

对于和环境有关的第三种道德价值观，Phra Prayudh 参照了佛学教义所说的人类的“安乐”依赖于我们周遭的环境，这主要表现在两个方面：1. 仅仅简朴而简单地居住于一个自然环境里，就能使人产生很大的幸福感以及安宁感；2. 自然是人类心灵和精神的老师，自然不仅有助于训练我们的道德品质还有助于训练我们心智的专注力。他说就是这个原因佛教才起源于森林，僧侣们都在丛林里追求他们的理想，森林是训练人的身心以去除阻止人达到心智自由之“垢染”（kilesa, defilements）的理想场所。④ 此观点再次体现了 Phra Prayudh 对待自然也就是森林的方法有别于佛使。野生自然如森林、山脉、洞穴，是去除阻止人们实现“涅槃”（nibbāna）

① Phra Prayudh 著，唐纳德·K. 斯威勒译：《泰国人与森林》，第 22—23 页。
② 同上书，第 24 页。
③ 同上注。
④ 同上书，第 26 页。

之垢染的佳境,这种价值观和佛使关于自然的内在价值观比起来,更加以人类为中心而且更加有用。

Phra Prayudh 的生态诠释学聚焦于佛祖以及僧伽的生活,并以此作为佛教徒对待自然态度的范例,尤其是对待森林的态度:“巴利经文中所记载的佛教历史清楚地指出,僧侣们把森林看成修炼佛法,获得心灵宁静与喜乐,以及最终达到较高的精神觉悟之境的地方。”①具体提到佛祖的生活时,和其他的泰国人,如伽殊马·卡比辛(Chatsumarn Kabilsingh)②所倡导的“绿色佛教”(Green Buddhism)观一致,Phra Prayudh 评述道:

> 从佛祖离开他的宫殿的那一刻起,佛教就和森林联系在了一起。佛祖对“真理”(saccadhamma)的寻求就发生在森林里。就是在森林里,他花了六年的时间来寻求种种人生苦难的解脱之道,就是在“菩提树”(Bodhi tree)下,他获证了“圆满解脱”(enlightenment)。从他在蓝毗尼(Lumbini)森林花园里的一棵“婆罗双”(Sāl)树阴之下诞生,直到他在同一种树下涅槃,佛祖的一生都和森林有关。因此佛教自其创始者出生的那一刻起就和森林联系在了一起。③

Phra Prayudh 除了广泛地以佛祖和早期僧伽为范例,他还具体引用了巴利经文里的章节来证明他的观点。比如,在说明佛祖说到过自然是寻求“圆满觉悟”(bodhiñāna)的最佳环境时,他提到:“哦,僧侣们,为了寻找‘善’(kusala),最好的地方是在诸如优娄频罗(Uruvelā)的乡野之地。在那儿你会发现有着树木和田地的使人身心爽快的环境,会发现流淌着的清凉的河水,会发现令人愉悦的土地,而那片土地上有着可以让你‘化缘’(gocaragāma)的人家。而这种令人愉悦的环境适合僧侣们追求他们的宗

① Phra Prayudh:《泰国人与森林》,第 27 页,笔者译本。

② 例如,参看伽殊马·卡比辛:《佛教僧侣与森林保护》(Buddhist Monks and Forest Conservation),载《极端保守主义:当今世界之佛教》,第 301—311 页。

③ Debvedi:《僧侣与森林:这之间有问题吗?》,第 4 页,笔者译本。

教修行目标。"[1]Phra Prayudh 还引用了居住在森林里的佛祖门徒们的故事,如阿嗜多长老(Vanavaccha Thera)、质多长老(Citta Thera)和 Cūla 长老的故事,这些门徒赞美高山、小鸟、昆虫以及森林。他还提到了摩诃迦叶尊者(Venerable Mahākassapa),迦叶尊者建议僧侣们居住在有森林、动物和鸟类的优美自然环境的洞穴里和山林中。[2]

Phra Prayudh 立足佛祖的故事和巴利经文中发现的一些早期训导,论证自然是宗教修行场所的论点。佛使也把自然以及宗教修行与心智成长联系在一起,但是他是通过以解脱自在园作为他主要的例子来做到这一点的,而不是通过引用宗教经典和论疏。此外,Phra Prayudh 更诉诸理性。和那些为了保护树林而为树木授皈依或者对树木进行神圣仪式不同,Phra Prayudh 相信,现代佛教徒应该超越诸如"感恩"、"慈悲"等佛教价值观,并且不应该只求助于经文所载的关于释迦牟尼和早期僧伽的故事,还应该运用科学证据来说明诸如环境污染及环境保护之类的全球问题。

Phra Prayudh 对于普拉甲·库塔吉多(Phra Prajak Kuttajitto,来自泰国东北部武里南省[Buriram Province]的一个相当有名的僧侣活动家)事件的回应,是颇具教育意义的。普拉甲现在已经回归凡俗生活了,但他曾经在 1991 年因为试图保护森林的行为而两次被捕。第一次是因为他侵占了国家森林保护区,在那儿修建了一个禅院;第二次是因为组织 Korat 省的村民们抗议。这两次事件都是他领导人们抗议政府把村民们从国家森林保护区搬迁出去的计划。Phra Prayudh 质疑让村民们搬迁的合法性,同时也反对在具有自然多样性的森林里都种上单一桉树树种的建议,因为这种树主要是为了经济利益而种的。

为了回应普拉甲颇引人争议的行动,Phra Prayudh 在 1991 年 10 月 2 日发表了一个讲话,这个讲话后来以"僧侣与森林:这之间有问题吗?"为标题出版了。他的讲话一开始就说到,他不打算评述普拉甲事件本身,尤其是该事件究竟是正确还是违法的。他所关心的是这个事件对泰国佛教

---

① Phra Prayudh:《泰国人与森林》,第 28 页,笔者译本。
② 同上书,第 29—33 页。

可能会造成的有害影响:

> 我们需要从佛教的角度来审视这个事件。比如说,现在有一个谣言说,政府要颁布法律禁止僧侣们进入森林修行。我不知道这个谣传是真还是假,但是如果真的颁布了这么一条法令,我们就必须从佛教的角度来仔细地研究它,尤其要从僧伽和森林的关系之角度。如果我们明白了这种关系的根本原则,那么我们就能表现得体、举止适宜。①

Phra Prayudh 没有就这个敏感的政治事件表明自己的立场,而是倡导以基于经文和小乘佛教传统的理性方法来对待这个事件。

在阐明佛祖的诞生、成道以及涅槃都是在树下发生的之后,Phra Prayudh 提到,很多捐赠给僧伽的佛教精舍都建在森林里,如频婆娑罗王(Bimbisāra)捐赠的迦兰陀竹园(Veluvana),只多太子(Jetaṃ)捐赠的祇树给孤独园(Jetavana),医王耆婆(Jīvaka)所给予的 Jīvakamphavana 园,还有很多别的精舍,比如大林精舍(Mahāvana,释迦牟尼访问释迦族[Sakyas]的首府迦毗罗卫城[Kapilavattu]时就居住于此)。虽然佛祖建议僧侣们居住在森林里:"哦,阿难(Ānanda),当一个比丘加入僧伽时,应该鼓励他修炼佛法,遵守戒律(pāṭimokkha),少言寡语,并且居于静地,**如果可能的话,就住在森林里**"②,并且把森林赞美为修炼佛法之胜地。Phra Prayudh 反对天真地、简单地把佛教和自然等同起来的观点。使得佛陀提倡将森林作为僧侣隐居地的根本原因是,森林是适合于僧侣追求修炼成道的地方,不是居住在森林里是僧侣生活的必需和充分条件。相反地,由于僧侣的责任不只在于实现自身对觉悟的追求,还在于延伸到僧伽的其他成员以及世俗社会之凡夫,因此佛祖规定,精舍应该位于离城市既不太远也不太近的地方,这是第二个应该铭记在心的原则。精舍"应该在一个安静的地方,离城市有合适的距离,不要太嘈杂和无序。太接近城市了往往会使精舍

① Debvedī:《僧侣与森林:这之间有问题吗?》,第 3 页。
② 同上书,第 10 页,笔者译本。

太繁忙，但是太远离城市又会不利于僧侣们的弘法工作”①。

僧侣们相互之间也负有责任，要求他们每个月进行两次正式的“僧伽羯磨会”（sanghakamma）。此外，“毗奈耶”（vinaya）还禁止僧侣们为自己的生存奔波。因为僧侣们靠俗家的食物生存，因此他们不能脱离社会与世隔绝。这些戒律首先把比丘与比丘尼融合成为一个整体；其次就是把他们和俗人联系在一起。因此，虽然佛祖赞扬居住在森林里，但这并不是建议去过一种与世隔绝的独居的苦行生活。事实上，根据以下五种对“头陀支苦行僧”（dhutaṅga monks）的分类，人们可以发现早期佛教对于居住在森林里的苦行僧的一种矛盾感情。这五支是：愚痴支、贪求名望支、精神狂乱支、追随佛祖赞许榜样支、固守独居与清净以求佛法支。② 因此，虽然 Phra Prayudh 提到在佛祖和早期僧伽的经历中，森林作为追求心智成长的最佳环境的重要性，但他也认为，早期的佛教在看待森林时也是持有疑虑态度的。此外，他认为远离人居的野外自然对于僧侣修炼会带来很多实际问题，因为僧侣们要依靠俗人供养食物和一些其他的物质必需品以维系生存。

Phra Prayudh 的生态诠释学，是基于他对佛祖生平和巴利经文里记载的早期僧伽生平的仔细研究，以及佛法提倡要离苦得乐以求圆满解脱的首要目的之上的。他发现在佛教的“互为缘生”（mutual cooperation）的世界观之内，可以找到他认为应该为全球多种形式的剥削负责的西方社会的二元论哲学和物质主义思想的替代观念。Phra Prayudh 并没有提出一个佛教式的“盖娅”（gaia）理论或生物中心论，也没有像佛使那样把自然和佛法等同起来，或描绘一幅佛祖及其门徒在树阴遮避的幽谷之中滔滔传教的浪漫画面。对此，他警告说：

> 释迦牟尼受尊敬不是因为他居住在森林里，或是他教导人们每天只吃能度日的食物，他受尊敬的原因是他洞知佛法并传授佛法。释迦牟尼提倡俭朴、简单和知足的生活，但这并不是最终目的，而仅

① Debvedi：《僧侣与森林：这之间有问题吗？》，第 11 页，笔者译本。

② 同上书，第 15 页。

仅是了知一切行为具有因果关系的一个前提。释迦牟尼赞扬诸如大迦叶(Mahākassapa)这种居住在森林里的僧侣……但他也说,一个人是否住在森林里,只不过是个人的喜好问题。①

佛使比丘和 Phra Prayudh 代表了当代泰国佛教界对待环境问题的两种既不同但又互补的方法。和 Phra Prayudh 基于理性、经文和历史传统的伦理路径比起来,佛使把自然和佛法等同看待的直觉与本体论的观点,以及因此自然而然所产生的"关爱自然"(anurak thamachāt)的观点,和伊恩·哈里斯所称的"生态佛教"(ecoBuddhism)理论更具共同之处。佛教以及世界上其他那些伟大的宗教是复杂的、多样化的、能动的,而不是泛泛的与简单易懂的。正如泰国佛教这两个例子所说明的,即使在当代同一个文化传统的背景之中,也不会存在意义单一的佛教生态诠释学。

## 反对观点:佛教环保主义——对森林的批评

佛教徒和佛学学者力求构建一种佛教环境伦理学的努力遭遇了一些反对论点,生态佛教方面最强烈的批评者有袴谷宪昭(Noriaki Hakamaya)、兰伯特·斯密特豪森,以及伊恩·哈里斯。② 在此简短的结束语中,我不可能对所有的这些评论一一进行深入的分析;这个结束语的目的只是要表明,这些评论对于研究佛使和法藏长老的本质意义究竟何在。

依照伊恩·哈里斯的观点,近来在佛教和环境伦理学领域的著述可以粗略地分为四类:1. 由佛教教义传统卫士所完全肯定的佛教环境伦理学;

① Debvedi:《僧侣与森林:这之间有问题吗?》,第 17 页。

② 兰伯特·斯密特豪森:《佛教与自然》(*Buddhism and Nature*, Studia Philologica Buddhica, Occasional Paper Series 7, Tokyo: International Institute for Buddhist Studies, 1990);《植物的感知问题》(*The Problem of the Sentience of Plants*, Studia Philologica Buddhica, Occasional Paper Series 8, Tokyo: International Institute for Buddhist Studies, 1991);以及《早期佛教传统与生态伦理学》("The Early Buddhist Tradition and Ecological Ethics"),载 1997 年《佛教伦理学期刊》4,第 1—42 页。袴谷宪昭:《佛教作为对自然的批评》("Shizen-hihan to-shite no Bukkyo"[Buddhism as a Criticism of physis/nature]),载 *Komazawa Daigaku Bukkhogakubu Ronshu* (1990),第 380—403 页。

2.类似的由日本和北美学者及活动家们撰写的著作,他们力求为环境伦理学找到教义方面的理论根基,代表人物有乔安娜·梅西;3.虽然是基于一个可信的佛教式的回应,但却对此持批评性态度的研究,如由兰伯特·斯密特豪森等人所进行的研究;4.由袴谷宪昭所提出的完全排斥佛教环境伦理学可能性的研究,他认为,这种伦理学期望建立在一个追求来世意义的宗教之上。①虽然哈里斯承认,他更赞同第三种立场,但是他却把自己划归为第四种。这就使得他成了一位他称之为"生态佛教主义"的强烈的批评者;同时这也导致人们质疑他想把佛教环境伦理学构建于诸如"因果律"(causality)这样的古典教义之上的尝试。哈里斯在《宗教》和电子新版《佛教伦理学期刊》上发表了一系列的文章提出他的批评观点。我的目的不是想给予哈里斯的分析所应得的关注,而是想要指出他阐释论的导向。

在他最初开始抨击这个领域的时候,哈里斯就确立了他自己的立场,而他的这种立场通过他随后所发表的一系列文章被逐步演绎出来。和他所引用的"生态精神"(ecospirituality)、"生态正义"(ecojustice),以及"生态传统主义者"(ecotraditionalists)②相比较,哈里斯指出,佛教传统认定精神追求为首要之事就使得人类凌驾于动物王国和自然界之上。他指出,比如说虽然人类和动物之间相互依存的命运可能暗示人类应该和动物团结一致,但事实上生为动物被认为是尤其不幸的,它们不能在佛法和律法中成长,也不能像"僧侣"一样受皈依。③ 此外,虽然动物也注定是可以最终觉悟的"众生"(beings)之一,但是他们作为动物本身是没有其内在的存在价值的。哈里斯声称,事实上"经文留给人们的印象是,人们是带着一种恐惧和迷惑的态度来看待动物的"④。根据哈里斯的分析,植物世界的遭遇也并不比动物世界好多少。他总结说对于自然的常规看法,就是要么把它看成需要改良或开垦的对象,要么把它看成用于疗养身体所会碰到的事物。⑤

---

① 哈里斯:《掌握佛教环境主义的要害》,第177页。笔者省略了哈里斯关于入世佛教活动家这一部分。从教义学上来说,他们可以和他的第一类型联系在一起。

② 同上注。从某种意义上来说,哈里斯的类型学代表了他所称的"生态护教学"(eco-apologetics)的形式。

③ 哈里斯:《环保主义者怎么会是信奉佛教的?》,第105页。

④ 同上书,第107页。

⑤ 同上书,第108页。

生态佛教是当代美国人为了找到可靠的解决当前环境问题的佛教方法的一种尝试,在对这种生态佛教的研究之中,哈里斯说,这项运动代表传统佛教宇宙论向"目的论"(teleological)的转型。① 在他早期调查巴利、一切有部(Sarvāstivāda)、经量部(Sautrāntika)、中观派(Mādhyamika)和瑜伽行派(Yogācāra)经典之立场的文章中,哈里斯的评论更是集中在他所认为的佛教因果律的"目的论"上。在那篇文章中,他提到,首先关于自然界,一个佛教行为的指导方针应该是"由佛明确认可的";其次,佛教关于"无目的论的"(dysteleological)自然观,不适宜于诸如全球变暖和生物多样性这类引起广泛争论的环境伦理学问题。②

至于这篇文章的目的则在于,把哈里斯关于佛教环境伦理学问题的观点,当做与佛使和 Phra Prayudh 的观点以及本文集中关于佛教与生态论文基本观点的对照。虽然佛使和 Phra Prayudh 的生态诠释学体系在很多方面有显著差异,但是两者都会非议哈里斯对"佛教生态护教学"(Buddhist eco-apologetics)的批评。我相信,佛使和 Phra Prayudh 至少会基于以下三个方面来反对哈里斯的观点:1. 他的立场是建立在他所选读的一些极个别的经文和传统之中关于自然和动物的狭隘的佛教观点之上的,如果哈里斯对比如说《佛本生经》的叙述选集进行了分析的话,他关于佛教对待动物态度的判断可能会有所不同。2. 如果出于环境可持续发展的要求,佛教的"因果"(或"因缘")理论必须成为"目的论"式的话,那么,无论是否如此,这都将是富有争议性的问题。比如说,佛使的"生物中心本体论"可以从"义务论"(deontology)的角度来理解,或者,如佛使所表达的"自然暗示着某种道德来源或道德义务"。3. 虽然"佛的教导"(buddhavacanaṃ)在小乘佛教传统中是有权威性的,但是确切说来,道德行为的导引是不需要得到佛的认可的。

在佛教中,大自然一个主要的良好作用就是:它是心智成长的一个好场所,也就是说它对人的身心有着疗养价值。看起来 Phra Prayudh 在这方面是同意哈里斯的观点的。但是佛使更加倾向于生物中心论的观点,

---

① 哈里斯:《佛教环境伦理学与反传统》("Buddhist Environmental Ethics and Detraditionalization")。哈里斯在《因果关系和"终极目的"》("Causation and 'Telos'")一文中,集中批评了因果论的转型问题。

② 哈里斯:《因果关系和"终极目的"》,第 54 页。

他已经超越了这样一个把自然看成是人类追求自身繁荣之最终目的理想的工具性理解。对于佛使来说，自然有着其固有价值，而且还显现着佛法，它并不仅仅只是具有有助于僧侣追求精神转依的工具性价值。哈里斯认为佛教生态辩护者们对佛教思想的解读虽是出于好意但也是有问题的，反驳他们时，他根据佛教正统派学说的标准，判定佛使的生态诠释学是不真实的或者仅仅是“被采信为真实的”，因为在泰国佛教界，佛使是和改革派圈子的人有交往的威望很高的佛教徒。①

哈里斯佛教环境伦理学的“批评类型学”(critical typology)对 Phra Prayudh 的生态诠释学的评价会高于对佛使的评价，因为 Phra Prayudh 更多地遵循了正统的小乘佛教教义。Phra Prayudh 的立场会比较接近哈里斯所划分的第三类型，也就是他以一种佛教徒身份，在反思性地精读了传统文献之后提出了他的环境伦理观。根据哈里斯的评价，佛使会被归于第一类型，成为捍卫教义真理的佛教生态护教论者。佛使是否会把他自己看成一个小乘佛教真理的教义式卫士是不得而知的，但是佛使可能不会反对把他看成第一类型的佛教界人士。

（闫艳　译）

① 哈里斯:《掌握佛教环境主义的要害》，第 177 页。

# 泰国僧团促进绿色社会建设之潜在贡献的理论分析[①]

莱斯利·E.施蓬泽尔、波拉妮·纳塔德查-施蓬泽尔

(Leslie E. Sponsel and Poranee Natadecha-Sponsel)

## 多种互相关联的危机

近几十年来,泰国已经日渐变成了一个环境灾难国,主要是因为泰国对包括工业化、城市化、物质主义和消费主义在内的这些西化东西几乎全盘接受的缘故。[②] 正如 Dhira Phantumvanit 和 Khunying Suthawan Sathirathai

---

① 我们非常感谢邓肯·R.威廉斯和玛丽·伊芙琳·塔克尔邀请我们参加佛教与生态大会,也很感谢他们为组织和举行这次会议所做的杰出的工作。至于会议方面的评议,我们欢迎来自其他任何学者和活动家的批评。我们特别感谢马希多大学的 Chai Podhisita 和夏威夷大学的 Decha Tangseefa,感谢他们基于以前在泰国分僧侣经历对本文初稿所给予的宝贵意见。但是本文中的任何错误和不足都是作者的责任。

② 参看 Chalardchai Ramittanond:《关于泰国环境保护运动的作用与未来的评论》("Notes on the Role and Future of Thailand's Environmental Movement"),载《人与自然:一种跨文化视野的考察》,第 91—117 页;安东尼·里德(Anthony Reid):《殖民主义之前的东南亚国家的人与森林状况》("Humans and Forests in Pre-colonial Southeast Asia"),载《环境与历史》(*Environment and History*)1995 年第 1 期,第 93—110 页;乔纳森·里格(Jonathan Rigg)编:《代价测算:泰国的经济增长与环境变化》(*Counting the Costs: Economic Growth and Environmental Change in Thailand*, Singapore: Institute of Southeast Asian Studies, 1995);山蒂卡罗比丘(Santikaro Bhikkhu):《一起种粮:泰国社会的入世僧人》("Planting Rice Together: Socially Engaged Monks in Thailand"),载《法轮常转》(*Turning Wheel*),Summer 1996,第 16—20 页;莱斯利·E.施蓬泽尔:《泰国的历史生态学:从史前迄今人类日益增多对环境所带来的极限影响》("The Historical Ecology of Thailand: Increasing Thresholds of Human Environmental Impact from Prehistory to the Present"),见威廉·贝尔(William Bale)编:《历史生态学进展》(*Advances in Historical Ecology*, New York: Columbia University Press, 1997);以及怀森·维沙罗比丘(Phra Phaisan Visalo):《森林寺庙及其与当代泰国社会的关联性》(转下页)

所评述的那样:"几十年以来,泰国沉溺于尽情享用自己丰富的自然资源而不考虑它们长期可持续性的问题,结果导致如今整个国家面临着很大的生态压力。"[①]例如,日益加剧的生态危机的症状之一就是对森林的砍伐;第二次世界大战以前,泰国 75%的国土还是森林覆盖着的,如今只剩下不足 15%的国土还覆盖着森林,而且后面这个数据还是一个比较乐观的估计。[②]

---

(接上页)("The Forest Monastery and Its Relevance to Modern Thai Society"),载苏拉克·西瓦拉科萨等编:《极端保守主义:当今世界之佛教》(*Bangkok: Thai Inter-Religious Commission for Development and International Network of Engaged Buddhists*, 1990),第 288—300 页。不仅泰国佛教环保主义者是批评工业主义、物质主义、消费主义和相关现象的激进分子,激进生态学的核心观念也提出了这些批评意见。参见安德鲁·迈克劳克林(Andrew McLaughlin):《关于自然:工业主义与深层生态学》(*Regarding Nature: Industrialism and Deep Ecology*, Albany: State University of New York Press, 1993);卡罗琳·默钱特(Carolyn Merchant):《激进生态学:寻找一个适合居住的世界》(*Radical Ecology: The Search for a Livable World*, New York: Routledge, 1992)与《生态学》(*Ecology*, New York: Routledge, 1994)。社会生态学(social ecology)方面,参见默里·布克钦(Murray Bookchin):《自由生态学》(*The Ecology of Freedom*, Palo Alto, Calif.: Cheshire Books, 1982)与《社会生态哲学》(*The Philosophy of Social Ecology*, Montreal: Black Rose Books, 1990)。"绿色运动"(the green movement)方面,参见安德鲁·多布森(Andrew Dobson)编:《绿色读者》(*The Green Reader*, San Francisco: Mercury House, 1990)与《绿色政治思想》(*Green Political Thought*, New York: Routledge, 1995)。

① Dhira Phantumvanit 与 Khunying Suthawan Sathirathai:《泰国:丰富土地资源的退化与发展》("Thailand: Degradation and Development in a Resource-Rich Land"),载《环境》(*Environment*) 30, no. 1 (1988),第 10—15 页。

② 平克尧(Pinkaew Leungaramsri)和诺埃尔·拉杰什(Noel Rajesh):《森林禁伐令之后泰国人与森林的未来》(*The Future of People and Forests in Thailand after the Logging Ban*, Bangkok: Project for Ecological Recovery, 1992)。

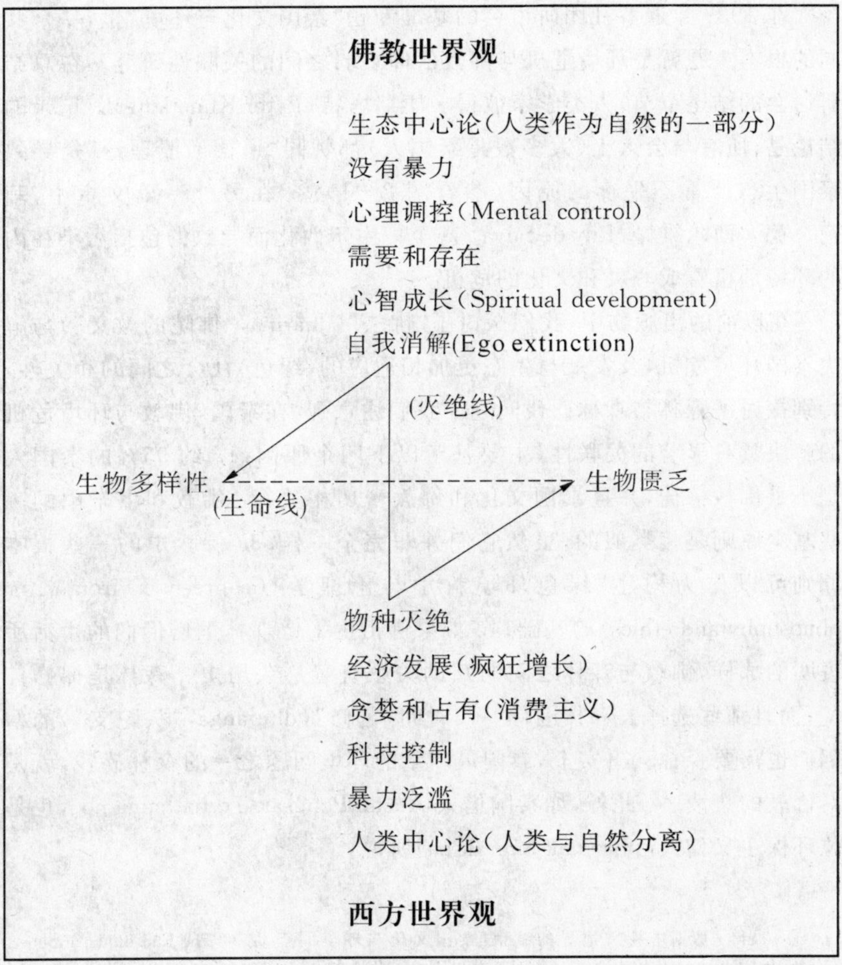


**图 2—1**[①]

① 采自莱斯利·E. 施蓬泽尔和波拉妮·纳塔德查-施蓬泽尔：《佛教与保护生物多样性环境伦理学发展的相关性》（“The Relevance of Buddhism for the Development of an Environmental Ethic for the Conservation of Biodiversity”），见劳伦斯·S. 汉密尔顿（Lawrence S. Hamilton）编：《伦理、宗教和生物多样性：保护和文化价值之间的关系》（*Ethics*, *Religion*, *and Biodiversity*: *Relations between Conservation and Cultural Values*, Cambridge: White Horse Press, 1993），第 87 页。

在1989年暹罗社团研讨会的基准专题“泰国文化与环境”里，一个共同的根本主题就是环境危机与佛教信仰衰弱之间的关联性研究。在总结研讨会的结尾章节，人类学家彼得·康斯塔特(Peter Kunstadter)①记录的结论是，所有与会人士(大多数是泰国人)都赞同“道德崩溃理论”是导致泰国生态严重不平衡的原因(参看图2-1)。② 在另外一篇文章中，莉莉·德·西尔维娅(Lily de Silva)甚至把由于西化而导致的包括污染在内的环境危机看成心灵和文化的危机。③

在以前的出版物中，我们探讨了“佛法”(dharma，“佛陀的教义”)与解决泰国环境危机，及发展与生态更加相适应的(绿色)社会之间的相关性，特别探讨了森林与森林砍伐问题。我们注意到，在泰国，佛教与环境危机的解决具有显著的关联性，主要基于以下四个原因：1. 约95%的泰国人是小乘佛教信徒，并且泰国文化和佛教密切相关；2. 佛教和生态中的一些基本原则是相类似的，虽然它们并非完全一样；3. 佛教中的一些根本原则可以作为构建“绿色环境哲学与伦理学”(a green environmental philosophy and ethics)的基础；4. 如果佛祖生平像森林里僧侣们的生活所说明的那样，佛教与森林之间的互助关系有着悠久历史。森林是禅修佳境，而且那些选择去森林进行一段时间“苦修”(dhutaṅga，“头陀支”)的僧侣们也需要森林。事实上，泰国最严重的环境问题之一的森林砍伐，就是对佛教的亵渎。④ 此外，如泰国僧人Achan Pongsak Techathamamoo，也是位环保主义僧人(phra nak anurak pa)所说：

---

① 彼得·康斯塔特：《边界的结束：泰国文化与环境的互动》(“The End of the Frontier: Culture and Environment Interactions in Thailand”)，载《泰国文化与环境》(*Culture and Environment in Thailand*, Bangkok: Siam Society, 1989)，第548—550页。

② 《人与自然：一种跨文化视野的考察》，以及安·戴奈亚·厄舍(Ann Danaiya Usher)：《在森林问题的后面：艾滋病就是泰国生态崩溃的表现》(“After the Forest: AIDS as Ecological Collapse in Thailand”)，载《泰国发展时事通讯》(*Thai Development Newsletter*) 26(1994)，第20—32页。

③ 莉莉·德·西尔维娅：《佛教徒对待自然的态度》(“The Buddhist Attitude towards Nature”)，见克拉斯·桑德尔(Klas Sandell)编：《生态危机的佛教视野》(*Buddhist Perspectives on the Ecocrisis*, Kandy, Sri Lanka: Buddhist Publication Society, 1987)，第16页。

④ 莱斯利·E. 施蓬泽尔、波拉妮·纳塔德查-施蓬泽尔：《泰国的佛教、生态与森林：过去、现在与未来》(“Buddhism, Ecology, and Forests in Thailand: Past, Present and Future”)，见约翰·达加维尔(John Dargavel)、凯·迪克森(Kay Dixon)和诺埃尔·森普尔(Noel Semple)编：《正在变化的热带森林：以历史的眼光来看待亚洲、澳大拉西亚和大洋洲目前的挑战》(*Changing Tropical Forests: Historical Perspectives on Today's Challenges in Asia, Australasia, and Oceania*, Canberra, (转下页)

佛教术语“佛法”，是揭示佛教“真谛”(truth)和“教义”的词语，也是表示“自然”的词汇，这是因为它们本是同一词语。自然就是真理和教义的显现。当我们摧毁自然的时候，我们就在摧毁真理和教义；当我们保护自然时，就是保护真理和教义。①

菩提(Bodhi)比丘很好地总结了佛法与环境伦理学发展之间的关系：

由于佛教对“一切依缘而生的事物”(all conditioned things)之间的相互关联性和彻头彻尾的相互依存性的哲理性洞察，由于佛教关于克制自我之欲望的快乐论，由于佛教以追求摒弃世俗和持守禅修达到觉悟为最终目的，由于佛教的不伤害他人和对众生之无分别的慈悲伦理，佛教为建立以尊重、关爱和慈悲为特点的人与自然之间的关系提供了所有的核心原理。②

若要寻找佛教对环境友好这一方面的特殊例证，③就可以想一想，僧

(接上页) Australia: Centre for Resource and Environmental Studies, 1988)，第 305—325 页；《非暴力生态学：佛教的种种可能》(“Nonviolent Ecology: The Possibilities of Buddhism”)，载格伦·D. 佩奇(Glenn D. Paige)和萨拉·吉列特(Sarah Gilliatt)编：《佛教与全球问题的非暴力解决》(*Buddhism and Nonviolent Global Problem-Solving*, Honolulu: Center for Global Nonviolence Planning Project and Spark M. Matsunaga Institute for Peace, 1991)，第 139—150 页；《佛教与保护生物多样性环境伦理学发展的相关性》，见劳伦斯·S. 汉密尔顿编：《伦理、宗教和生物多样性：保护和文化价值之间的关系》，第 75—97 页；《佛教在泰国创建更加可持续发展社会的作用》(“The Role of Buddhism for Creating a More Sustainable Society in Thailand”)，见乔纳森·里格编：《代价测算：泰国的经济增长与环境变化》，第 27—46 页。

① 克里·布朗(Kerry Brown)：《曾经的鱼米之乡：唤醒泰国逝去的和谐生态》(“In the Water There Were Fish and the Fields Were Full of Rice: Reawakening the Lost Harmony of Thailand”)，见马丁·巴彻勒(Martine Batchelor)和克里·布朗编：《佛教与生态》(*Buddhism and Ecology*, New York: Cassell Publishers, 1992)，第 87—99 页。

② 克拉斯·桑德尔编：《生态危机的佛教视野》，第 7 页，菩提比丘序言，请比较伊恩·哈里斯：《环保主义者怎么会是信奉佛教的?》；波尔·佩德森(Poul Pedersen)：《感知大自然的研究：走向自然知识社会学》(“The Study of Perceptions of Nature: Towards a Sociology of Knowledge about Nature”)，载奥尔·布隆(Ole Bruun)与阿恩·卡兰德(Arne Kalland)编：《亚洲对自然的理解》(*Asian Perceptions of Nature*), Nordic Institute of Asian Studies Proceedings, no. 3 (Copenhagen: Nordic Institute of Asian Studies, 1992)，第 148—158 页。

③ 尚恩·戴维斯(Shann Davies)：《生命之树：佛教与保护自然》(*Tree of life: Buddhism and the Protection of Nature*, Bangkok: Buddhist Perception of Nature Project, 1987)；伽殊马·卡比辛：《森林的哭叫》(*A Cry from the Forest*, Bangkok: Wildlife Fund Thailand, 1987)。

侣们(nomadic monks)在雨季结社安居禅修(pansa“雨季”,vassa“安居”)的初衷。本来僧侣们惯常是在森林和乡村之间“流浪”游走,而在雨季,他们大都被禁足于“寺庙”(wat)里。佛祖制定了这样的习俗,是因为雨季是新生命,包括农作物的幼苗,茁壮成长之时,他想将游走僧侣们由于双脚的踩踏而无意中对生命的毁坏减少到最小程度。①

在泰国面临生态危机和佛教具有生态智慧的情况下,我们从理论上来探讨,当地僧团对解决或减少环境问题及其相关问题可能会作出些什么贡献。我们具体提出以下四个主张:1. 在观念上,僧团所展现出的特征和绿色社会的很多特点相类似,有些情况甚至还完全一致;2. 这些理想原则与泰国世俗团体或社会的行为,形成鲜明对比;3. 通过它具有的“反结构的”(antistructural)或“阈限的”(liminal)社会与道德作用,僧团有着特别的地位和能力来把泰国转变成一个更好的“生态适宜型社会”(ecologically appropriate society);4. 通过利用佛法中的生态智慧,当地僧团有着非同一般的潜能,它们能对普通民众进行环境知识的教育,并能为之作出贡献,因而有助于创建一个更加绿色的社会。②

## 作为绿色社团的僧团

值得注意的是来自三个完全不同的、独立领域的人——政治科学家安德鲁·多布森,人类学家约翰·本尼特(John Bennett)以及哲学家菲利

① 玛丽·B. 拜尔斯(Marie Beuzeville Byles):《乔达摩佛祖的足迹》(*Footprints of Gautama the Buddha*, Wheaton, Ⅲ.: Theosophical Publishing House, 1957),第116页。

② 从一开始,我们就应该说明,我们并不认为佛教是能减少或解决泰国环境及社会问题的唯一资源。科学、科技、教育、政府、商业、工业、非政府组织,以及其他的一些资源也都很重要。然而,在一个国民超过95%的人都是佛教徒的国家,忽略佛教可能为之作出的贡献那可能是不现实的。

泰国的宗教是包含了佛教、印度教(Hinduism)及万物有灵论(animism)的一个相互促进的、能动的和有创造性的结合体,泰籍华人还可能有儒家思想及道教元素。在这个半岛的最南端的省份,大多数人都是马来后裔,他们主要信奉的宗教是伊斯兰教。参看查尔斯·F. 基斯(Charles F. Keyes):《泰国宗教》(“Thai Religion”),见米尔恰·伊利亚德(Mircea Eliade)编:《宗教百科全书》(*The Encyclopedia of Religion*, New York: Free Press, 1987),卷14,第416—421页。较为理想的是,所有的这些宗教都应该被考虑到,但是由于版面有限以及此文集主题的原因,我们不得不把焦点放在佛教上面。

把宗教卷入环境问题或论题是有利有弊的。若个体完全投入到以科学与技术的方式来解决环境问题之中,那么,就可能出现拒绝宗教的现象,因为这些人会认为,宗教纯粹是情绪化的、(转下页)

普·德雷森(Philip Drengson)①,他们对于生态适宜型社会的描述几近一致,虽然他们也各自将这种社会分别称为是绿色的、平衡的或是pernetarian。我们的第一个假设是,泰国地方僧团有潜能作为绿色社会的可参照模式,并且有些僧团也的确是这样做的。表2-1列出了八项关于泰国僧团的理想状态,这些是它们和其他社团共有的一些更为重要的特点,每一项都有一个关键词。②然而,在这些构建生态适宜型社会的理想原则与世俗社会习以为常的泰国整个社会的实践方式之间,存有鲜明的对照。从这个角度来说,僧团可以被看成反结构的;就是说,它的立场和整个大社会的结构是相反的,这一点稍后会展开来说。然而,有一点必须提到,那就是僧伽(整个僧侣团体),就像广义上所说的泰国佛教一样,并不

---

(接上页)非理性的、迷信的以及反科学的。参看 Fred R. von der Mehden:《现代化对宗教的影响》("The Impact of Modernization on Religion"),见《东南亚的宗教与现代化》(*Religion and Modernization in Southeast Asia*, Syracuse, N. Y.: Syracuse University Press, 1986),第16—17页。由于宗教的教义理想和现实教团行动之间的差异,所以现存的宗教组织及其信徒可能被批评为是伪善的。事实上,很多邪恶都是以宗教的名义犯下的。还有,宗教派别会分裂,甚至会导致冲突和暴力。此外,有些作家甚至把某些宗教看成导致环境问题的根本原因。参见小林恩·怀特(Lynn White, Jr.):《生态危机的历史根源》("The Historical Roots of Our Ecologic Crisis"),载《科学》(*Science*) 155, March 1967,第1203—1207页;尤金·C. 哈格罗夫(Eugene C. Hargrove)编:《宗教与环境危机》(*Religion and Environmental Crisis*, Athens: University of Georgia Press, 1986)。

另一方面,宗教是一种跨文化的普遍存在。人类学家还没有发现一个没有宗教的社会。还有,宗教可以是植根于个人行为与社会习俗的一种强大的综合力量。它通常是决定人们形成世界观和价值观的根本源泉。宗教也被看成解决生态危机,尤其是创建一个可行的环境伦理学的一种办法(或者就是唯一办法)。关于宗教和环境之间的关系,特别出色的研究,请参看罗杰·S. 戈特利伯(Roger S. Gottlieb):《神圣的地球:宗教、自然与环境》(*This Sacred Earth: Religion, Nature, Environment*, New York: Routledge, 1996);劳伦斯·S. 汉密尔顿编:《伦理、宗教和生物多样性:保护和文化价值之间的关系》;史蒂文·C. 洛克菲勒(Steven C. Rockefeller)和约翰·C. 埃尔德(John C. Elder)编:《灵与自然:为何环境是一个宗教问题》(*Spirit and Nature: Why the Environment Is a Religious Issue*, Boston: Beacon Press, 1992);鲁珀特·谢尔德雷克(Rupert Sheldrake):《自然的重生:科学与上帝的绿化》(*The Rebirth of Nature: The Greening of Science and God*, Rochester, Vt.: Park Street Press, 1991);亨利克·史可林姆斯基(Henryk Skolimowski):《一个可居的圣地:生活在对地球的敬畏之中》(*A Sacred Place to Dwell: Living with Reverence upon the Earth*, Rockport, Mass.: Element, 1993),以及玛丽·伊芙琳·塔克尔和约翰·A. 格里姆(John A. Grim)编:《世界观与生态》(*Worldviews and Ecology*, Philadelphia: Bucknell University Press, 1993)。

① 多布森:《绿色读者》;约翰·本尼特:《生态过渡:文化人类学和人类之适应》(*The Ecological Transition: Cultural Anthropology and Human Adaptation*, New York: Pergamon Press, 1976),第13页;艾伦·R. 德雷森(Alan R. Drengson):《超越环境危机:从技术统治论者到地球人》(*Beyond Environmental Crisis: From Technocrat to Planetary Person*, New York: Peter Lang, 1989)。

② 也可以参看 P. A. 佩尤托(P. A. Payutto):《佛教经济学:一种市场定位的中间道路》。

是完全统一一致的；因而有些个体和团体比起别的来说更像是绿色社团。[①]

**表 2－1：理想僧团的生态适宜型特征**

1. 人口：人口较少并且得到控制；
2. 集体生活(Community)：基于相互尊重与合作的公共平等的生活；
3. 资源：通过限制资源消费以满足基本需求并通过克制自我需求和欲望来达到资源的充足与可持续性应用；
4. 经济：基于互惠与再分配基础之上的合作而不是竞争的经济；
5. 环境：限制对环境造成不良影响并且为自然服务，包括寺庙及其周围的神圣区域；
6. 哲学：基于提高生活质量而不是积累物质数量(存在而不是拥有)之上的整体论(系统论)的、有机论(生态论)的以及一元论(天人合一论)的世界观；
7. 价值观：对所有生命都心存敬畏(就其内在价值而言)、慈悲(mettā)及非暴力(ahiṃsā)，以促进社会内部、社会与自然之间的和谐；
8. 自我：通过禅定以及最终对"自我"的"无我执"(anattā, extinction of self)，达至认识"深自我"(deep self)，包括自省(self-examination)、自我完成(self-realization)、自我实现(self-fulfillment)与自我的灵性成长(self-spirituality)。

我们并不是最早观察到这一点的人；值得一提的是，僧侣团体的反结构作用已经被人们认识到了，虽然是被一个泰国佛教僧侣怀森·维沙罗比丘(Phra Phaisan Visalo)以另一些术语描述了出来：

> 森林里僧侣的生活以及僧伽之间的关系模式，给大众社会里的人们传递了某种"信息"，其中有一些是否认或抵制那些普遍流行的价值观的。这些信息指向人生真正的价值，因它们指出，内在心智的

① 唐纳德·K. 斯威勒：《东南亚佛教界》(*The Buddhist World of Southeast Asia*, Albany: State University of New York Press, 1995)。

发展远比获取财富和权力重要，心灵宁静和物质俭朴的生活更加有益和更有成就感。这些信息既给出了提示又给出了警告，这些提示和警告能让人们停下紧张的生活脚步，来沉思他们的生活，引导他们进行自我探究而不是去追求物质上的获得和荣誉。这些信息对一心沉迷于那些贫乏价值观的社会有着特别的变革性意义。让僧侣寺院介入世俗社会，或者更准确地说，让其超越于世俗社会之上，就等于是让这些“抵制团体”通过它们自己的本质和它们自身的存在，来质疑世俗社会上流行价值观的有效性。

这些就是森林寺院在传统泰国社会中的价值观及其功能。如今这些价值观及功能依然存在；而且，它们实际上变得比以前更加重要了，因为现代泰国社会日渐受到堕落价值观的影响并且沉迷于物质增长的追求之中(再次强调)。①

## 具有模糊阈限(liminality)特征的僧团

我们假设，僧团通过它反结构的和阈限的社会和道德作用，有着特别的地位和能力来把泰国转变成一个更具生态适宜型特征的社会。在此，我们必须稍微离题一下，来解释一些人类学方面的理论。

阿诺德·范·盖内普(Arnold Van Gennep)②认识到，正如个体进入任何一个人类社团都需要拥有新身份一样，他们也都要经过一个通过仪式的获准。此外，他注意到，在任何文化中，这些仪式都具有三个清晰阶段：分离、处于边缘地带或阈限(liminality)处、再结合。换句话说，一个正在经历仪式转变的人，一个身份将发生正式变化的人，此个体首先是从团体中分离出来，然后处于一种特别的、不明确的，甚至是危险的状态，然后又带着新的身份和作用重新融入这个团体。在这种新身份中，这个个体拥有的不仅是新的权利还包括新的义务，并且他还必须依照新的准则行

① 维沙罗：《森林寺庙》(*The Forest Monastery*)，第293—294页；斯威勒：《东南亚佛教界》，第146页。

② 阿诺德·范·盖内普：《仪式过程》(*The Rites of Passage*, London: Routledge and Kegan Paul, 1909)。

事。这种变迁是一种非常具有社会意义的事件；事实上，通常把处于阈限的阶段与死亡相比。[①]

维克多·特纳详细阐述了仪式以及阈限的象征意义。他提到，阈限的特征通常表现为与社会明显的格格不入，甚至是对抗——他称这些为反结构特征。特纳还详细列举了阈限特征。[②]

很明显，当一个个体进入（naga）或离开僧界，他都会经过一个包括阈限阶段的仪式过程。[③]然而，特纳暗示，僧团也可能拥有一些阈限特征，[④]因而，我们假定：僧侣身份"monkhood"本身在本质上也是一个并不固定的阈限性的存在，正是阈限为僧团提供了基本的力量源泉。反过来，这种力量有着巨大潜能来帮助解决或减少泰国环境问题及其他的一些问题。它有助于解释，为什么僧侣环保活动家们对很多泰国人产生了显著影响。

**表 2－2：理想僧团的阈限特征**

| | |
|---|---|
| 总体性 | 无财富差别 |
| 同质性 | 不自私 |
| 集体性（communitas） | 完全服从 |
| 平等性 | 神圣不容侵犯 |
| 匿名性 | 神圣的指令 |
| 不蓄财产 | 血亲之间权力和义务的终止 |
| 着装统一 | |
| 戒淫 | 持淫戒以指归神秘力量 |
| 性别差别最小化 | 简朴 |
| 没有等级分别 | 承担痛苦和苦难 |
| 谦卑 | |
| 不注重外表修饰 | |

① 维克多·特纳（Victor Turner）：《仪式过程：结构与反结构》（*The Ritual Process: Structure and Anti-Structure*, New York: Aldine de Gruyter, 1969），第 94—95 页。

② 同上书，第 106—107 页。

③ 克里斯托弗·拉姆（Christopher Lamb）：《佛教》（"Buddhism"），见吉恩·霍姆（Jean Holm）与约翰·鲍克（John Bowker）编：《仪式过程》（*Ritesof Passage*, London: Pinter Publishers, 1994），第 10—40 页。

④ 特纳：《仪式过程：结构与反结构》，第 107 页。

理想僧团的阈限特征列在表 2-2 中。① 僧团的整体性是指其社团体制,在这种体制中其成员都分享同一种集体感和团体精神。僧团的组成是基于非常小的等级分别的平等主义原则之上的——领头僧人、年长僧人、年少僧人和新人。"无我"(the extinction of the ego)是其主要目标;因此,据"个体并不重要"这一含义而论,成员们都如同是匿名式的存在,如下诸多特征可以为之作证。如,虽然人人在身体与外貌上有别,但统一的着装漠视外表差别;不蓄财产而无贫富之别;要求僧团成员戒淫的同时,身着陋装以及剃掉头发与眉毛,将两性外表之差别最小化;而且成员们也应该完全忠诚地服从于佛祖、佛祖的教义(佛法),以及僧团(僧伽);个人血亲关系上的权利和义务终止;被视为非常神圣的教义,强调谦卑、简朴、不自私、非暴力、慈悲和禅定;痛苦和苦难被看成人生的一部分,如果它们不能避免的话,至少是可以减少或减弱的,通过尽量去除或减少无明(ignorance)、欲望、自私和贪婪来实现;至少有 227 条戒律(vinaya or pāṭimokkha,"律"或"戒")来指导僧侣们无论何时何处的威仪举止。②

在泰国,僧团在生存空间、社会文化、宗教、人口和生态方面的意义也很重要,在此也值得我们考察一下。③ 寺院(wat)整体通常包括供俗人参拜的 vihara 和供僧侣参拜的佛堂(bot)、聚会所(sala),以及居住房:寝室或小木屋(kuti),还有佛塔墓地(chedi)——在像钟一样圆形的石头纪念碑里,装有逝者

① 当然,僧侣团体是由独身男性组成,他们依靠周围的世俗社会获得每日的食物。僧伽也有一个统治阶层,他们和政府联系紧密。但是,在地方僧团中的社会阶层没有在整个泰国社会中那么多。

② 关于其他与环境伦理学相似的径路,参见杜安·埃尔金(Duane Elgin):《自求简单》(*Voluntary Simplicity*, New York: William Morrow, 1981)中"论简单"部分;沃里克·福克斯(Warwick Fox):《通往超越生态学:为环保主义发展新的根基》(*Toward a Transpersonal Ecology: Developing New Foundations For Environmentalism*, Boston: Shambhala Publications, 1990)中"论自我实现";阿恩·奈斯(Arne Naess)著,戴维·罗森堡(David Rothenberg)译:《生态、社会与生活方式:生态哲学概述》(*Ecology, Community, and Lifestyle: Outline of an Ecosophy*, Cambridge: Cambridge University Press, 1989)之"论社会",以及 E. O. 威尔逊(E. O. Wilson)和斯蒂芬·凯勒特(Stephen Kellert)编:《热爱生命之天性的假设》(*The Biophilia Hypothesis*, Washington, D. C.: Island Press, 1993)之"关于热爱生命之天性"部分。

③ 关于泰国寺庙以及僧侣生活的一个很有价值的简洁描述,由杰拉尔德·罗斯科(Gerald Roscoe)提供,参见其作品:《僧侣生活:佛教僧人之路》(*The Monastic Life: Pathway of the Buddhist Monk*, Bangkok: Asia Books, 1992)。关于这方面以及相关主题的更详尽研究,参看马丁·伯德(Martin Boord):《佛教》,载吉恩·霍姆和约翰·鲍克编:《神圣之地》(*Sacred Place*, London: Pinter Publishers, 1994),第 8—32 页;苏珊·玛丽·达林顿(Susan Marie Darlington):《佛教、道德和(转下页)

的骨灰。也可能，在寺院里面或旁边有供世俗社团学习的佛学院。通常，寺院里有树木，非常典型的树就是与佛祖生活有关的那些种类，比如菩提树(Ficus religiosa)、印度榕树(Ficus bengalensis)和无忧树(Saraca indica，asoke)。寺庙周围通常被小树林甚至森林包围着，这些地方一般也被视为神圣之地。[①]

---

(接上页)变化：一些地方对泰国北部发展的响应》(*Buddhism, Morality, and Change: The Local Response to Development in Northern Thailand*, Ann Arbor, Mich.: University Microfilms International, 1990)；卡拉·戴克·格雷迪(Carla Deicke Grady)：《佛教对泰国现代化的回应：特别关于森林保护主义派僧人》("A Buddhist Response to Modernization in Thailand: With Particular Reference to Conservationist Forest Monks", Ph. D. diss.: University of Hawaii, 1995)；P. 杰克逊(P. Jackson)：《佛使：现代世界的佛教思想家》(*Buddhadasa: A Buddhist Thinker for the Modern World*, Bangkok: Siam Society, 1988)；参见苏拉克·西瓦拉科萨等人编：《极端保守主义：当今世界之佛教》；唐纳德·K. 斯威勒：《北孟王国寺庙：对泰国南奔之皇家佛祖寺庙遗迹研究》(*Wat Haripunjaya: A Study of the Royal Temple of the Buddha's Relic, Lamphun, Thailand*, Missoula. Mont.: Scholars Press, 1976)；斯坦利·J. 汤比亚(Stanley Jeyaraha Tambiah)：《世界的征服者和摈弃者：在历史背景下对泰国佛家及政体的研究》(*World Conqueror and World Renouncer: A Study of Buddhism and Polity in Thailand against a Historical Background*, NewYork: Cambridge University Press, 1976)，以及《森林里的佛教圣人和护身符狂热者》(*The Buddhist Saints of the Forest and the Cult of Amulets*, New York: Cambridge University Press, 1984)；J. L. 泰勒(J. L. Taylor)：《森林僧侣与单一民族国家：泰国东北部的人类学和历史学研究》(*Forest Monks and the Nation-State: An Anthropological and Historical Study in Northeastern Thailand*, Singapore: Institute of Southeast Asian Studies, 1993)；卡玛拉·堤雅瓦妮特(Kamala Tiyavanich)：《森林回忆录：20世纪泰国云游僧传奇》(*Forest Recollections: Wandering Monks in Twentieth-Century Thailand*, Honolulu: University of Hawaii Press, 1997)；K. E. 韦尔斯(K. E. Wells)：《泰国佛教：关于其仪式与活动》(*Thai Buddhism: Its Rites and Activities*, Bangkok: Suriyabun Publishers, 1975)。

① 在其他地方，我们讨论过，随着时间的累积，寺庙整体既会促进对泰国生物多样性的"非原生境保护(异地保护)"，也会促进"原生境保护(旧地保护)"(ex situ and in situ conservation)。全泰国分布了很多的寺庙(大约有29 002座)，其中很多非常古老(有些甚至有几百年的历史了)。寺庙的周边环境被认为是圣地；寺庙通常和树木、小树林以及(或者)森林这些也给各种动物物种提供栖息地的事物联系在一起，而这整个生态现象也被认为是神圣的存在。寺庙分布在水稻田和其他汪洋大海般的农业生态系统之中，为动物提供的栖息地就如同岛屿一样。在1994年和1995年夏天，我们对泰国南部进行实地考察的时候，发现了与寺庙相连的很小的但是生态系统很健康的森林：满山的森林都受到寺庙和圣地的护佑；有些片区的森林是村民们捐助给当地寺庙的，以期这些树木服务于后代，同时它们也已受到了保护。还有些地区的森林是由佛教僧人们主动去恢复的。因此我们假设寺庙可以拥有以下一种或多种功能：森林保护、植物园、微生物血浆库、药用植物大全地、动物园、野生动物保护、生态恢复、绿色社会典范、环境教育，以及环保行动。(参见莱斯利·E. 施蓬泽尔、波拉妮·纳塔德查-施蓬泽尔：《神圣之地在保护生命多样性之中的作用》["The Role of Sacred Places in the Conservation of Biodiversity"]，载施蓬泽尔、纳塔德查-施蓬泽尔编：《泰国的生态、种族与宗教》["*Ecology, Ethnicity, and Religion in Thailand*"]，即将出版；施蓬泽尔、纳塔德查-施蓬泽尔：《佛教在创建更加可持续发展的泰国社会之中的作用》["The Role of Buddhism for Creating a More Sustainable Society in Thailand"]。要了解对寺院的民族植物学(ethnobotanical)方面先导性的研究，参看裴盛基(Shengji Pei)：《为了保护生物多样性而管理寺院和圣山：中国西南部西双版纳傣族人地区的惯常做法》("Managing for Biological Diversity In Temple Yards and Holy Hills: The Traditional Practices of the Xishuangbanna Dai Community, Southwestern China")，见劳伦斯·S. 汉密尔顿编：《伦理、宗教和生物多样性：保护和文化价值之间的关系》，第118—132页。

由于僧侣们要依靠村民来获得每天的食物（pindapata，“化缘”），因此寺庙通常是修建在从一个乡村出发步行就可以抵达的地方。同样，在传统的泰国社会，寺庙和僧人也成为邻近社区中俗人日常生活的一个关键组成部分。从传统上来说，世俗团体关注的焦点是当地的寺庙，因为其具有宗教和社会文化的功能，这些功能在寺庙里能通过多种方式得以整合。[①] 事实上，对于泰国乡村居民来说，寺庙已经成了除家庭之外最重要的地方了。[②] 世俗个人获得社会认可的系列仪式（出生、成年、结婚以及死亡），通常都是借寺庙仪式来进行；另如佛教新年和“斋戒期”（lent）这种大型仪式，在寺庙里也是由世俗活动来显明的。俗人可以通过给每天早上步行经过自己社区的僧人手中之碗盛放食物而获得功德（bun，punna），也可以通过在寺庙里种树或在寺庙里参与其他俗家活动来获得功德。传统上，寺庙也是教育孩子的中心。因此，泰国的寺庙并不是那种西方意义上的“修道院”，那种从大社会里隐退而成的“修道院”，而是在日常生活之中，与世俗团体相互依赖和相互影响。[③]

1992 年，泰国大约有 63 358 个村庄，29 002 座寺庙，288 637 个僧人和 123 643 个新出家人。[④] 在佛教徒雨季安居禅修期间，从习俗上来讲，正是某一个人暂时出家去当僧人或“见习”僧人的好时机，时间可能是几天、几星期，或者更长一些。如在 1990 年雨季禅修期间，有近106 500名僧人和 26 800名“见习”僧人进入了寺庙。[⑤] 认识到这一事实是很重要的，就是说通常在雨季禅修期间，泰国的大多数男子都会去当三个月的“见习”僧人（年龄在 8 到 20 岁之间）或僧人（20 岁或以上）。[⑥]

怀森·维沙罗比丘住于泰国猜也蓬府（Chaiyaphum）的名为 Sukato 的森林寺庙里，他极其贴切地描绘了森林寺院的作用：

---

① 参看莫顿：《现代化对宗教的影响》第 81—82 页；斯威勒：《东南亚佛教界》，第 116—118 页。

② S. 萨克桑拉姆（S. Suksamran）：《东南亚的政治佛教》（*Political Buddhism in Southeast Asia*，London：Hurst，1977）。

③ 罗斯科（Roscoe）：《僧侣生活》（*The Monastic Life*），第 13 页。

④ 宗教事务部：《1967—1991 年的宗教活动年度报告》（*Annual Report of Religious Activities for* 1967—1991，曼谷：教育部，宗教事务部，1992）。

⑤ 罗斯科：《僧侣生活》，第 12 页。

⑥ 同上书，第 14 页。

> 在此，我们能亲眼看见森林寺庙能为社会作出一些贡献，因为它能保存好泰国与现代世界中其他国家所急需的传统智慧。这种智慧不仅可以在经文里见到或是通过文字表达出来，也可以通过当代社会语境之下活生生的社团生活表现出来，而且在那儿还可以为人们清晰所见。这种智慧是不容易理解的，除非我们把森林寺庙视为一个存于个人、社会和自然之间的体系或是它们彼此联系。森林寺庙里的僧伽团体就是一个社团，其目的就是为了在自然环境中促进人类的发展。在这种具有联系的系统之中，我们可以看到强调人、社会与自然之间的相互关联、相互依存或“缘起”的智慧（再次强调）。①

我们建议，通过利用佛法中有关环境的智慧，通过将僧团作为一个绿色社团模式，并且通过他们的“阈限”地位所赋予的能量——当地僧团有着非同一般的潜能来帮助提高普通大众（包括日常访客与雨季禅修参与者）的环境意识——为他们提供环境信息和伦理规范。反过来，这也有益于泰国进行绿色社会的建设。毕竟，环境问题是“苦难”（dukkha）的一个根源，而“苦难”正是佛教所关注的核心问题之一。②

有很多例子可以引证单个僧人就是非常有效的环保活动家这一事实。然而，此处以一个人为例就足够了。那就是僧人阿博特·萨纽克·那托（Abbot Somneuk Natho），住在佛统府（Nakhom Pathom）省的 Wat Plak Mai Lai 寺庙里，这个地方离曼谷有 90 分钟的路程。大约在十年间，他把 100rai（40 公顷）的空草地变成了森林。虽然他也种植了一些小树苗以帮助森林恢复生机，但他主要是让土地通过恢复自身活力以及经过一个自然的恢复过程来变回森林的。他还种植了很多的医用植物。这个成功的创始，与皇家森林部为建立单一经济作物区（例如桉树）而砍光一些自然森林再造新林的模式形成了鲜明对比。森林寺庙被甘蔗地、谷物地和蔬菜作物地包围着。值得一提的是，尽管阿博特·萨纽克·那托的父亲是个百万富翁，尽管他的

① 维沙罗：《森林寺庙》，第 297 页。

② P. A. 佩尤托：《21 世纪问题的一种佛教式的解决方法》，第 2 版，第 7 页；佩尤托：《佛教经济学》（*Buddhist Economics*）。

家人反对,他还是出家当了僧人。[①] 凭借阿博特·萨纽克·那托的例子,我们能更好地理解博物学家马克·格雷厄姆(Mark Graham)和菲利普·郎德(Philip Round)所说的在泰国僧人就是"自然的看护使"(custodians of nature)这句话。[②]

## 泰国僧团的一些局限

在泰国,超过95%的人是佛教徒,因此很自然,我们应当探讨佛教可能为减少或解决环境问题,以及为创造一个更加绿色的社会所能作出一些什么贡献的问题。由于环境保护主义究其根源来说是一西方概念,因此,事实上,在泰国,若脱离佛教和僧伽,对它是无法理解的。当然,在泰国,佛教及僧伽与生态危机之间的关联,既有种种积极的可能性存在,也有一些负面的局限性因素潜藏,虽然这个场合不适合详细分析任何反佛教的东西,但是在此提及它的一些局限也是很合适的。[③]

佛教的有些宗旨可能更能导致问题而不是解决问题。如鲁本·哈比托在此集文章里所指出的那样,佛教的一些追随者理解的是:佛教强调个人内心的自我反省以及当下一刹那的意义(是"存在"而不是"作为"的意义),因

---

① 此陈述基于珊迪苏姐(Sanitsuda Ekachai)的《希望的种子:泰国地方主动造林》(*Seeds of Hope: Local Initiatives in Thailand*,曼谷:发展支持委员会,1994),第124—129页;也请参看她书里第72—83页的内容。

② 马克·格雷厄姆、菲利普·郎德:《泰国正在消失的动植物》(*Thailand's Vanishing Flora and Fauna*, Bangkok, Finance Once Public, 1994),第71页。也请参看达林顿:《佛教、道德和变化》;苏珊·玛丽·达林顿:《僧侣和环境保护:对南省个案研究》("Monks and Environmental Conservation: A Case Study in Nan Province"),载《和平的种子》9, no.1 (1993),第7—10页;以及达林顿:《为一棵树授皈依:泰国佛教生态运动》("The Ordination of a Tree: The Buddhist Ecology Movement in Thailand"),载莱斯利·E. 施蓬泽尔、波拉妮·纳塔德查-施蓬泽尔编:《泰国的生态、种族与宗教》,即将出版;乔·弗兰基(Joe Franke):《与为树授皈依之僧的一次散步》("A Walk with the Monk Who Ordained Trees"),载《香巴拉太阳》(*Shambhala Sun*), November 1995,第48—53页;格雷迪(Grady):《佛教对泰国现代化的回应》("A Buddhist Response to Modernization in Thailand");史蒂夫·马加尼尼(Steve Magagnini):《如果一棵树倒下……一个僧人对泰国森林的祝福》("If a Tree Falls...A Monk's Blessing for Thailand's Forest"),载《友谊期刊》(*Amicus Journal*) 16, no.2, Summer 1994,第12—14页;以及J. L. 泰勒:《泰国边境的社会激进主义与抵制运动:普拉甲·库塔吉多之案例分析》("Social Activism and Resistance on the Thai Frontier: The Case of Phra Prajak Khuttajitto"),载《亚洲相关学者公告牌》(*Bulletin of Concerned Asian Scholars*) 25, no.2 (1993),第3—16页。

③ 参看哈里斯:《环保主义者怎么会是信奉佛教的?》。

此并不主张积极参与到当前问题的社会活动之中来，因为根据无常定律(the principle of impermanence)，这些活动被看做是无常之世事。①

僧伽内部的政治斗争会给佛教潜能的实现造成障碍。和任何一个社会体制一样，僧伽和政府一样都会遭受到腐败和堕落的不良影响。整个僧伽是有等级之分的，其上层是保守派，并且自1903年第一部僧伽法案实行以来，上层和政府之间一直是紧密结盟的关系。② 例如，当长者委员会开会时，其议事日程是由教育部宗教事务司来拟定的。③ 政府以及僧伽的上层统治集团都反对那些变成环保活动家的僧人。这些僧人中的有些人还受到过警察、军队及其他人的威胁和骚扰，曾经有自动武器往寺庙里开火。④ 另一方面，这些指向诸如 Phra Prachak Kuttachitto 和 Achan Pongsak Techathamamoo 等"激进主义僧侣"(phra nak anurak pa)的反对意见也表明，这些僧人挑战环境破坏和对其他一些环境问题的关注已经取得了一些成功。然而，那些保守僧人们反对这样的活动，还把僧侣活动家们称为背叛者或精神逃犯。因此，一个在泰国已经当僧人很久的美国人山蒂卡罗说：

> 我们这些在这个网络里的思想家们感觉到，目前的佛教僧伽团体更有可能分裂而不是解决其危机。我认为僧伽没有能力解决它自身的问题，并且也没有能力依照其现有结构，也就是由独裁政府所强加给它的结构来进行自身的改革。⑤

虽然近十年来僧侣人数在快速增加，但是，在泰国只有少数僧侣是环保活动家。在总共288 637名僧侣中，环保活动家可能只有几百人。即使如此，他们对全国人提高环境意识和关注环境问题也带来了意义非

---

① 参见莫顿：《现代化对宗教的影响》，第99—104页。

② 参看石井米雄(Yoneo Ishii)：《僧伽、国家和社会：历史上的泰国佛教》(*Saṅgha, State, and Society: Thai Buddhism in History*, Honolulu: University of Hawaii Press, 1986)；莫顿：《现代化对宗教的影响》，第76—79页；斯威勒：《东南亚佛教界》，第102—104页。

③ 山蒂卡罗：《一起种粮》，第17页。

④ 弗兰基：《与为树授皈依之僧的一次散步》，第50页。

⑤ 山蒂卡罗：《一起种粮》，第20页；也请参看蒂姆·沃德(Tim Ward)：《佛祖从未教授过的东西》(*What the Buddha Never Taught*, Berkeley: Celestial Arts Publishing, 1993)，第225页。

凡的影响。莫顿[①]从另外一个角度提到，在亚洲，马克思主义者经常把僧侣们看成社会上的寄生虫，因为他们不参与生产劳动及他们所持有的传统主义观点，并且认为把他们作为社会进步的行为榜样是不受欢迎的。

在泰国，另一个与佛教有关的问题就是对女性的歧视。在小乘佛教中，只有男性可以被授皈依而成为僧侣。虽然有一些女性(mae chii)远离尘世、剃发、穿上白袍，并且持守"八戒"(eight precepts)，但是在泰国没有真正意义上的尼姑庵。[②] 然而，绿色社会的一个伴生现象就是性别平等。生态女权主义者(Ecofeminists)认为，一方面人类与自然的关系是主宰与暴力，另一方面男性与女性的关系也是主宰与暴力，在此两者之间有着直接的联系。[③] 如果要在泰国实现无论何种程度的绿色社会，僧伽以及社会上的这一方面的问题就必须得到改变。

## 讨 论

虽然以上提到的种种局限是很严重的问题，但是我们认为，佛教面临的最大障碍是：就减少或解决环保这一问题而言，佛教本身在其所倡导的理想和佛教徒的实践行为之间存有矛盾。尽管佛教，尤其是佛法和僧伽有着巨大能力，但是在现实中，泰国并不是一个"生态仙境"(ecotopia)；相反，它正日益成为一个充满生态灾难的地方。很多泰国人和其他人，包括现在的作家们，把当前泰国所面临的环境、社会和道德危机，与泰国完全接纳西方世界观以及对佛教世界观信仰的减少联系在一起。[④] 世界观的这种转变，反过来又导致在社会中，佛教理论和实践之间出现很大的差

---

① 莫顿：《现代化对宗教的影响》，第 83 页。

② 罗斯科：《僧侣生活》，第 27—29 页。

③ 艾琳・黛蒙德(Irene Diamond)和格洛丽亚・费曼・奥瑞斯坦(Gloria Feman Orenstein)编：《重组世界：生态女权主义的出现》(*Reweaving the World: The Emergence of Ecofeminism*, San Francisco: Sierra Club Books, 1990)。

④ 施蓬泽尔、纳塔德查-施蓬泽尔：《佛教与保护生物多样性环境伦理学发展的相关性》("The Relevance of Buddhism for the Development of an Environmental Ethic for the Conservation of Biodiversity")，第 87 页；请比较莫顿：《现代化对宗教的影响》，第 180—182、186、197—198、205 页。

异，也就是在佛教徒的理想和行动之间的差异。[①] 然而，我们应该明白，这种差异并不代表佛教本身的失败，而是佛教徒个人的失败，因为他们毕竟也只是人而已（这没什么好令人惊讶的，因为对任何个人、社会乃至宗教来讲，一定程度上，都存有内在的差异和矛盾）。虽然电视、电影、购物中心和其他一些娱乐活动都已经介入了很多泰国人的日常生活，但是，对于大多数个人而言，佛教、寺庙和僧侣仍然具有某种重要意义。尤其是森林里的寺庙，对于俗人而言，依然有着可以参与禅修的吸引力，因为森林的"自然性"和宁静感为佛教徒禅修提供了佳境。[②]

这些不同形式与不同程度的差异表现，不仅可以在俗人身上发现，而且也可以在僧侣身上发现。有些僧人和一些普通人一样，他们不顾自己为俗人或僧人身份时曾宣称的要笃信佛教，而同样地陷入了物质主义和消费主义之中。[③] 这反映出社会、经济和政治力量对泰国社会和全球，包括亚洲和西方国家的强大影响力。[④]

尽管有这些困难，但是也有一些明确的迹象浮现，这些迹象表明，对西化以及相关模式全力追求的美景正在日渐幻灭。[⑤] 例如，为了创建生态与社会之间更大程度的平衡，现在有各种各样的复兴运动，包括很多关于环境与可

---

① 参看J. 贝尔德·克里考特、安乐哲：《结语：关于理想和行动之间的关系》（"Epilogue: On the Relation of Idea and Action"），载克里考特、安乐哲编：《亚洲传统思想中的自然观：环境哲学论文集》，第279—289页；斯蒂芬·R. 凯勒特（Stephen R. Kellert）：《文化》（"Culture"），载《生命的价值：生物多样性和人类社会》（*The Value of Life: Biological Diversity and Human Society*, Washington, D. C.: Island Press, 1996），第131—152页；莫顿：《现代化对宗教的影响》；斯威勒：《东南亚佛教界》，第5—7页；段义孚（Tuan Yi-Fu）：《环境之态度与行为间的差异：以欧洲和中国为例》（"Discrepancies between Environmental Attitude and Behaviour: Examples from Europe and China"），载《加拿大地理学家》（*Canadian Geographer*）12, no. 3（1968），第176—191页。

② 基斯（Keyes）：《泰国宗教》；维沙罗：《森林寺庙》。并请参看杰克·康菲尔德（Jack Kornfield）和保罗·布里特（Paul Breiter）编：《宁静的森林水池：阿姜查的内观禅》（*A Still Forest Pool: The Insight Meditation of Achaan Chah*, Wheaton, Ill.: Theosophical Publishing House, 1985）。

③ 参看山蒂卡罗对泰国僧侣生活的评述《一起种粮》和沃德（Ward）：《佛祖从未教授过的东西》。

④ 联合大学（United Nations University）：《90年代亚洲的新创始精神：和平进程、经济合作与环境管理》（*Asia's New Initiatives in the 1990s: The Peace Process, Economic Cooperation, Management of the Environment*, Tokyo: United Nations University Japan-ASEAN Forum, 1994）。

⑤ 维沙罗：《森林寺庙》，第295—296页。

持续发展的非政府组织,它们力求复兴一些传统意义上的宗教、文化和生态学。[①](由于快速与深刻的文化变迁给人们带来了种种压力和不悦,复兴运动作为对此种现象的回应,已在不同的社会中展开。[②])因此,莫顿写道:

> 泰国人一直把佛教视为他们个人和国家特点的核心。对于绝大多数人来说,当泰国人就是当僧人。然而,最近的几任国王和战后的军政领导人,有系统地将“国王”、“佛教”和“国家”之类的意识形态概念当成加强国家统一性整合的手段。在这个过程中,传教人士已经努力把以前这个王国里孤立的人们组合起来,并且通过有计划的努力,使得佛教成为加强国家意识形态的一个工具。然而,近几年来泰国人明显增长的对佛教徒身份的认同,也反映出了人们对现代社会不受欢迎之方面的负面否定。正是唯物主义之商品与价值观的入侵,激活了人们对传统宗教教义的兴趣,而将宗教作为一种保持国家象征和个人身份特点的手段。[③]

在所有的状况之中,泰国的环境和其他危机表明,非常需要充分增强关于佛教有助于解决问题之潜能的意识和信息,也急需增强人们对环境本身存有的“适应不良”(maladaptation)现象的了知与意识,这种适应不良是由于对自然资源之不可逆转的耗损和自然环境之破坏(包括污染)所造成的短期和长期的环境(及经济)方面的负面后果所致。[④] 换句话来说,

① 参看莫顿:《现代化对宗教的影响》,第106、112—114、154、179—182、195页。也请参看西奥多·迈耶(Theodore Mayer):《在历史和政治语境中的泰国新佛教运动》(“Thailand's New Buddhist Movements in Historical and Political Context”),载布赖恩·亨萨克(Bryan Hunsaker)、西奥多·迈耶、巴巴拉·格里菲思(Barbara Griffiths)和罗伯特·戴利(Robert Dayley):《伐木工人、僧人、学生和企业家:关于泰国的四篇文章》(*Loggers, Monks, Students, and Entrepreneurs: Four Essays on Thailand*, DeKalb, Ill.: Center for Southeast Asian Studies, Northern Illinois University, 1996),第33—66页。

② A. F. C. 华莱士(A. F. C. Wallace):《复兴运动》(“Revitalization Movements”),载《美国人类学家》(*American Anthropologist*) 58(1956),第264—281页。

③ 莫顿:《现代化对宗教的影响》,第184页。

④ 莱斯利·E. 施蓬泽尔:《文化生态和环境教育》(“Cultural Ecology and Environmental Education”),载《环境教育期刊》(*Journal of Environmental Education*) 19, no. 1 (1987),第31—42页;波拉妮·纳塔德查:《泰国的自然与文化:通过行为社会学实施文化生态和环境教育》(*Nature and Culture in Thailand: The Implementation of Cultural Ecology and Environmental Education through the Application of Behavioral Sociology*, Ph. D. diss., University of Hawaii, 1991)。

通过对肯尼思·克拉夫特在本文集中之评论的解释，对佛教徒个人而言，一个应该追问和回答的问题就是：我对自己为环境所带来的遗留物，即我对自己的环境业果应负什么样的责任？如唐纳德·斯威勒所评述的："分析的最终，只有当足够的人们了解了问题的实质，具有了道德勇气来为之有所作为，并且以另一种眼光来挑战现状，环境问题才能得到解决。"①

幸运的是，有一批像阿博特·萨纽克·那托这样特别的个人、俗人和僧人，为那些力图在泰国恢复一点点"生态健全"(ecosanity)的人起到了榜样性的作用。珊迪苏妲在其优秀著作中对很多这类的人进行了描写。②如果泰国想要成功地应对它所面临的环境和其他危机，这样的榜样就值得大家给予更多的关注，去认识、思考和效法。

在近代史上，非暴力策略已经在很多不同状况下的社会变革中被证明是非常有效的：如印度的莫汉达斯·K. 甘地(Mohandas K. Gandhi)领导的反对英国殖民者的运动；美国的小马丁·路德·金(Martin Luther King, Jr.)所倡导的反对种族歧视的民权运动；菲律宾的本尼托·阿基诺(Benigno Aquino)领导的推翻马可斯(Marcos)的运动；南非纳尔逊·曼德拉(Nelson Mandela)领导的革命性变革使得南非废除了种族隔离制度。在泰国，与环保运动相关的政治与经济斗争想要取得效果并获得成功的话，就必须采用非暴力运动；而佛教究其本质而言，能有助于促进非暴力策略和行动的开展。③

在将来，对本文所提出的假设、主张及其他一些想法进行田野调查研究是非常有必要的，这些研究应该是既有全国范围内及地区性的总体调查，也有对一些具有代表性的特别地方与事件的调查，以选定样品来进行

---

① 唐纳德·K. 斯威勒：《圣方济、道德榜样与环境伦理》("Francis of Assisi, Moral Exemplars, and Environmental Ethics")，载《人与文化：一种跨文化视野的考察》(*Man and Culture: A Cross-Cultural Perspective*, Bangkok: Chulalongkorn University Press, 1993)，第 196 页。

② 珊迪苏妲：《微笑背后：泰国之声》(*Behind the Smile: Voices of Thailand*, Bangkok: Thai Development Support Committee, 1990)，以及《希望的种子》。

③ 克里斯托弗·基·查普尔(Christopher Key Chapple)：《亚洲对待动物、地球与人的非暴力传统》(*Nonviolence to Animals, Earth, and Self in Asian Traditions*, Albany: State University of New York Press, 1996)；肯尼思·克拉夫特：《内心安宁与世界和平：佛教与非暴力论文集》(*Inner Peace, World Peace: Essays on Buddhism and Nonviolence*, Albany: State University of New York Press, 1992)；格伦·D. 佩奇、萨拉·吉列特编：《佛教与全球问题的非暴力解决》；山蒂卡罗：《一起种粮》，第 20 页。

深入调查和研究，对于后者，应该采用参与式观察与采访的标准式民族志人类学的研究方法。[①] 也有必要对其他小乘佛教国家进行对比性研究，尤其是和诸如缅甸、老挝和柬埔寨这样的邻国进行比较，因为它们没有泰国那么西化。此处的分析主要是“非位的”(etic)，也就是基于西方的科学分析方法和诠释法——即使其中的一位作者是泰国人，即使我们还引用一些泰国作家的言论。但更多的关注应该是给予“位的”一面，通过深入采访当地的一些团体并对之深刻分析。从生态学角度，从保护生物多样性出发，来分析寺庙建筑及其周边环境，把它们作为一个生态系统整体来进行分析应该会是非常有趣的。[②]

## 结束语

近几十年来，泰国面临着日益频繁的环境、社会和道德危机，这些危机威胁着人们的生命、生活质量以及国家未来的发展。虽然有很多方法可能会有助于这些危机的解决如教育、科学、技术、经济、政治、政府与非政府组织，甚至是工商业机构，但是我们已经肯定地论述过了，其中最重要的一个资源就是佛教的方法，因为佛教有能力从根本上渗透到实质问题的根源处，而不仅仅是应对一些表面症状和某些个别问题。佛教史本身就阐明了僧侣和森林之间存有的互助关系；潜在于这一哲学与宗教里的东西，与生态学、建设绿色环境哲学和伦理学的基本原则相类似；而且在绝大多数国民都是佛教徒的泰国，佛教和文化之间的关系是互为强化的。

在这篇文章里，我们主要讨论了当地僧团作为一种契入绿色社会的媒介可能具有的理想特征。我们论述到，当地僧团可能拥有特殊地位和能力来对抗环境适应不良及其他不良的社会趋势。当然，有人会怀疑这些想法，但是正如 Chai Podhisita 为我们指出的那样，在他那个时代，甚至可能有人还怀疑过佛祖思想的有效性和可用性。

佛教最初没能阻止这些危机发展的这一事实，并不能表明佛教本身

---

① 达林顿：《佛教、道德和变化》，“僧侣和环境保护”(“Monks and Environmental Conservation”)和“为一棵树授皈依”。

② 参见第 54 页注③。

的失败，而是显示了佛教理想和单个佛教徒行为之间的差异。同时，有些方面也可能表明，佛教本身就是问题的一部分而不是解决问题的方法。我们在本文中也对这一观点进行了验证性分析，但对此观点还需要进行系统及批评性的分析，这个任务就留给后续的出版物来完成了。

在本文中，我们主要对一些僧团在帮助解决泰国日益严重的生态危机方面所存有的潜能进行了理论性分析。这个危机仅是与西化有关的众多复杂和棘手问题之中的一部分。和具有"工业—物质—消费"特征的现代社会不一样，佛教已经存在了二千五百多年了，它已经被证明在各种不同的文化语境中都是有意义的。虽然生态危机是一个前所未有的挑战，但是我们会联合那些学者及活动家们，因为他们都确信，入世佛教在处理泰国的个人和社会问题方面所具有的长期的持续的相关性。考虑到这些问题与挑战的社会历史政治语境，一如从前，这种相关性要依赖于佛教徒自身所发现的对佛教教义的有意义的诠释，并且不歪曲那些教义，这就要依照佛使的激进保守主义精神来实施了。①

（闫艳　译）

① 山蒂卡罗：《佛使比丘：从空旷的自然之眼窥视生命与社会》，载克里斯托弗·S. 奎恩、萨莉·B. 金编：《入世佛教：亚洲佛教的解放运动》，第147—194页；西瓦拉科萨等人编：《极端保守主义：当今世界之佛教》。

# 大乘佛教与生态:日本的情形

# 自然界之“因陀罗”网

保罗·O. 英格拉姆
(Paul O. Ingram)

佛教最重要与最深刻的教义，当属倡导究竟解脱道的大乘佛教。因为它教导“自度与度他”(salvation of oneself and others)，甚至它也并没有把飞禽或走兽排除在外而置之于不顾。春花飘零花枝下，秋露消逝枯草上。

——《三教指归》①(*Sango shiki*)②

最近，我在访日期间，受日本佛教真言宗(Shingon)的三位非出家学者邀请，到大阪城外的一家餐馆就餐，该馆专为食客准备并烹煮一种含致命剧毒的鱼：河豚。虽然，吃剧毒河豚含有玩俄罗斯轮盘赌的味道，但是，许多日本人还是认为那是一种可以感受高度审美体验的经历。

当然，我婉拒了他们的盛情之邀，因为，我的美学品味与此相异。至今，观看朋友吃河豚的这段经历仍让我犯疑：我们作为“人类”，简单地说，是沙文主义的人类，究竟生活在怎样的状态之下。现在活着的人总有一

---

① Yoshito S. Hakeda 译：《空海主要著作集》(*Kūkai: Major Works*, New York: Columbia University Press, 1972)，第139页，其中附有空海(Kūkai)大师生平介绍及其思想研究。虽然我把它们与稻毛吉武(Yoshitake Inage)编辑的《弘法大师全集》(*Kōbō daishi zenshū* [*The complete works of Kōbō Daishi*], Tokyo: Mikkyō Bunka Kenkyūsha, 1965)的中文原文进行了核对，但本文所引用的空海作品均出自 Hakeda 的英文译本。虽然 Hakeda 没有译完空海的所有作品，但它们仍然是已出版的有关空海作品的最有影响之杰作的最佳英文译本。既然我不能在 Hakeda 译本上有所增善，我何不满怀感激地引用他的译文呢。(空海别名“弘法”。——译注)

② 此处应为“*Sango shiiki*”而不是“*Sango shiki*”，参见 http://en.wikilib.com/wiki/Kobo_Daishi。——译注

天会从地球上消失，因为死亡的到来最终会带走人们所有的感知。我们耗费太多的光阴，结果只是招致死亡的快速到来：煽动战争，带着令人作呕的恐惧观看那些杀人狂将受害者切烂剁碎的电影，或因为开快车、吸烟或自杀而加速自己的死亡。死亡本来就是在尽其所能地迷惑人类，但是人类的反应却很奇怪。

就人类对自然的回应这一点而论，这种看法是尤为真实的。我们所要做的一切就是要先照一照镜子。这张脸，因其双眼的凝视，而盯住我们，它揭示了一个令人恐惧的秘密：我们窥视到的是一双如食肉动物般的掠夺者的眼睛。无论是在热带雨林的荒郊野外，还是在都市丛林之中，这张脸都显露出了人类的粗野天性。部分原因是因为，地球上挤满了与其他食肉动物不同的彻头彻尾的人类肉食者：人类不仅为了食物而杀害生命、掠夺自然，而且在毁灭滋养地球生命的种种自然力之同时，还在互相残杀。

人类昂首阔步，傲视自然，扼杀自然，即使人类知道当代生态学研究已经清楚地揭示：人类置身于充满生命的自然环境，其间所有的生命与非生命存在之间，存有千丝万缕的联系，以至于根本就不存有明确的界线来区分二者。[①] 这个结论不仅仅是一项生物学主张，而且它还是一个关于自然真实存在之状态的声明。必然地，生态学的研究已经改变了我们对人类个体及整体本质的理解，或者说它至少应该是这样。因为不仅仅是"生态学和当代物理学在概念上互为补充，并演绎出同一个形而上学观念"[②]，而且当代的过程神学、佛教教义及修行实践也能确证此理。但问题是，人类作为自然界中既善斗又好斗的掠夺者，怎么还能够蓄意训练自己与这些研究成果所揭示的真理对着干呢？

这几乎不是个科技方面的问题，而更主要的是一个关于人类之洞察力的问题，即人类对真实存在的感知——"事物存在于世的真实状态"，我们大多数时候，自认为是据此来建构人类与自然之间最相适宜的关系的。

---

① 查尔斯·伯奇(Charles Birch)、小约翰·B. 科布(John B. Cobb, Jr.)：《生命的解脱》(*The Liberation of Life*, Denton, Tex.: Environmental Ethics Books, 1990)，第3章。

② J. 贝尔德·克里考特：《生态学的形而上学意义》("The Metaphysical Implications of Ecology")，载J. 贝尔德·克里考特、安乐哲主编：《亚洲传统思想中的自然观：环境哲学论文集》，第51页。

因为，正如《旧约·箴言》第29章18节所警示的那样，“没有启示，人类就将毁灭”(Where there is no vision, the people perish)[①]。我的论题是：在佛教传统——此处以日本佛教僧侣空海(774—835)的深奥释义为例——与西方关于自然界真实存在之境的生态模式——已如西方自然科学与基督教过程神学所显现的那样——之间的对话，可能会激发出一种进步了的全球性视野，我们可以据此再次厘清与重新解决当今世界的生态危机问题。当前生态危机问题的危急性不亚于人类“生命的解脱”(liberation of life)之类的大问题。[②]

但是，首先让我们来看一看一些有关主流基督教自然观的评论。1967年，小林恩·怀特发表了颇具争议性的文章《生态危机的历史根源》[③]，这在神学家、哲学家和科学家之间引发了一场风行于70年代的激烈大辩论。这场辩论的一个焦点，就是怀特的革新基督教习俗，以便把人类带出已蒙上死亡阴影之生态窘境的建议，因为他认为最初是主流基督教制造了这一阴影。他还特别指出，主流基督教认可“圣方济会世界观”(Franciscan worldview)和“泛心论”(panpsychism)哲学，以蓄意重建一个当代西方环境伦理学(Western environmental ethic)。[④]

对于怀特这篇评论，最初的反应是集中在界定基督教之世界观这一问题上。令人惊讶的是，几乎没有基督徒对此进行猛烈反击；更令人惊讶的是，多数基督教徒的讨论都同意怀特关于基督教传统的论述。但是，关于如何重建一个独特的基督教自然观，实在很难达成共识。或者说，基督徒辩论的问题是，这种自然观能否或应否重建。

最近，由怀特粗略勾绘的“主流”基督教传统结构，被J.贝尔德·克里考特和安乐哲简洁明确地描述成了一种类型学(a typology)[⑤]：1. 上帝

① 《圣经国语和合本》中的翻译为：“没有异象(或作‘默示’)，民就放肆。”《圣经新译本》(香港：环球圣经总会，2001，第700页)的译文为：“没有启示，人民就没有法纪。”——译注

② 查尔斯·伯奇、小约翰·B.科布：《生命的解脱》，第1—2章。

③ 小林恩·怀特：《生态危机的历史根源》，载《科学》155(1967)，第1203—1207页。

④ 同上书，第1206—1207页。

⑤ J.贝尔德·克里考特、安乐哲编：《亚洲传统思想中的自然观：环境哲学论文集》，第3—4页，两人合写的《绪论：作为环境哲学概念来源的亚洲传统思想》(“Introduction: The Asian Traditions as a Conceptual Resource for Environmental Philosophy”)。

超越于自然；2. 自然由一位神圣的技艺精湛的男性创造者所创造；3. 人类是唯一依照上帝的影像所创造的，因而与自然界的其他事物隔离开来；4. 人类被上帝赋予超越于自然之上的控制权；5. 上帝命令人类征服自然并繁衍与兴盛人类；6. 于是，人类就用政治与等级的眼光来对待自然——上帝超越于人类，人类超越于自然，男性超越于女性——这就建立起了"一个充满着剥削的伦理—政治啄序"(an exploitive ethical-political pecking order)与权力结构；7. "人类身上上帝的影像"(the image of God-in-humanity)是人类具有"**内在**价值"(intrinsic value)的基础根源，但是"非人类实体"(nonhuman entities)就缺乏此神圣影像，而被剥夺了宗教与伦理权利，并且对于上帝和人类而言，它们就只具有"**工具性**价值"(instrumental value)；8. 一位"亚里士多德—托马斯主义目的论者"(an Aristotelian-Thomistic teleology)，把圣经具有工具性价值的自然观融入到基督教主流神学中，而将自然描绘成一个对具有理性之人类存在的支撑系统。

这一点所带来的结果似乎是显而易见的。西方伟大的一神论(monotheism)传统是西方道德观与政治论的主要来源。基督教教义集中于人类作为一个物种所具有的独一无二的特征之上。因此，如果一个人想要得到神学上的特许，去无限制地增加放射性武器的制造，去同意开发者的推土机精神，或去鼓励大肆砍伐古老森林，在历史上，再也没有比《旧约·创世记》(*Genesis*)第1—2章所记录的更好的圣经原始资料了。其中记叙了神话式的命令：命令人类去征服上帝与人类共同的敌人——自然。

然而，把环境危机的全部过失都归咎于基督教圣坛又太过于简单化了。历史上，圣经的创世故事曾被希腊—罗马哲学(Greco-Roman philosophy)敏锐地解读过；事实上，希腊—罗马哲学的遗赠对生态危机所带来的贡献，可能比独特的圣经所带来的贡献具有更强有力的影响。

此外，希腊哲学人类学(Greek philosophical anthropology)提出了"原子论世界观"(an atomistic worldview)之假想，柏拉图(Plato)对此作了例证式表述，而笛卡儿(Descartes)则给出了现代版诠释。人在本质上被看做"二元"(dualistic)的存在，由身体和灵魂两部分构成。尤其在笛卡儿的阐释中，身体如同任何其他的自然实体，可以用"原子论—机械论"(atomisticmechanistic)的语言加以详尽描述。但是人类的灵魂暂时寄居于体内，如同“机器”中的“幽灵”，而且在本质上其命运注定是属于来世的。因此，人类在本质上和精神上都是与上帝或自然相分离的，而且人类之间彼此也是分离存在着的。所以，自然环境就能够而且应该按照人类的规范进行精心改造，无论对环境带来什么样的后果，人类既不对之负责也不应为之受罚。

在此，我们作一简要概述。当代生态危机代表了西方主流观点或态度的失败：在一个以男性文化为主流导向的文化中，人们相信，“存在即是被感知”（贝克莱[Berkeley]）；而其构建的是一个分层结构，目的是为了支持位于顶点的人类（亚里士多德[Aristotle]、阿奎那[Aquinas]、笛卡儿）；上帝授予人类超越于所有生命和无机体之上的独一无二的统治权（《创世记》第1—2章）；其中，宗教的现代“世俗化”（secularism）已把上帝变为人类影像的一部分（《创世记》的理念被颠倒了）。正如当今西方的情形，与希腊—罗马哲学联姻的主流基督教传统，似乎不太可能解决由《创世记》第1—2章被希腊—罗马哲学解读所导致的生态危机。

然而，传统的有关自然的“西方—基督教范式”（Western-Christian paradigm）正受到新生态学模式的挑战；在自然科学领域内，也受到日益发展起来的人类与自然具有紧密联系之理论阐释的挑战。① 最近的基督教神学讨论，特别是过程神学，也关注到这些同样的科学“模式”（models），承认传统基督教教义以及世俗化基督教所持自然观的欠缺。② 当然，现在有许多这一类“西方样式”（Western versions）的生态学“范式”

---

① E. A. 柏特（E. A. Burtt）：《近代自然科学的形而上学基础》（*The Metaphysical Foundations of Modern Science*, Garden City, N. Y.: Anchor Books, 1954）。还请参看艾尔弗雷德·诺思·怀特海（Alfred North Whitehead）：《自然的概念》（*The Concept of Nature*, Cambridge: Cambridge University Press, 1971）；肯尼思·博尔丁（Kenneth Boulding）最近的两项研究：《作为一个整体系统的世界》（*The World as a Total System*, Beverly Hills, Calif.: Sage Publications, 1985）和《动态生态学》（*Ecodynamics*, Beverly Hills, Calif.: Sage Publications, 1981）；F. 卡普拉（Fritjof Capra）的两部作品：《物理学之“道”》（*The Tao of Physics*, Boulder, Colo.: Shambhala Publications, 1975）和《转折点》（*The Turning Point*, New York: Bantam Books, 1982）。

② 伯奇、科布：《生命的解脱》；理查德·H. 奥贝曼（Richard H. Oberman）：《进化论和基督教创世论》（*Evolution and the Christian Doctrine of Creation*, Philadelphia: Westminster Press, 1967）；伊恩·巴伯（Ian Barbour）主编的系列精彩评论《地球或许是公正的：反思伦理、宗教与生态》（*Earth Might Be Fair: Reflections on Ethics, Religion, and Ecology*, Englewood Cliffs, N. J.: Prentice Hall, 1972），特别是第66—69页；赫斯顿·史密斯（Huston Smith）的评论《如今之“道”：一种生态学阐释》（“Tao Now: An Ecological Statement”）有独到之处。

(paradigm)涌现出来;但是,没有任何两个样式在处理此问题的技术细节或其解释的范畴学方面具有完全的相似性。即使如此,我们仍能提炼出这些范例所共同具有的三项法则。①

第一项是"整体统一性(holistic unity)法则"。自然是一个"生态系统",其各项组成要素存在于"互为缘起的"(interdependent)因果关系之中,并且时刻发生着变化。一个实体处于什么存在状态,或将变成什么样子,这与它在每一时空同宇宙每一其他实体的具体关系存在着直接联系。第二项是"内部生命运动法则"(the principle of interior life movements)。所有有生命的实体,本质上都具有其内在的生命力,这生命力不是由外物强加的,甚至也不是由上帝置于其中的,而是源于生命之本身。即生命力是一种涌现出来的"力量域"(an emerging field of force),它支撑着处于永不停息的"互为缘起的生命网络"(networks of interrelationship and interdependency)之宇宙中的一切存在实体。或者,颠倒一下基督教传统中关于上帝的形象,上帝不是"强加"或"给予"生命的主宰;上帝只是一切生命的"总范本"(chief exemplar)。第三项是"有机体平衡法则"(principle of organic balance)。其含义是处于时空中的万事万物,在"对立着的两极"之矛盾过程中,每时每刻都处于互相关联的运动关系之中。

同样的"有机体法则"(organic principles)也是佛教世界观的重要构成部分。9世纪空海在日本创建"真言宗"(汉语中为"chen-yen",意为"truth word")、"密宗"(esoteric)(日文为"mikkyō"或"密教"),明显地包含有这些成分。② 空海关于佛教的环境"范式"之要义,总结在其中文著作《即身成佛义》中的一首二节诗之第一节里:

① 此处遵循的许多观点都基于笔者早先的研究,这些研究成果发表在笔者的评论文章《自然界的"因陀罗"网:空海的生态佛教观》("Nature's 'Jeweled Net': Kūkai's Ecological Buddhism")之中,载《太平洋世界》1990年第6期,第50—64页。

② 空海(774-835),其名意为"空之海"("Empty Sea"),其称谓"弘法大师"(Kōbō daishi)更广为人知,是日本平安时代的朝廷在他死后授予他的荣誉头衔。"Kōbō"的含义是"广泛弘扬佛教教义","daishi"意指"大师"。空海在世时,受到了广泛尊重。直到今天,空海仍然深受日本人民的敬仰,这既因为他是一代佛教宗师,又因为他是文化交流史上的一位杰出人物。公元804年,空海远行至中国学习佛教,在这期间他拜访了许多杰出的佛教导师,其中就有密宗高僧惠果大师(Hui-kuo, 746—805)。空海成了惠果的心传弟子。估计空海对惠果的教理理解深刻,以至惠果圆寂之前宣布空海继承他的法脉。空海滞留中国学习的时间持续了30个月,而以真言宗第八代祖师的身份,于33岁时返回日本。参看Hakeda的译著《空海》(*Kūkai*),第10—15页。

六大无碍常瑜伽，
四种曼荼各不离。
三密加持速疾显，
重重帝网名即身。①

诗的第一行“六大无碍常瑜伽”，预示了空海佛教自然观基本主张的两个核心思想：1. 佛、“大日如来佛”（Dainichi Nyorai）或“大日”（梵语为“Mahāvairocana Tathāgata”），以及六大元素，相互之间相应无碍；2.“大日”和宇宙和谐共存于永恒的非二元世界之中。

空海的佛教学（buddhology）以及后来的真言宗教义，都明确表述了大乘佛教所认可的标准的“三身”（three-body）理论（梵语为“trikāya”，日语为“sanshin”），但是又略有不同。在空海的老师惠果之前，“大日”被当做所有佛在悟后所领悟与显现的绝对真实之“法身”（dharmakāya；Dharma or teaching body）的众多象征之“报身”（sambhogakāya； body of bliss）形式之一。但是在惠果和空海之前，无论是佛教的显密教义，“法身”就代表绝对的真实，它远离一切的名言与形象，也完全远离对教义的口头言说，虽然它仍是所有佛教思想和修行的基础。因此，佛的“报身”形式并不是存在于历史之中的“化身佛”（nirmānakāya； historical Buddhas），其中，历史上的释迦牟尼就是一个范例：“报身”属于非历史王国之中的存在，永享觉悟之佛报，并成为人类崇拜与献身的对象。通常，菩萨与非历史性存在的佛，包括“大日”，都被看做永恒“法身”之“报身”。

也许是惠果最先把“大日”确定为“法身”佛（dharmakāya Buddha），他教导说，根据真言宗教义，大日教（Dainichi-kyō）和金光町教（Kongocho-kyō）包含对真理最详尽的表达，正如“大日”宣扬的那样，而不是历史上的释迦牟尼佛所教导。② 空海在惠果之后，把“大日”转变成一个人格化的、

① 参见 Hakeda 的译著《空海》，第 227 页。（此诗文的后一节内容为“法然具足萨般若，心数心王过刹尘。各具五智五际智，圆镜力故实觉智”。此中文译文引自 http：//bj3. netsh. com/bbs/118872/3/690. html。——译注）

② 同上书，第 81—82 页。也可参见山崎泰子（Taiko Yamasaki）著，理查德·彼得森（Richard Peterson）、辛西娅·彼得森（Cynthia Peterson）译，森本康吉（Yasuyoshi Morimoto）、戴维·基德（David Kidd）编：《真言宗：日本密教》（*Shingon：Japanese Esoteric Buddhism*，Boston：Shambhala Publications，1988），第 62—64 页。

自存的、不朽的、无始无终的“终极实在”(Ultimate Reality)。他论述道,正如太阳是光和热的源泉,“大日”就是这样一个“大发光体”(Great Luminous One),它是觉悟的本源,它是潜藏于世界万象“多”(diversity)中之“一”(unity)。既然佛性是存在于时空的万事万物之中的(空海也接受这一思想),其蕴意就是:“大日”就是“原本”已存在于众生与无情世界里的“本来面目”(ultimate reality)。空海是这样解释的:

“法身”在哪里?它在不远处;它就在我们自己的身体里。

智慧之源在哪里?就在我们的头脑里;真的,它离我们很近!①

作为一个佛教徒,空海也接纳“缘生”教义(梵文为“pratītya-samutpāda”,英文为“the doctrine of dependent co-origination”),但是他依照自己的理解对这一教义作了诠释,即本体(reality)由六大元素(Six Great Elements)构成,它们不停地处于相互依赖与相互贯穿的缘生缘灭之中。这六大元素是:地、水、火、风、时空和意识或“心”(梵文,citta;日本语,shin)(earth,water,fire,wind,space,and consciousness or “mind”)。“六大元素”中的形容词“大”,象征着每种元素的普遍性存在。前五种元素代表所有的物质本体,而最后一个元素“意识”则代表“大日”之身心。

所有佛和未觉悟之人,所有众生与无情世界,所有的物质“世界”都是由六大元素之间不停的缘生作用所“创造”的。这意味着构成所有现象之自身的元素都是同一的;全都处于持续不断的变化之中;而且在人性和自然秩序之间,在身心之间,在男女之间,在悟与无明之间都没有绝对的差别。简而言之,本体即事物真正的存在状态,是“非二元性的”(nondual)。用空海的话说就是:

在物质和精神现象之间存有不同,但是它们在本质上是无差别的。物质就是精神,精神就是物质。精神与物质之间圆融无碍。主体就是客体,客体即主体。能见就是所见,所见就是能见。没有什么

① Hakeda译著:《空海》,第82页。

可以从根本上区分它们。虽然我们也说到创造和被创造，但事实上，既没有创造也没有被创造。①

那么，就有一个问题出现了：我们如何训练自己去体验这宇宙中永恒的和谐性呢？当其发生时，我们又如何协调自身而与之相合呢？在本节诗的第二行就讲述了方式："四种曼荼各不离"。此处就包括"禅修"(the practice of meditation)方法的指导，因在真言宗传统里，禅修是一种"方便法"(upāya, a skillful method)，它使人的身、口、意即"三密"(sanmitsu)与"大日"的身、口、意永恒而和谐地结成一个整体。从这个意义上说，真言宗禅修就是一个效仿过程，通过舞蹈(身)、咒语(口)和曼荼罗(意)(mudrās [Body], mantras [Speech], and maṇḍalas [Mind])之类的宗教仪式，模仿觉悟之"大日"与自然界之间的和谐状态。

真言宗的修炼方式包括许多种曼荼罗，但是空海的诗只谈及了四种。"大曼荼罗"(日语"daimandara"；梵语"Mahā-maṇḍalas"或"Great Maṇḍalas")是用佛教的五种颜色，以"神、人同形同性论"(anthropomorphic)的形式，圆圈式地描绘了佛、菩萨与众神画像。这五种颜色是黄、白、红、黑、蓝或青绿。这五色与六大元素中的五大元素相对应：地大，黄色；水大，白色；火大，红色；风大，黑色；空大，蓝色。因为意识是非物质的，所以它是无色的，而且在曼荼罗中是不能被描绘的。但是，空海也讲：六大元素圆融无碍，所以，意识存在于五色之中，并遍及于画中的每一角落。这样，大曼荼罗就成为把宇宙作为"大日"身体延伸的象征。

第二种曼荼罗是"三昧耶曼荼罗"(Samaya-maṇḍala)。"Samaya"(三昧耶)是梵文，其字义是"聚集与一致"的存在状态。因此，三昧耶曼荼罗作为大日法身的表现形式，表达了这样一个本体论观点：潜藏在时空中万事万物之后的是多样性的统一。因此，宇宙中每一件事物都是一个三昧耶，或者说都是这种本体论之统一观的"聚集与一致"，万事万物都是大日

---

① 《即身成佛义》("Sokushin jōbutsu gi" [Attaining enlightenment in this very existence])，见Hakeda译著的《空海》，第229—230页。

佛的形式，既经历着大日佛也体验着一切佛的法身。①

第三种曼荼罗是"法曼荼罗"（Dharma-maṇḍala），与大曼荼罗和三昧耶曼荼罗一样都轮圆俱足，但是它被看做是"显现"绝对真理——佛法的领域。因而，法曼荼罗就描绘大日如来佛持续不断的传法过程，这贯穿于时空的每一瞬间，把佛法传递给所有众生与无情器世界。宇宙万物是"大日"的"发声身"（sound-body）。法曼荼罗代表佛法之声音的整体，指代"大日佛"在整个宇宙之内不断地揭示或"传"法，正如梵文字母"种子"（梵文，bija；日文，shuji；英文，seed syllables）所描述的那样。

最后一个是"羯磨曼荼罗"（Karma-maṇḍalas），基于大日佛在轮回（saṃsāra）王国的行为角度来观察，羯磨曼荼罗同样是轮圆俱足。既然，正如空海所教导的那样，一切事与物，自然变迁之中的所有变化，都渗透着"大日"的法身行相，任何事物或实体的任一变化，同时也是"大日佛"的行为显现。反之，"大日"的每一个行为同时也代表着宇宙中万事万物的运动。②

概括地说，四个曼荼罗象征着大日如来佛的"用、体、传达和行为"（extension，intention，communication，and action）③："用"显现了"大日"的悲智；"传达"是他有意的"自我揭示"，正如"法身"佛对时空中万事万物"传法"；而他的"行为"代表宇宙中的一切运动。

诗的第三行"三密加持速疾显"，概括了空海的密教修行观。与大日如来佛相比，"三密"代表"大日"的身、口、意在万事万物中的超理性活动或宏观世界功能的运转。"身密"表示"大日佛"的"本质"体现在一切自然现象的所有式样和形式之中；"口密"是指"大日"借时空中的每一事物，在持续不断地"弘传"或"揭示"佛法；"意密"是指"大日"自身对互为缘起的现象之中的"法身"本质的觉悟体验。④ 这样，空海就把与"大日"对众生

---

① "三昧耶曼荼罗"以某些三昧耶或"象征"形式描绘每一尊佛、菩萨和神，比如用一个珠宝、一把剑或一朵莲花来具体表现所描绘的佛、菩萨或神的个体特征。

② "羯磨曼荼罗"（Karma-maṇḍalas）所描绘的是，所有佛和菩萨"令人敬畏的行为或举止"（rijigyo），每一独特的佛和菩萨用大曼荼罗的五种颜色来描绘，最终用三面形象绘成。

③ Hakeda 译著：《空海》，第 91 页。

④ 艾德里安·斯罗德格拉斯（Adrian Snodgrass）：《佛教真言宗的缘起说》（"The Shingon Buddhist Doctrine of Interpenetration"），载《宗教传统》（*Religious Traditions*）9（1986），第 66—68 页；山崎：《真言宗》（*Shingon*），第 106 页。

及器世间的大慈悲相连的"三密"形式人性化了。

最后,诗的第四行"重重帝网名即身",空海沿用了众所周知的佛教隐喻"因陀罗网"(Indra's net)。因为"因陀罗网"的每颗珠宝都反射其他所有珠宝的光辉,并且所有的珠宝之光又都反射在某一单个的珠宝之上,所以"大日"如来佛的存在状态也是如此:表面上离散的实体实际上是与"大日如来"圆融无碍地存在着的,"大日"就是潜在于所有自然现象多样性之下的终极存在——本来面目。或者,用空海的话来说就是:

> 存在是我存在,是佛存在,是一切众生的存在。……佛(Mahāvairocana)的存在就代表着众生的存在,反之亦然。他们在表面上不是等同的,但在本质上是同一的;他们既是同一的,然而又是有别的。①

显而易见,空海的密教教义宣称了一种与主流基督教传统截然不同的生态学自然观。首先,基督教传统依据神设计的创世论及其创世结局来理解和解释宇宙。而空海的宇宙观却完全是"非目的论的"(nonteleological)。对于他来说,宇宙既无始也无终,无创造者,也无目的。宇宙仅仅是一奇妙的存在,只能依据它自身的状态来被人们接受,只能依据其内部的"力本说"(dynamism)来被人们理解。

其次,主流基督教教义和我们的希腊哲学遗产曾教导西方人说,自然界是一个有限的、客观的和存有特殊关系的世界。我们有家庭关系、婚姻关系,有与有限的动物种类间的关系,以及偶然与无生命物体之间的关系,这些关系大部分都是属于外部的。但是,对于我们来说,很难想象任何一个事物都与每件外部事物有着内在联系。比如,我们与猎户星座上的某个星球是如何联系的呢?欧美人与美洲 Lakota 部落原住民或阿拉斯加的因纽特人(Inuit)又是如何联系的呢?动植物除了表面上作为被开采利用的客体之外,它们与我们是如何联系的呢?简而言之,那些受过传统西方哲学训练的人通常会发现,认为事物是单个地存在着以及心灵是彼此隔离地存在着,比把所有事物都认为是具有内在联系的一个本体性的

① 《即身成佛义》,载 Hakeda 译著:《空海》,第 232 页。

存在状态容易得多。相反,空海所持的宇宙观是"异中同一的非二元论"(nondual-identity-in-difference)观,其中,存在的总体是互为缘起的:若是什么影响了宇宙中某一事物并带来了结果,它也会对宇宙中其他每一事物发生影响并同样会带来结果,无论这"事物"是否是死亡的、觉悟的、无明的或是有罪的。

最后,主流基督教的存在观是一种严格的等级观,在这个等级排列中,一个男性缔造者——上帝,占据了这个存在链的最高点,其次是人类,而自然——动物、植物、岩石都处在最底层。然而,空海的宇宙观没有等级分别,也没有一个居于中心的存在;或者,如果说有的话,那么,任何地方都是中心。总之,空海的宇宙观没有为希伯来文化与基督教传统所持的人类中心论偏见留下空间,也没有为那些源于笛卡儿哲学(认为人类的意识与无生机的自然界是相分离而存在着的)的现代哲学运动留下空间。

就在这一点上,空海的密教世界观与西方早期的物理学家如迈克尔·法拉第(Michael Faraday)和詹姆斯·克拉克·麦克斯韦(James Clerk Maxwell)和后来的物理学家如阿尔伯特·爱因斯坦(Albert Einstein)和尼尔斯·玻尔(Niels Bohr)的洞见与工作,以及与过程哲学、基督教过程神学都构成了联系。像西方新物理学和过程思潮一样,空海的世界观也把自然界刻画成了一个"美学秩序",在认知方面与当代西方生态学形成了和谐共鸣。

依照安乐哲的观点,[①]"美学秩序"就是这样一个范式:1. 提倡"多"(plurality)在"一"(unity)之前,"分离"(disjunction)先于"联系"(conjunction),因此,所有个体都拥有其自身的真实与独特个性;2. 把具体存在事物的独特性视为一切互为联系的自然和谐与统一之状态的源泉;3. 使运动的具体细节远离任何宇宙特性;4. 在自然秩序中理解运动变化,把它看做一个进行着的"揭示"过程,而后用定性语言来加以描述;5. 认识到没有什么是由"预定论"(preassigned principles)预先确定的,所以,对"创造"的理解就应是在自然秩序中的"创造",而与"由上帝或偶然性决定

---

① 安乐哲:《把德归复于道》("Putting the *Te* Back into Taoism"),载 J. 贝尔德·克里考特、安乐哲主编:《亚洲传统思想中的自然观:环境哲学论文集》,第 117 页。

创造”这一观点形成对照；6. 理解“正义”(rightness)意味着：在理解一件事或物自身的表达程度时，要通过其时时崭新的显现，及它与自然之统一性(一个令人愉悦的美学秩序)形成一种张力的状态来看。

与暗含于空海自然观和当代科学、过程思想之中的“美学秩序”相比，安乐哲指出的主流基督教“逻辑秩序”具有如下特征：1. 设想预定的相互关联模式，在这样一幅“蓝图”中，统一性先于多样性，多样性是从统一性出发的“堕落”；2. 评价具体事物的特性，只有看它对这种预定关系模式的反映程度如何；3. 减少特殊性，以至只留下那些需要说明给定模式的方面，它就有必要进行远离具体的特殊存在而趋向普遍性存在的运动；4. 把自然解释成一个具有预定规范特征的封闭系统，因此可以简化地进行定量的描述；5. 把“存在”刻画成“必需”，把“创造”刻画成“一致”，把新事物描绘成“过失”；6. 把“正义”看成是与预定模式一致的程度。①

我脑海中出现了许多有关“逻辑秩序”的例子：例如，柏拉图的“理念范畴”(realm of Ideas)论，由一个预定模式组成，其中所有那些存在着的特殊之物与事，其存在的真实或美好程度，由它们与这些先定“理念”或“形式”的相符合度来决定。但是像空海或过程哲学的“美学秩序”，就很容易与“逻辑秩序”区别开来。对这两种“美学秩序”而言，自然界中的事物就没有预定模式存在。创造和秩序通过自然顺序中独特因素的安排与关联造就了自身。自然界是一件“艺术品”，其中“正义”是由对构成自然界这件“艺术品”之特殊细节的理解来定义的。

当然，由空海的生态学范式所描绘的“美学秩序”，其技术细节与基督教过程神学的不同。然而，这些也应当注意：尽管有着重要的技巧上的差异，但是空海世界观与怀特海过程神学存有两个基本的共同点。第一，自然界内部存在着连续性。空海在其“三密”教义和“六大元素”说中描绘了这一连续性。空海和怀特海都认为，自然界的连续性是一种由内向外延伸的联系，一种形而上学的联系，其中，个体和社会群体都是由缘起关系组成的，自然界中的有机物与无机物都不例外。第二，既然自然界中的一切事物都是有

---

① 安乐哲：《把德归复于道》，载 J. 贝尔德·克里考特、安乐哲主编《亚洲传统思想中的自然观：环境哲学论文集》，第 116 页。

着内在联系的，那么，人类与自然就有着生死攸关的联系。这正与空海的六大元素论教义相吻合，也与其形象化的比喻“因陀罗网”相符合。

艾尔弗雷德·诺思·怀特海对“活体”(living body)的定义，使得这些相似处显得更为精确。他写道：“活体”是“自然界的一个领域，而且是通过自己的每一局部来展现自身的首要领域”。[①] 那些实体，是外部形状与内在感知的中心，是具有生命的，怀特海把这一描述清晰地应用到了动物体和植物体上。而且，对活体的上述定义，也是他对人类和动物体定义的一个扩展；动植物间的区别并不明显。[②]

怀特海还坚持认为，把有机界和无机界的差异进行精确区分是不可能的；虽然这样的分类对于科学研究也许有着实际用处，但它对于自然界而言却是危险的。科学上的分类常常模糊了这一事实，“自然界存在的不同模式在彼此的差异之中被淡化了”[③]。怀特海在《过程与实在》一书中，持有同样的观点，他评述到，在自然界的连续统一体之中没有明显的分界线，而且在生命有机体和无机实体之间也没有明显的分界线；无论存在着怎样的不同，都只是一个程度方面的问题。当然，这并不意味着这些不同处就不重要，因为，即便是程度的不同，也断言了整个自然界的连续性。[④]

这一点对于怀特海式的(Whiteheadian)生物学家查尔斯·伯奇和过程神学家约翰·科布关于“生命”的定义来说就显得尤其重要。他们根据“生命”界线之假设的模糊性，提出了有生命与无生命之间的界线问题。[⑤]“病毒”就是很好的例子，因它们既拥有生命又有非生命特性。另一个例子就是“细胞器”(cellular organelles)，它们能再生繁殖，但是若离开了它们的环境——细胞，就不能生存。

伯奇和科布提出，这些关于生命的生态模式例子的意义在于，每一实体与其外界环境都有着内在联系。在这一模式面前，人类并不例外，在科布看来，组成生命“总范本”的上帝也不例外。[⑥] 空海的观点与之相似：自

① 怀特海：《思维模式》(*Modes of Thought*, New York: Macmillan, 1938)，第 31 页。
② 同上书，第 31—34 页。
③ 同上书，第 25 页。
④ 怀特海：《过程与实在》(*Process and Reality*, New York: Free Press, 1978)，第 109、179 页。
⑤ 伯奇、科布：《生命的解脱》，第 92 页。
⑥ 同上书，第 176—178、195—200 页。

然界中每一实体都与其外界环境和“大日佛”有着内在联系。虽然“大日”不像基督教徒或佛教真言宗信徒称为上帝的那种实存,但是,和上帝一样,“大日”是组成生命的“总范本”。

正如怀特海过程哲学思想所认为的,有机物与无机物之间存有连续性,所以在人类与非人类之间也存在着连续性。怀特海将“有生命的躯体”(living persons)界定为“高等动物”(higher animals),并通过总结“高等动物”来强调这一连续性。人类和动物都是“有生命的躯体”存在,他们都具有共同特征——“绝对性的控制体验”,它调整与统一多样性运动,以及“物体的持续存在”,而物体还在不停地生成生命体的新生命。“个体次序”(personal order)是线性的、连续的,是从过去到现在的“客体—主体”(object-to-subject)的继承。在人类与自然界之中的个体次序,是怀特海所称的“过去为现在赋予活力的内在固有性之学说”(the doctrine of the immanence of the past energizing the present)的一个组成部分。[①] 个体本身是对自身过去的继承,这种线性的、一维的特征被称为自然界的“向量结构”。在空海的六大元素和三密概念中,也存在着类似的自然界结构图。

我们可能会有这样的疑问:为什么当西方关于有机环境的范式遭遇像空海这样的亚洲版自然界有机观时,怀特海的这一观点就显得尤其重要呢?答案是:因为人们对自然环境的所作所为,同他们对自身及周围事物的**观点**(think)与**经历**(experience)是相符合的。

即使站在追求科学理论的实证经验主义的角度来看,这一点似乎也是很明显的:“自然界的毁灭,与人类的心理和精神的健康状态有着直接联系,因为人类的实践追随着自己的感知而进行。”[②]文化与世界观,信仰与修行融入语言之中,并在个体与社会之中显示着对此的理解。通过把自然界当做与人类自身相分离,或与神相分离的一个“事物”来看待,人类不仅造成了现在正在经历着的环境噩梦,而且使之“永存不朽”了。基督教关于人类自身与自然界相分离的描述术语是“原罪”(original sin),而佛教的术语是“贪欲”(taṇhā)。

---

① 怀特海:《观念的冒险》(*Adventures of Ideas*, New York: Macmillan, 1933),第188页。

② 杰伊·C. 罗谢尔(Jay C. Rochelle):《放开:佛教与基督教模式》(“Letting Go: Buddhism and Christian Models”),载《东方佛教徒》,9, Autumn 1989,第45页。

西方理性主义对自身文化与自然之间所持的“超阳”(hyper-yang)观念对环境带来的破坏,在很大的程度上遭到了延误,而未能得到及时解决。现在,人们在拉伸地球的生态极限,但是,在一些情况下,地球的生态极限由于承受不住拉伸而已遭到了毁灭。与亚洲自然观对话(比如像空海),能促进西方关于“提升觉悟”(consciousness raising)的自我批评进程,以通过提供一种选择来设想新的可能。这样,我们也许能够认识到“深层有机阶层”(deeper organic strata),它存于我们自身内部所继承的文化偏见与假想之中;我们也许就能够领会到人类与自然之间既不是对抗关系也不是支配关系。

同任何特殊的对话一样,佛教徒与基督徒关于自然界的对话,有着内与外两个维度。关于有机体范式的讨论一定不能停留在口头抽象的谈论之上。佛教徒能理解与欣赏基督教过程神学的概念与技术术语;而过程神学家也能理解和欣赏佛教徒的自然观,两者之间可以在概念上发生转换。但这仅是外维对话。虽然像这样的对话也是重要的,但是,若是把它同佛教徒与基督徒之间的内维对话分离开来,那就是不完善的,因为这种内维对话存在于佛教徒与基督徒个人自身与自然之间的非二元性体验之中。因为,我们依据佛教徒以及基督徒过程观对“真实”(the realities)的体验程度,依照外维对话理念所揭示的自然界有机结构,受到鼓舞而去谋求幸福生活。

如同一首伟大的赞美诗中抒情诗与乐曲的有机结合,内维对话的“乐曲”“赋予”外维对话之“抽象抒情诗”以“血肉”。内维对话教导我们:我们可以以自己选择的任何方式来生活。诗人兼作家安妮·狄拉德(Annie Dillard)在《像鼬鼠那样生活》(*Living Like Weasels*)中就是那样说的:“我们可以以自己想要的任何方式来生活。人们可以选择保持贫穷、贞洁与顺从,甚至是静默。”人们破坏环境是出于人类的抉择,因为他们只把环境当做一个机器来看待。选择有机性的体验自然,“就是以某种熟练与顺从的方式,去追随你们的造访,去选定最柔弱与鲜活的地方并插入此‘血脉’。这是柔顺,不是战斗”①。要顺服于自然,而不是控制自然。

---

① 安妮·狄拉德:《教顽石开口讲话:远征与遭遇》(*Teaching a Stone to Talk: Expeditions and Encounters*, New York: Harper and Row, 1982),第16页。

以空海的观念来看，通过与基督教过程神学思想遭遇并发生转型变化，外与内的对话意味着想要用具体化的分离来追随我们的集体路径。正如安妮·狄拉德所写的那样：

> 我认为，抓住你的一个需求不要放手，跟随它摇摆、艰难行进，直到去任何它将要带你去的地方，这就是很好的、适当的、顺从的与纯粹的。不论你在何方，不管你在怎样生活，即便是死亡，也不能把你和这个需求分开。①

这样做，我们就会发现，没有任何东西可以被我们自始至终地抓住不放，因为我们就是自然界本身，正在注视着人类自己。

或者，从由与空海的内外对话所发生转变的基督教过程神学观来看，上帝并没有要求我们放弃个人的尊严，没有要求我们和那些随便的人一样随意对待自己的命运，也没有要求我们失去自我，或离开所有那些上帝不认可的东西。虽然，上帝是自然界的“生命”，“上帝比人内心之最深处还要深”(intimior intimo meo)，正如奥古斯丁(Augustine)的描述：“他与我之间亲密无间，胜过我与我自己。”但是，上帝好比星星，什么都不需要，什么也不要求，而是“与主同在”的呼声要求这些东西。当然，我们不必停止滥用环境，完全不必要。但是，我们有必要停止滥用自然界，如果我们想要了解上帝的话。这就像是在冷清的冬夜，坐在屋外，虽然，我们没有义务要去那样做；那样做可能会太冷。但是，如果我们想要看星星，我们会发现黑暗是必需的，而星星本身并没有命令也没有要求我们什么。

（张滔　译）

---

① 安妮·狄拉德：《教顽石开口讲话：远征与遭遇》，第16页。

# 日本人有关环境伦理的自然观与奥尔多·利奥波德的环保美学

史蒂夫·奥丁
(Steve Odin)

## 导　言

道教把自然形而上学进行了创造性的、艺术的转化，东亚佛教把自然理解为有机体之间相互联系的美学统一。道教与东亚佛教已成为环境哲学的精神源泉。最近，两者被统一在一本由 J. 贝尔德·克里考特和安乐哲编辑的名为"亚洲传统思想中的自然观：环境哲学论文集"[①]的文选中。在这里，我格外关注日本佛教的自然观，它对于奥尔多·利奥波德的环境哲学是一种有价值的补充。在此语境下，我想阐明规范价值的层次，它使一种建立在大地伦理学之上的大地美学得以成立，这种大地伦理学是由东方的日本佛教和西方的奥尔多·利奥波德的生态学世界观共同构成的。

## 奥尔多·利奥波德的环境哲学

### 大地伦理学

人们可以指出新近出现的环境伦理学的各种各样的起源，例如，浪漫主义运动。这一运动从卢梭（Rousseau）开始，并迅速由歌德（Goethe）和一些浪漫主义诗人，如布莱克、华兹华斯、柯勒律治、雪莱（Blake,

① J. 贝尔德·克里考特、安乐哲编：《亚洲传统思想中的自然观：环境哲学论文集》。

Wordsworth，Coleridge，Shelley)扩散开来，然后通过先验论者惠特曼、爱默生、梭罗(Whitman，Emerson，and Thoreau)和后期的环境保护主义者，如约翰·缪尔(John Muir)与加里·斯奈德，在美洲继续传播。然而，对于作为哲学的一个有特色的分支的环境伦理学，有一部被这个学科的大多数人看做**经典**的著作，就是在1949年首次出版的奥尔多·利奥波德所著的名为"沙乡年鉴"的书，其中有一篇他的扛鼎之作，题目就叫"大地伦理学"。[①] 利奥波德对伦理学有三种划分，"第一种伦理学处理的是个体之间的关系，……第二种伦理学处理的是个体和社会之间的关系"[②]。就在这里，他把伦理学研究领域扩及到第三个层面，即所谓的人类与大地之间的关系，并因此而取得了重大的飞跃。用利奥波德的话说：

> 还没有一种伦理学是处理人类和大地，以及生长于其上的动物和植物之间的关系的……严格说来，赋予了人们特权而不是义务的人与大地的关系，仍是属于经济学的范畴。如果我理解得正确的话，伦理学的范围在人类与环境上的第三个层面的延伸，是一种进化的可能和生态的必然。[③]

利奥波德用他的重要的"共同体"观念来定义伦理学。个人总是身处社会环境之中，或者如利奥波德所指出的，个人总是处于由互相协作的各部分所组成的互相依赖的共同体(生态学家称之为共生体)之中。然而，由于过去的伦理学探讨的范围被限定在人们的共同体之内，因此这样的伦理学仅仅适用于人与社会的关系。环境伦理学把这一范围扩展到包括了土壤、植物和动物的"生物共同体"，以至于人与大地的共生关系。他写道：

> 迄今为止，所有的伦理学都建立在一个前提之上，即个人是相互依赖的各部分所组成的共同体的一份子。……大地伦理学仅仅是把共同体的边界扩大到土壤、水、植物和动物，或是它们的集合——大地。[④]

① 奥尔多·利奥波德：《沙乡年鉴：从圆河写来的环境保护随笔》(*A Sand County Almanac: With Essays on Conservation from Round River*, New York: Ballantine Books, 1966)。尤其参见其中"大地伦理学"(The Land Ethic)一节，第237—264页。后引不注。

② 同上书，第238页。

③ 同上书，第238—239页。

④ 同上书，第239页。

利奥波德继续说道："大地伦理学改变了现代人的地位，不论他是大地的占有者还是平民百姓。"①而且，他的大地伦理学把环境保护的含义，由自然资源效用的最大化，重新定为"实现人类与大地之间的和谐"②。对于利奥波德来说，大地伦理学的原则不仅使法律意义具有了义务性，而且使他所谓的"生态良知"③得以进步，"生态良知"被理解为一种从对人的关注延伸到对大地的关注的社会良知。④ 由此，根据利奥波德的观点，大地伦理学反映出生态良知的存在，也进一步反映出一种为大地的健康而负有个体责任的内在确信。⑤

### 环境保护美学

在奥尔多·利奥波德的生态学观点中，他的大地伦理学与他所讲的"大地美学"⑥是不可分的。正如利奥波德在 1947 年的该书原版的前言中所写的那样，"这些文章研究了大地伦理学和大地美学的关系"⑦。利奥波德的《沙乡年鉴》以一篇名为"环境保护美学"⑧的文章作结尾是有着深远意义的。对于利奥波德来说，正是自然固有的美或者艺术价值，使得

---

① 奥尔多·利奥波德：《沙乡年鉴》，第 240 页。

② 同上书，第 243 页。

③ 同上书。

④ 同上书，第 246 页。

⑤ 同上书，第 258 页。

⑥ 关于《沙乡年鉴》中反映的奥尔多·利奥波德的大地伦理学与他的土地美学的关系的严谨的学术分析，参见 J. 贝尔德·克里考特：《土地美学》("The Land Aesthetic")，载克里考特编：《沙乡年鉴指南》(*Companion to A Sand County Almanac*, Madison: University of Wisconsin Press, 1987)，第 7 章，第 157—171 页。

⑦ 克里考特：《沙乡年鉴指南》，第 281 页，奥尔多·利奥波德的序言。这是奥尔多·利奥波德为《巨大的财富》(《沙乡年鉴》的作者原定名)写的原序的开头几句，作于 1947 年 7 月 31 日。但是，为读者们所熟悉的前言则修订于 1948 年 3 月 4 日。

⑧ "环境保护美学"是《沙乡年鉴》扩充版的最后一篇，扩充版的副标题是"从圆河写来的环境保护随笔"，由作者的儿子卢纳·B. 利奥波德(Luna B. Leopold)编辑，百龄坛书局(Ballantine Books)于 1966 年首次出版。《大地伦理》是原版的最后一篇，副标题是"以及此与彼的概述"(*And Sketches Here and There*)，作者死后由牛津大学出版社于 1949 年出版。但是，利奥波德的《巨大的财富》原稿，却与 1966 年扩充版的文章排列顺序相同。根据丹尼斯·里本斯(Dennis Ribbens)的说法，"或许利奥波德死后，他的原稿最重大的变动是《大地伦理》从原来的第三卷的第一篇变成现在的最后一篇"(丹尼斯·里本斯：《〈沙乡年鉴〉的创作过程》["The Making of *A Sand County Almanac*"]，载《沙乡年鉴指南》，第 107 页)。与里本斯的说法相印证，柯特·迈勒(Curt Meine)说在准备出版利奥波德的原稿的过程中，"《大地伦理》移到了第三卷的末尾，'结论'部分"(柯特·迈勒：《奥尔多·利奥波德：他的生活和工作》[*Aldo Leopold: His Life and Work*, Madison: University of Wisconsin Press, 1988]，第 524 页)。因此，似乎作者本人倾向于把《环境保护美学》作为后来的《沙乡年鉴》一书的最后一篇。

我们需要扩大伦理学研究范围，使之包括人和大地的共生关系，使我们把社会良知从人类共同体延伸到生物共同体，从而建立起人与包括大地、植物和动物在内的自然环境之间的生态平衡。利奥波德在1948年为《沙乡年鉴》写的前言中进一步说明了作为大地伦理基础的大地美学的重要性。在此他声称，他著作中的这些文章“试图结合以下这三种概念”：1. 大地共同体，此乃生态学的基本概念；2. 大地被热爱和尊重，这是伦理学的延伸；3. 大地能产出文化成果，或者如他另外所说，是一种“审美的成果”。[①] 依据利奥波德的观点，与大地的利用相关的行为准则必定是我们的行为在美学上和伦理上都正当。因此，大地的美是基本的准则之一，这一准则决定了我们与自然的关系是正确的：“当一个事物试图保护生物共同体的完整、稳定和美的时候，它才是正当的。”[②]因此，《沙乡年鉴》的组织结构提示了一种规范价值的皮尔士的（Peircean）层次，在此，环境伦理学自身以一种保护美学的价值观为基础。[③] 换句话说，我们对自然的道德上的爱和尊敬是建立在对大地的美和价值的审美鉴赏之上的。尤其要指出的是，尤金·C. 哈格洛夫（Eugene C. Hargrove）循着相似的理路，认为不仅是大地伦理学，而且所有主要的西方环境情感的历史基础最终都是审美的。[④] 确实，大地伦理学的美学基础是对人与自然关系的最深刻的洞察之一，这种洞察是由东方和西方的生态学世界观所共同发展起来的。

## 日本佛教：环境伦理学的亚洲资源

奥尔多·利奥波德所提出的环境伦理学的原则找到了一个强有力的

---

① 利奥波德：《沙乡年鉴》，第19页。

② 同上书，第262页。

③ 美国的过程哲学家查尔斯·桑德斯·皮尔士（Charles Sanders Peirce）在发展出他的“架构”理论的著作中，提出了一种“规范科学的层次”，在这一层次中，逻辑学依赖于伦理学，而伦理学则依赖于美学。参见《皮尔士哲学作品集：贾斯特斯·柏其勒导读的哲学文选》（*Philosophical Writings of Peirce: Selected and Edited with an introduction by Justus Buchler*, New York: Dover Publishing, 1955），第62页。

④ 尤金·C. 哈格洛夫：《环境伦理学基础》（*Foundations of Environmental Ethics*, Englewood Cliffs, N. J.: Prentice Hall, 1989），尤其参见第3章《审美的和科学的态度》（“Aesthetic and Scientific Attitudes”）（第77—103页），以及第4章《野生动植物保护的态度》（“Wildlife Protection Attitudes”）中题为“野生动植物保护美学”（“The Aesthetics of Wildlife Preservation”）的部分（第122—123页）。

支持，它存在于传统日本佛教所描述的"活自然"这一概念中。一种深刻的生态学思想源流存在于华严宗、天台宗、真言宗、禅宗、净土宗和日莲宗的佛教传统以及现代日本哲学中。在下面，我将简要地介绍一下日本人的自然观，它把自然看做一种以真实的场域为基础的，由相互依赖的事物组成的审美共同体。在本文中，我要说明日本人的自然观是如何将伦理学的范围延伸到包含了人与大地的关系上的。此外，我要讨论大地伦理植根于日本佛教和奥尔多·利奥波德的自然概念的大地美学中。接着我要试着阐释在日本佛教中自然的拯救含义，在那里，自然环境成为一种对所有有情生命来说获得拯救的终极所在。最后，我要说明，日本佛教的自然观反映了一种从以自我为中心到以生态为中心的根本立场的转变，那是一种非人类中心主义的立场，那是与人类中心相反的以自然为中心的立场。

## 生态学与日本佛教中自然的场的模式

奥尔多·利奥波德的环境伦理学来自于纯粹形而上学的假设，即自然界中的事物不是分离的、独立的或固定的客体，而是存在于相互依存之中的关系场，它因此建立了一个协作生态系统，这个系统是一个与其环境相互作用的有机体。根据利奥波德的自然的场的概念，大地是一个单独的生命有机体，其中的每一个部分都影响着所有其他部分，正是这个简单的事实把与我们的环境相关的道德义务赋予了我们。正如J. 贝尔德·克里考特在《生态学的形而上学意义》中从形而上学的层面所论述的那样，生态学意味着一种从原子论到场论的范式的转移。[①] 在本文中，他强调了在"由利奥波德所提出的活的自然的场论"[②]中的各种各样的形而上学暗示。克里考特循着利奥波德的看法论述道，"客观存在论对自然环境的生态学描述来说是不适当的"，并且他补充道，"有生命的自然物相对于'事物'……或'场'这样的形式，应被看做低一级的存在"。[③] 根据克里考特的观点，在生态学的世界观看来，自然界的生物好比新物理学所说的那

① J. 贝尔德·克里考特：《生态学的形而上学意义》，载克里考特与安乐哲：《亚洲传统思想中的自然观》，第51—64页。

② 同上书，第57页。

③ 同上书，第58页。

样，是"一种能量流动或能量'场'的局部扰动"，因此那种"微观的亚原子世界"也就类似于"宏观的生态系统"、"网络环节"或"生命网络的结"。[①]他进一步指出，对于挪威的环境哲学家阿恩·奈斯来说，生态学揭示了"整个相关联的场的图景，其中生命体是内在关联的生态球形网络中的结点"[②]。值得注意的是，在西方哲学传统中，在由艾尔弗雷德·诺思·怀特海所发展出的有机体的过程形而上学和哲学里，生态学所指的自然的场的概念已经有了最完整的系统解释。它阐述了一种泛灵论，这种泛灵论认为自然是一个活的场，它是创造性的和审美的共同体，事物通过与共同体中所有其他事物的因果关系而生起。[③]

生态学世界观所指的"物质对象"的"关系场"，其首要性在东亚哲学，尤其是道教和佛教的自然有机范式中，居于非常核心的位置。在安乐哲的文章《把德归复于道》中，他把道教的自然美学观中德(te)和道(tao)这两个关键理念，解释成以清晰的环境伦理学含义表达了实体的"点与场"模式。[④] 同样地，井筒俊彦(Izutsu Toshihiko)在《通往禅宗哲学》一书中，也曾清楚地说明了在传统的日本禅宗和华严宗里他所谓的"最终实体的场结构"，在那里自然界的每一事物都被理解为空(kū)或无(mu)的整个场域中的一个浓缩的焦点，这个场域在佛教哲学里被理解为一种因果关系的动态网络，换句话说，是一个"互为缘起"(engi)的过程。[⑤] 而且，在西田木太郎(Nishida Kitarō)(1870—1945)和京都学派的现代日本综合哲学里，这些传统禅宗和华严宗里实体的场模式已经被依照 basho 或者"场"

① J. 贝尔德·克里考特：《生态学的形而上学意义》，载克里考特与安乐哲：《亚洲传统思想中的自然观》，第 59 页。

② 阿恩·奈斯：《深与浅，远大的生态学运动概要》("The Shallow and the Deep, Long-Range Ecology Movement: A Summary")，载《探究》(*Inquiry*) 16(1973)，第 98 页。

③ 例如，艾尔弗雷德·诺思·怀特海的自然概念是指，与有机整体哲学观有关的审美的和创造性的过程。参见《自然的概念》；《浪漫主义的反作用》("The Romantic Reaction")，载《科学与近代世界》(*Science and the Modern World*, New York: Collier Macmillan, 1925)；《自然的秩序》("The Order of Nature")和《生物界与环境》("Organisms and Environment")，载《过程与实体》(*Process and Reality*, New York: Free Press, 1978)；《自然与生命》("Nature and Life")，载《思维的模式》(*Modes of Thought*, New York: Macmillan, 1968)。

④ 安乐哲：《把德归复于道》，载克里考特、安乐哲：《亚洲传统思想中的自然观》，第 113—144 页。

⑤ 井筒俊彦：《通往禅宗哲学》(*Toward a Philosophy of Zen Buddhism*, Boulder, Colo.: Prajna Press, 1982)，尤其是其中的《终极实在的场结构》("The Field Structure of Ultimate Reality")，第 45—49 页。

(轨迹、矩阵、地点)的概念重新阐释,即西田木太郎所称的无之场。① 他的 basho 或场的概念本身就已深受拉斯克(Lask)的科学场论(场理论)的影响。正如野田再男(Matao Noda)所看到的,"在这些关系中,现代物理学的力量场,爱因斯坦把它看做宇宙的场,这个概念极大地启发了西田木太郎"②。

在现代日本哲学中,basho 或关联场的首要性在和辻哲郎(Watsuji Tetsurō)(1889—1960)的伦理学关于人与自然关系的思考中被发展起来,他是西田木太郎在京都大学哲学系的年轻同事。在他的著作《作为人类学的伦理学》中,他根据日本人作为"人"(ningen)的人性观念,称自己的"伦理学"(rinrigaku)为人的科学,人的两种日文表述都表达了自我的双重性,即"个体的人"和"社会的人"。③ 因此,"人"即 ningen(人),不仅仅是指个人(hito),而且指人类置身其中的"关联性"或者"间性"(aidagara)。日本的比较哲学家汤浅泰雄(Yuasa Yasuo)在《身体》这本书中,明确地表达了和辻的人(ningen)的相互关系是"间性"的生命空间,在其中人被置于 basho(场)的一般观念中,它是一种关系场或空间轨迹。他写道:"但是,存在于间性之中(aidagara)是什么意思呢? ……我们的间性意味着我们存在于一个确定的、空间的 basho(地点、位置[topos]、场)。"④ 然而,和辻以人格(人)的双重结构为基础的伦理学,基于不只强调在个体和个体之间或在个体和社会之间的关系的空间轨迹,而且他将他道德上的思考进一步延伸到个体和自然的关系上。在《风土:一种人类学的思考》一书中,和辻发展了他的主要哲学论题,即存在于各种社会环境中的人的具体空间,个体既要影响家庭、社区,最终也要影响自然环境,个体也

① 西田第一次把 basho 或"场"的观念作为他"无"的哲学的基础概念是在《从行到观》(*Hataraku mono kara miru mono e* [*From the acting to the seeing*])一书中,此书出版于 1927 年,见《西田木太郎全集》(*Nishida Kitarō zenshū*, Tokyo: Iwanami Shoten, 1947—1953),4:207—289。

② 野田再男:《西田木太郎:东方与西方的综合》("East-West Synthesis in Kitarō Nishida"),载《东方哲学与西方哲学》(*Philosophy East and West*) 4(1955),第 350 页。

③ 和辻哲郎:《作为人类学的伦理学》(*Ningen no gaku toshite no rinrigaku*, Tokyo: Iwanami Shoten, 1936)。

④ 汤浅泰雄著,托马斯·P. 卡萨利斯(Thomas P. Kasulis)编,长友森田(Nagatomo Shigenori)和托马斯·P. 卡萨利斯译:《身体:通向一种东方的身心论》(*The Body: Toward an Eastern Mind-Body Theory*, Albany: State University of New York Press, 1987),第 38 页。

要被家庭、社区和自然环境所影响。[①] 正如汤浅泰雄所说，“和辻写了一本名为“风土”的书。在书中，他说活在作为生命世界空间的自然里，换句话说，活在‘风土’里，是人类生存的最基本的方式”[②]。因此，和辻清楚地阐明了一种伦理学，在其中，个体必须被设想为处在一个关联性或间性的空间中。不仅对人类社会，而且对其生活的周遭环境（fūdo），自然都是人类所居处的主观空间最大限度的物化。因此，和辻的道德哲学对于奥尔多·利奥波德所描述的环境伦理学来讲，是一种最具启发性的亚洲资源，在那里，道德不仅仅扩大到个人与个人，以及个人与社会的关系上，而且还包括了人类与自然的关系，这是实用伦理学最主要的拓展。

**日本人的自然观：自然与自我的合一**

和辻的哲学，把伦理学的范围扩大到了包括人与自然的关系，这反映了一种传统的日本观念，这种观念把人类生存于其中的自然看做自然与自我的合一。日本的自然一词，shi-zen（也读做 ji-nen），来源于汉字 tsu-jan，相当于英文单词 nature，“nature”又来自于拉丁文的 natura，这个词则被罗马人用来翻译希腊文的 physis 一词。正如诸多学者业已指出的，shizen（ji-nen）这一日本概念可以与古希腊的自然概念相比较，通过海德格尔（Heidegger）揭示的希腊思想对 physis 的原初理解，我们了解到它本身对原初显现的到场或显明是开放的、自愿的和无蔽的。在古代日语中，shizen（ji-nen）通常表达为 onozukara，它相似于希腊的 physis 一词的意思："如其自身的是什么"。作为 shi-zen 的两个特征当中的第一个特征，onozukara 也表示着另一个古老的日文词汇 mizukara 或“自己”。这一关系的寓意已经在休伯特斯·特伦贝奇（Hubertus Tellenbach）和金默拉·宾林（Kimura Binin）的文章《日本人的自然观》（*The Japanese Concept of Nature*）中得到阐明：

---

① 和辻哲郎：《风土：一种人类学的思考》（*Fūdo ningengakuteki kosatsu*, Tokyo: Iwanami Shoten, 1951，第2版）。英译本参见杰弗里·邦纳斯（Geoffrey Bownas）译：《风土：一种人类学的思考》（*A Climate: A Philosophical Study*, Tokyo: Japanese National Commission for UNESCO, 1961），现在又作为新的丛书《现代日本思想与文化经典》（*Classics of Modern Japanese Thought and Culture* [Westport, Conn.: Greenwood Press, 1989]）中的一卷再版。

② 汤浅泰雄：《身体：通向一种东方的身心论》，第38页。

> Onozukara 表达的是自然本身的客观状态。……而 Mizukara 则表达了自我的主观状态。……日本人相信他们能借用一个特征表达这些表面上独立的术语，这一特征指向一种更深的洞察，这一洞察使他们把 Onozukara 和 Mizukara，自然和自我，理解为具有共同的起源。①

因此，在日本人的自然观中，正如 onozukara 与 mizukara 的合一，自我和自然也都建立在同样真实的基础之上，就像一个单一的统一体或者关系矩阵的主观和客观方面一样。

这种把自然看做自然与自我的合一的日本传统观点，最有趣的表达之一，是佛教日莲正宗的日莲（Nichiren Daishonin）（1222—1282）以及他的追随者所阐述的 eshō funi 或“生命与环境的统一”的观念。日莲最著名的是他的预言性的教义，这一教义认为在末法时代（mappō）只有通过背诵 daimoku 或《妙法莲花经》的标题 Myōhō renge kyō，才能开悟，他把这个标题记在一个曼陀罗中，这个曼陀罗是 Daigohonzon 为了觉悟有情众生本有的佛性而作的。在他的关于末法时代的末世论和预言性教义中，日莲不仅预言了人类社会的灾难，比如内战和外来的侵犯，而且还有诸如洪水、火灾、地震、干旱、瘟疫等自然灾难，这些灾难全部起因于人类所遵循的神秘的因果法则，他把它叫做 Myōhō renge kyō。对于日莲来说，Myōhō renge kyō 是生命本身的神秘法则，它是天台宗最高教法的具体化，天台宗的 ichinen sanzen 是“一念三千”。此外，作为 ichinen sanzen 的化身，神秘的 Myōhō renge kyō 法则包括了 eshō funi 原则，“生命与环境的统一”。在他的文章《生命的真实存在》中，日莲写道：“环境所在之处，生命即在其中。Miao-lo 说，‘生命（shōhō）及其环境（ehō）总是显现着 Myōhō renge kyō’。”②根据这个观点，主观的人类和客观的环境就是同一真实的两个侧面，是生命真实的存在，换句话说，是神秘的 Myōhō renge kyō 法则的两

① 休伯特斯·特伦贝奇、金默拉·宾林：《日本人的自然观》，载克里考特、安乐哲：《亚洲传统思想中的自然观》，第 154—155 页。

② 池田大作：《宫廷演讲选》（*Selected Lectures on the Gosho*，Tokyo：Nichiren Shōshū International Center，1979），第 22 页。

个侧面。在对上述日莲著作的注释中，池田大作（Ikeda Daisaku）总结说："生命（shōhō）和他们的环境（ehō）是不能分开的。……两者都是 Myōhō renge kyō 法则的侧面。……因此我们才能看到佛教中强有力的原则是，生命（shōhō）内在的革命总是把人带到环境（ehō）之中。"①根据这种洞察，顺理成章的是，在实践的层面上，生命及其环境的不可分，借由神秘的法则的消融而得以发现。这在日莲宗，则是通过念诵公式化的咒语"Namu myōhō renge kyō"方能实现的。而且，念诵"Namu myōhō renge kyō"被认为会产生一种"人的革命"，也就是主观自我的转变，这反过来又会引起客观环境相应的改变，借此造成自然的质变，而使其进入安宁、和谐的佛土。因此，依照日莲宗的教义，eshō funi 的原则为一种建立在生命与环境不可分离的基础上的生态学世界观，提供了教理的基础。

### 禅宗里自然的华严构造

就日莲宗来说，自然是生命与环境统一的宇宙场域，这样的自然观是通过援用天台宗的主要观念而得到解释的，天台宗的主要观念也就是 ichinen sanzen（一念三千）。然而，在禅宗那里，这种自然的场论则是根据类似于华严（Hua-yen）宗的教义，被详尽阐述的。华严宗 riji muge（汉语，理事无碍）的教义，就是"部分与整体的互相渗透"。像天台宗的 ichinen sanzen 原则那样，华严的 riji muge 原则使实体的微观与宏观两个范畴连成一体，它显示了一个相互渗透的神圣矩阵式的大自然。这一华严教义不仅成为传统禅宗的教理基础，而且也是现代日本西田和京都学派的哲学基础。② 弗朗西斯·H. 库克（Francis H. Cook）已经探讨过，在 Kegon 或华严的有机整体观中深层生态学世界观的寓意。在他的随笔《因陀罗网》的开头，他写道：

> 如果"生态学"一词只是最近才开始在我们的讨论中出现，那么

① 池田大作：《宫廷演讲选》，第 23 页。

② 从艾尔弗雷德·诺思·怀特海的有机整体哲学立场对华严宗（日文：Kegon；梵文：Avatamsaka）的评介，参见史蒂夫·奥丁：《过程形上学与华严宗》（*Process Metaphysics and Hua-yen Buddhism*，Albany：State University of New York Press，1982）。

它反映了一种新的意识的出现，它意识到所有事物都是相互依存的。……生态学的方法……把实在看做一张巨大的相互关联的网，这张网是牵一发而动全身的。①

库克通过继续探讨在华严宗的“宇宙生态学”中人类和自然的关系，从而在更广泛的语境下，确定了生态学的有机整体模型的定位。② 他介绍了中国华严宗对自然的看法，这一看法涉及微观世界与宏观世界的范式，这一范式是通过著名的因陀罗网的比喻来表现的，这种观念描述了一个动态的因果关系的世界网络，在那里，每一个网格的交叉点上，都有一颗闪耀的宝珠与其他宝珠互相映现，重重无尽。③ 在因陀罗网所描绘的相互关联的模式中，自然中的单个和全部事件都是通过一与多的互涉而生起的，因此，被比做互相映现的宝石似的存在，作为宏观世界当中的微观世界是遍布于整个宇宙的。根据这样的观点，所有的事物都是通过与所有其他事物及其整体的功能性的关联而生起的，这样每一个事物与所有事物，在自然的审美的统一体中也都是相互联系的。华严宗著名的教义把这种相互关联的宇宙论系统化了，名叫 riji muge（汉语“理事无碍”，或曰“理事互融”），及 riji muge（汉语“事事无碍”，或曰“一多相即”）。这样，华严宗就建立起了一个极具说明力的价值哲学，根据这个哲学，如果每一事物的功能对于其他事物也是一种因果条件，那么在自然伟大的和谐中，就没有东西是毫无价值的。这一观点造成了道德上对自然界的所有生命，更应无条件地同情和关爱。因此，可以说，华严宗提供了一个明确的、全面的、系统的关联性宇宙论，它完全支持奥尔多·利奥波德和其他环境哲学家提出的生态伦理的基本原则，由此自然的原子论范式将被有机整体的模型完全抛弃。

### 日本佛教中自然的美学观念

亚洲的学者们常常指出，传统日本佛教文化的首要特质是其美学价

① 弗朗西斯·H. 库克：《因陀罗网》，载克里考特、安乐哲：《亚洲传统思想中的自然观》，第213页。

② 同上书，第214页。

③ 同上书，第226页。

值。在日本的中古时期（ca. 950—1400），艺术和宗教融合的程度表明，精神的和美学的价值在 geidō——“艺术之道”里，实质上成为同一个东西。在日本 geidō 发展起来的自然概念中，自然环境被看做不但承载着美学的价值，而且还有宗教的价值，这样它就成为拯救其自身的最终的基础和源泉。日本关于自然的这一美学概念，早已被一系列基于艺术与文学经典作品的专业术语所阐释，这些术语包括“凄美”（aware）、“幽玄”（yūgen）、“闲适”（wabi）、“孤独宁静”（sabi）与“含蓄”（yojō）。在日本佛教中，自然，用永恒主义者或者实体论者的术语来说，并不是静态的存在，通过把它处理成一个动态转化的范畴，它就成为了 mujō（无常）。不过，与转化的虚无主义观念相反，日本平安时代的诗学肯定了自然的积极意义，它作为无常变迁，符合凄美的美学价值观，符合那瞬间的美丽散发的淡淡哀愁。这样，对于创造性的和美学的过程的自然，日本的核心价值观是一种介于永恒主义和虚无主义之间的以中道为基础的世界观。而且，在藤原定家（Fujiwara Teika）的橘子诗（waka poetry）中，在雪舟（Sesshū）的水墨画（sumie monochrome inkwash）中，以及世阿弥（Zeami）的能剧（Noh drama）中，“幽玄”或“神秘深邃”（mysterious depths）的美，被褪入 mu（无）的恍惚之象唤醒。在茶道（chanoyu）或 Sen no Rikyū 的茶的礼仪中，自然是用闲适——一种简朴之美来描述的，如同芭蕉（Bashō，1644—1694）的俳句所唤起的自然的闲适之感，“sabi”之美，即孤独与宁静之美。所有这些美学的价值范畴都被视为 yojō 或“含蓄的情感”的侧面，自然作为一个有机的整体和动态的过程的统一体，这些范畴反映了对这样的自然壮美的情感和艺术的深刻敏感。

铃木大拙（D. T. Suzuki）在《禅与日本文化》的最后一章《热爱自然》中，强调了 Kegon 或华严（梵文，Avataṃsaka）在日本禅宗的传统自然美学观念里的基础地位。铃木写道：“一与多的平衡，或者说，自与他的融合，在华严（Kegon）哲学里，对于自然的美学阐释来说，是绝对必要的。”[①]按照禅宗和华严宗的有机整体范式，自然是一个未分离的美学整体，在那里每个瞬间的

① 铃木大拙：《禅与日本文化》（*Zen and Japanese Culture*，Princeton：Princeton University Press，1959），第 354 页。

和无实体的事件，都是通过一与多、同与异，或主观与客观的和谐相融而生的，如此融合成一个关联性的宇宙场，这个关联性作为微观事物的宏观条件，既包含也遍及于整个宇宙。因为对于禅宗，主观与客观之间存在互融或互涉的关系，在人与自然之间也有着关联性或相容性。用铃木的话说：

> 禅宗主张尊重自然、爱护自然，人应过自然的生活。禅宗承认我们的自然是一个客体性的自然，……这意味着自然在我们之中，我们也在自然之中。正因如此，禅宗的禁欲主义倡导简单、节俭、坦率、刚健，不为一己之私而利用自然。①

我想就这段文字涉及的禅宗与奥尔多·利奥波德环境伦理学的关系，作两方面的评论。首先，正如铃木所指出的，人类和自然是相互依存的，这一观点已经把禅宗简单、节约和俭朴的理念引入到对大地的利用上，这样自然就不会由于人类自私的动机而被开发。因此，在 E. F. 舒马赫(E. F. Schumacher)的名著《小即是美：似乎与人有关的经济学》中，他把利奥波德的环境伦理学与禅宗的自然生态学结合起来，发展出他所谓的“佛教经济学”，这种经济学引导人们用最少的消耗获得一定的回报。②其次，铃木在这篇文章中所谈到的禅宗对自然的尊重和爱护，直接与利奥波德环境伦理学中的一个主要命题相符合，它就是，“这片土地的被尊重和爱护也就是伦理学的延伸”③。这种被视为一种伦理学延伸的对自然界的爱和尊重，直接关系到对自然的审美和宗教观念。从比较的角度看，这些联系有助于阐明奥尔多·利奥波德生态学世界观的价值基础，在他的生态学世界观中，大地伦理是环保美学一种永恒审美价值的基础。

**日本佛教中自然的拯救功能**

把自然看做价值和美的统一体的宗教—审美观念，与传统日本佛教所

① 铃木大拙：《禅与日本文化》，第 351—352 页。

② E.F. 舒马赫：《小即是美：似乎与人有关的经济学》(*Small Is Beautiful: Economics As If People Mattered*, New York: Harper and Row, 1973)，特别是第 4 章第 1 节《佛教经济学》，第 53—62 页。

③ 利奥波德：《沙乡年鉴》，第 19 页。

讲的自然的“拯救功能”有很大关系。夏目漱石(Sōseki Natsume)写的一篇名为“草枕头”的小说，提供了一位努力通过自然寻找拯救的人的例子。[①]小说描写了在20世纪，一位来自东京的艺术家兼诗人的荒诞之旅，他冒险进入一座无人的荒山，唯一的目的就是希望通过自然的静谧，实现禅宗的satori或顿悟。通过实践审美的超然，《草枕头》的英雄诗人试图把景色里的所有事物都设想为呈现着yūgen(幽玄)的宗教—审美价值，这样，自然万物都转入水墨画的、能剧的或俳句的情景中。这样做，不仅是为了获得自然本身的美，更是为了得到自然作为获得觉悟的终极所在的拯救功能。

夏目的英雄艺术家是日本悠久传统中的人物的现代文学典型，这些人通过geidō或“艺术之道”的宗教—审美方式，在自然中找寻拯救，这些人包括定家(Teika)、西行(Saigyō, 1118—1190)、芭蕉、雪舟和千利休(Sen no Rikyō)。在小峰秋良(Omine Akira)的文章《探讨日本人的自然体验》中，他回顾了日本文学传统中的自然拯救观念，这个传统始于8世纪的*man'yo-shu*(《万叶集》)，经过西行、一遍(Ippen, 1239—1289)和芭蕉的发展，嵌入由禅宗大师道元(1200—1253)以及净土真宗(Jōdō Shinshū)的奠基人亲鸾(Shinran, 1173—1263)所建立的日本佛教世界观中。小峰强调，这种传统的宗教—审美自然观念有两个侧面：“自然既是伙伴也是佛性。”[②]作为朋友或伙伴，自然拥有佛教所谓的“有情”或“众生”的意义(shujo)，这样，山脉和河流，石头与树木，花与鸟全都具有开悟以及一起踏上成佛之路的潜质。另一方面，自然本身就是佛。[③] 在这方面，他直接引述道元《正法眼藏》的第29章《山水经》(sansui-kyō)：“山水当下即古佛。”[④]正如道元的法身论所说的，“法身说法”与如来藏心，“当下即是”，所以群山、河流以及一切自然物当下即显露了内在于一切事物之中的本有佛性，道元的佛教哲学把uji或“存在—时间”理解为mujō-busshō，“无

---

① 夏目漱石：《草枕头》(*Kusamakura*, Tokyo: Kodansha, 1972)。英译本参见艾伦·特尼(Alan Turney)译：《三角世界》(*The Three-Cornered World*, Tokyo: Charles E. Tuttle, 1968)。

② 小峰秋良：《探索日本人的自然体验》(“Probing the Japanese Experience of Nature”)，丹尼斯·广田(Dennis Hirota)据 *Nihon-teki Shizen no Keifu* 英译，载《茶汤季刊：茶与日本艺术》(*Chanoyu Quarterly: Tea and the Arts of Japan*) 51(1987)。

③ 同上书，第7页。

④ 同上书，第19页。

常一佛性”。小峰在后来所写的著名教理著作 Jinen Honi“自然”中，还提到净土真宗凭借“他力”（tariki）之慈悲的救度论。被佛所救，生于净土，只是自然的一项功能，净土真宗将它定义为“生而如此”[①]。小峰最后评价道，净土真宗的自然净土观反映了古代日本把自然看做人类的拯救的基础和源泉的自然观。

在西行诗里和对传统佛教哲学理解的日本文学遗产里的自然的拯救功能，还在威廉·R. 拉斐尔（William R. LaFleur）的一篇优美的学术随笔《西行与自然的佛教价值》中得到了阐扬。[②] 拉斐尔证明了，只能在包括了最澄（Saichō，767—822）和空海（Kūkai，774—835）的佛教传统的历史背景下，才能把西行说清楚，这一历史背景就是把“自然看做为拯救价值之所在”[③]。这一传统强调，自然比城市生活更能给追寻价值基点的个人提供安慰和某种类型的“拯救”。[④] 这一传统里的佛教哲学家们强调一切自然事物的潜在佛性，这就消解了在有情（yūjō）与无情（mujō）众生间的旧有分别。[⑤] 拉斐尔认为，日本佛教发展了自然界之潜在的代表性观点，因为它不得不迁就古老的前佛教（神道教）的因素，给予自然作为拯救之所在的崇高的宗教价值。[⑥] 他总结西行的诗所描述的自然的拯救功能，说：

> 在西行的诗里，自然的“图景”并不是一种必须要超越自身的东西。……对于空海和西行来说，没有远方。具体的物象……既是象征，也是被象征的。理论家们所称的“空”是绝对的，但是，事实上，它比任何其他事象本身更加虚无。[⑦]

因此，正如拉斐尔强调的，对西行的诗和日本传统自然诗里的诗化象征的

---

① 小峰秋良：《探索日本人的自然体验》，第 28 页。

② 威廉·拉斐尔：《西行与自然的佛教价值》，载克里考特、安乐哲：《亚洲传统思想中的自然观》，第 183—209 页。

③ 同上书，第 196 页。

④ 同上注。

⑤ 同上书，第 186—187 页。

⑥ 同上书，第 195 页。

⑦ 同上书，第 203 页。

宗教—审美功能的理解，来源于最澄和空海的 Mikkyō(密宗)传统，在那里，佛性通过"象征性的符号"(monji)才得以显现。与日本密宗相一致，西行的自然诗中的审美和精神象征并不指向超越其自身以及自然界的先验的或超验的实在，但却完全包含了它们所象征的实在。

说到底，这种日本传统的自然拯救观念本身是立足于大乘佛教空(日文，kū；梵文，śūnyatā)的形而上学的。在那里，自然界的山川，就像它们在此时此地一样，揭示了存在—时间的动态的和不真的迁变，无常—佛性即在此迁变之中。根据日本佛教空的教义，并没有超越于一切自然事物的相互依存之上的"更真实"的东西。佛教空的形而上学，在它对轮回与涅槃进行清楚辨别的同时，却造成了超越与遍在、绝对与相对，或神圣与凡俗的完全辨证的融合。这样，日本佛教颠覆了所有超越的和二元的模式，引发了从"来世"到"今生"的根本的范式转变。对日本佛教来说，最终极的真实即在相互联系的场域中，而不会像犹太教—基督教传统那样，在超越的远方才能找到，这种相互联系的场域赋予每一个事件无限深刻的审美和宗教价值。正是这样的哲学语境，才使得自然成为追随日本宗教—审美之道的诗人—预言家们所表达的，传统日本佛教的"拯救之所在"。

## 结论：东西方的自然地球理论

在东亚，人与自然微妙的和谐一直通过地卜得到维持，在中国这叫做风水。在德里克·沃尔特斯(Derek Walters)的书《风水：设计一种和谐环境的中国艺术》中，他把风水定义为："一种合理的常识、优雅的审美和神秘的哲学的复杂混合，风水是一项传统的中国技能，它旨在确保所有的东西都与它们所处的环境相和谐。"①沃尔特斯进一步解释说，风水的哲理渗入到日本传统文化的各个方面，包括城市规划、寺院建筑、水墨画、插花和园艺。他接着说："事实上，日本思想中没有几个领域在某种程度上没有受到风水的影响。"②早在发现地球的磁场和现代物理学的磁力线理论

① 德里克·沃尔特斯：《风水：设计一种和谐环境的中国艺术》(*Feng Shui: The Chinese Art of Designing a Harmonious Environment*, New York: Simon and Schuster, 1988)，第 8 页。

② 同上书，第 14 页。

以前,自然就被设想为一种由流动的气(日文,ki)或生命能量构成的能量模型,一种阴阳力量相交的网络,在风水学中被称为龙脉(lung-mei)或“龙虎”交汇。① 正如杜维明(Tu Weiming)在《存有的连续性:中国人的自然观》中所提到的,根据中国“气的哲学”(这一哲学稍后又传到日本),地球形成了一个独立的活的有机体,这一有机体是由无数的生命力之流的融合与会聚而创造出来的,它们一起构成了自然的整体性和连续性。②

在《沙乡年鉴》的各处,奥尔多·利奥波德也描述了大地作为“一个独立的有机体”被看做一个“能量循环”,一个“能量的源涌”,一种“能量的流动”和一个“生命的循环”,他因此写道:

> 大地,因而并不仅仅是土壤:它是能量的源泉,此能量在土壤、植物和动物的循环中流淌。……大地和它作为能量单位的顺畅运行,构成一个相互依赖的复杂结构,这一相互依赖性是大地的基本属性之一。③

这样,奥尔多·利奥波德的生态学世界观,以及建立在道教和佛教基础上的东亚的风水哲学,可以被看做为环境哲学中所谓的地球理论,提供了理论支持。根据地球理论,地球是一个独立的有机体,它形成了一个庞大的生物共同体,其中由能量流或能量线构成的复杂的网络组成的自然,是一个处于共生关系中的协作生态系统,这一系统处在一个相互联系的生命网络中。④ 正是这种东西方的有机自然的地球理论,也许指出了一条道路,使我们遭受劫掠的地球能够得以康复,使我们能克服当代的环境危机,并在人与大地之间建起一种和谐。

(覃江　译)

---

① 德里克·沃尔特斯:《风水》,第 10 页。

② 杜维明:《存有的连续性:中国人的自然观》,载克里考特、安乐哲:《亚洲传统思想中的自然观》,第 67—78 页;又载杜维明:《儒家思想:自我的创造性转化》(*Selfhood as Creative Transformation*, Albany: State University of New York Press, 1985)。

③ 利奥波德:《沙乡年鉴》,第 253—254 页。

④ J. E. 洛夫洛克(J. E. Lovelock):《盖娅:看待地球生命的新眼光》(*Gaia: A New Look at Life on Earth*, New York: Oxford University Press, 1979)。

# 山脉、森林与河流之声：空海、道元与深层生态学[①]

格雷厄姆·帕克斯
（Graham Parkes）

虽然，环境问题现在正得到全球的关注，但是对这些问题的探讨往往还局限在十分狭小的范畴内。当前的讨论大部分都是以欧洲的世界观——一种受柏拉图主义、犹太教—基督教传统以及笛卡儿哲学和牛顿力学影响的世界观——为前提的。甚至，即使当代物理学和生物学给我们提供了一幅与牛顿和笛卡儿的构想非常不同的世界图景，但是由于这两种构想对现代科技发展的推动，他们的世界观仍然葆有生机，并传播到全世界大部分地区。相信人类生而高贵以及对臆想的没有灵魂的世界享有统治的合理性，这样的信念正是由这种宗教观和哲学观滋生的，这种宗教观和哲学观现在仍然在影响——即使不再以那么傲慢的方式——对环境保护所关涉的伦理问题的争论。

当人们开始承认其他生命的"权利"的时候，这也许是一个进步的标志，但是其使用的话语仍然太过狭隘。比如说，假如东亚的传统没有任何与我们的权利观念相同的东西的话——它们并非没有——那么对森林权利的讨论对日本森林的权益就不会有多大的影响。人类与自然的关系需要进行更为根本的改变了，对我们赖以生存的环境，我们不能再如此傲慢。

在一些正统的生态学家的圈子里流行着一种看法，这种看法把对地球环境的破坏归咎于基督教与资本主义的结合，是它们造就了西方工业国家的巨大的物质成就。虽然作出类似的批评常常相当轻易，但是人们有理由相信，他们生活的地方确实受到了他们思维方式的影响，这种思维方式不承认

① 这篇论文的写作得到了日本政府在夏威夷大学设立的日本研究基金的资助。

物质世界有利于纯粹的精神世界(就像柏拉图主义的俄耳普斯之缚);或者受这样的宇宙论的影响,它认为对于作为唯一一种造物主按照自己的形象创造的生物——人类而言,自然界的创造正是为了人类的利益(比如创世纪的故事);或者受这样的救世论的影响,它认为人类灵魂与自然的疏离是关系个体与上帝直接连接的至关紧要的问题(比如诺斯替派和"美洲宗教"),但他们很少对为了人类自身的目的去开拓自然,产生过怀疑。①

另一种看法似乎也同样合情合理:这种世界观把自然看做最终的真实或价值之所在、智慧的神圣来源,或者神的直接显现,人们可以期待——其他生命同样如此——人类将不再对环境进行无谓的伤害。因为在很大程度上,正是各种事物的不平等,造成了各种宗教或哲学的世界观与其现实行动之间关系的性质变得难以捉摸。个体对肉体安逸的渴望也许会闭塞他对宇宙的沉思,对文化尤其是当代的消费主义文化的需求也许会颠覆一个人对自然的敬畏。但是与其让我们去解开这样的死结,还不如让我们简单地设想一下,那些关注地球命运的人们,将会切身地感受到那种把自然看做神圣和智慧之源头的世界观的有效性。那样的话,人们将自然而然地从个体层面趋向于(根据诸如"终极价值"、"智慧"和"神"这类范畴所包含的道德意味)关心自然环境。并且,这种感受越深切,人们对壮大类似人群的队伍,期望越殷。如果人们能够因此发现一种方法,把这种体验与更多的人分享,这将极大地促进诸多环境问题的解决。

与"深层生态学"的规划相应,人们还提出了一项改进我们与自然界的关系的计划,但是这一运动,就它目前被承认的情况来看,常常因为太过激进或者仅仅是逻辑的不连贯而遭到拒斥。② 深层生态学家的思想立场无疑是正确的,但是他们的头脑并非总是那样清晰,尤其是当他们迷失

---

① 哈罗德·布鲁姆(Harold Bloom)曾评论过在当代美洲宗教中存在的明显的神秘张力,他认为这是由于信徒们认为,他们实质上是从自然中分离出来的存在。参见他的《美洲宗教:后基督教国家的诞生》(*The American Religion: The Emergence of the Post-Christian Nation*, New York: Simon and Schuster, 1992), chaps. 1 and 2。

② 在对深层生态学的"新原教旨主义"的一次评论中,法国哲学家卢克·费里指出它的非人类中心观乃是一种"空前的世界视野"(《新生态秩序》(*The New Ecological Order*, Chicago: University of Chicago Press, 1995,第60—61页)。费里显然没有察觉到,这一非人类中心的视野受到了深奥的道教和佛教哲学长达几个世纪的影响。

于东亚思想的领域的时候。这一点非常可惜，因为东亚哲学的生态学思想资源极为丰富。下面，我将概述日本佛教最重要的两个人——空海和道元的哲学的一些特点，他们的哲学对自然环境显得极有裨益。这里还需要对一些本文可能引发的疑问有所回应，同时还要抗议一些深层生态学家对道元思想不假思索地进行剽窃。最终，我们关心的是这些思想的实际应用将对环境危机的缓解起到何种作用。

## 空 海

当佛教在公元 1 世纪从印度传到中国，一些中国思想家就开始追问——也许是在道教思想的影响下——是否大乘佛教传播的范围相对于佛陀时代对“一切有情众生”的许诺而言，还远远不够。在公元 8 世纪，中国曾有过一次长期的讨论，天台宗（T'ien-t'ai school）的思想家们认为大乘佛教普渡众生的学说在逻辑上要求舍弃有情与无情的区分。他们认为不但是植物、树木和大地有佛性，甚至连微尘也有佛性。① （这种思想明显与基督教传统不同，亚里士多德对植物灵魂的思考很大程度上被忽视了，对拯救对象问题的争论被局限在动物是否有灵魂的问题上。）

在公元 7 世纪，中国的佛教思想开始传到日本，它们开始渗入以神道教为本土宗教的文化语境中。神道教认为自然界和人类都是神的产物，是平等的，把整个世界看做真神或神灵的居所。不但是祖先的灵，而且包括一切事物的灵都需要敬畏或尊重：比如风、雷、电、雨、太阳、山脉、河流、树木和石头。在这样的思想氛围下，接受起土地和树木皆具佛性的观念来，就显得自然而然。第一位使用 mokuseki busshō（“木石的佛性”）一词的日本思想家虽然是最澄，但是日本第一位对一切事物皆具佛性的思想进行深入探讨，并使这一观念成为其思想核心的，却是日本天台宗的奠基人空海。

① 关于这一讨论的一种具有启发性的评价，参见威廉·R. 拉斐尔：《西行与自然的佛教价值》，载 J. 贝尔德·克里考特、安乐哲编：《亚洲传统思想中的自然观：环境哲学论文集》，第 183—209 页。作者还描述了几位日本天台宗的杰出人物后来是如何阐释这些理念的，特别是 10 世纪时的了源（Ryōgen）和 12 世纪的周尽（Chūjin）。又见同卷，戴维·爱德华·沙纳（David Edward Shaner）：《自然的日本式体验》（“The Japanese Experience of Nature”），第 163—182 页。

在空海的文章《论吽(Hūṃ)(Unji-gi)一词的含义》的一首诗中,他两次暗指到草木的觉性:

草木如开悟,
有情何不能?
草木无佛性,
水波亦不湿。①

在后来的著作中,他探讨过长于"五大"(地、水、火、风、空)当中地大之上的草木的佛性,这五大包含了法身(hosshin)或大日如来(Mahāvairocana)的"化身"。② 但是,他补充说草木的佛性并非肉眼可见,它仅能用人们睁开的佛眼才能看到。

在他对密教与其他佛教宗派的区分当中,空海对自然物进行了更为全面深入的论述:

> 在显教的教义中,四大(地、水、火、风)被看做无情之物,但是在密教的教义中,它们被看做如来的三昧耶体。③

可是,当空海把自然元素称为佛陀的三昧耶体时,似乎有一些含糊不清,因为这不仅意味着它与法性的同一,同时也意味着它与法性象征性和分有性的关系。这种含混在别的段落中也表露出来,空海写道:

> 佛(大日如来)即众生,众生即佛。佛与众生不同亦不异,不异亦不同。④

---

① Yoshito S. Hakeda 的英译本:《空海主要著作集》(以下皆引自本书),附有对他生平的介绍和思想的研究,第 254—255 页。

② 空海:《秘藏录》(*Hizō Ki*[Record of the secret treasury]),稻毛吉武编:《弘法大师全集》(*KDZ*, Tokyo: Mikkyō Bunka Kenkyūsha, 1965),第三版修订本,2:37;转引自拉斐尔的《西行与自然的佛教价值》,第 186 页。

③ 空海:《即身成佛义》,载 Hakeda 译著:《空海》,第 229 页。

④ 空海:《弘法大师全集》,1:516;转引自 Hakeda 译著:《空海》,第 93 页。

有趣的是，我们注意到，在西方几乎与空海同时代的约翰·斯各脱·爱留根纳（John Scotus Erigena）的哲学有类似的模糊性（他们的生命有25年的重叠）。爱留根纳在他的的主要论著写于865年的《论自然》（又名“论自然的区分”）里论述了自然界是上帝的“如其所视”（704c）。他对上帝与自然的关系的理解，始终受到他的天主教信仰与对希腊哲学的热爱之间的张力的影响，他的理解反映了在新柏拉图主义的神学中通常存在的紧张，这种紧张存在于上帝遍在于万物（processio Dei per omnia）与上帝的自我完满（mansius in se ipso）两种性质之间。由于爱留根纳把世间万物看做“神的显现”，因此他相信万物最终都将归根于神——虽然这种回归只能通过人的复活方能实现。而对于空海来说，大日如来是“遍在于万物”的：他与众生的不同或曰差异性并不存在于他的“自我完满”当中。就他无始无终的法身的范围来说，他虽然超越了当下一切事物，但它却没有超越过去、未来与现在所有事物的总和。

空海的密教修行（或是修行导向）是修行者进入他所谓的大日如来的身、口、意“三密”或是“秘密”之中。修行者通过手结印契（mudrās）、口诵真言（mantras）和心住于三摩地或定中，会体验到法身之内的直接参与。我们可以确信，那些成功地实践了这种哲学的人，那些通过自然万物的神圣性同时认识到对法身佛法身的参与的人，将给予自然界最高的崇敬。

空海的教义还有另外一面，他的教义不仅有助于阐明万物皆有佛性的观念和他的法身观念，还有助于阐明“法身说法”，或“佛陀真实的化身演说了真实的教法”这样的观念。① 这样的理念注意到大日如来通过万物和作为三“密”之一的言语，教授佛教的真实的方式，从根本上强调了大日如来的个体性。由于大日如来的教法极为严格，正如空海经常强调的那样，只是“为了他自我的安隐”而进入隐密或是神秘的要素。只可能在一

---

① 对这一观念较好的说明，参见托马斯·P. 卡萨利斯（Thomas P. Kasulis）：《真实的化身：空海的即身成佛与法身观念分析》（“Reality as Embodiment: An Analysis of Kūkai's Sokushinjōbutsu and Hosshin Seppō”），载简·玛丽·劳（Jane Marie Law）编《人类身体的宗教反映》（*Religious Reflections on the Human Body*, Bloomington: Indiana University Press, 1995），第166—185页。又见托马斯·P. 卡萨利斯：《空海（774—835）：古代的哲思》（“Kūkai [774—835]: Philosophizing in the Archaic”），载弗兰克·E. 雷诺兹（Frank E. Reynolds）、戴维·特蕾西（David Tracy）编《神话与哲学》（*Myth and Philosophy*, Albany: State University of New York, 1990），第131—150页。

种宽泛的意义下,宇宙才对我们"说话"——准确地说,是因为大日如来并没有为着我们的利益而说法。(佛的另两个化身——应身和报身——承担了这一功能。)

在空海真言宗的禅修中,观想(visualization)起着重要的作用,因此世界的神圣性也就是肉眼可见的。聆听宇宙就像倾听布道,空海看或读自然界,就像看或读经文一样。正如他在一首诗中写道:

山毫海墨写丹青,
天地一卷真实经。①

在这样的崇敬方面,空海与 17 世纪的德国思想家雅各布·伯麦(Jakob Böhme)极为相似。自然界对于他们来说,不仅具有重要的救赎意义,而且他们通过对意象和声音的冥想来认识自然,这种暗示性的方法,有着有趣的可比性。早期佛教的神秘要素是用梵语来具体化的,通过回到梵语的根音节,空海就可以既利用梵语声音也使用其图像。伯麦也同样关心那些炼金术和克白拉传统所使用的神秘音节,这些音节存在于他的母语德语以及拉丁语和希伯来语之中。正如对于空海来说,自然就是为了自我安隐而说法的大日如来,对于伯麦来讲,自然界也是神性在其愉悦的自我表露中的"物质存在"。②

## 道 元

道元的哲学与空海的思想具有许多共同的源头。他对自然界的理解与空海尤其相似(他无疑受到了空海的一些影响)。与空海万物皆具佛性的观念相应,道元亦大胆地断言佛性与无常的世界总体上并非二元。他

---

① 空海:《弘法大师全集》,3:402;转引自 Hakeda 译著:《空海》,第 91 页。

② "我们通过自然向你展现神的启示,……上天或者神性如何用永恒的创生显示他本身,因为上帝是灵……而自然是他的物质存在,作为永恒的自然,……上帝并没有为了更加完美而井然有序地创生,这创生是为了他自己的显现,以及最伟大的愉悦和荣耀。"(Böhme, *De Signatura Rerum*, 3.1,3.7 与 16.2)。

把涅槃经中的句子“一切众生皆具佛性”，重新解读为“一切皆是众生，众生皆是佛性”。① 道元因此认为所有存在(being)都是有情众生，并且同样也是佛性，而不是佛性的“拥有”、“显现”或“象征”。然而，通常的逻辑范畴已不能表示这样的关系。正如空海用两可的语言表达万物皆具佛性，道元也说万物与佛性“虽然不同，但也不异；虽然不异，但也不一；虽然不一，但也不多”②。像空海所认为的那样，自然界虽然最终就是佛身，但是仍需极大的努力方能看到这一点。道元也为大多数人“没有认识到万物正宣示着真实的佛身”而感到遗憾，因为这些人只能感知到“声色之表相”而不能体验到“山水之中，佛的相、形和声”。③

也许为了避免传统法身观念的那种绝对主义意味，道元用“无情身”代替了空海的法身概念，无情身概念强调哪怕是无情之物亦能说法。它们能够如此，是因为它们同样是佛教徒所称的心(mind/heart)。而且，因为大日如来的教谕对于我们人类来说，并不是立刻就能理解，所以道元说：

> 无情说法的方式不应该被理解为必须像有情众生那样。……篡夺生物的声音和根据有情的方式臆想这些非生命的声音，是与佛法相悖的。④

只有从人类中心主义的角度，你才会期望自然现象以人类的语言来说法。

虽然道元的曹洞宗 sōtō Zen 的修行较之空海的真言宗更具本土性，但两者的目标都是把个人的活动融合于宏观的世界中。不同于空海的修

---

① 道元：《正法眼藏·佛性》(*Shōbōgenzō*, “Busshō” [Buddha-nature])。后面对道元的主要著作《正法眼藏》的引用，只注出相关卷或章(大久保道主[Ōkubo Dōshū]编：《道元禅师全集》[*Dōgen zenji zenshū*, Tokyo, 1969—1970]卷一)。

② 道元：《全集》(“Zenki”[Total working])；转引自 Hee-Jin Kim：《道元希玄——神秘的实在论者》(*Dōgen Kigen-Mystical Realist*, Tucson: University of Arizona Press for the Association for Asian Studies, 1975)，第164页。

③ 道元：《水声山色》(“Keiseisanshoku” [Sounds of the valley, color of the mountains])，西山高专(Kōsen Nishiyama)、约翰·史蒂文斯(John Stevens)译：《正法眼藏》(*Shōbōgenzō* Sendai: Daihokkaikaku, 1975—1983)卷四，1:92。

④ 道元：《无情说法》(Mujō-seppō, [Nonsentient beings expound the dharma])；转引自 Kim：《道元希玄》，第253—254页。

行允许个人为其自我的安隐进入大日如来与个人相系的密义中，道元告诉他的学生们：

> 当你用正确的修行方法精进，与你同在的山水之声和形，将慷慨地述说八万四千法门。正因为你不惜放弃了名、利和身心，山水方才如此。①

如果我们全神贯注于它们，山水仅以其自身，就能自然而然地从总体上教给我们存在的本性。但是，对于道元而言，这一过程只能通过人和非人的世界的合作和"佛性与空性的双运才能实现"②。

天地是一卷以山为笔、以海为墨写下的经书，道元对空海的这一观念也进行了回应，他以某种佛教的形式，主张经文并不仅仅是包含了书面的字和词的文本，他反对过分强调对经文的字面的研究。

> 依据经文，我们所指的，是整个宇宙本身，……是畜牲的字词……或百草千树的字词。……这经文是整个宇宙，是山河大地，是植物和树；是己和他，是吃饭穿衣，是混同和庄严。③

如空海所谓，只要我们学会了怎么去"读"自然万物，它们就是智慧和启示的源泉。但是对空海声称的所有万物都作为法身说法，道元却说，不仅自然万物是经文，而且"吃饭穿衣"、"混同和庄严"——区别人与其他生物的活动和属性——也是经文。如此，虽然像爱留根纳和伯麦这样的西方思想家把自然说成是"神的肉身存在"，以及所有被创造的生命的语言和声音，但是道元和空海想进一步把佛性归于所有存在，而不仅仅是（作为上帝所造的）自然的存在。

---

① 道元：《水声山色》；转引自 Kim：《道元希玄》，第 256 页。

② Hee-Jin Kim 的描述（《道元希玄》，第 256 页）。参见他的书中题为"自然：山与水"（"Nature：The Mountains and Waters"）的章节（第 253—262 页），其中对道元的自然观和自然想象的力量进行了有洞察力的叙述。

③ 道元：《自觉之三摩地》（"Jishō zammai"[The samādhi of self-enlightenment]）；转引自 Kim：《道元希玄》，第 97 页。

我曾指出在类似空海或道元那样的世界观盛行的地方——在那儿，自然被认为是神圣的，是智慧的源泉——人们往往会以尊敬之心对待环境。但是现在，他们思想里普遍的紧张，似乎减损了它们在生态学上的优势，因为他们好似要让所有的人造物，包括诸如放射性垃圾这样对环境有害的物质，同样地神圣和值得尊敬。这种认识带来了一个难题，它的复杂性应该在找到解决方法之前就得到承认。

## 疑难问题

从日本近十年来糟糕的环境记录来看，人们在面对那种"对自然的爱"影响了日本文化之类的老生常谈时，再难以保持镇静。在一篇简短而尖锐的文章中，齐藤百合子(Yuriko Saito)检讨了三个"所谓日本的自然之爱观念的基础"，发现它们想要在其可能的范围内，"造成一种对自然界合乎生态学意愿的姿态"。① 但是她分析说："把为个人提供避难和康复之地的自然，看做朋友和伙伴的传统"太过于人类中心主义，使它不能为自然本身，而是为了它能为人类提供的利益去评价自然。齐藤也表明伤物("无常之痛")的世界观，虽然与日本文化非常适应，但是它太过于宿命论，使得它无益于促进生态学的醒悟。她说，砍伐森林或污染环境，根据这样的世界观，有可能被当做"无常的又一个事例"而得到认可。

第三个观念基础，齐藤认为是禅宗——因为它的人与自然相和谐的理念——在"它应有的对自然之美的恭敬和敏感"中，仍然"没有对人类对自然的暴虐进行谴责和斗争的必要力量"。"如果万物因为无常，所以皆是佛性，"她说，"被开采的矿山和被污染的河流必然被认为与没有被开采的矿山和没有被污染的河流，彰显了同样的佛性。"同样地，所有事物之间"响应性的和谐"的观念——她把它与道元相联系——"使对自然的任何干预都不可能是与自然不和谐的"。

对把自然当做友善的避难所的哲学和伤物的宿命论这样的人类中心

---

① 齐藤百合子：《日本的自然之爱：一种吊诡》("The Japanese Love of Nature: A Paradox")，载《风景》(*Landscape*) 31, no. 2 (1992)，第1—8页。

主义的这几点批判，会被采纳，但我认为，对禅宗的批评却让人无法接受。这样的态度似乎还是有道理的，因为当大乘佛教在断言涅槃与轮回并无差别时，它就与早期佛教区别开了，它好像使自己的自我受对寂静(或至少是“无为”)的把握的支配。因为如果这个显然不完美的世界竟然是涅槃，那么还能对它做什么呢？如果是那样的话，就几乎不需要动，更不用说是静了。让我开始回应这些涉及空海的批评，虽然齐藤没有提及他或真言宗，但她关于被开采的矿山和被污染的河流“体现了佛性”的几点批评，同样地适用于作为法身的一部分的万物。

不难看出，为什么对于空海来说，几种人造的东西会构成法身。例如，艺术作品，特别是能有力地说明法的：“由于密法的教义是如此深奥，以至于难以用书面来表达”，他写了一条苦行的读者们将从中找到慰藉的评论：“它们以绘画为媒介而得以彰显。”[①]但是，其中确实有一层重要的含义，就是当我们所说的有“病”的人造物，例如有毒废料倾倒，对我们有所述说时，也许很难把它们想做佛身或说真法。因为这种有害的东西仍然还是事物总体的一部分，所以空海不得不把它们视为法身的一部分，因而也是在说法。但重要的问题是他对这些东西的态度：如果他主张有病的人造物和有毒废物作为大日如来本体的一部分，可以得到尊重，人们就很可能会质疑，把他的理念引入目前关于环境问题的争论当中，是不是明智的。

让我们举一些更极端的例子，以便把这个问题提得更加尖锐：什么是对待结核菌(一种自然的存在)和放射性废料(相对不自然的东西，因为它只能在最近特殊的历史条件下，还需要极为复杂的技术才能制造出来)的正确态度？我为第一个例子选择了一样自然产生的东西，因为根据近来的深层生态学，它使道教和佛教思想的运用中存在的问题，以及深层生态学的“以生物为中心的平等”的“终极标准”中存在的问题，都更加尖锐了。[②] 这对于一个终极标准似乎是一个相当不贴切的名称——的确“生物

---

① 空海:《弘法大师全集》1:95;转引自 Hakeda 译著:《空海》,第 80 页。

② 比尔·德韦尔(Bill Devall)、乔治·塞申斯(George Sessions):《深层生态学:仿佛与自然相关的生活》(*Deep Ecology: Living As If Nature Mattered*, Salt Lake City: G. M. Smith, 1985),第 66 页。这一标准据说是由阿恩·奈斯提出来的。虽然在这本书里没有提到空海,但是却有几处引用了道教的概念(它们影响了空海以及禅宗),同时也在第 11 章提及或援引了道元(他被作为道教的一个典型),第 100—101、112—113、232—234 页。

平等”或许更为恰当——但它确实使深层生态学与道教或禅宗相比视野显得极为狭隘，变得更为突出，在后两者那里，河流和山脉的无机界与植物和动物的有机界却是同等重要的。

以生物为中心的平等这一原则，或曰“直觉”，德韦尔和塞申斯所下的定义，就是“生物圈内的一切事物都享有平等生活和发展的权利，也有实现它们的不受约束的和自我实现的个体形式的权利”。深层生态学也说按照“全部自然有其内在价值”的理念，要倡导“生物物种平等”。虽然这个理想背后的情感值得赞赏，但是这种表达方式却是有缺陷的：按照终极标准，采纳这种想法，也就意味着完全舍弃了人类文明的——或许是人类的——一切成果。想想结核菌的发现，如果我们都坚持它的“平等生活和发展，以及实现它的不受约束的和自我实现的个人形式的权利”，那么结核病早就已经杀掉了我们最好的诗人、画家和作曲家。如果没有作出很大努力来阻止埃波拉病毒的繁殖，它就会给人类带来可怕的毁灭。深层生态学家最好还是好好借鉴一下道教、禅宗，它们强调了当我们想要进行普遍化而产生问题的时候，语境和视角的重要性。

## 为空海和道元辩护

首先是空海。正是因为结核菌只是大日如来真实化身的一个层面，所以并不意味着空海会让我们崇拜它，并赞成它无限繁殖的平等权利。在这里化身是什么形象很重要。身体出毛病的地方，可以由去除这个有害的部分和设法注意不让它再复发（例如，切除一个恶性肿瘤），而得以康复。① 如果结核菌繁衍的程度危及到好的佛教实践（和其他事物）的进步，空海一定会把它看做一个大日如来法身内的有害因素，他会赞成用相应的手术去除它。最重要的是要从整体上考虑和评估其身体健康。他同样也会把结核菌当做为他的自我安隐而进行的法身说法的一部分。但佛教的神灵们除了慈悲的一面，通常还有愤怒的一面，没有人能保证他们的

① 法性（dharmakāya）与肉体之间的类比，打破了法性之外无物存在的看法，而这并没有减损这一类比在其他方面的功效。

教义是永远让人听起来顺耳的。

事实上，人类产生的放射性废料有可能并不是一个空海愿意诉诸手术从法身去除的元素。但鉴于无常在佛法中的中心地位，由于某些东西，比如钚的半衰期，是以数劫来衡量的，所以可以想见，放射性废料的相对非无常，将是空海想要去除它的一个原因。如果放射性废物以某种方式说了法，恐怕它对我们说的，是事物离无常越远，它们就越发致命。

道元会对这些引发不幸疾病和致死污染的原因说什么呢？致命的病毒和钚废料会是佛性的一部分吗？前者肯定是，连同结核菌、毒蛇和其他对人类来说致命的有情众生都是。道元当然会赞同佛教生命神圣的观点和不杀的戒律，但他（以及他的哲学的追随者）只会在他的世界观的其他方面所共同构成的语境下，遵守这些戒律，例如"无生命之物的佛性"（无佛性），生死的混合（shōji），和万物更普遍的功能性的相互依存（缘起）。① 并且如果给人和结核菌在"法位"（hōi）上不同的位置，道元在多数情形下，肯定不会把根除结核菌的努力，当做罪恶或有害的人类中心主义进行谴责。对于禅宗来说，"在多数情势下"意指拓宽视野以观全体的重要性。

这些结论要求我稍微修改一下先前的表述：把世界看做是大日如来法身或佛性，自然地导致对存在全体的敬畏和尊重，但没有排除在某些情势下，消灭它的某些部分。

对放射性废物给予同佛性一样的尊敬，这样的情形，我怀疑对道元来说是有些成问题的。这里并没有否认他的哲学对佛性的传统观念的根本性拓展：

> 从古代开始，愚昧的人们认为人类神圣的知觉就是佛性，这是多么荒谬，多么可笑！不要妄图定义佛性，那只会引起混乱。宁可把它看做墙、瓦片或石头，或是更深的寂静，如果你能达到的话。你只需

① 道元的佛性观念惊人的复杂，包括"全体存在的佛性"（shitsu-u busshō [total-being Buddha-nature]），"无的佛性"（mu busshō [non-being Buddha-nature]）和"空的佛性"（kū busshō, [emptiness Buddha-nature]）。参见 Kim：《道元希玄》"佛性"章（第 136—227 页），阿部正雄（Masao Abe）：《道元论佛性》（"Dōgen on Buddha-nature"），载《道元研究：他的哲学和宗教》（*A Study of Dōgen: His Philosophy and Religion*, Albany: State University of New York Press, 1992），第 35—76 页。

承认佛性对于理性的头脑来说是不可思议的。[①]

这里有道元取消有情和无情之间的区别的另一个例子：在另一段文章里，他又反过来说，“墙、瓦片、山河大地”都是“一心”。[②] 他的一段表述也显然与经典相违背，其大意是“篱笆、墙壁、瓦片、石头和其他无情之物”确实没有佛性。

现在，把佛性归于石头是一回事，但把墙壁和瓦片也包括进来，却是一件更具挑战性的事情。究其原因之一，就是佛性（shō of busshō）具有“出生”、“生命”以及“生长”这样的重要内涵，因此，把这一术语用于人虚构的或制造的东西，将与人们的直观感觉相悖。[③] 在道元的时代，用于制作篱笆、墙壁和屋顶瓦片的技术，对环境是否具有破坏性，还值得怀疑。但你也许会想知道，道元是否会轻松地说，哪怕是用非生物的材料做成的篱笆或瓦片也是佛性。但是，正如空海所谈的大日如来法身，对道元来说，佛性——道元把它看成“存在的全体”（shitsu-u）——的重要特征就是，它是一个有机的整体。他因而不会把污染河流的化学品（它会比其他东西给生息于此的鱼类带来更多的无常），或贮积于整个地球的放射性废料（它能使所有的生命消逝的无常更迅速）赞叹为佛性可敬的显明。

道元经常谈到的“佛道”（佛土或佛法）——无名（意指道母），证明了他与空海一样，都受到了道教的经典作家们（老子、庄子）的影响。正如道教提倡顺应天道（the Way of Heaven），道元在他的所有著作中都主张亲近自然。而且，正如道教圣人智慧的做法，即以最为宽广的眼光来看待事物不同的德（能力、力量），以此为基础对事物进行“分类”（伦，lun），道元也恳请读者“全部努力”（gūjin）关注不同的道，这道是事物“表达的道”（道

① 道元：《佛性》（“Busshō”），引自西山和史蒂文斯译：《正法眼藏》4：140。重要的是在 *shōheki garyaku*（“篱笆、墙壁、瓦片、石头”）中的 *garyaku* 一词也有“无用的、不重要的东西”的含义。

② 道元：《三界一心》（“Sangai yuishin”[The three world are mind-only]），引自 Kim：《道元希玄》，第 157 页。

③ 同样地，shō 的汉字“性”（Hsing）来源于“生”（sheng），意为“出生、生命、生长”。同时，有趣的是，shō 或“性”的偏旁竖心旁（risshinhen）表示“心”。

德)，也是事物在宇宙的大背景下占有的特殊的"法位"(hōi)。[①] 通过比较道教与禅宗的激进平等主义深层生态特点，所有生物都被鼓励要开枝散叶，在决定让结核菌和放射性废料泛滥以前，庄子和道元想要说明的是，它们的繁殖与扩散对人类(和其他)生物发展的影响。

## 关于实际问题的后记

这些日本佛教关于自然的理念的关键问题，将在一定程度上帮助我们解决当前的生态问题。要说服大多数西方国家的公民或者其政治代表，接受来自于日本9世纪的一位奇人的理念显然是很难的。显然，日本佛教对人类与自然关系的理解与一些(诚然是非主流)西方思潮非常接近(在美国，有关人士将包括从美洲原住民到更"可敬"的知识分子们，如爱默生、梭罗、奥尔多·利奥波德和约翰·缪尔；在德国，有伯麦、歌德、谢林和尼采；在法国，有卢梭；等等)。如果一个人在这些不同的世界观中表现出根本的和谐，如果这些理念有助于实现一种生活方式，这种方式让自然环境同样得到繁荣发展，那么也许是一个取得进步的机会。

问题是我们如何才能现实地认识到，这样的理念对那些生活完全与自然隔绝的后工业社会的许多人是有效的。看电视的时候，我们或多或少是处在一个封闭的空间中，我们如果把不看电视的几天用来与原始的自然环境相处，将有不可估量的作用；但是，因为需要某些指导，并且这是一个要花费大量精力的事情(业已被某些禅修中心、学院和大学采用)，所以很少有人一下就能达到。

这样的任务是否能通过出版一本书就能很好地完成，是值得怀疑的，因为需要改变其视野的人们(政治家和一般民众)不会读这样的书。但他们却要看电视，所以传播这些想法的最佳媒介是电影，其表演可以像说的一样给人以强烈的刺激，并提供多种可选择的影片(可以生动形象地表现我们所面

---

① Hee-Jin Kim 适当地强调了道元哲学中反寂静主义(antiquietistic)的一面："在他看来，物体、事情和关系都不是既定的(实体)，而是可以付诸实施的，可以表达和理解的可能性、计划和任务，它们是佛性的自我表达和自我运动。这意味着，人们不能对既定的境况欣然接受，而要奋力去改变和提升它。"(《道元希玄》，第183页)

临的严峻形势),还有戏剧(它可以使问题和可能的解决办法个人化)。在艺术电影方面,这个领域的先驱是约翰·戴多·卢里,他的禅宗纪录片美好而有力地传达了道元对自然界作为智慧的源泉的理解。①

关于电影,从促成环境保护事业的好莱坞明星和摇滚乐队的可观数量来看,以合适的剧本吸引一些世界著名的天才演员,请一些知名的流行音乐人为电影配乐,在一部有特色的电影中发出有益的生态学信息,这样的事情绝不是不可想象的。因此,我们也许希望看到,在全世界范围内,法身佛不仅通过群山、森林和河流,而且以胶片和光纤的方式,阐明其真实的教法。

这稍嫌夸张的幻想指出了日本佛教对于我们当代境况的前景来说,具有令人鼓舞的意义——这样的哲学将解决自然与文化之间的紧张。道元(以及传统禅宗的其他杰出人物)的例子表明,在土地上质朴而愉快地生活,与精致的文明生活之间并不必然相悖。如果梭罗曾把荷马史诗带到瓦尔登湖,我们或许也能够以良好的生态学良知,用我们光盘上的经文去补充以群山、河流和森林写下的经典。

(覃江　译)

① 参见或观看录像片《群山与河流:禅宗的神秘实在主义的视听体验》(*Mountains and Rivers: An Audio-visual Experience of Zen's Mystical Realism*, Mt. Tremper. N. Y.: Dharma Communications, 1994)和《神圣的原野:石与水的禅意》(*Sacred Wildness: Zen Teachings of Rock and Water*, Mt. Tremper. N. Y.: Dharma Communications, 1996)。

# 佛教与动物:印度和日本

# 佛本生故事中的动物与环境

克里斯托弗·基·查普尔
(Christopher Key Chopple)

## 序言:动物的灵性

在其《地球之梦》一书中,托马斯·贝里(Thomas Berry)称赞物种保护的重要性。他指出,每一种濒危动物和植物从地球上的消失,都会导致人类思想的损失,他说:

> 如果我们拥有想象力,这是受色彩和声音、形态与运动的神奇展现所激活,正如我们看到的天上的云、树林、灌木、花丛、流水、风、歌唱的鸟儿和游过大海的大蓝鲸。如果我们有语言可以说话、思考、交谈,可以表达神圣的内在体验和生命的隐秘,可以去为我们的孩子讲故事,可以唱歌,同样是因为我们得自周遭万物的印象。①

贝里所描述的动物,掌握着使人类思想富足的潜能;通过观察动物和自然秩序,我们不仅了解了它们的行为,而且获得了使我们作为人的自身经验得以深化的洞察力和隐喻。

沃尔特·惠特曼(Walt Whitman)是自然界和人类世界伟大的观察

① 托马斯·贝里:《地球之梦》(*The Dream of the Earth*, San Francisco: Sierra Club Books, 1988),第11页。

者，他曾为动物写下：

> 我想我可以转而与动物同处，
> 它们是如此平静与沉默，
> 我久久矗立凝视着它们。
> 它们对环境既不烦恼也没有牢骚，
> 它们不会暗夜不寐，为自己的罪孽哭泣。
> 它们不会因为探讨对上帝的义务而使我厌恶，
> 没有谁不满，
> 没有谁因占有而癫狂。①

对于惠特曼来说，动物表面上淳朴的本性，为人类提供了一个可供仿效的道德典范。

在全世界的传说中，动物一直被用做隐喻，给人灵感，当做预言和想象的工具。从约鲁巴人（Yoruba）的蜘蛛神（Anansi）故事到北美的土狼故事，从美国南方的兔子兄弟故事到古希腊的伊索寓言，动物故事已经为人类提供消遣、乐趣和智慧长达数几千年之久。从拉斯考克斯（Lascaux）山洞里人类历史的开端到埃及法老和中国商朝的半人半兽图像，连同印度西北部河谷文明对犀牛和各种不同种类的牛和猫的描述，动物一直是人类自我定向的中心。人类正在竭尽所能寻求获得动物的力量，逃避来自动物的伤害，以动物为食，并且，通过仪式表示对动物的敬意。

动物有各式各样的行为。虽然亚里士多德和笛卡儿并不认为认知能力是动物的属性，动物意识能力的易变与深度还是引起了近代科学家的积极关注。这些科学家现在承认动物也有包括意图、情感以及一定程度的逻辑等意识。除了唐纳德·R. 格里芬（Donald R. Griffin）、卡罗琳·A. 里斯陶（Carolyn A. Ristau）、弗兰斯·德瓦尔（Frans de Waal）、多萝

① 转引自约翰·洛克伍德·卜林（John Lockwood Kipling）：《印度的人与动物：对和人打交道的印度动物的通俗概述》（*Beast and Man in India: A Popular Sketch of Indian Animals in Their Relations with the People*, London: MacMillan, 1892），第1页。

西·切尼[①](Dorothy Cheney)、艾琳·佩珀尔勃格(Irene Pepperberg)[②]、唐纳德·E. 克努兹玛(Donald E. Kroodsma)[③]和其他人开拓性的科学成果以外,研究动物认知在诸如《大象何时哭泣:动物的情感生活》[④]这些书中业已得到普及。如今人们已经发现黑猩猩、海豚以及许多其他的动物具有高度的智慧。并且,在某些方面,这种科学范式的转变使得佛教对佛本生经故事里动物的态度更为有趣,甚至更加可信。

## 佛教中的动物意识

在佛教和耆那教(Jainism)早期摈弃的传说中的宇宙论里,动物所起的作用至关重要。动物不仅在同样容纳着人、天、魔、鬼的疆域里占据着各自的位置,而且每种动物还能成为卷入一场宇宙中你争我夺不断变化的游戏中的生物的宿主。同种动物在来世或许还是同种,也可能是异类;既可能升成人或神,也可能下为魔或鬼。与梨俱吠陀(Rg Veda)把动物看做为人类提供食物和祭品的工具不同的是,佛教和耆那教论述动物的早期文献赋予动物在生物等级体系中以重要的地位。

早期佛教传说中动物的地位一直是三项近代研究的话题:在拙著《亚洲对待动物、地球与人的非暴力传统》[⑤]中名为"非暴力、佛教和动物保

① 唐纳德·R. 格里芬:《动物思维》(*Animal Thinking*, Cambridge, Mass.: Harvard University Press, 1984),《动物心理》(*Animal Minds*, Chicago: University of Chicago Press, 1992);卡罗琳·A. 里斯陶编:《认知生态学:其他动物的心理——纪念唐纳德·R. 格里芬随笔》(*Cognitive Ethology: The Minds of Other Animals: Essays in Honor of Donald R. Griffen*, Hillsdale, N. J.: L. Erlbaum Associates, 1991);弗兰斯·德瓦尔:《淳朴的性格:人与动物是非对错之源》(*Good Natured: The Origins of Right and Wrong in Humans and Other Animals*, Cambridge, Mass.: Harvard University Press, 1996);多萝西·切尼、罗伯特·M. 西法思(Robert M. Seyfarth):《猴子如何观察世界:另一物种的内心世界》(*How Monkeys See the World: Inside the Mind of Another Species*, Chicago: University of Chicago Press, 1990)。

② 参见迈克尔·赫德尔勒(Michael Haederle):《谈话还是推理? It's for the Birds》("Talking or Reasoning? It's for the Birds"),载《洛杉矶时报》(*Los Angeles Times*) 14, April 1996, p. E1。

③ 见唐纳德·E. 克努兹玛:《鸟的声音交流》(*Acoustic Communication in Birds*, New York: Academic Press, 1982)。

④ J. 莫塞义夫·马森(J. Moussaieff Masson)、苏珊·麦卡锡(Susan McCarthy):《大象何时哭泣:动物的情感生活》(*When Elephants Weep: The Emotional Lives of Animals*, New York: Delacorte Press, 1995)。

⑤ 克里斯托弗·基·查普尔:《亚洲对待动物、地球与人的非暴力传统》(1993),第21—48页。

护”的一章讨论的是佛教反对杀生的戒律，并且评述了有关阿育王(Aśokan)的资料；詹姆斯·P. 麦克德莫特(James P. McDermott)的文章《早期佛教中的动物与人》考察了经文和小乘佛教戒律(Vinaya)中论述动物的材料①；帕德玛拉赫·S. 杰尼(Padmanabh S. Jaini)的《印度人的动物灵性观》②从印度教、佛教和耆那教的传说中援引了大量的动物故事。这些传说暗示，动物具有与生俱来的宗教性和道德性。

在信仰佛教的国家，出现了一类名为本生经或本生故事的经文。每个这样的故事都讲述了佛陀前世的功德并包含一个道德教诲。这类经文包括正统经文中的故事，以及用方言写成的地域性的故事。③ 本生经最为全面的译文是在1895年出版的名为“佛陀本生故事集”的一部六卷本作品里。该著作包含550个译自巴利语(Pali)的英语故事，全书长达两千多页。按该巨著编辑E. B. 考埃尔(E. B. Cowell)的说法，该文集源自僧伽罗语(Singhalese)，这些故事又源自更为简短的巴利语诗体。觉音(Buddhaghosa)，4世纪斯里兰卡著名的小乘佛典(Theravāda)修订人，把这些故事译成了巴利语。④ 除巴利语诗偈(gāthā)外，这些故事还包括一个介绍来龙去脉的背景故事，一个该诗体故事较长的版本略微提及了故事中的人与动物的本身，包括谁后来转世为佛。以这部巨著为蓝本的英语摘录、选集以及儿童英语读物在过去的一个世纪里已经问世。⑤

---

① 詹姆斯·P. 麦克德莫特：《早期佛教中的动物与人》(“Animals and Humans in Early Buddhism”)，载《印度伊朗学报》(*Indo-Iranian Journal*) 32, no. 2 (1989)。

② 帕德玛拉赫·S. 杰尼：《印度人的动物灵性观》(“Indian Perspectives on the Spirituality of Animals”)，载戴维·J. 卡鲁帕哈纳(David J. Kalupahana)、W. G. 威拉拉特尼(W. G. Weeraratne)编《佛教哲学与文化：纪念N. A. 贾亚维奇雷玛随笔》(*Buddhist Philosophy and Culture: Essays in Honour of N. A. Jayawickrema*, Columbo, Sri Lanka: N. A. Jayawickrema Felicitation Volume Committee, 1987)，第169—178页。

③ 唐纳德·斯威勒目前正致力于研究泰国的佛本生经。

④ E. B. 考埃尔编《佛本生经》6卷本(*The Jātaka or Stories of the Buddha's Former Births*, 6 vols, London: Pali Text Society, 1895, 1907)，第10页。

⑤ 包括埃伦·C. 巴比特(Ellen C. Babbit)：《佛本生经》(*Jātaka Tales*, New York: Century, 1912)；努尔·伊纳亚特·汗(Noor Inayat Khan)：《二十个佛本生经故事》(*Twenty Jātaka Tales*, The Hague: East West Publications, 1939)；以及美国佛教故事家雷夫·马丁(Rafe Martin)重述的许多故事和由香巴拉出版社出版的许多连环画。

另有杜撰的佛本生故事[①]和最近刚由彼得·科洛奇(Peter Khoroche)完成翻译的Arya Sūra对《本生鬘论》(*Jātakamāmā*)(*ca.* 公元400)中34个梵文佛本生故事的复述。[②] 其余的佛本生故事出现在后来的大乘佛经，尤其是《大宝积经》(Mahāratnakū ṭa Sūtra)[③]中。

为了便于研究，我将集中讨论小乘传说中公认的550个故事。在这550个故事中，整整一半(225个)在提到动物时，通常是将其作为故事的主要角色的。在这225个故事中提到了70种不同类的动物，共有319只动物出场。27个不同的故事讲到了猴子，是所有动物中出场次数最多的。接下来是大象(24次)、亚洲胡狼(20次)、狮子(19次)、乌鸦(17次)、鹿(15次)、鸟(15次)、鱼(12次)以及鹦鹉(11次)。有10个故事特别有趣，这些故事中佛陀和诸神以树精的形象出现。(参见本文末表格)

在多数情况下，动物代表的是生活在佛陀时代的人的前生。过去的这些动物的行为有助于解释今日人的行为。在某些情况下，这种动物行为是优异的，并为人后来的优异行为奠定了基础；在另一些情况下，这种行为令人讨厌，但有助于解释与佛陀同时代的人令人发指的行为。后一种类型的故事中许多与佛陀的堂兄弟提婆达多(*Devadatta*)有关。正是提婆达多一手策划了陷害佛陀的阴谋，并且企图向佛陀扔石块，在他必经之路上赶去一头发狂的大象来杀死他。

本研究将具体关注精选自巴利语佛本生故事集中对动物(和植物)的叙述。我已经把这些故事分组：动物所体现的智慧和同情心的故事；动物因其愚蠢或残忍而受到惩罚的因果报应(*Karmic*)、道德寓意故事；与素食和肉食有关的故事；专门为废除以动物做祭品而设计的故事；包含有内在生态学启示的故事。

---

① I. B. 霍纳(I. B. Horner)、帕德玛拉赫·S. 杰尼：《杜撰的佛本生经故事》(*Aprocryphal Birth-Stories*, London: Pali Text Society, 1985)。

② 彼得·科洛奇：《佛陀曾转世为猴：阿亚·苏拉的本生鬘论》(*Once the Buddha Was a Monkey: Arya Sura's Jatakamala*, Chicago: University of Chicago Press, 1989)。该书此前由J. S. 斯佩耶尔翻译：《本生鬘论》或《阿亚·苏拉译佛本生故事选》(*Garland of Birth Stories by Arya Sūra*, Oxford University Press, 1895)。

③ 加玛·C. C. 张(Garma C. C. Chang)编：《大乘佛经宝库：大宝积经选集》(*A Treasury of Mahāyāna Sūtras: Selections from the Mahāratnakūta Sūtra*, University Park: Pennsylvania State University Press, 1983)。

## 有同情心的动物和精明的动物

在这一类下，我选择的第一个具有代表性的故事讲述的是，佛陀身为啄木鸟(the Javasakuṇa Jātaka)[①]的前世。一天，他看到一只狮子因为一块骨头卡住了喉咙而极不舒服。他就用一根棍子撬开了狮子的嘴，从狮子的嘴里拔出骨头，让他又舒服地呼吸和进食。后来，那只狮子在饱餐一只野水鸟时，啄木鸟来到了他的身旁。为了考验狮子，啄木鸟飞近他，向他要恩惠。狮子傲慢地回答说，他曾经饶恕过啄木鸟的性命，那已是莫大的恩惠了。啄木鸟谴责了忘恩负义的狮子后又匆匆上路了。讲了这个故事后，佛陀说那只傲慢的狮子就是提婆达多的前身，而他，佛陀，就是那只乐于助人的啄木鸟。

在《Suvaṇṇamiga 佛本生经》(*Suvaṇṇamiga Jātaka*)故事里，一头金色的牡鹿掉进了陷阱，[②]尽管使出了浑身解数，还有妻子从旁鼓励，他还是无法脱身。之后，他忠诚的妻子遇见了前去收获猎物的猎人。她提出用自己的生命去换丈夫的生命。吃惊之余，猎人把他们都放了生。为了感谢猎人的回心转意，那头牡鹿后来把他过去在觅食之地捡到的一串珠宝送给了猎人，并且恳求他不再杀生，建立家庭，多做善事。紧接本故事，佛陀指出，他自己就是那头高贵的牡鹿。

在这两个故事中，动物都表现出了优异的行为，并且为聆听故事的听众树立了榜样。在第一个例子中，佛陀教育人们慷慨大方和感恩戴德的重要性。在第二个例子中，他又教育人们自我牺牲和忠诚的影响力。后一个例子还包括了一只提倡不杀生的动物，和佛陀对不杀生戒律的反思。

## 愚昧的动物

《拘伽离佛本生经》(*Kokālika Jātaka*)讲的是许多年前，巴纳拉斯

① 考埃尔:《佛本生经》story 308，4:17—18。

② 同上书，story 359，5:120—123。

(Banaras)国王有个喋喋不休的坏毛病。一位聪明的宠臣决定给国王一个教训。一只杜鹃不但自己没有抚养后代,还把蛋产在了一只乌鸦的巢里。乌鸦妈妈以为那枚蛋是自己下的,就照看他直到孵化后并给他喂食。不幸的是,有一天,尽管还羽翼未丰,这个年幼的不速之客发出了清晰的杜鹃声。乌鸦妈妈警觉起来。她用喙啄那只杜鹃幼鸟,最后把他从巢里扔了出去。这只杜鹃刚好掉到了国王脚下,他转身面对大臣问道:"这是什么意思?"那位聪明的大臣(佛陀的前世)回答说:

说话不合适宜的人
就像这只杜鹃幼鸟一样会死于非命
再致命的毒药,再锋利的宝剑
也没有不得体的语言致命

从中得到教训的国王爱唠叨的毛病有所收敛,并且还避免了一场有可能推翻他统治的浩劫。评论该故事时,佛陀指出,他就是那位大臣,而多嘴多舌的国王就是喋喋不休的僧侣之一拘伽离。①

在《鹑本生故事》(*Laṭukika Jātaka*)中,佛陀讲述了两只大象的故事:一只是象群里的领袖,另一只是凶野的离群象。② 一天,头象碰到了一个鹌鹑妈妈,她的雏鸟刚刚孵化出来。这只鹌鹑恳求头象保护她的孩子,于是头象安排跟随他的八万只象小心翼翼地把小鹌鹑围了起来。他提醒鹌鹑妈妈说,有一只离群象可能要打那经过,建议她照样要恳求这只象放过她的孩子。尽管她百般哀求,这只离群象根本不把鹌鹑妈妈放在眼里,用左脚踩扁了小鹌鹑。鹌鹑妈妈被这种残忍杀害自己宝宝的行为激怒了,于是伺机报复。她遇到了一只乌鸦、一只苍蝇和一只青蛙,他们都答应要助她一臂之力。乌鸦啄出了大象的双眼,苍蝇又在空眼窝里产下了卵。苍蝇卵变成蛹后,大象的脑袋奇痒难耐,他盲目地四处找水止渴。在鹌鹑的指引下,青蛙先是在山顶呱呱地叫,把大象引到了一个悬崖边。然后,

① 考埃尔:《佛本生经》story 331,4:68—69。
② 同上书,5:115—117。

他又跳到崖底呱呱地叫。循声找水的大象跳进山崖，滚下山脚摔死了。讲完这个故事后，佛陀说："善友们，一个人不应该招致任何人的敌意。"然后他又指出他就是那只友好的头象，而提婆达多就是那只凶野的离群象。

第一个故事告诫人们不要养成动物那样的不良习惯，在本例中，即多嘴。第二个故事尽管有些可怕，但它告诫人们，一个人一定不要随意杀生。

## 佛本生经故事里的素食主义问题

在谈论小乘佛教时出现的一个争议是要不要吃素的问题。正如D. 西福特·鲁埃格(D. Seyfort Ruegg)指出的那样，这方面依据的是宗主国的风俗习惯，不同的国家有所不同。[①] 虽然佛陀本人吃不吃肉尚有争议，但非常清楚的是，东南亚的僧侣把肉当做他们的施舍物，这已为人们所接受，只要荤菜不是特别为他们所做。与印度沙门(Śramaṇic)尤其是耆那教教徒的饮食戒律冲突的是，我们发现佛陀申明，只要不是直接杀生，食肉是可以接受的。这与毗耶娑(Vyāsa)在评论《瑜伽经》(*Yoga Sūtras*)时的申明同样是冲突的。[②]《瑜伽经》认为，不仅要避免直接杀生，而且不杀生(ahiṃsā)的人必须回避赞同暴力。佛陀暗示，一个人只要不卷入暴力，让自身被他人为邪恶目的利用以达到避免造成伤害是可以接受的。

在《Telovāda 佛本生经》(*Telovāda Jātaka*)里，佛陀径直批评了一位嘲讽佛陀吃肉的耆那教苦行僧那他子(Nāthaputta)。[③] 在这个故事中佛陀是居住在巴纳拉斯的一位僧侣贵族。晚年他退隐到喜马拉雅山追求一种宗教生活。在一次定期进城买盐和调味品时，一位富人有意为他做了一顿加了鱼肉的饭，然后嘲讽这位圣人吃肉。这位僧侣贵族反驳说："如

---

① D. 西福特·鲁埃格：《佛教史中的不杀生与吃素》("Ahimsa and Vegetarianism in the History of Buddhism")，载 Somaratna Balasooriya 等编《纪念沃波拉·罗候罗佛学研究》(*Buddhist Studies in Honour of Walpola Rahula*, London: Gordon Fraser, 1980)，第 234—241 页。

② 克里斯托弗·查普尔和小尤金·P. 凯利(Eugene P. Kelly, Jr.，即 Yogi Anand Viraj)：《帕坦迦利瑜伽经》(*The Yoga Sūtras of Patañjali*, Delhi: Sri Satguru Publications, 1990)，第 70—71 页。

③ 考埃尔：《佛本生经》story 246，2：182—183。

果圣人吃肉，就没有罪过。”这肯定了遁世信条，即：“神职人员允许在任何地方或任何国家吃合乎习惯的任何食物，这样不用迁就自己的食欲或邪欲（evil desire）。”[1]在结语中佛陀说他就是那位僧侣贵族，而那位耆那教僧侣那他子就是那位富人。

而在另一个以巴纳拉斯为背景的故事——《鹧鸪本生经》（*Tittira Jātaka*）（no. 319）中，佛陀讲的是他身为一名取得了伟大宗教成就的婆罗门苦行僧的一段经历。在这期间，恰逢一位捕猎野禽的人驯养了一只山鹑用做诱饵，引诱其他的山鹑进入自己设下的陷阱。开始，这只诱饵山鹑不肯就范，捕猎人就用竹块打他的头直到他唯命是从。山鹑良心上十分不安，他想知道自己是否积累了重罪。一天，捕猎人把山鹑带到河的下游，靠近那位有造诣的苦行僧的棚屋。乘着猎人睡觉的当儿，山鹑问苦行僧他做诱饵的生活是否是个错误。这位婆罗门回答说：

> 如果心中无意行恶
> 犯下身不由己的恶行，罪过也不会上身。
> 如果心不藏恶
> 犯下身不由己的恶行，也可豁免一切罪过。

山鹑从悔恨中摆脱出来，又被猎人带走了。讲了这个故事，佛陀说他就是那个苦行僧，而他的儿子罗睺罗（Rahūla）就是那只山鹑。[2] 佛陀没有借讲这个故事的机会谴责一切捕猎行为，而是承认环境有时迫人妥协。

## 动物祭品

《愚者本生经》（*Dummedha Jātaka*）讲，在很久以前的一次轮回中，佛陀转世为巴纳拉斯的一位王子。他因看到与吠陀（Vedic）仪式相同的大规模屠杀绵羊、山羊、家禽、猪和其他动物的行为而惊恐万分。直到父亲

---

① 哈代（Hardy）：《手册》（*Manual*），第327页。引自考埃尔：《佛本生经》story 246，2：182。

② 考埃尔：《佛本生经》story 319，4：43—44。

去世之前，他每年都要向一棵特别的白杨树的精灵举行自己的仪式——不杀生。父亲死后，他继承了王位并向臣民透露了他拜那棵白杨树的实质。他宣布说他已经答应要给那棵树一千个违反了不杀生戒律的人的寿命。这一宣布刚一作出，从此再无人拿动物做祭品。这样，"不用伤及任何一个百姓，菩萨就让他们遵守了戒律"①。这个故事强调了佛陀为了拯救无辜动物的性命而对愚者，或者说是不祥祭品所作出的表态。

在《罗汉本生经》(*Lohakumbi Jātaka*)里沿袭着反对血腥的婆罗门教用动物做祭品来抚慰诸神的主题。佛陀住在舍卫城的祇树给孤独园时，他讲了一个关于拘萨罗(Kosala)国王的故事。一天晚上，国王听到四声可怕的悲号。于是国王与一群婆罗门(Brahmins)商议。他们进言说黑暗中的号啕暗示毁灭将至，要安抚诸神，国王必须拿出四倍的祭品，还要人、公牛、马、大象、鹌鹑和其他的鸟，全部四个一组。这些婆罗门高兴地挖了一个火坑，找齐了祭品，而且"一想到即将到口的美味佳肴和要到手的财富就兴奋不已"②。波斯匿王皇后(Mallika)对这种反常的举动起了疑心，于是她敦促国王去和佛陀商议。国王到了舍卫城的祇树给孤独园后，把他对黑暗中那四声呼号的忧虑告诉了佛陀。佛陀安慰他说，这种情况很早以前就发生过。在后来的故事中，佛陀又重讲了这个故事，不过在婆罗门中又加进了一位祭司，他对涂炭这么多生灵的必要性提出了质疑。祭司在花园中遇到了一位苦行僧，后者解释说国王把黑暗中发出的声音的真实原因弄错了。于是，年轻的祭司随苦行僧一道去见国王。到了那里，苦行僧解释说那四声哭叫是很久以前四个犯了通奸罪的男人发出的。由于罪过，他们被罚在已经待了三千年的四口大铁锅里轮回转世，偶尔由于沸水漫到顶部而发出痛苦的呻吟。很久以前的那位国王听到的正是这些呻吟，拘萨罗的国王听到的同样是这些呻吟。很久以前身为苦行僧的佛陀与在祇园的佛陀分别安慰两位国王，不会因为那四声哭叫而大难临头。结果，两位国王都取消了祭祀，释放了所有的牺牲品。该故事嘲讽了婆罗门的祭祀过程，其传达的信息是：这种行为的实质潜藏着误导的观念和贪

① 考埃尔：《佛本生经》，story 50，1：126—128。
② 同上书，story 314，4：29—32。

欲。本故事还强调了因果报应的不可避免性的教义，并因此动摇了婆罗门用人做祭品可以赎罪的观念。两个故事都援引了佛教必须保护动物的生命的戒律。

## 本生故事与生态学

在《菩提树佛本生经》(*Rukkhadhamma Jātaka*)里，就水的占有权发生了一场争吵。作为回应，佛陀讲了一个前世在喜马拉雅山做婆罗双树(sal tree)树精的故事。在多闻天王(Vessava)统治时期，所有的树木、灌木和植物都得到选择新址的邀请。未来的菩提树建议所有的同类要"有意回避那些在露天离群索居的树，要在树林里安家落户"。明智的树精听从了他的建议，但那些傲慢、愚昧的树精却偏偏要住在村镇外，好从崇拜他们的乡亲那里获益。于是他们走出树林，在"生长在露天的参天大树"旁扎下了根。一天，一场大风暴席卷了整个村庄。尽管在肥沃的耕地上生长了多年，早已根深蒂固，但那些形单影只的树还是饱受摧残：树枝折断、树干倒坍，甚至被连根拔起，"被暴风雨给放倒在了地上"。但当暴风雨袭击未来佛陀住的层层叠叠的婆罗双树林时，"它的淫威却徒劳无功……连一棵树也没有吹倒"。在感人至深的结论中，佛陀说："那些孤苦伶仃的树精，因为家园被毁，只好抱上他们的孩子去了喜马拉雅山。"未来的佛陀用下面的一句偈作出了解答：

> 如果同胞如树木般精诚团结，
> 暴风雨吹翻的只能是落单者。①

这点后来在因为水的问题发生争端时，佛陀通过给村民讲话重又提及。他提醒他们在迈向同一目标时，要齐心协力。本故事可以阐释为呼吁警惕丛林中的教训，承认生活中相互联系的影响。

---

① 考埃尔：《佛本生经》story 74，1：181—182。

在《Kusanjāli佛本生经》(*Kusanjāli Jātaka*)里[1]，未来的佛陀转世为一棵吉祥草(kusa grass)，生活在一棵树干粗大、枝繁叶茂、漂亮的愿望树(Mukkhaka)旁。这棵树的树精曾是一位尊贵的皇后，而这棵草是这棵尊贵之树的一位密友。在附近，巴纳拉斯国王梵天(Brahmadatta)的行宫只有一根大柱，且已是摇摇欲坠。国王打发木匠去寻找可以替代大柱的木材，于是他们发现了那棵愿望树。他们不忍砍倒她，然而又找不到其他合适的替代品。他们把难处向国王进行了禀报，国王却叫他们砍倒愿望树确保屋顶的安全。木匠于是去给树做了祭祀，要求得到她的宽恕，并说第二天他们会返回，执行那要命的任务。树泪流满面，于是森林里大大小小的树精都来安慰她，然而却无人能想出可以阻止那些木匠的良策，最后，转世为吉祥草的佛陀找到她后安慰说，他已经有了对策。

第二天，吉祥草化为变色龙，从树根向上一直爬到树梢，使得那棵树看起来显得千疮百孔。木匠们赶来后，工头惊呼树已烂掉了，还说是头一天没有仔细检查。结果，树得救了。尊贵之树满心欢喜，对救了她生命的低微的吉祥草满口赞叹。她召集了丛林里的所有精灵并当众宣布，他们应该与智慧之人交朋友，无论他们的地位如何。[2] 讲完这个故事后，佛陀解释说，他忠诚的信徒阿难陀(Ānanda)就是那个树精，而他，佛陀，就是吉祥草精。

虽然这个故事原本是作为道德故事来鼓励人们要相互帮助，相互认同，而不用顾忌双方的社会地位，但它也可以看做一个关于环境的寓言故事，其中对树的拯救代表的是对树和让这些树枝繁叶茂的较大生态系统的保护。

我选择的最后一个隐含生态主题的故事是《Vyaddha佛本生》(*Vyaddha Jātaka*)故事。这是一个会让人联想到奥尔多·利奥波德所谓"像大山一样思考"[3]这一观点的故事。该故事里，佛陀是生活在丛林里

---

① 考埃尔:《佛本生经》，story 121，1:267—269。

② 同上书，story269。

③ 参见苏珊·L. 弗拉德尔(Susan L. Flader):《像大山一样思考:奥尔多·利奥波德及其对鹿、狼和森林的生态观的演变》(*Thinking Like a Mountain: Aldo Leopold and the Evolution of an Ecological Attitude toward Deer, Wolves, and Forests*, Columbia: University of Missouri Press, 1974)。

的树精。在这个丛林里还生活着一头狮子和一只老虎，它们过去一直"猎食所有的生物"，留下吃剩的肉任由它们腐烂。由于这些食肉动物的凶残，无人敢涉足丛林，更不用说砍倒一棵树了。然而，有个树精却无法忍受狮子和老虎的猎物腐烂时散发出的恶臭。一天，这个树精不顾菩提树的劝告，恢复了可怕的原形，吓跑了那些嗜杀成性的动物。附近村民注意到他们再也没有看到狮子或老虎的踪迹，于是渐渐地砍倒了部分森林。任由那个愚蠢的树精百般恳求，狮子和老虎就是不愿再返回森林。于是，几天以后，人们"砍倒了所有的树木，造起了良田，种上了庄稼"①，因此也就赶走了森林里的树精。

佛陀给人的教益在于，一个人应该认识到个人的安宁有时有赖于能够打退别人的侵犯。而且，一个人不应该去扰乱这样一种状况。从环境的角度上说，食肉动物的存在维持着生态系统中恰当的平衡。这种平衡在食肉动物被赶走以后就再也难以恢复，任由土地被人砍伐殆尽，用于农事。

这三个故事中每一个都展示了生物的连续性，说明了佛教宇宙论的不可分割性。人的思想是通过观察动物和树木而形成的。佛说，我们能够向动物和树木学习，因为我们自己也曾为动物和树木。在佛陀的时代，也即是农业和城镇建设威胁到自然界的发展的时代，人们认为树是不会随时为自身代言的。在第三个例子中，通过讲述愚蠢的行为毁灭森林的故事，佛陀给了我们一个历久弥新的寓言，该寓言同样有助于当代人了解此种行为的短视，并因此避免未来对生态系统的毁灭。

## 结　论

佛本生经里的动物故事包含简单的道德寓言，以凶恶或卑微的动物的寓言作为说教的工具，告诫佛陀的信徒不要用暴力或诽谤伤害人。在其余的寓言中，佛陀讲述了动物体现出慈善和同情心等的卓越的品行。他使用动物受难的例子来反对使用动物做祭品，而对那些牺牲自身的性

① 考埃尔：《佛本生经》story 272，3：244—246。

命挽救他人的动物高唱赞歌。

在佛本生故事中，动物可以看做人性的代表。然而，动物到了被人性化的份上，同样可以认为人自身彰显的品质也很容易在动物身上被识别出来，无论是表现为道德典范还是说教工具。佛教中的动物故事说明并强调了这样一种立场——生命从一种形式到另一种形式是循环往复、周而复始的。佛教轮回转世的教益在两个方面支撑着这一理论。首先，按轮回理论，现世将在未来以某种形式重现。再次，因为人生已经经历了无数次的轮回，某种熟悉的联系有可能恢复。《楞伽经》(*Laṅkāvatāra*)(大乘佛经的一种)说：

> 在转世轮回的漫长过程中，有形众生，无不曾为人父母、兄妹、子女或其他的亲属。由于与采取胎生的过程有关，人与所有野生动物、家畜、鸟以及从子宫出生的动物关系密切。①

不断的轮回产生了一个相互关联的生命网，按佛教不杀生的戒律，生命必须得到尊重。

然而，佛教中的动物并非处处受到褒扬，被理想化，或是以浪漫的手法刻画。动物的弱点常常被提及，动物对动物的残忍常被描述。此外，人对动物并非总是仁慈。未来的佛陀曾杀死过一只乌龟，②人对动物栖息地的毁灭是一再出现的主题。

或许可以说，与其把佛本生经中的动物当做动物，不如看做潜在的人或能给人教训的动物。然而，同样值得注意的是佛陀对动物非常熟悉。他所生活的时代和环境，人与动物之间的界限，远不如今天工业化社会严格。事实上，他对猴子、大象、鹌鹑、杜鹃和其他动物的描述非常详细精确。他对人与动物行为的见解，使佛本生经成为了高效的说教工具。

回顾一下援引自托马斯·贝里的开篇陈述，佛陀与早期的佛教徒一再重复数以百计的动物寓言，自然界中的各种生物塑造了他们的思想与

① 铃木大拙译：《楞伽经》(*The Laṅkāvatāra Sūtra*, London: Routledge and Kegan Paul, 1932)。
② 考埃尔：《佛本生经》story 178，2：55—56。

想象力。凭借对自然界的直接观察,智慧得以显现,再通过一种成人、儿童都能适应的中介传达。

同样,当沃尔特·惠特曼说他"久久地"看着动物,他也就了解了它们的淳朴,与生俱来的目的和它们的自尊。动物没有抱怨,没有投机,也没有占有欲,而是体面、优雅地过完一生。贝里和惠特曼都暗示动物既能给人道德上的教益,也能深化贯穿人类体验始终的主线,佛本生经故事对于动物价值的这种阐释给予了肯定。

人的思想可以通过动物的体验而得以塑造。人的体验的深度可以通过接触与观察动物行为而得以丰富和改善。与亚里士多德和笛卡儿对动物的看法完全相反,动物也拥有意识、意志、情感和理智。正如佛陀指出的那样,动物和我们自身一样,可以作出选择,操纵着今生后世。

**佛本生故事中出现的动物数**

(小乘佛教/上座部传统)

| 按字母顺序排序 | | 按出现次数排序 | |
|---|---|---|---|
| 羚羊 | 2 | 猴子 | 27 |
| 熊 | 1 | 大象 | 24 |
| 甲壳虫 | 1 | 豺 | 20 |
| 鸟 | 15 | 狮子 | 19 |
| 野猪 | 5 | 乌鸦 | 17 |
| 水牛 | 1 | 鸟 | 15 |
| 公牛 | 4 | 鹿 | 15 |
| 猫 | 1 | 鱼 | 12 |
| 变色龙 | 2 | 鹦鹉 | 11 |
| 鸡 | 2 | 蛇 | 10 |
| 奶牛 | 3 | 树精 | 10 |
| 螃蟹 | 3 | 马 | 8 |
| 仙鹤 | 3 | 鹅 | 7 |
| 鳄鱼 | 4 | 老虎 | 7 |
| 乌鸦 | 17 | 乌龟 | 7 |

| | | | |
|---|---|---|---|
| 杜鹃 | 3 | 野猪 | 5 |
| 鹿 | 15 | 山羊 | 5 |
| 狗 | 4 | 鹌鹑 | 5 |
| 毛驴 | 2 | 公牛 | 4 |
| 鸭 | 1 | 鳄鱼 | 4 |
| 雕 | 1 | 狗 | 4 |
| 大象 | 24 | 黄牛 | 4 |
| 驼鹿 | 1 | 山鹑 | 4 |
| 猎鹰 | 2 | 孔雀 | 4 |
| 鱼 | 12 | 家鼠 | 4 |
| 苍蝇 | 1 | 秃鹫 | 4 |
| 狐狸 | 1 | 奶牛 | 3 |
| 青蛙 | 1 | 螃蟹 | 3 |
| 山羊 | 5 | 仙鹤 | 3 |
| 鹅 | 7 | 杜鹃 | 3 |
| 草精 | 1 | 蜥蜴 | 3 |
| 鹰 | 1 | 猪 | 3 |
| 马 | 8 | 鸽子 | 3 |
| 猎狗 | 1 | 毒蛇 | 3 |
| 大蜥蜴 | 1 | 啄木鸟 | 3 |
| 豺 | 20 | 羚羊 | 2 |
| 松鸦 | 1 | 变色龙 | 2 |
| 狮子 | 19 | 鸡 | 2 |
| 蜥蜴 | 3 | 毛驴 | 2 |
| 獴 | 1 | 猎鹰 | 2 |
| 猴子 | 27 | 鱼鹰 | 2 |
| 蚊子 | 1 | 猫头鹰 | 2 |
| 老鼠 | 1 | 野兔 | 2 |
| 鱼鹰 | 2 | 公鸡 | 2 |
| 水獭 | 1 | 蝰蛇 | 2 |
| 猫头鹰 | 2 | 水精 | 2 |

| | | | |
|---|---|---|---|
| 黄牛 | 4 | 熊 | 1 |
| 黑豹 | 1 | 甲壳虫 | 1 |
| 鹦鹉 | 11 | 水牛 | 1 |
| 山鹑 | 4 | 猫 | 1 |
| 孔雀 | 4 | 鸭 | 1 |
| 猪 | 3 | 雕 | 1 |
| 鸽子 | 3 | 驼鹿 | 1 |
| 鹌鹑 | 5 | 苍蝇 | 1 |
| 野兔 | 2 | 狐狸 | 1 |
| 家鼠 | 4 | 青蛙 | 1 |
| 公鸡 | 2 | 草精 | 1 |
| 犀牛 | 1 | 鹰 | 1 |
| 毒蛇 | 3 | 猎狗 | 1 |
| 鼩鼠 | 1 | 大蜥蜴 | 1 |
| 蛇 | 10 | 松鸦 | 1 |
| 老虎 | 7 | 獴 | 1 |
| 乌龟 | 7 | 蚊子 | 1 |
| 树精 | 10 | 老鼠 | 1 |
| 蝰蛇 | 2 | 水獭 | 1 |
| 秃鹫 | 4 | 黑豹 | 1 |
| 水精 | 2 | 犀牛 | 1 |
| 狼 | 1 | 鼩鼠 | 1 |
| 啄木鸟 | 3 | 狼 | 1 |

（金静　译）

# 放生、死亡与国家：日本中古时期的放生仪式

邓肯·R. 威廉斯
(Duncan Ryūken Williams)

## 导　言

在石清水放生会之前严禁杀生。

——将军令，1280

这条命令是由将军和天皇政府共同向日本各省发布的，发布的时间是公元1280年(弘安2年)。[①] 各省将在举行放生会之前两周的时间里遵守这一命令，实行禁杀(不杀害动物)，放生会是每年八月十五的时候在八幡市(在现在的京都区内)的石清水八幡宫举行的一种仪式。

放生会[②]是一种把生物(通常是鸟、鱼或者其他动物)放归野外的仪式，这种佛教仪式在很多信仰佛教的国家都可以看到，尤其是在东亚地区。它基于人们对动物的慈悲和做功德(merit-making)的观念。本文将概论这种仪式是如何在日本发展起来的。它通过两种特殊的方式实现了日本化，第一是在中古时期，支持和推广禁捕令的近畿地方政府对这种佛教仪式的推行(杀生禁断)，使它从单纯的佛教仪式变成国家的礼制；第二

① 一条来自kansenji官方的将军令在1280年(弘安2年)12月15日下达给离京畿(gokinaishokoku)最近的五省。同样的命令作为后宇多(Go-Uda)天皇的皇命，在三天以后发布到所有各省(kyōi shokoku)。这条命令在伊藤精蝋的《对石清水神社放生会的政府关注面的考察》("Iwashimizu hōjō-e no kokkateki ichi ni tsuite no ikkōsatsu")中被全文摘引，并被详细地讨论过，*Nihonshi Kenkyu* 188(1978年4月)：36—37。

② 这一术语字面上的意思是释放活物(生物)的集会、仪式。

是最著名的中古时期放生古迹——石清水八幡宫,它实质上并不是一座佛教寺院,而是一座具有佛教成分的神道教神社——我们将会对它进行个案研究。因此,我们与其把日本的放生会看成纯粹的佛教仪式,还不如把它当做“神道教—佛教”的混合仪式。

除了为日本放生会的这两种发展途径提供证据,放生会也作为例证,用来反驳那些认为佛教对环境保护毫无作用的批评。① 尽管作为一种理想,放生会似乎应当表现佛教对动物的同情态度,但是,放生会作为日本中古时期的仪礼,我们如果只注意到它对动物的积极态度,从很多方面来说都是有问题的。

## 日本放生会的经典依据

日本放生会的来源可以追溯到两部佛教经典:《梵网经》(梵文,*Brahmajāla Sūtra*)和《金光明经》(梵文,*Suvaṃaprabhāsa Sūtra*)。《梵网经》云:

> 若佛子,以慈心故行放生业。一切男子是我父,一切女人是我母,我生生无不从之受生。故六道众生皆是我父母,而杀而食者,即杀我父母亦杀我故身。一切地水是我先身,一切火风是我本体。故常行放生,生生受生常住之法,教人放生。若见世人杀畜生时,应方便救护,解其苦难。②

这段经文被像惠秀(Keishu)这样的和尚,在他对《羯磨仪轨实相辅》(*Hōjō jissai katsuma giki*)的注释中,解释为六道有情众生都曾是人之父母,杀生就等于是杀死其父母。这就为放生提供了理论基础。

另一个经典依据《金光明经》当中有一品“流水长者子品”,这一品更

---

① 要了解对“生态佛教”非常有意思的评论,参见伊恩·哈里斯:《环境保护主义是如何与佛教相符合的?》和《佛教环境伦理学与反传统:以生态佛教为例》,载《宗教》25, no. 3, July 1995,第199—211页。

② 这一段是由M. W. 德·维瑟(M. W. de Visser)首次翻译的,后来由简·玛丽·劳在《暴力、仪式的重演和意识形态:日本宇佐八幡宫放生会(释放有情生命的仪式)》(“Violence, Ritual Reenactment, and Ideology: The Hōjō-e [Rite for Release of Sentient Beings] of the Usa Hachiman Shrine in Japan”)中进行了修订,载《宗教史》33, no. 4, May 1994,第325—326页。上引《梵网经》的段落可以在佛藏中找到(T. 1484,24:997A—1003A)。

直接地提到对鱼和其他动物的放生。故事大概是讲佛陀在他的前世(一位名叫流水的长者)经过一处快要干涸的池塘时,看到池溏中"数满十千"的鱼就要死光了。出于怜悯之心,他用大象驮来足够注满整个池溏的水,解救了这些鱼。然后未来的佛陀开始为鱼儿说法(尤其是缘起法)。不久之后,这个地方发生了地震,所有的鱼都不幸死了。它们全都生到了忉利天上。它们出于对那位恩人的感谢,就送给他珍珠璎珞和其他许多珍宝。[①] 这部经典在关于放生的文献中是最经常引用的——举个例子,在兴福寺的放生会清规中就把它看做放生仪式的起源。

山本春树(Yamamoto Haruki)曾经探讨过这些经典的两种诠释,这些诠释涉及放生会的日本化。一方面,《梵网经》强调其他有情众生皆是父母的观念,是与日本古代的祖先崇拜(sosen kaikō)相关联的。另一方面,《金光明经》强调功德得自对动物的帮助("赐予财宝"与施主),这一点与举办放生会是为了获得现世利益(riyaku shinkō)的信念有关。[②]

根据这两种对动物的不同观念,一方面,我们似乎可以看到,《梵网经》主张人与动物之间隔着一层半渗透(semi-permeable)的膜,任何人或他的父母在前世或来生都可以变成动物。这种看法或许类似于一种深层的生态世界观,这种世界观把自然界或动物界看做"更广义的生态自我"的一部分。[③] 另一方面,《金光明经》中虽然也有这种观念,但是经文的重

---

① 这一故事更详细的英文叙述可以在简·玛丽·劳的《暴力、仪式的重演与意识形态:日本宇佐八幡宫放生会(释放有情生命的仪式)》一文第 326 页中找到;或者在山本春树《论放生会》("Hōjō-e ni tsuite" [On the *hōjō-e*])中也可以找到日文表达,载 *Shukyō Kenkyū* 56, no. 4 (1983),第 294 页。

② 山本春树:《论放生会》,第 294—295 页。

③ 更多关于包括动物在内的"生态自我"(ecological self)的深层生态学观点,参见比尔·德韦尔、乔治·塞申斯:《深层生态学:仿佛与自然相关的生活》(Salt Lake City: Peregrine Smith Books, 1985);比尔·德韦尔:《以生态为中心的僧伽》("Ecocentric Sangha"),载阿伦·亨特·巴德纳编《达摩盖娅:佛教与生态论文集》,第 155—164 页;以及乔安娜·梅西的作品《我们的盖娅生活》(Our Life as Gaia),载约翰·锡德等编《像山一样思考:通往所有存在的联合》(*Thinking Like a Mountain: Towards a Council of All Beings*, Philadelphia: New Society Publishers, 1988),第 59—65 页;《生态自我:权利运动的后现代基础》("The Ecological Self: Postmodern Ground for Right Action"),载戴维·雷·格里芬(David Ray Griffin)编:《神圣的关联:后现代精神、政治性的经济以及艺术》(*Sacred interconnectedness: Postmodern Spirituality, Political Economy, and Art*, Albany: State University of New York Press, 1990),第 35—48 页;以及《自我的绿化》("The Greening of the Self"),载阿伦·亨特·巴德纳编《达摩盖娅:佛教与生态论文集》,第 53—63 页。

点更确切地讲是利他行为本身，之所以有利他行为，仅仅是由于动物们作为动物是一种痛苦。这种观念也许被说成更类似于动物权利观，它关心的是动物不同于人类的感受、地位或者权利。①

## 仪式的性质

放生会本身有广、狭两种含义。从神社、寺院的观点来看，放生会就是举行习惯仪式的那一整天，因此那一天就是一个节日。大家在这个节日里跳舞、演奏、骑马，用神舆抬着纸神（神道教的神）游行，进行相扑表演以及开展其他活动。② 但是从狭义的观点来看，放生会被认为是一种集中于放生鸟、鱼或者其他动物的仪式性活动。

由于这一仪式被归类为不杀戒，所以监管这一仪式的佛教僧人③和神道教僧侣们都要在节日期间禁食肉和鱼。④ 举行仪式的当天，在石清水八幡宫，鱼类和蚌类都被放入位于神社南边的放生河中。在鱼类被放生的同时，僧侣们（dōshi）念诵佛经，尤其是《金光明经》。伊藤也称放生会仪式过去曾在日本全国广泛流行。⑤ 瑜伽行学派的祖庭兴福寺是在 4 月 17 日在寺院 Ichigonkannondō 的 Tōtōkōzen 举办放生会。在那里的法会结束后，信众（sankeisha）把鲤鱼放入放生池（hōjō-ike/enketsuchi），放生池是为保护在放生会上放生的动物而特别指定的池子。在放生鲤鱼的同时，信众也会洒下许多写有愿望的纸片，他们相信这些愿望将会由于放生所增

① 也许与目前动物权利的地位相比，深层生态学的状况类似于中古日本佛教。

② 对神社与寺院活动的详细描述，诸如抬着神舆（*mikoshi*）游行、神社—寺院官员的游行、赛马和相扑等，参见 *Kashiwagashū* 或 *Jūji enjishō busshinji shidai* 等文献，这些文献可以在伊藤的《对石清水神社放生会的政府关注面的考察》中找到，第 33 页。

③ 在石清水，尽管这一场所通常被认为是神道教的神社，但是它的住持却更多地由附近善宝寺（Zenpōji）里的和尚担任。例如，Kenshū 和尚就被尊氏（Takauji）指命担任幕府（bakufu）职位：石清水的奉行（bugyō）大师。就像幕府时代创设了类似的职位去管理伊势（Ise）、比叡山（Mt. Hiei）、东大寺（Tōdaiji）和兴福寺（Kōfukuji）一样。参见二木贤一（Ken'ichi Futaki）：《石清水放生会和室町幕府：将军的使节性拜访》（"Iwashimizu hōjō-e to Muromachi bakufu: shōgun jōkei sankō o megut'te" [The Iwashimizu hōjō-e and the Muromachi bakufu: The visit by the shōgun as the jōkei 〔envoy〕]），载 *Kokugakuin Nihonbunka Kenkyūjo Kiyō* 30，September 1972，第 101 页。

④ 二木贤一：《石清水放生会和室町幕府：将军的使节性拜访》，第 102 页。

⑤ 伊藤：《对石清水神社放生会的政府关注面的考察》，第 33 页。

进的功德而得以实现。①

## 日本八幡宫放生会的演变

每年的八月十五,全国都会举办放生会。

——《源平盛衰记》(*Genpei Seisuiki*)②

放生会日本化的重要特征之一是它在所谓的神道教神社举行,而神社的信仰核心是八幡大神。③ 在日本,放生会仪式的最早记载是在公元710年(养老4年)的宇佐八幡宫(Usa Hachiman Shrine)的Jūji enjishō中。④ 伊庭伊关(Iba Iseki)和Chigasakishi Motomura的考古发掘提供了早期放生

---

① 山本:《论放生会》,第294页。

② 这段话可以在《源平盛衰记》的*Yamaki yanchi goto*章找到,转引自伊藤:《对石清水神社放生会的政府关注面的考察》,第39页。

③ 由于放生会的神道教与佛教混合的特征,进行放生会研究的困难之一就是缺乏有关八幡宫仪式的文献,这些文献在明治时期(1868—1912)就已经毁灭了。明治政府的废佛毁释(haibutsu kishaku [abolition of Buddhism and destruction of Śākyamuni])和神佛分离(shimbutsu bunri [separation of Shintō and Buddhism])政策使具有神道教—佛教混合特征的文献和实践消失得更快,这些文献和实践被用英文很好地记录在了马丁·科尔卡特(Martin Collcutt)《佛教:被根除的威胁》("Buddhism: The Threat of Eradication")中,载马略·B. 詹森(Marius B. Jansen)和吉尔伯特·罗兹曼(Gilbert Rozman)编:《变革中的日本:从德川时代到明治时代》(*Japan in Transition: From Tokugawa to Meiji*, Princeton: Princeton University Press, 1986),第143—167页;阿伦·G. 格雷帕德(Allan G. Grapard):《被忽视的日本文化革命:明治时代的神佛分离及一项案例研究:飞鸟(Tōnomine)》("Japan's Ignored Cultural Revolution: The Separation of Shinto and Buddhist Divinities in Meiji [shimbutsu bunri] and a Case Study: Tōnomine"),载《宗教史》23, no. 3, February 1984,第240—265页;还有詹姆斯·凯特拉尔(James Ketelaar):《论日本明治时代的异教徒与殉道者:佛教及其被迫害》(*Of Heretics and Martyrs in Meiji Japan: Buddhism and Its Persecution*, Princeton: Princeton University Press, 1990)。关于放生会文献的毁灭,在二木(Futaki)日语文章中有详尽的研究,《石清水放生会和室町幕府》,第99页。

在石清水八幡宫,放生会从明治时期一开始就被取消,但是后来在石清水祭(Iwashimizusai)的名义下又得以恢复,石清水祭现在在9月15日举行。人们认为现在所看到的放生会与中古时期已经很不一样,因为在明治时期,放生会的所有"佛教"因素都被清除,从而使它与政府的指示相符合。

④ 这一年代引自伊藤:《对石清水神社放生会的政府关注面的考察》,第32页。但是,简·玛丽·劳在论放生会的最好的英文论文(《暴力,仪式的重演和意识形态》,第326页)中,把这一仪式首次举行的年代定为公元745年。养老4年(710年)是被大多数研究放生会的学者们引用的年代。(参Nakano Hatayoshi:《八幡大神崇拜研究》(*Hachiman Shinkōshi no Kenkyū* [*Studies on the Cult of Hachiman*], Tokyo: Yuzankaku, 1976)。劳相信他的结论。

会是在佛寺中举行的证据。① 然而，这一仪式在日本的发展最特殊的是它的举行集中于八幡宫。② 它通常被放在神道教神社，而不是佛寺。因为放生会最初是在八幡宫举办的，因此，虽然这一仪式正式的分类是佛教仪式，但是经常被当做一种"神道教—佛教"或"神社—寺院"仪式。③ 实际上，Nakano Hatayoshi 已经探讨过宇佐放生会就是一种混合物，它包括了早期神道教在神社安放铜镜的仪式和公元 710 年的佛教仪式。④ 这种宇佐神社仪式后来在平安时代传到其他八幡宫和佛寺（例如，在 859 年，Gyōkyō 和尚从大安寺[Daianji]传到石清水八幡宫）。在镰仓和室町(Muromachi)时期，石清水八幡宫每年八月十五举办的放生会，⑤成为最著名和最精心经营的放生会的典范。⑥

## 放生会和国家(state)：以石清水八幡大神为例

在中世纪晚期，政府的仪式活动由三个重要的国家礼仪

① 冈田(Okada)所主张的一种少数派观点认为，放生会首次举办于公元 676 年(Temmu 5)，因为考古发掘为 Nihonshoki 的文献记录提供了证据。参冈田壮二(Sōji Okada)：《石清水放生会作为国家礼仪的发展》("Iwashimizu hōjō-e no kōsaika" [The development of the Iwashimizu hōjō-e as a state ritual])，载 *Kokugakuin Daigaku Daigakuin Kiyō* 24(1992)，第 3 页。关于三个佛教道场兴福寺、Konbu-in 和 Yoshidadera 的放生会的研究，见山本：《论放生会》。

② 主要的八幡宫有三座（宇佐八幡宫，在九州；石清水八幡宫，在京都；鹤冈八幡宫[Tsurugaoka Hachiman]，在镰仓），它们都有许多属庙。另外，作为其崇拜的一部分，许多佛教寺院也都设有八幡宫（例如，东大寺、东寺(Toji)和 Yakushiji）。参见克里斯廷·古斯(Christine Guth)：《心：八幡神像及其发展》(*Shinzō: Hachiman Imagery and Its Development*, Cambridge, Mass.: Council on East Asian Studies, Harvard University, 1985)，它提供了更多的英文概要。

③ 冈田壮二走得如此之远，以至于他认为放生会仪式本身，尤其是石清水放生会，基本上是一种披着佛教外衣的"神道教"仪式(《石清水放生会作为国家礼仪的发展》，第 16 页)。

④ 另外，曾经有一种非常流行的理论认为宇佐放生会最初是一种"安抚亡灵的仪式"(chinkonsai)，是"为了安抚那些在公元 720 年的一场血战中，被中央政府的军队击败和屠虐的隼人(Hayato)族的冤魂"(劳：《暴力、仪式的重演和意识形态》，327)。这无疑是一种可能，但是 Nakano 已经把这一关于仪式起源的解释看做后来的臆测(参伊藤：《对石清水神社放生会的政府关注面的考察》，第 32 页)。

⑤ 尽管 Gyōkyō 在公元 859 年把八幡大神的"圣体"(deity-body)从宇佐带到了石清水，但是最通常的看法是放生会仪式本身直到公元 864 年(Jōkan 5)才举行；其他少数观点认为是在 861 年(Jōkan 3)或 877 年(Jōkan 18)(参冈田：《石清水放生会作为国家礼仪的发展》，第 3 页)。

⑥ 到镰仓时代为止，下列八幡宫都是在 8 月 15 日举办放生会：鹤冈、宇佐、Usa gosho bekkyū（箱崎宫[Hakozaki]、Senguri、藤崎宫[Fujisaki]、Nittagū、kuma kakugū）和 Sakuharagū。只有 Nittagū 的放生会不在这一天(9 月 15 日)。然而，镰仓幕府很自然地把它的注意力集中到地理上较为靠近的鹤冈八幡宫，这座八幡宫也就被定为政府的官方年庆之所。

(sanchokusai)组成：加茂节会(Kamo Festival)、春日节会(Kasuga Festival)和石清水放生会。① 以石清水放生会为例，宫廷、镰仓和室町幕府都要在特定的一天派遣使节到石清水，以赐予钱物的方式庆祝这一国家礼仪。② 宫廷以及将军幕府的代表们(jōkei/chokushi)要在参拜神社以前严格地禁食鱼或肉(shōjin kessai)。③ 在室町时代，政府在这一仪式上出场的重要性是如此重大，以至于所有四位足利(Ashikaga)将军——义满(Yoshimitsu)、义持(Yoshimochi)、义教(Yoshinori)与义政(Yoshimasa)，都要亲自到石清水担任政府的代表(jōkei)。在神社，使节们进行赏赐和出席不同层次的仪式，包括把鱼类、蚌类放生到河里。④

虽然政府对放生会的支持初看起来似乎是一种环保行动的积极表现。但是，事实上在这一仪式中，存在着许多政府自身的利益因素。尤其是在石清水八幡宫，有三个主要的原因促使政府卷入到这一仪式中：1. 八幡大神是源族(minamoto)及其子孙的宗族神，因此，在意义最重大的八幡宫支持最重要的仪式(放生会)，就被看做为镰仓和足利政府成员的家族义务，因为他们中的许多人都与这一宗族有关系⑤；2. 石清水有一支与政

---

① 二木：《石清水放生会和室町幕府》(Iwashimizu hōjō-e to Muromachi bakufu)，第 99 页；以及伊藤：《对石清水神社放生会的政府关注面的考察》，第 33 页。

② 这些钱经常以大量的盐或米的形式来进行赏赐。这些米来自山城(Yamashiro)省的伊奈山(Inayama)地区，盐来自备前(Bizen)、伊予(Iyo)和山城地区。使节的派遣也是一项主要的开支。伊藤精蝋曾分析过在镰仓时代，政府预算中国家对节庆支持的开支，这些节庆包括春日节会、加茂节会和石清水放生会，还包括宫廷或幕府向他们控制的各地区下达供奉命令的成本(伊藤：《对石清水神社放生会的政府关注面的考察》，第 35—36 页)。

③ 然而我们在此应该注意到，在镰仓时代，镰仓幕府依赖着鹤冈八幡宫放生会的同时，皇室则更为紧密地联系着石清水。到室町时代为止，足利幕府与皇室都把他们的注意力全部转到石清水放生会上，因为第一位足利将军——义满，把政治中心后移到京都，而且他个人对武士(bushi)道和贵族(kuge)文化的融合很有兴趣(二木：《石清水放生会和室町幕府》，第 103—112 页)。

④ 义满是一个例外，他在放生鱼类以前就离开了，他这样做多少会被人看做是不虔敬的。相反，他的继承人——义持，却为了放生一直呆在 Zenpōji 寺附近的住处(shukubō)，在仪式举行以前，亲自遵守禁食鱼和肉的禁戒(shōjin kessai)，并且多遵守了好几天。我们在此也应该注意到，国家政治结构的改变是如何与放生会的举办的变化相一致的。在仪式期间或在游行当中某人的位置顺序的改变，政府官员的佩剑，以及指派佛教大师主持仪式的各种程序，这些全都反映了从平安时代到镰仓、室町时代政治结构的变化。

⑤ 二木：《石清水放生会和室町幕府》，第 100 页。

府军对抗的强大的武装力量[①]，因此政府需要通过为放生会提供资助，来安抚神社和它的准军事力量(shinjin)；3.石清水占据着一处具有战略地位的军港，任何中古时期的政治力量都不得不通过支持放生会来讨好神社，并与它进行磋商。

此外，正如在论文的开头所引用的，将军和宫廷政府向各省下令从八月一日到八月十五的两周时间里要遵守禁杀令(不能杀害动物)，这被某些日本中古历史学家称做"杀生禁断的意识形态"(sessho kindan ideology)。[②] 把放生会和"杀生禁断的意识形态"联系在一起的，当然是佛教的戒律之首"不杀戒"。这一"意识形态"是22座"神社—寺院"混合体所组成的体系的一部分，利用这种混合，中古时期的日本政府擅用了神道教神社和佛教寺院的仪式和教义。[③] 从石清水八幡大神所处的政治权力的高度来看，它站在了这一"神社—寺院"混合体系的顶点。这种政府与放生会之间相关联的特点作为对这一仪式的日本式改造，显得极为突出。

## 日本放生会的疑难问题和对佛教作为环境保护论者形象的挑战

放生会日本化的两个特殊面相在上面已经概述过了，亦即大多数放生会的"神道教—佛教"性质以及在中古时期放生会作为国家礼仪的认定。下面请允许我们考察几个与放生会对动物的反思的观点有关的问题。

---

① 中古时期，在政府军之外，还有三支主要的非政府武装力量：1.当地地主们的私人武装；2.寺院的僧兵(Sōhei)，比如兴福寺、比叡山寺、高野山寺(Mt. Kōya)、根来寺(Negoroji)、醍醐寺(Daigoji)、东大寺和延历寺(Enryakuji)的僧兵；3.石清水八幡宫和其他几座神社的武装起来的神社成员(shinjin)。

② 学者们，比如小山保典(Koyama Yasunori)和伊藤精蝋，曾探讨过"杀生禁断的意识形态"被中古时期的政府用来控制农民阶级。特别是诸如捕猎、打鱼、植树、灌溉以及刀耕火种(slash-and-burn agriculture)等所谓的农活时常被地方各省的政府以中央政府下达的"禁杀"令为借口进行禁止(关于这一问题的详细讨论，参伊藤：《对石清水神社放生会的政府关注面的考察》，第39—40页)。虽然伊藤一贯严谨的考证所给出的有关证据不那么令人信服，但是在下面，我还是要回到政府擅用放生会和杀生禁断的意识形态这一问题上。

③ 关于中古时期的政府和22座"神社—寺院"混合体所组成的体系，参见阿伦·G.格雷帕德：《场所、仪式和意识形态：日本平安时代的22座"神社—寺院"混合体》("Institution, Ritual, and Ideology: The Twenty-Two Shrine-Temple Multiplexes of Heian Japan")，载《宗教史》27, no. 3, February 1988，第246—269页。

虽然，正如许多学者和佛教徒近来所做的那样①，提出放生会证明了佛教对动物的看法是具有同情心的和积极的，这种做法极具诱惑，但是这一观点还需要通过许多方式来证明。首先，正如我们在石清水八幡大神那样的“神道教—佛教”混合物的例子中所看到的那样，放生会由于被政府赋予的重要性，而成为一件非常复杂的事情。平正之(Taira Masayuki)的研究已经证明，在中古时期，人们非常关注神社有没有足够的鱼和蚌来放生(通常在1 000或3 000只的范围内)。因此，在政府的特使到来以前的几周，三倍于所需的动物将被捕获以确保到时候有足够的动物可用。换句话说，如果在放生会上将有3 000条鱼被放生，那么实际上神社需要捕捞和购买9 000条鱼，这样的话，三分之二的鱼将在它们被放生以前死去。② 权力的展示比动物的生命更加重要。因而，中古时期大多数神社和寺院举行的放生，大概更多地是政治权力的宣示或是对各路神仙的安抚吧。③

另一个涉及放生会与政府的亲密关系的问题，是政府利用抬高所谓杀生禁断的意识形态，获得对土地的控制。伊藤精蝋曾令人信服地论证过当地地主曾在他们的土地上修建小的八幡宫，他们这样做是利用人们相信举行过放生会的地点是神圣的，从而限制人们在封地从事捕猎、打鱼和种田等活动。换句话说，在中古时期的日本，放生会的仪式和意识形态基础有时也被用来控制通过战争获得的新的土地。④ 一方面，放生仪式被看做对战争中流血进行补偿的一种方式，但是，另一方面，仪式也被用来证明战争和对在战争中赢得的土地的控制的合理性。

因此，日本中古时期的放生会存在着这样的矛盾。正是仪式的重要性和

---

① 在美国，这一观点尤其常常被菲利普·凯普乐(Philip Kapleau)(见《珍爱所有生命：成为素食主义者的佛教理由》[*To Cherish All Life: A Buddhist Case for Becoming Vegetarian*, San Francisco, Harper and Row, 1982])，及其他著作与杂志《佛教对动物的关怀》(*Buddhists Concerned for Animals*)引用。

② 平正之：《对佛教禁止杀生的争议》(“Debating the Buddhist Prohibitions against the Taking of Life”)，1995年10月26—28日在普林斯顿大学举行的主题为“日本前现代时期的社会史、特权、歧视与通俗文化研究的新趋势”研究会上的日文发言。

③ 对吃肉、性生活等诸如此类的行为进行节制的习惯，是政治精英们共同遵循的短期行为，其目的是为了积累某位神灵的眷顾，或者好比天皇所行的节制，是为了护国。

④ 这部分地解释了为什么八幡大神是最受日本中古时期新兴的武士阶层和地方军阀崇拜的神灵之一。

“不杀”的观念致使神社扩大它的规模(即使“牺牲”三分之二的鱼),来举办放生会这样放生数千条鱼的盛大的国家礼仪。举办过放生会的地方就可以禁止人们打猎、捕鱼以及从事其他的农业活动,这种理念使放生会对各省的领主具有极大的吸引力。具有讽刺意味的是,他们恰恰是通过武力和流血获得这些土地的。这种自相矛盾也内在地存在于更广泛的为被杀死的动物祈愿的行为中。比如,在传统的渔村,要为刚刚被捕获的鱼举行祈愿仪式。① 同样地,在当今的日本,一些佛教僧侣曾为了“鲸鱼宴”(吃非法捕获的鲸鱼),而与保守的政客联合起来,并把他们的行为解释为为鲸鱼“祈愿”。

## 结　论

1017年,藤原实资(Fujiwara no Sanesuke),那个时代最卓越的大臣之一,在加茂河(Kamo River)边送政府特使动身去石清水放生会。当他与使者道别的时候,他看到两个在河边打鱼的人。由于那天是举行放生会的日子,于是他就买下了渔夫捕到的鱼,并把它们放生。② 我用这个故事结尾,是把它当做放生会举办方式的对照,我已经证明那样的方式是成问题的,甚至是与友好地对待环境的行为不一致的。正像放生会以大量不友好的方式作用于自然,实资的故事显示了一个重要的例证,这个例子说明了放生会和不杀的观念渗入中古日本社会的方式。或许有许多解救受苦受难的动物的私人行为未曾记载下来,这些行为却是由于与放生会或是不杀的观念的联系而产生的。

同时,很清楚的是,需要对把佛教理想化为环境保护主义的观念进行审慎的反思。当回顾佛教与环境保护主义的界限的历史时,③压倒性的倾

① 星野栄基(Eiki Hoshino)与武田道正(Dōshō Takeda):《当代日本的水子供养与堕胎》(“Mizuko Kuyō and Abortion in Contemporary Japan”),载马克·马林斯(Mark Mullins)等编《现代日本的宗教与社会》(*Religion and Society in Modern Japan*, Berkeley: Asian Humanities Press, 1993),第171—190页。

② 来自藤原实资日记的1017(Kan'in 1)条,*Shōyūki*,又见冈田:《石清水放生会作为国家礼仪的发展》,第6页。

③ 参见邓肯·威廉斯:《北美地区佛教与环境保护主义的界限》(“The Interface of Buddhism and Environmentalism in North America”, B. A. thesis, Reed College, 1991)。

向是把佛教最理想化的方面阐释为佛教对环境保护主义的贡献。虽然我倾向于强调佛教对生态学的贡献的实践方面，但是接受具有建设性的神学或哲学传统的最高理想这一原则，就它本身来讲，并不成问题。然而，麻烦的是把佛教的生态世界观阐释为与其他宗教传统截然不同的倾向，比如把基督教和其他传统的最糟糕的行为拿来与佛教最好、最理想的成分相比较。① 我的希望是这篇论文能对日本放生会发展地考察，以及对被认为与环境相友好的那些佛教仪式方式，进行公正的、批判的反思，提供有用的观察。

（覃江　译）

① 当然，这里所指的不仅是佛教，还有关于西方对自然的开发与东方与自然的和谐统一这样的花言巧语。有关这类观点的早期描述，参见阿部正雄：《基督教与佛教中的人与自然》（"Man and Nature in Christianity and Buddhism"），载《日本宗教》（*Japanese Religions*）7, no. 1, July 1971，第1—10页；Hwa Yol Jung：《生态学、禅宗与西方宗教思想》（"Ecology, Zen, and Western Religious Thought"），载《基督教百年》（*Christian Century*），15 November 1972，第1153—1156页；以及小林恩·怀特：《生态危机的历史根源》，载《科学》155, March 1967。关于这类观点近来的表现，参见斯蒂芬·R. 凯勒特：《东方与西方的自然观念》（"Concepts of Nature East and West"），载迈克尔·E. 苏尔（Michael E. Soulé）和加里·利斯（Gary Lease）编《再造自然？对后现代解构的回应》（*Reinventing Nature? Responses to Postmodern Deconstruction*, Washington, D. C.: Island Press, 1995），第103—121页；齐藤百合子：《对自然的审美鉴赏：西方和日本的观点及其伦理意蕴》（"The Aesthetic Appreciation of Nature: Western and Japanese Perspectives and Their Ethical Implications," [Ph. D. diss., University of Wisconsin, 1983]）。

# 佛教禅宗:问题与展望

# 山脉、河流与大地：禅宗与生态

鲁本 · L. F. 哈比托
(Ruben L. F. Habito)

我在本文将要阐述的问题是：禅宗的修行与教义能维系和促进一个有积极意义的事业吗？能实现地球的康宁吗？能造就一种人类生命与幻想可持续发展的生态方式(an ecologically viable way of life and vision)吗？此处，我不是用一种一般的或理想化的方式来进行写作研究，而是将主要谈及，尽管不是专门论述，三宝教团(the Sanbō Kyōdan community)所推行的禅修方式及其信奉的教义情况，该派禅宗被公认为原田一康谷(Harada-Yasutani)法脉的直接延续与传承，并且在刚刚过去的二三十年间，它对北美和欧洲都产生了巨大影响。①

第一部分将介绍，从禅修者的角度来看表面上似乎是有碍"生态康宁"(ecological well-being)事业建设的一些观点。第二部分将描述禅修者在其生活中所显现出来的三种成果，它们可能会让人否认第一部分所讨论的那些看法。然后，第三部分将着眼于考虑禅宗修行与以生态为导向的生活与行为之间的关系，探讨禅宗对生态康宁建设将可能作出什么样的贡献。

## 禅修中展现的一些隐患

我们的主要问题是，禅宗的实践与教义是否能维系和促进一个有积

① 迄今原田一康谷禅宗脉系的传承，既包括传至山田光云(Yamada Kōun，1907—1989)的三宝教团佛教，传至已故禅师前角泰山(Maezumi Taizan，1931—1995)的白梅禅(White Plum line)，康谷白云(Yasutani Hakuun，1885—1973)禅的另一法嗣，也包括由罗伯特 · 艾特肯(Robert Aitken，1917— )建立的金刚僧伽会(Diamond Saṅgha)，山田光云禅法嗣。参见澳大利亚国立大学马修 · 西奥雷(Matthew Ciolek)网页，环球网 http：//coombs. anu. edu. au/WWWVLPages/-BuddhPages/HaradaYasutani. html。

极意义的事业，此事业要求实现地球生态的康宁，实现一种人类生命与幻想可持续发展的生态方式。对于此问题的一种优先的回答会是："表面上看起来是不可能的"（videtur quod non），这至少基于两个原因。第一，许多禅修者都是走在一个自我发现的人生旅途之中，这种人生旅途倡导采取一种"转向内心"（inward turn）的禅修方式，他们由于重在转向内心世界，就不强调与"外部世界"（outside world）的交锋或参与。第二，禅宗格言"活在当下"，能够带来一种漠视未来的观念——不仅漠视修行者个人的未来，也漠视地球上现存其他生命共同的未来。

关于第一个原因。的确许多修行禅宗的个人，都把禅修的开始作为他们进入内在心灵之旅（a journey within）的切入口。这一传统要求人们集中精力于禅坐修行，禅坐本身激励修行人转向关注其内心世界。这种关注使得个人将他或她自身脱离于使人不断分心的、位居二位的"俗世的"匆忙，而将精力集中于关注"唯一必须关注的事务"之上——对一个人真我（true self）的觉醒，此觉醒被理解为真正的内心宁静与圆满（inner peace and fulfillment）的基础。

当然，有一些人开始禅修，仅仅是出于好奇心，或者是期望分享禅修对一个人的身体健康所带来的裨益，如改善身体的状况与心境，医治某些疾病等。也有一些人，他们已经开始从事一些有关社会与生态的研究，这时他们转向禅修，目的就是要从禅修之中吸取营养与能量，以完成各自在其竞技领域的研究任务。然而，必须指出，也有许多人是出于一种内心感觉的驱动而转向禅宗从事修行的。他们非常精进地鞭策自己，目的是为了让自己的生活处于良好状态，是为了寻找生命之无常的"根基"或"根本"原因，是为了解决类似于一个人存在于此地球的意义之类的根本问题，或仅仅是为了寻求其内心的安详与宁静。而在禅修中，他们全神贯注于觉知自身呼吸与禅坐本身。毋庸置疑，禅修之旅就是一个内心导向的旅程，该旅程要求进行严格而持续不断的修行训练。它是一个需要占据一个人很长一段时间，甚至是终生的全部精力与注意力来进行修行的旅程。

禅修者的这种转向内心的修行，会妨碍一种人类生命与幻想的可持续发展的生态方式的构建：强调"倾听内心"（listening within）可能会导致关于"内"(within)与"外"(without)之两分观点的出现,直至使禅修者从其对社会其他事务的关注之中脱离出来,由此对"外在"(outside)世界的兴趣日益淡薄,对"外在"事务的参与也日益减少。

因而,虽然这些有毒废物对我们人类自然的栖息地发起了浩劫,但其对于一个人的本质存在(being)所带来的威胁,并不及"贪嗔痴"(greed, anger, and selfish ignorance)"三毒"(three poisons)所带来的威胁严重。对于那些严肃认真的禅修人而言,一个人在能够著文论述"外在"世界的有毒废物问题之前,必须首先与内在的贪嗔痴三毒交战,并且要首先尝试从内心根除它们。所以,呈现在禅宗公案里的"山脉与河流",通常仅仅是禅修者内心中理想化之山河情景的反映。禅宗公案里的"山脉",与世界上许多地方由于无计划地滥砍滥伐,而导致的没有森林覆盖的裸露"山脉"没有任何联系;禅宗公案里的"河流",与已经被化学物质所污染而毒气熏天的"河流"也没有一丁点儿关系。

关于第二个原因。禅宗著述与教义中强调"活在当下",这种对当下的强调,可能会误导一些禅修者认为禅修阻碍人们去思考一个人和地球共同的未来,或会认为禅修与未来无关,甚至会形成一种不负责任的态度,因不懈追求"抓住今天"(carpe diem),只顾当下,而会忘记或忽略一个人的行为与激情之后果,以及忘记或忽略因对一个人自身或他人未来的疏忽而导致的严重后果。诚然,这是一种误解禅宗格言的错误观念。但无论如何,它仍然是一个必须加以对治的观念。因而这种片面的只重活在当下的强调,可能会带来一种趋向,如人们会趋向于减少对地球上其他许多濒临灭绝物种的关心,人们也会趋向于不关心整个地球社会是否会基于此而走向一个黯淡无望的未来。

总之,此两点——全神贯注于与"外在"(without)相对立或相排斥的"内心"(within)世界,与全神贯注于拒斥过去与未来的当下——都可能会使我们对起初的问题,即禅宗修行与教义能否维系一种人类生命与幻想的可持续发展的生态方式,作出一个否定的回答。

然而,考察禅修者实际生活中所展现的禅修成果,可能会展示出另外一种视野,一种可以对以上诸多不足予以说服的观念,它可以说服这种认为禅修会阻碍或减少禅修者参与整个地球生态学康宁社会建设的观念。

## 禅修成果

当一个修行者，无论是她还是他，在深入禅坐(zazen)之境时，或一动不动地坐着沉思修行时，以及对其日常生活保持觉知训练之后，在其禅修生活中都会出现以下三个成果：1. 其禅定定力(日文为“jōriki”，英文“mindfulness”，字面意义为“三摩地定[samādhi]之定力”)增强；2. 开悟(kenshō—godō，或为“通过看到一个人的本来面目而带来的开悟”)，即一个人对真我的觉悟体验；3. 自在保任与日常道用，或此真我在其现实生活中的实现与个性化(“mujōdō no taigen”，字面意为“一种无可匹敌的身体力行”)。①

首先，禅修者随着定力增强，他就能够逐渐会聚其生活中的种种异质元素，以实现范围更广的一体化。每一瞬间，禅修者都能全神贯注于此，并时时保持当下的觉醒。“看似仅仅坐着”(日语为“shikan-taza”)的修行，盘起双腿，脊背挺直，“当下”(here and now)保持全身心的觉知，关注与感受每一次气息的呼出与吸入的清新，自然会带来这种效果：一个人在其日常生活中实现了一种更广的整体感，以及一种更强烈的如归家园之感。

以这种方式坐禅，使一个人活出其存在的真实来，不为了**做**(to do)什么，也不为要**拥有**(to have)什么，而仅仅是**存在**(to be)着。关注于当下的**存在**(being)，而不是沉迷于“追求”(doing)或黏着于“拥有”(having)，一个人就能够按一切存在之本来样子，去赞美宇宙中的芸芸众生，去感受宇宙中的万事万物。

第一个成果为第二个开辟了道路，即甚深禅定会使人逐渐开悟。这种对一个人真我的觉悟体验包括两个革命：一是带来了一个人对宇宙中万事万物或芸芸众生的看待方式的革命，二是带来了此人与它们发生关

---

① 菲利普·凯普乐编：《禅门三柱：教义、修行与解脱》(*The Three Pillars of Zen: Teaching, Practice, and Enlightenment*, Boston: Beacon Press, 1967)，第49—76页；鲁本·哈比托：《治愈呼吸：以禅宗灵性应对受创之地球》(*Healing Breath: Zen Spirituality for a Wounded Earth*, Maryknoll, N. Y.: Orbis Books, 1993)，第32—37页。凯普乐详细地描述了基于日本镰仓时的三宝教团禅宗的修行与教义情况。关于此，也请参见罗伯特·艾特肯：《走禅修之路》(*Taking the Path of Zen*, San Francisco: North Point Press, 1982)与哈比托：《治愈呼吸》。

联之方式的革命。对此体验状态的一种描述,可以称为一种**零点状态**(zero-point)的实现。其中所有对立的观念,如存在(being)与非存在(nonbeing),为与不为,得与失,正与负等,都彼此毫无差别地融合在了一起。在此零点状态,主体与客体间的分离,"我"与外界的分离,也被弥合了。于是,修行者就走在一个以全新的眼光看待事物的旅程之上,以及处于一个全新的自我存在状态之中。①

13世纪日本禅宗大师道元禅师,描述这种主客体界限消融的体验时说:

> 我逐渐清晰地认识到,此心正是这山脉、河流与大地。②

禅修的第二成果开悟,是对一个人之真我的觉悟体验,此体验看起来仿佛是一个人在禅修之旅中迈出了关键的一步,但它仍然仅仅是被看做修行者进入生命之禅修的入门而已。一个人最初的开悟被印证以后,在一位公认的权威师父的指导之下,随着继续有选择地深入参究以心传心的公案(kōans),他将被带入生命禅修的更深境界。在三宝教团禅的传承中,这类公案大约有五六百个。③

禅宗的开悟体验,使得每一位修行者克服了其意识中主客之二分的

---

① 鲁本·哈比托:《圆满解脱:禅宗精神及其社会维度》(*Total Liberation: Zen Spirituality and the Social Dimension*, Maryknoll, N. Y.: Orbis Books, 1989),第29—32页。

② 道元禅师:《即身成佛》篇,载3卷本的《正法眼藏》,第98页。顺便提及,它已被日本20世纪一禅宗大师视为启迪开悟的名篇,其已得真传的弟子现正在欧洲与北美传续其法灯;凯普乐:《禅门三柱》,第202—204页。也请参见:《备忘录:致礼山田光云》("In Memoriam: A Tribute to Yamada Kōun"),载《佛教基督教研究》(*Buddhist Christian Studies*) 10(1990),第231—237页。其中介绍了山田生平、山田禅,以及目前仍然在世界各国传播的一部分山田宗法嗣。关于山田的禅宗开悟体验,在鲁本·哈比托的文章《禅宗的生态意蕴》("The Ecological Implications of Zen Buddhism")中也有引用,载詹姆斯·维奇(James Veitch)编:《人类还能幸存下去吗?论世界宗教与环境保护》(*Can Humanity Survive? The World's Religions and the Environment*, Auckland, New Zealand: Awareness Book Company, 1996),第137—138页。这篇文章也论述了禅宗的生态意蕴。

③ 一位禅修者最初的开悟体验被印证以后,她或他就会继续接受22个各种各样禅宗公案的导引,继续参究。而后再参究公案集《无门关》(*Wu-Men Kuan*,日文音 *Mumon Kan*,意为"无门之门"),参究《碧岩录》(*Pi-yen Lu*,日文音 *Hekigan Roku*),参究《宗镜录》(*Tsung-jung Lu*,日文音 *Shōyō Roku*,意为"宁静之书"),以及《传灯录》(日文音 *Denkō-roku*)或《传灯》。此外,还需经历五位法(The Five Ranks)、三宝戒(The Three Treasures)、三净戒(The Threefold Pure Precepts),以及十重戒(The Ten Grave Prohibitions)的熏习与磨炼。

概念，也在“个我”与宇宙的鸿沟之中搭起了桥梁，从而抹平了二者的差别。难免地，这一类原初体验还经常伴随着一种深深的禅悦出现，此禅悦可能会随着笑声的爆发，也可能会随着如泉涌的泪水，或一阵惊厥而显现出来。此时禅修者达到了一种与普通的意识状态（指具有主体—客体极对立的特征）完全不同的觉知境界，禅修者会经历种种深刻的情绪体验，如愉悦、兴奋、内心的宁静与感恩心。

这种情感体验仿佛一朵“粉红色的云”，它可以持续数日不去，甚至更久。但是这种情感最终会平息下来，修行者会回归至普通生活的“平地”之上，随顺日常生活的起伏，去完成日常的事务。这种无分别之一体化景象，在最初的开悟体验之中能瞥见其踪迹，而今它与一个人生活之中的其他部分无差别地融合在了一起，这就是禅修的第三个成果，也是最有意义的成果。这个成果被描述为“自在保任与日常道用”，这是一个将占据一个人一生的过程。

当一个人朝着这个方向继续修行，当其着手处理日常事务时，如从早上起床洗脸，到晚上准备睡觉，他都能够沉浸在对每一个神秘之当下的更深刻的觉醒之中。

以心传心的参究公案的修行，成为让开悟体验在其日常生活中体现出来的一个强有力的方式。每则公案都是一个崭新的启迪，因其具有疑团之特殊性，它引领修行者以一种全新的视角返归最初的开悟体验。如下就是这种能给修行者带来回归体验的公案之一，它收集在《宁静之书》（*The Book of Serenity*）中：

> 陆亘大夫（Officer Lu Geng）向南泉（Nanquan）道：“肇法师（Master Zhao）也甚奇怪，解道‘天地与我同根，万物与我一体’。”南泉指庭前牡丹花曰：“时人见此一株花如梦相似。”①

在此公案中，禅修者受肇法师教义的启发，去经历那作为存在之万事

① 托马斯·克利里（Thomas Cleary）译：《宁静之书》（New York：Lindisfarne Press，1990），第390页。此处译文参考了《五灯会元》中“南泉普愿禅师”部分。——译注

万物动力之共同根基的零点体验:"天地同根,万物一体。"换句话说,这种表述正预示着零点体验的出现,同时当修行者走出零点体验时,当她经历与其禅修师父一对一的直面之时,她被嘱咐或命令去证明她对此甚深禅意的理解与把握。

于是最后一行,开始唤起我们注意我们日常是如何理解事物的,这种理解基于一种幻觉而建立,这种幻觉预示了一种"主—客二元对立"(a subject-object duality)的存在状态。"时人见此一株花如梦相似"即是,人们仍然被局限在普通的觉知模式之中,他们把"客体"(花)从"主体"(作为看者的"我")之中分离了出来,就不能"看到"花的真实存在面目了。

总结这三个成果可知,这是一个关于一个人整个生活融为一体的不断加深的过程,此体验包括在日常的生活琐事之中,如在赏花、劈柴或担水时,不时地归向其最初对真我的开悟体验。

此处要提出的问题就是,实现禅修的这三个成果如何能使一个人克服那些我们在第一部分所提到的诸多方面的阻碍,即他如何能克服对我们积极从事具有生态意义的康宁事业建设所带来的阻碍?

首先,当一个人继续修行,并使这三个成果在其日常生活中保任、成熟,他就能克服"内在"(inward)与"外在"(outward)相对而存的二分观念。当一个人重新发现其真我没有与"山脉、河流与大地"以及众生相分离之时,宇宙中就不再有任何事物在他的关注之外了。

这么一种视野,会改变一个人对大自然及众生的根本态度。山脉、河流和大地,作为一个人自己之真我的显现来被体验;它们不再是与人相分离的"外在于此"的存在实体,他就能够从山脉、河流、广袤之大地的角度,从任何活着的、呼吸着的生命——鹈鹕与海豚、蜻蜓与瓢虫——的角度,来感受与看待万事万物,当然还可以从任何其他人的角度。

此处让我们来留意一下道元禅师的另一段叙述:

> 错觉是从所有事物自身存在的表象角度来看到的景象。开悟是从宇宙中之万事万物的角度来看到的唯一真实之本质状态。①

① 道元:*Genjō kōan*,见《正法眼藏》,第77页。

"从宇宙中万事万物的角度"来看待每一事物,也是去体验宇宙的每一个组成物与其他事物互相联系的状态。在《华严经》(*Flower Garland Sūtra*)中,有着丰富的比喻来描述万事万物之间的互相联系状态。[①] 此经中,一个关键的比喻就是饰有宝珠的因陀罗网。这是一张奇妙无比的网,它向每一个方向无限地延伸,并且,任何一颗明亮的宝珠,在网的每一其他宝珠上都清晰可见。每一宝珠,晶莹剔透,精美绝伦,独一无二,在这无边无垠的因陀罗网之上,反射出其他所有宝珠的光辉。同样地,每个独一无二的宝珠,在网上其他任何一个宝珠中都可以发现自己的光辉及影像,它们交相辉映,重重无尽。[②]

此种情景所揭示的实证性的合一体验,使人进入一个改变其视野的变化过程,而此过程终其一生都会存在着。一个人在日常生活中逐渐加深他的觉悟,这种觉悟是由于那种"按其本来面目"来看待万事万物的智慧所激发的,即看待事物时不把它们同一个人自身的真实面目相分离开来。此种智慧注入一种饱含慈悲的生活之中,其中,一个人真切地感受到与其他事物"同呼吸共命运",与它们同悲戚共欢乐。

因而,随着这三个禅修成果的成熟,禅宗"活在当下"教言中的"当下",不再被理解为是排除了过去与未来的当下,而正好应该是被理解为,一个认可并包括了其过去与未来的完整当下。换句话说,在禅修语境中来理解的当下,不是处于线形时间段上的一个瞬间时间点,而是一个具有维度概念的完整当下。由于当下的这一概念,可以使一个人敞开胸怀,拥抱其过去,并承担过去所带来的一切后果,即承担过去的一切业,而且随着此当下时间的自然展开,他也对其未来负责,一个人就以一种直面未来的方式,生活在当下,在当下决策,同时也对未来负责。

总之,禅修的三个成果就这样能让一个人克服"内心"与"外界"、"当下"与过去未来相对的二分概念。特别是随着禅坐与参究公案的继续深入,以及禅修的第三成果日渐成熟,它们深化了一个人与其他一切存在物之间彼此关联着的体悟,而此体悟将决定一个人日常生活之中的每一个

---

① 弗朗西斯·库克(Francis Cook):《华严宗:因陀罗网》(*Hua-Yen Buddhism: The Jewel Net of Indra*, University Park and London: Pennsylvania State University Press, 1981)。

② 同上书,第1—19、56—74页。

念头、每一句话与每一个行为。

## 禅宗修行与生态运动：前景展望

一个人的禅修成果在不断加深与成熟之时，并不会把他自己与山脉、河流和广袤的大地分离开来。把一个人的真我看做山脉、河流、森林、鸟儿与海豚，看做广阔大地上的一切栖居者，这种信念为"一种响当当的生态学生活方式"（living an ecologically sound way of life）构造了一个坚实基础。这种把任何事物看做真我的显现的观念，对群山、江河与无垠大地所带来的不是破坏，而是赞美、敬畏与保护的行为。因为，它们都已经被看做一个人自身的躯体。正是这种"活生生的整体感"（living sense of oneness），这种就像一个人自身躯体一样存在着与感受着的群山、江河与大地观，能够为人类提供一种走出当代严重生态危机的关键解决办法。

这种不可分离的整体观，在禅修者最初开悟时所展示出来的，以及随后在持续不断的禅坐与公案参究中所体验到的万物为一之境，会使得一个人有切肤之痛般地感受到他人以不同方式所遭受到的种种痛苦。如感受到那些被剥夺了生活必需品之饥饿者的苦痛，感受到那些遭受暴力、歧视与非正义虐待之受害者的悲恸。

此外，一个人就能够像感觉他自身的痛苦一样，强烈地感受到整个地球的痛苦，感受到由于人类的自私自利与贪婪短视而对地球带来的巨大破坏与伤害，如痛感群山变秃、江河被污染、动物惨遭杀戮之种种可悲景象。在所有这些情况下，一个人都会感觉到其身体在痛苦之中饱受折磨。

因此，对地球的每一苦痛如此敏感，可能会成为我们变革的动力，它将改变我们人类生存的方式，改变我们与其他人及与地球保持联系的方式。

因而，此处的任务之一就是讨论，将这种在经验上与群山、江河和大地融为一体的整体感，转换为一种生活与行为模式，从而解决人类在当今世界所面临的具体问题。此任务要求一个人去分享一种更深层次的智慧，不歧视一切事物，即唯一存在的真实之景已经冲破了主体与客体、自身与外界相分离的二元对峙藩篱。但是此外，它还提倡一个人运用善巧方便，在不同的情况，基于众生不同的根基与需求，出于慈悲，而作出不同的回应。正是由于这些各种各样的用于澄清当代生态危机问题所必不可少的“方便法”的运用，禅修者可能能够为“抚平地球创伤”这同一任务作出贡献。

现在，在世界各地，散布有许多社团，他们结合在一起开展禅修活动。这些禅修营有可能会成为强烈生态意识之中心。除了以各种方式在个人与家庭层面倡导一种更简单且更合理的“生态”生活——正如上面所描述的共同禅修生活之自然流露——这些禅修社团也能够与其他已经在从事各种生态问题研究的组织团结在一起，从而成为支持社会生态学运动的发源地。

具体说来，含有禅修者参与的活动或群体行为——组织这些活动的目的，是为了让人们注意当地特殊的生态问题（如针对一些地区伐木行径的静坐示威，揭露某公司惯于随意处置污物的信息快递运动，或者是谴责一些会威胁某地生态和谐的发展项目）——都可以被看做在特殊情况下所提倡的“方便法之运用”。参与这些具体的行为模式，也都可以看做因禅修所培育与深化出来的洞察和体验的自然流露。

除了禅修者能够参与的一些特殊的活动形式之外——不必说，包括与其他许多已经从事各种生态运动的组织团结在一起的活动——禅宗对于维系与促进地球的康宁，对于在地球上构建一个生命可持续繁衍的生活方式，所能提供的最大贡献就是，提供关于真实之境的一种根本洞察，并诚邀全人类浸入一种与山脉、河流和大地融为一体的绝妙体验。

（何则阴　译）

# 戒律与环保

约翰·戴多·卢里
(John Daido Loori)

如果你愿意，请你想象一下，整个宇宙之中万事万物与芸芸众生身份等同本质为一的情景。它们①“互为缘起”(a codependent origination)：此生，余彼亦生。万事万物皆遵循“同一因果法则”(a mutual causality)：某一事物有因果，整个宇宙也有其共业。请想象这样的一个宇宙形象——一个自我造作，自我执持，自我决定其有机体构成的宇宙，其中所有的组成部分与整体实质上都是同一实体，局部与整体同时为一。

关于真实本体之存在的这一描述，并不是一个纯属虚构的幻景(a holistic hypothesis)，也不是一个全然唯心主义的幻梦(an all-encompassing idealistic dream)。它就是你我实际生活的写照，它也是山脉与河流之真实存在的写照，也是一片草叶、一个蜘蛛网，甚或是布鲁克林大桥之真实场景的写照。表面上看，这些事物彼此互不关联，它们也不是某一事物的组成部分，它们甚至毫不相同，但真实的情况并不如此，实际上，它们在各个方面彼此都是同一(identical)的。

但是从我们实际的生存方式来看，人们似乎并不认同这种观点。我们的生活方式所显明的是，万物与众生，彼此分离、疏远、陌生与互相伤害。而佛教戒律(precepts)，是教导我们如何与上述事物和谐共处的教义。当我们着眼于戒律时，通常是从人的角度来思考它们的。的确，一些大宗教的许多道德与伦理教义，都是基于人与人之间的相互关系而设立的。但是，这些戒律并不仅仅专适于人类领域，实际上它们关涉整个宇宙

① 含众生，表有生命。——译注

王国。如果我们想要从它们的奉献之中获益，如果我们想要愈合人类与宇宙之间的裂痕，我们就需要从整个宇宙的角度来看待与思考戒律的意义与价值。

“十六戒”(the sixteen Precepts)之中，首先是“三宝”(the Three Treasures)戒。我们在三宝——佛(Buddha)、法(Dharma)、僧(Saṅgha)——之中寻求庇护。从三个不同的视角来理解三宝，会呈现不同的功德，第一是“一体三宝”(the One-Bodied Three Treasures)，第二是“化相三宝”(the Realized Three Treasures)，第三是“住持三宝”(the Maintained Three Treasures)。

从一体三宝的角度来看，阿耨多罗三藐三菩提(anuttara-samyaksambodhi)——无上正等正觉——是一体“佛宝”(the Buddha Treasure)。道元大师曾教导说，“保持纯洁，待人真诚，不染万尘，即是一体‘法宝’(the Dharma Treasure)”。不染万尘，是因为法不离尘，此即纯洁无垢染之德的真正含义，除此之外，别无其他。和谐共处就是一体“僧宝”(the Saṅgha Treasure)。上述三宝合称一体三宝。

体悟与实证“菩提”(bodhi)①或“涅槃”(enlightenment)，是化相三宝中的“化相佛宝”，体现佛陀言教的就是“化相法宝”，洞察佛法的人是“化相僧宝”，此即化相三宝。

住持三宝，是三宝住此世间的显现，“指引苍天，导引世人，有时显露于无尽的虚空，有时掩藏于厚厚的尘埃，这就是‘住持佛宝’。有时在佛经中流淌，有时在浩瀚如海的书库之中藏身，引导着世间的‘无情世间’(inanimate things)与‘有情众生’(animate things)，这就是‘住持法宝’。远离了一切痛苦，并在‘三界火宅’(the house of the Three Worlds)之中获得了解放的人，就是‘住持僧宝’”。这些就是我们寻求庇护之处。此三宝本质上就是宇宙本身，它们也是代表了环境与个人存在的总体。

其次是“三净戒”(Three Pure Precepts)。三净戒之第一为**摄律仪戒**(not creating evil)。这是基于一个假设而设立的戒律，此假设认为，宇宙固有(inherent)一纯洁(purity)与良善(goodness)。实际上，既无善也无

① Bodhi 梵文，音菩提，意觉悟。——译注

恶,既无好亦无坏。关于善恶好坏之分别实乃人类之杰作,在人类造作之前,此对立的两级根本就不存在。此戒律是讲,**恶心去尽**(not creating evil)乃诸佛寓所,乃诸佛成佛之源。

三净戒之二为**摄善法戒**(practicing good)。摄善法戒,或诸恶莫做(not to create evil),是指不要卷入任何会带来恶果的行为之中。虽然从绝对的真谛上来讲,既无善亦无恶,但从现象世界来看,任何一个行为都会带来业果,行为之当下,或善或恶的业果就已经出现了。因此,不要让恶出现,而是要众善奉行(practice good),严守摄善法戒。这就是三藐三菩提正等正觉之佛法,一切存在的本来面目。

三净戒之三为**饶益有情戒**(actualizing good for others)。这是指超越凡俗,达至至善,以实现个人自身以及他人的解脱。

此三净戒是指一个宇宙内部固有其至善的和谐界定,并且此宇宙之中的万事万物与芸芸众生是相互渗透、互相依赖或互为缘起(mutually arising)的。但问题是,我们如何才能实现至善?"十重戒"(Ten Grave Precepts)就为我们指明了道路。这是十六戒的第三部分。从人类与环境如何发生关联的角度来看,遵循十重戒是我们朝着地球康宁建设方向所要迈出的重要一步。在此努力之中,我们要为地球的康宁建设发挥持续、微妙与重大的作用,这也是对当今世界的一切灾难承担责任的开始。

十重戒之第一戒为**杀戒——肯定生命的价值**(affirm life — do not kill)。杀害环境的含义为何呢?它当然是最糟糕的杀戮与毁灭行为。人类大批地屠杀许多物种,这些生物再也不能返回地球。这些物种的缺存所带来的真空现象,是不能以任何其他方式来加以弥补的,而且这一真空影响着生态系统中的所有其他生命,无论是何其微小的生命!每年消失的物种达数千种之多,从字面数据上看——这些物种曾是其家族在此大地之上的最后幸存者!即使某行为乃南美洲某人所为,但这也并不能说明我们就没有责任。如同我们就是那些用棍棒打击幼小海豚的袭击者,仿佛我们就是那些大量烧毁热带森林的肇事者,我们同样要承担起责任。情况似乎是这样的,我们把生命从人类自身身边挤压出去:用酸雨谋害湖中的生命;将化学废物倾倒入江河,使其再也不能繁衍生命;污染天空,以致孩子们呼吸困难,甚至发生窒息现象。生命是不可杀害的,佛陀的种子在不停地成长，坚持过一种充满智慧的佛教生活，坚持戒杀吧！

十重戒之第二为**盗戒——重在给予**(be giving — do not steal)。盗戒用于环境方面，意为不要掠夺地球。从无情世界身边取走某物就是偷盗。当你将树木砍伐一空以致森林变秃，山脉就惨遭伤害，伐光树木，就等于盗走了此山上所有动物的栖息地。当人类过度砍伐森林，导致山脉斜坡水土流失，溪流泥沙沉积，河床变窄，河水堵塞，这就是盗走江河之中鱼儿的生命，盗走那些以鱼儿为食的鸟儿之生命，盗走以鸟儿为食的哺乳动物之生命。要付出，要给予，而不偷盗！从而，内心与外界都充满正义，解脱之门也就向我们敞开了。

十重戒之第三为**淫戒——敬重躯体，勿滥用性行为**(honor the body — do not misuse sexuality)。淫戒用于环保方面，即为敬重大自然所赋之身。当人类开始干扰万事万物的自然秩序之时，当人类开始改变微小病毒、细菌、植物与动物的遗传结构之时，人类就颠覆了自然界的整个生态平衡！人类的科技，无事生非，侵袭了整个宇宙，而且随之将带来不可避免的"业果"(karmic consequences)。"三轮"(the three wheels)——"身、口、意"(body, mind, and mouth)，或"贪、嗔、痴"(greed, anger, and ignorance)——要纯洁无染！万事勿贪求，走佛陀之路，勿滥用性行为！

十重戒之第四为**妄语戒——正语，不虚诳**(manifest truth — do not lie)。关于生态，眼下普遍时兴的谎言之一就是——"贴绿"(greenwashing)。贴绿类似于文过饰非、粉饰太平，假扮拥有充分的生态证据及正确的政治立场。孟山都化学公司(Monsanto Chemical Company)告诉我们，他们的行为是多么奇妙，他们对环境的变化又是保持着何等高度入微的警觉！埃克森(Exxon)公司絮叨着同样的话语，塑胶制品商们也作出同样的承诺。他们所说的一部分是正确的，比如：若没有塑料，就没有特殊的医用泵来起搏衰弱的心脏；若没有塑料，就不可能有氧气帐。但是不能分解或还原的塑料杯盘，早已淤积成堆，仍然还在不停地继续生产！另一种谎言就是人类为了掩盖自己的恶行而对自己"撒"谎。如人类闯入森林，不是将已经强行带入的那些不可分解之物不遗余力地运出森林，而是将其深深掩埋。人们将啤酒罐沉入深水，将透明包装纸埋藏在树根底部。人类深知自己所做的一切，但却乔装掩饰，仿佛是另外一番模样。让我们求得本质,认识真理,显明真理,不要再撒谎欺骗吧!

十重戒之第五为**贪戒——无染地生活,不要让贪婪遮蔽了心灵**(proceed clearly — do not cloud the mind)。不要因贪婪障蔽了心灵,不要因拒认事实真相而遮蔽了心灵。正是贪婪,成为人类污染环境的一个主要潜在原因。人们自信,人类能够解决所有问题,人类具有解决一切问题的所有资源!如我们能够处理废物,我们能够解决世界的饥饿问题,我们能够解决烟囱排放的污染问题。我们具有技术支持,但是要解决问题,需要花费大笔金钱,这就意味着其中几乎是无利可图。如果无利可图,人们将会付出少之又少的努力敷衍塞责,以应付种种局面,人类的贪婪阻止人类接受事实。让心无染地生活吧,不要因贪婪而遮蔽了心灵!

十重戒之第六为**说四众过戒——善于发现完美,勿论人过失**(see the perfection — do not speak of others' errors and faults)。经年累月,我们人类总是对大自然修枝剪叶,因为在人类看来,大自然并不知道如何料理自己的事务。"修剪"的行为仍在继续,例如,当我们看到河流堤岸滑坡时,我们由此推断河流出了问题,水流浸蚀了堤岸,淹没了洼地,它需要得到治理。于是,我们修平了河道之中所有的曲曲弯弯,用坚石砌起笔直的堤岸,并将水流引入管道。这些修建,无疑是卓有成效地移除了水鸟赖以筑巢的所有遮蔽地,也移除了鱼儿在涨水季节所需的庇护所。于是,当春雨再次降临之时,水流将鸭蛋与鱼群冲向下游,此人工修缮之河流由于没有生命的孕育而变得贫瘠。或者,在人类看来鹿子太多,人们就开始有计划地大规模地屠宰鹿子。狼要吃所有的家畜,于是人类就要杀死狼群。每当我们除去一个物种,我们就创造了一种人类自身所不能理解的恶劣影响,而使整个地球环境受到损伤。大自然面貌骤变,人类得给出另外的解决之道以应急,我们把这个过程叫做野生动植物管理,但此概念的真正含义是什么呢?就是人类要不断地发现与欣赏大自然之中的完美,不要以人类的眼光去挑剔自然,而认定自然存有种种的过失与不足。

十重戒之第七为**自赞毁他戒——不要抬高人类而贬低其他,人与他人、大自然都是一体的**(realize self and other as one — do not elevate the self and put down others)。不要抬高人类而小瞧大自然。我们一贯坚持的是一种人类中心主义观念,认为人类是宇宙中大自然的中心,认为人类是居于和谐环境中大自然的中心。我们相信,上帝让人类照管万物,而且人类生活在此信念之下,因为,圣经已为人类确认了此权利。我们生活在这么一幅场景之中,仿佛整个宇宙都在围着人类旋转,人类仿佛居于整幅场景之中心。我们确信,大多数事物都是为了服务人类而存在的,因而,人类没有任何付出的意识而自顾索取,这就是人类抬高自身而贬低自然的表现。实际上,在此宇宙之中,任何事物都是互相贯通,互相依赖,互为缘起的,那种能脱离于任何别的事物而超然独存之物根本就是不存在的。人类与大自然的命运注定是紧密联结在一起的,任何人也不能掌管或控制这一切,因为宇宙是一个自我协调的体系。佛陀与其他诸佛,以及人类的祖先们早已认识到了绝对的空无与地球的伟大。当此了不起的实体显现之时,可谓既无内亦无外。而当法身呈显时,地球上任一地方,甚至一平方英寸的立锥之地都不会独立存在,因法身淹没了这一切的存在!把自己与他人,把人类与自然看做一体的存在吧!不要高视人类而贬低了大自然!

十重戒之第八为**悭惜加毁戒——不要吝啬,要慷慨施与**(give generously — do not be withholding)。我们应当认识到施受一体。如果我们人类真的需要从自然界取用某物,人类应当因此而发誓对大自然做出某种行为以回报。毫无疑问,人类依赖大自然。人类对依赖于大自然有所觉知而心怀感激地介入自然,与人类源于纯粹的贪婪而闯入森林之中是有着极大不同的。数千年来,美洲原住民安享于大自然丰富的馈赠之中,当他们需要食用野牛之类的食物之时,就以美洲野牛为食。而今,在短短的20年内,人类几乎使这一物种完全灭绝,而这并不是因为人类需要以之为食。当人类剥下这些动物的皮毛时,成千上万的尸体就被抛弃,让其自行腐烂。人类与大象、海豹、美洲鳄鱼,以及数不清的其他动物的关系亦是如此。人类并非因生存的需要而屠杀动物,也不是出于必需,而仅是源于贪婪。慷慨地回报自然吧,不要如此吝啬!

十重戒之第九为**嗔心不受悔戒——勿嗔而和颜悦色**(actualize harmony — do not be angry)。无疑,大自然率真而源于本能的行为应该免于人类的嗔怒。我们可以筑起栅栏将鹿子拒于菜园之外,以阻止它们吃光蔬菜,而不必憎恶它们。而且,我们只要耐心观察大自然的循环周期,就能避免那些不必要的让人头痛之事,也能避免一些不良情绪的爆发。通常,我们会发现,我们人类一度所认定之事,本质上并不必然如此。如某一年,舞毒蛾成群结队,突如其来,吃光所有树叶,6月中旬的山脉,看起来就像到了晚秋季节。纽约伍德斯托克(Woodstock)当地的社区组织因此而歇斯底里,人们竭尽全力,发起全面攻击。飞机每日必至,沿坡遍洒化学药品;人们在树干底部浇注柏油,以杀害毛虫。只有一些舞毒蛾仍然爬上来,被紧紧地粘在柏油上,成堆成片。其他的舞毒蛾受本能驱使,从这些死去的同类躯体背部爬过去,爬上树枝,去做它们本能驱使必须做的事情。除了所有这些"天灾"——树叶凋零,灌木丛凸显——之外,美国山月桂却争奇斗艳,显示出了仿佛从未有过的繁盛景象。我以前从来不知道,在此山中还有这么多的山月桂!诚然,舞毒蛾毁坏了树木,受伤的树木死去了。但是到了7月份,树上又长出新叶,山坡又绽放出了满山新绿!因而,人们在春天感受到的愤怒与嗔恨也就渐渐地消散了,并为大自然的杰作感到惊叹,空气中弥漫着让人惊喜的气息!

在另一例中,主角是一栋房子的主人,这房子现已成为一僧侣寺院管辖区。当时,在他住宅区之内曾有海狸鼠出入。海狸鼠吃光了园中的树木,所以,这位主人决定要消灭他们。一位邻居告诉他,海狸鼠属于受保护动物,于是他给环保局打了电话。护林员来捕获了海狸鼠,并带走了它们。然而,当我们搬入此房时,一对海狸鼠又露面了,它们立即又把树掀倒了。事实上,它们还弄倒了一株美丽的垂柳,这株垂柳是我的学生作为礼物赠送与我的。我曾期盼,待我年老之时,静静地坐在此树之下以消遣时光。而今,为了蓄水,垂柳已被筑定在这个海狸鼠堤坝之上了。筑堤以后,水位上涨,池塘诞生,鱼儿畅游其中,真可谓是生机一片!由于鱼儿丰富,成群的鸭子觅食而至,紧随其后的还有狐狸与鱼鹰。一瞬之间,附近的整个自然环境,都因为这两只海狸鼠的造访而变得充满了活力!当然,它们没待多久就离开了,因为我们没有足够的树木可以供它们为食,两个季节之后,它们就迁走了。渐渐地,堤坝起了裂痕,池水泄漏,池塘萎缩。在新的树木长出之前,在又一对海狸鼠造访之前,现状仍会持续。如果人类可以做到对自然界不加干涉,而仅仅是保持袖手旁观的态度,让自然界之中的一切事物自由展现,那大自然就会知道如何进行自我协调。大自然能够进行自我创造与自我定位，就像宇宙一样。顺便提一下，后来，垂柳又“回来”了，枯枝发起了新芽，柳枝轻抚池塘，见证着我的生命与轮回。

十重戒之第十谤三宝戒——**感悟万物之和谐一体的存在**（experience the intimacy of things — do not defile the Three Treasures）。诽谤三宝，亵渎三宝，就是离间僧俗，离间人类与自然。三宝是一体的，且是宇宙的本体。当人类之间彼此分裂，自我离间，并从宇宙之中分离出来，就是诽谤三宝，亵渎三宝。

实践戒律，就是与自身及宇宙保持一种和谐关系，实践戒律就是要意识到戒律的真正含义为何——不是只停留于表面，而是意识到其所展现在诸多层面的深刻意义，要能探知戒律之蕴意的深奥之处。这意味着要对自己坦诚相见。当你意识到，你的意念与行为已经游离了戒律，只要承认事实、接受事实就可以了，承认事实就意味着对自己的生命负责。我们在以戒律为准绳的行动过程之中，承担责任会起到一个关键作用。如果你不能担负起责任，你就没有履行戒律，事情就这么简单。当你禅坐时，没人来检查你是否在放下妄念，还是在执著于妄念，这得依赖于你自身的诚实与正直。只有你自己知道，你心系于何处。实践戒律的情况也是如此，当你犯戒之后，只有你自己知道。而且，只有你自己才能与此犯戒行为保持一体之相关性，也只有你自己才能弥补此过失。与持戒保持一体，就意味着承担责任，承负业果，勇于承担，就等于是承认你自身就是自己生命的主人。

无论什么阻碍着你，只要勇于承当，你就能够有所作为。只要我们一味地责备现实，只要我们一味地逃避与拒绝现实，我们就远离了能为生命做点什么之可能与力量的王国，我们完全受限于自己所造作之周遭存在的一切盛衰与沉浮！当我们有能力确知，人类在创造万物的同时也在毁坏万物之时，我们没有任何理由可以屈服于任何势力而坐视不管！承认此简单事实，也就等于是持戒。这就是把戒律变成了自己的一部分，这就是给予佛陀以生命，这就是赋予环境、万物以及宇宙本身以生命！

（何则阴　译）

# 美国佛教:创造生态社区

# 大地桑哈：加里·斯奈德的自然社区观

戴维·兰迪斯·巴恩希尔
(David Landis Barnhill)

在诗篇《噢，海水》(*TI* 73)之中，[1]加里·斯奈德为读者展现了如下场景：

伟大的
地球
桑哈(saṅgha)。

---

① 文中引用加里·斯奈德的著作时，使用如下简缩语(简缩语后为页码)：

*AH* 《斧柄：诗集》(*Axe Handles*: *Poems*, San Francisco: North Point Press, 1983)。

*EHH* 《地球之家：追随佛法革新的技术可能与质疑》(*Earth House Hold*: *Technical Notes and Queries to Fellow Dharma Revolutionaries*, New York: New Directions Press, 1969)。

*G* 文章《优雅》("Grace")，载《共同进化季刊》(*CoEvolution Quarterly*) 43, Fall 1984，第1页。

*NN* 《自然不再：新诗选》(*No Nature*: *New and Selected Poems*, New York: Pantheon Books, 1992)。

*OW* 《传统生活方式：六篇随笔》(*The Old Ways*: *Six Essays*, San Francisco: City Lights Books, 1977)。

*PIS* 《宇宙中的某处：伦理学、美学与分水岭意义：新散文选》(*A Place in Space*: *Ethics, Aesthetics, and Watersheds*: *New and Selected Prose*, Washington, D. C.: Counterpoint, 1995)。

*PofW* 《野生界之实践》(*The Practice of the Wild*, San Francisco: North Point Press, 1990)。

*RR* 《碎石与寒山诗》(*Riprap and Cold Mountain Poems*, San Francisco: Four Seasons Foundation, 1965)。

*TRW* 《真正的工作：1964—1979年访谈录》(*The Real Work*: *Interviews and Talks, 1964—1979*, New York: New Directions, 1980)。

*TI* 《龟岛》(*Turtle Island*, New York: New Directions, 1974)。

*TT* 《海龟絮语：呼吁建设一个可持续发展之未来》(*Turtle Talk*: *Voices for a Sustainable Future*)，载克里斯托弗·普兰特(Christopher Plant)与朱迪思·普兰特(Judith Plant)编："区域生命系列"丛书《新催化剂》(*The New Catalyst*, Philadelphia: New Society Publishers, 1990)。

*WM* 《加里·斯奈德之"旷野心灵"论》("The Wild Mind of Gary Snyder")，其中引用了与特雷弗·卡罗兰(Trevor Carolan)的会谈内容，载《香巴拉太阳》(*Shambhala Sun*) 4, no. 5, May 1996，第18—26页)。

当然，“Saṅgha”是一个佛教术语，代表其宗教团体，意为“僧(团)”，与“佛”、“法”(dharma，真谛或教义)合称“三宝”。传统上，“saṅgha”专指佛教“僧团”，僧团成员们过着与世隔绝的生活，终生致力于佛教的心性修炼。显然，此处斯奈德使用的已不是该词的本意：“saṅgha”在此指代此行星的生态圈。在此一体化的图景之中，揭示了他思想上的两个根本特点：佛教与生态，二者皆以对方的视角来考察自身，以带来一种创造性的发展；同时表达了他对“社区”(community)之重要性高于一切的关注。

社区这一概念，既是生态学又是环境哲学的一个核心概念，其包含的综合意义是值得研究的。把自然看做一个社区，可谓一种激进的观点，因为它从根本上改变了我们的自然观。若我们把它与传统上与之相反的视自然为“他者”(Other)的观念相比较，我们就会得到一些启示。他者是一个含义极其复杂的概念，但出于本文旨意，我们在此集中于三方面进行探讨：人类与他者的关系，他者的价值，人类对他者应负的责任。当把某物视为他者时，我们会坚信，在我们与作为他者的它们之间，必然存有一个很深的裂痕，分隔着我们，当然，至少西方文明在看待人类与自然的联系时，是一贯倾向于坚持这种态度的。但是，如果大自然是人类的社区，那么，它与我们就不是决然分离而存在着的，而是作为人类生命存在所必需的一个根本的生存语境而存在着的。同样，当我们把某物视为他者时，那时，我们就贬低了它的存在价值：因为其可能具有的任何价值都只是工具性的。但是如若把大自然当做一个人类作为其部分存在的社区，那么它自身的价值就是内在性的：因为任何个别的生命存在与作为整体的系统本身，都各自内在具有存在之完整性。而且当把某物当做他者来对待时，即使要对他者承担任何责任，也几乎是不可能实现的。但是，如果大自然是人类的社区，那么人类就有责任去保护它。正如奥尔多·利奥波德的名言所说，“当一个事物趋向于能保持其自身之生物共同体的完整性、稳定性及其美感之时，其存在状态就是健康的；否则，它就是不健康的”①。而且，情形还不仅如此：如果大自然的确是人类所应归属的社区，那么，人

① 奥尔多·利奥波德：《沙乡年鉴》，第224—225页。

类还承担有参与其中的责任。①

虽然自然社区观(nature as community)具有如上的基本含义,但其意义却是可以通过许多不同的方式来加以展开的。我们需要密切注意不同的思想家对此概念所持的各具特色的不同理解,并从每一位思想家生态思想中不同的含义与功能方面,来提炼我们的判断。毫无疑问,其中最复杂、最有意义的陈述之一,当是由加里·斯奈德提出的自然社区观。

## 如同"因陀罗网"的生态社区

斯奈德社区观之中,一个主要的方面就是关于大自然有着其基本循环体系的观点,尤其是食物网和由植物生产、动物消耗以及真菌类微生物负责分解所构成的循环体系。斯奈德在早期的作品中追问:"食物链中,我恰好又居何处呢?"(*EHH* 32)对于斯奈德而言,这是一个宗教问题,但其答案指向一关键处所——处于生命群落之中的——人类之小生境。

对于斯奈德而言,食物网的存在,并不意味着大自然是一个充满尖牙利爪的角斗场,而是一个随时存在着互赠礼品的社区,以及存有"如同家常便饭的丰盛的食物宴会。而且,没有哪种生物的死亡不会成为人类的食物,也没有哪类生命的诞生不是源于其他生命的死亡……炫目的食物链、食物网,正是生物圈既让人害怕又让人深感美丽的存在状态"(*G* 1)。这种互换赠品的亲密状态,使得斯奈德用神人同形同性论的术语评述道:"贴近这个一体的世界,去仔细观察吧!我们会把这一切的存在,视为自己的身体、孩子及爱人。我们也把自己当做延续生命的献礼。"(*G* 1)这种互换赠品的生态社区使他惊呼:"多么丰盛的赠礼宴会!而我们又全都幸为其中的成员!"(*PofW* 18—19)

此食物网社区之盛况,具有如圣典般的意义:"承认围坐在餐桌旁的每一个人,终将成为圣餐之中的一部分,不仅仅表明这是一现实状态,而

① 关于米哈依尔·巴赫金思想语境之中"他者"观念的进一步应用情况,请见下文,第196—199页。

且这样也能够让神进入我们暂时所存之虚弱的生命，并接纳由我们此俗世生命所提供的神圣奉献。”(*PofW* 18—19)于是，与之相关就有一种特殊的社区意识存在，即一种“神圣食物链所具有的共享意识……”(*PIS* 95—96)这样一种意识，使我们看到此神圣社区就其根本意义来讲，是一个充满着爱的社区。斯奈德把传统的适者生存观，作了一个彻底的翻转，他反诘道：“如果我们互相厮咬，互相吞噬，难道还是处于生态社区之中的我们所能表现出来的最强大爱行吗?”(*G* 1)显然，此处之爱是取其广义的：“我们将怎样利用地球，这是一个充满着爱的问题；此爱并不是西方人常讲的狭义的人与人之间的爱——而是指能扩充至动物、岩石、尘埃乃至一切存在的广义之爱。”(*TRW* 4)这种爱能带来共享，我们可以在如下的描述中得到证实，“神圣的能量交换，在进化中共享生命……这就是共享的真正含义”(*TRW* 89)。

为了清晰阐释此神圣的食物网社区，斯奈德引用了佛教互为渗透之圆融理论的经典论述，特别引用了佛教华严宗(汉语为“Hua-yen”，日语为“Kegon”)的因陀罗网比喻。在此图景中：

> 宇宙被看做一张巨大的网，网上缀有无数珠宝，每一颗宝珠有诸多切面，面面光亮无比，就像一个多面镜一样反射着一切。从某个意义上讲，每一宝珠都是一个单独的实体存在。但是，当我们在一个无尽的镜子网中审视任何一颗宝珠之时，我们看到的就只是其他宝珠的映像，以及其他种种事物的映像。因而，每一宝珠都能呈现出这张网的全景。①

① 戴维·兰迪斯·巴恩希尔：《作为食物链的因陀罗网：论加里·斯奈德的生态观》(“Indra's Net as Food Chain: Gary Snyder's Ecological Vision”)，载《十方》(*Ten Directions*) 11, no. 1 (1990)，第20页。斯奈德引用在*PIS*中第67页。关于斯奈德华严观及相关诗集的其他讨论，见黄书群(Shu-chun Huang)：《关于加里·斯奈德的华严观》(“A Hua-yen Buddhist Perspective of Gary Snyder”)，载《淡江评论》(*Tamkang Review*) 20, no. 2, Autumn 1989，第195—216页；以及克里斯托弗·帕尔(Christopher Parr)：《缘生：加里·斯奈德关于工作、狩猎和处所的华严观与禅宗观》(“Living Interdependence: Gary Snyder's Kegon and Zen Views of Work, Hunting and Place”)，1996年3月23日提交于美国宗教学会(the American Academy of Religion)中西部会议。

对于斯奈德而言,在互为依赖的自然网之中也能发现此映照现象。他已借用了一种佛教观念,并用之于生态学——或者我们可以认为,他将生态学概念应用于华严佛教之中。实际上,他使佛教的圆融观以及因陀罗网概念生态学化了,同时使生态系统论佛教化了。“在一个生态系统中的关联网,使人联想起佛教华严宗的因陀罗网……”(*PIS* 67)斯奈德引用佛经来揭示佛教宇宙论中的生态观:“如果您能理解这片稻草叶的寓意,您就能领会缘起与缘生法则……(同时)您也就懂得了佛。”(*TRW* 35)

诚然,任一生态系统,其首要活动之一就是要解决食物问题。此暗含意义就是,因陀罗式的生态网不是由宝珠构成,而是由生物体所组成,由植物体、动物躯体以及人类肉体所组成。初看起来,这似乎与传统上有关因陀罗网的经典讨论不相符合,因传统论述认为狂喜与入迷具有因陀罗网之类的特性。但是正如我们所见,这个缀满生物体的因陀罗网,彼此进行着赠品交换,它自身是具有积极意义的,它也正是我们必须积极参与其中的生态网。“虽然,呼吸着的每一存在物,都处于饥渴状态,但是,请不要逃离这个世界!请加入此因陀罗网吧!”(*PIS* 70)[①]

因而,斯奈德把人类与自然的关系看做部分生命与整个生命社区的关系,并且这所有的生命存在就构成了因陀罗式的食物网。这种观点深刻地揭示了“一”与“多”、“整体”与“部分”的关系论题,也揭示了“本质”或“自我”(the self)之概念。斯奈德所持的并不是一种决然否认差异、个性,或差异与个性受到贬低的一元论观点。正如斯奈德所说,“一切即一,一切即多”(*OW* 9)。谈到艺术与生活时,斯奈德写道:“诗,就像生活……既有统一性,又有独特性。”(*PIS* 115)为了强调此论点,他引用了一句佛教谚语:“达至涅槃易,融入万象难。”(*PIS* 212)佛教的圆融观以及因陀罗网比喻,使人们清晰地认识到,一个“生态自我”(the ecological self)并不是不能和其整体相区别开来的,此生态自我既是个体又是整体。斯奈德用下面的描绘来证明此论点:“我们是许多的个体我(selves),透过同样的眼睛,彼此互望。”(*OW* 62)他特别告诫要避免一种过分单纯化的一体观,这

---

① 关于斯奈德的食物观,见巴恩希尔:《因陀罗网》,以及斯奈德:《因陀罗网与细胞之网》(“Nets of Beads, Webs of Cells”),载 *PIS*,第65—73页。

种一体观否认个体与差异。“艺术作品总是描绘与赞美互相联系着的存在现象:不是把众多的每一事物变为一,而是使这些多变得真实可信,从而使整个存在变得灿烂。”(*PIS* 90)这种保留非一元论而不是非二元论的差异观考虑到了生命社区的重大意义。

认识到斯奈德关于神圣的爱之社区观既具有描述性意义,又具有规范性意义这一点,是非常重要的。我们并不是因为食物网的相关而仅仅简单地表现出躯体方面的相关性,我们应当使之充满着爱。斯奈德声称,即使我们没有意识到,但我们的确存在于一个充满着爱的网络之中。仅仅把食物网看做赖以生存所必需的物质基础,就未能领会到食物网之中也有爱之交感的深意。因而才有上文对他名句的引用:“如果我们互相撕咬,互相吞噬,难道还是处于生态社区之中的我们所能表现出来的最强大爱行吗?”(*G* 1)

此处,我们可以在佛教关于众生本具佛性的论述之中找到相似点,特别是在道元法师的阐释之中。我们本来就是佛,只不过是还没有认识到或实现而已。同样地,大自然中包括食物网在内的生态联系,本来就是一种充满着爱的运作。这并不是断言,痛苦与损失是虚幻的,也不是声称“每一事物展露在地球上都是完美无缺的”,而是为了延伸爱的理念,使人类的洞察变得更为敏锐。但是,正如道元法师所认为的那样,仅仅停留于描述出这种现象还是远远不够的。对现有状态,我们还需要一种实现:即我们需要认识到它真正的特性,同时在某种程度上,需要在生活中确实使爱具体化。从而,描述性之中就含有规范性。这种野生界实践就是在实践之中实现生命社区的本质状态。对于斯奈德而言,就如同对于道元而言,实践就是其自身的目的。

## 生命社区(Bioregional Community)

正如我们所看到的那样,斯奈德把佛教的因陀罗网比喻生态学化,同时把生态食物网的科学论佛教化了。这样一种观点,对于透彻理解人类文明与大自然其余部分之间的相互联系,具有什么样的寓意呢?对于斯奈德而言,为了明确阐释一种有关文明与自然的哲学,“生命区域主义”论就是他的一个主要理论构架,而且这也是其扩展了的崭新的佛教社区观的核心所在。生命区域主义的意旨可用简单的术语来表达:就是创造这么一个社会,其中"人与其所居之地融为一体"(*PIS* 95)。此处的关键在于,这个统一不是某种抽象与一般化的统一,而是一个与某一特殊处所相融合的具体的统一。这不是通过某种与世隔绝的神秘状态来实现的,而是通过完全在家(at home)与居其寓所(in place)的"再次栖居"这种绝对身体力行的实践方式来实现的。再次栖居涉及一种生命区域观的实质性教育,内容有:水源来自何方,废物将去至何处,哪些鸟儿哪些虫子是我们局部社区的组成部分,此生命区域能天然提供具有哪种质与量的食物与居住条件,当地原住民神话与行为习惯为何(即使他们现在已经不在此处,但他们也是生命社区的组成部分之一)。而且再次栖居倡导承诺长期在一个地方生活与工作,"变成总是在学着生活与思考的人,仿佛他们在长久的将来,仍会完全与此地的命运联系在一起一样"(*PIS* 247)。以这种方式生活就创造了社区。"要恢复大地的生机,就必须固定在一个地方生活与工作;要在一固定地方工作,就是要与一些特定的他人一起工作;在一个地方一起工作的人们就组成了社区,而一个社区,经过一段时间的熏陶,自然就能孕育出一种文明。"(*PIS* 250)

对于斯奈德而言,构建社区,遵循的是一种精神路径,其核心就在于具有一种深远的处所意识。

> 因为居于一处,我们就能拥有最大意义上的社区。我们知道,社区对每一个人都会带来精神裨益与健康,而正在行进中的一切,如工作关系,共享关注点,共同的音乐、诗歌与故事,都可以发展成一组价值观、想象力与追问方式都相同的实践模式,那就是精神之路的真正寓意。(*TRW* 141)

说生命区域社区是"最大意义上的社区",其部分原因在于,此社区包括了所有的生物物种。

> 打算在同一处所共同居住的人们,对其社区概念的理解,会包括

> 其中的非人类成员。人类社会并不是以人类的存在为分界线，这也是一种新观念：人类居住在一个含有特定树木、植物、鸟儿与动物成员的社区之中，对话是与所有成员之间的对话。这就是一个社区正常的行政生活。（*TT* 18）

在一个斯奈德式的深层生态学[①]之“生态中心平等主义论”的论述之中，他谈到，我们必须“只把我们看成这个世界里的又一种生命形式，我们应该能够彼此接纳，把我们都当成是睡在同一片土地之上的完全一样的同等物来看待”。（*PofW* 24）

在斯奈德之前，生命区域主义因其会导致地方主义而已备受谴责，而地方主义会忽略整个地球的问题，如忽略关注某人所居地之外的遥远区域的人群与其他生物群落的问题，也会忽略全球升温之类的问题。斯奈德对生命区域主义的独特发展，在某种程度上对此批评作出了回应，这反映了他所坚持的非二元论的整体论与个体论的华严观，即某地的生物区域与整个地球的生物区域之间是圆融无碍、密不可分的。从他新近出版的一本自传体反思录的标题之上，就可以看出这种观点，其中他反思了自己在“基特基特迪齐”(Kitkitdizze)的生活，“基特基特迪齐”是他给自己在内华达州齿状山脉之山脚下的家所取的名字。反思录的标题是“基特基特迪齐：因陀罗网之上的一个节点”（在 *PIS* 的最后一篇文章中），这揭示了他所在地的生物区域是巨大、唯一，且是整个因陀罗网之上的独一无二的区域。为了促进一种整合了当地与全球的和谐观的形成（除了个体与整体之外），斯奈德所坚持的观点是，特别关注以全球利益占优先地位的全球观。

> 一方面坚持世界大同主义，另一方面坚信万物深深地扎根在某一具体的当地土壤之中，在此两种观念之间继续对话，其意义至关重

① 当代环保运动哲学理论“深层生态学”，最初由阿恩·奈斯提出。其与“浅生态学”(shallow ecology)相区别的典型特征在于，关于资源保护与改革主义，它强调对环境问题进行一种深刻的哲学与精神方面的质疑。它吸取亚洲传统智慧与本土文化的精髓，强调大自然本身的固有价值，并强调，从哲学本体论上来看，在人类与大自然之间没有截然的分离。

大。坚持纯粹的世界大同主义,或坚持纯粹的国际性都是没有趣味的。……因此对集权倾向所施加的阻止行为才是世界真正具有多样性的体现。(*TT* 14)

无论如何,我们要注意到,追求当地利益并不排斥全球利益。我们应当认识到,虽然承认整体论是由多样性构成,但人类最终仍然居住在同一地球之上。“我们应当对那种会导致世界行政区域集权化的幻想保持怀疑态度,但是人类的确需要在此独一无二的世界里培养具有交互式影响的、十分有趣的多样性存在。”(*PIS* 212)如果这样,整体就可以通过部分来认识。

我并不是说,作为一个整体而存在的大陆,甚至是作为一个整体而存在的地球,在某种意义上,是不能被领会或理解的,而实际上它应当能被人领会或理解。但是目前,特别是在北美,人们对当地区域的相关知识十分缺乏——如在一年内的任一时间,对于任一既定地点,正在发生什么事,人们并不知晓。相反地,对于一个更大系统的整体,人们不是仅仅具有有限的理解,而是拥有许多相关洞察。(*TRW* 27)

于是,生命区域主义,“意味着是一种重社区观的承诺,意味着寻求实现一种可养育的、深奥微妙并经济有效的混合状态,这会使人们既能够安居一处,又仍然能够向此地球社会之整体学习,同时对此地球社会作出自己的贡献”(*PIS* 247)。事实上,生命区域主义式因陀罗网场景,为我们理解“放眼全球,立足当地”这句普通的习语,展示了一个全新的视角。看起来存在于全球与当地之间的裂痕是多余的。最终,定位全球思考与立足当地思考,二者将结合起来,直至实现立足当地也就等同于放眼全球。①

① 一次,斯奈德与詹姆斯·克劳斯(James Kraus)会谈,谈到有必要对当地信息及其对全球而言的局限增加了解。他也谈到自己在诗作《山脉与河流》中“提倡那一导向,就是要尝试从局部某地之立场跃至全球层面,而后再跃回当地”。参见詹姆斯·克劳斯:《加里·斯奈德的生命诗学观:对其作为生态学者型诗人的研究》(“Gary Snyder's Biopoetics: A Study of the Poet as Ecologist” [Ph. D. diss., University of Hawaii, 1986]),第 182 页。

斯奈德并不仅是运用因陀罗网这唯一的佛教图像,来比喻具多样性之整体观特点的生命区域主义,与社区中每一成员所具有的内在固有之价值。

> 现在我要引用的模式之一,就是一个生态系统如何类似于一个"曼陀罗"。在西藏,一个大的曼陀罗,既具有处于中心地位的诸多人物图像,也具有许多细小的图像,每一图像在此曼陀罗之中都拥有其关键作用——他们都是本质所在,都是精华……同样地,生态系统之中的每一造物,即使是极其细小的蠕虫与昆虫,都具有其独特的存在价值。任何事物都是有其存在价值的,这就是测量整个生态系统之价值的依据。(*WM* 23)

斯奈德用日本北部阿伊努人的观点,来表述存在于大自然中的曼陀罗现象。"每一类型的生态系统就是一种不同的曼陀罗,代表一种不同的想象。阿伊努人的术语'iworu'意为'存在之境',又在我的脑中萦绕。"(*PofW* 107)在讨论"存在之境"时,斯奈德似乎是在暗示有关描述与规范的另一种结合:"……如在家一样安适无拘束,多么完整而又独特!每一种生物都必须存在于自己独特的佛境之中。"(*PofW* 108)或许我们本质上也是处于一种在家状态,即使我们没有认识到此点,甚至还背道而驰。如果是这样的话,在这个生命曼陀罗之中,深刻认识到万物是如何如同在家一样地生活着,也会有助于我们认识人类是怎么安居于此曼陀罗之中的。

## 神话式的萨满社会

斯奈德的以科学为基础而又从佛教的角度来演绎的"生态社区/生命社区观"得到了另外一种不同的社区意识的补充,这种意识主要源于他对美洲原住民文化的研究。我们可以把它称为"神话式的萨满社会",因为其中植物、动物与人类都被看做这个社会的组成部分,并互相影响。正如伯特·阿尔蒙(Bert Almon)所说:"斯奈德笔下的许多'人物'其实是鸟儿……甚至是植物。……作为一个属于世界所有生命形式的诗人,他所面临的难题是,在其诗中要描绘出动物与植物全然自主莅临此世界的美景。……其目的在于……把所有的生命看做一个生命社区之内共存的公民。"①结果是带来一个真正共享的实现,并且既有别于资本主义又有别于共产主义的社会理想。正如 Hwa Yol Jung 与皮蒂·荣格(Petee Jung)所写的那样:"共享主义首要提出与地球上的无数生灵深层次共享的解决之道,这些生灵也可以都被称为'人',而不需要借助任何肤浅的二元论哲学以及任何不必要的僧侣圣阶制来支撑。"②他的诗歌,如同他的随笔与访谈录,具有真实的意义。这一理想也同样如此,构建在远古原始文明的基础之上,这种文明认可动物就是"人",他们作为自然界的一个有机组成部分,与人类共存。"原始文化中的人类,把动物看成在不同旅途之中的'人们'。"(*EHH* 121)

斯奈德把动物当做人类伙伴的观念,在诗集《斧柄》(50)之一的《盖娅之歌》中进行了引申。一次他和诗友卢·韦尔奇(Lew Welch)坐在山林间畅谈。韦尔奇问他,是否认为岩石正在注视着树木。斯奈德回答说不知道,但他想知道韦尔奇用意何在,韦尔奇答:"树木正好经过此地。"③正是那个念头启迪了如下诗篇的诞生:

蟋蟀温和的蛐蛐声,在深秋
靠近人们
于是我们奔向林间
如同树木
爬向岩石与山冈

---

① 伯特·阿尔蒙:《加里·斯奈德新近诗作中的佛教与能源观》("Buddhism and Energy in the Recent Poetry of Gary Snyder"),载《万花筒》(*Mosaic*) 11(1977),第121页。

② Hwa Yol Jung 与皮蒂·荣格:《加里·斯奈德的生态虔敬观》("Gary Snyder's Ecopiety"),载《环境历史评论》(*Environmental History Review*) 41, no. 3 (1990),第84页。加里·斯奈德在作品《革命革命再革命》("Revolution in the Revolution in the Revolution")(*TRW* 49)中谈到"真正的共享主义"理论。朱莉娅·马丁(Julia Martin)讨论过此论点,但其关注点在于斯奈德对基督教术语的转用(如,词语"共享"),而不是斯奈德的社区观。参朱莉娅·马丁:《真正的共享主义:加里·斯奈德对一些基督教术语的重新评估》("True Communionism: Gary Snyder's Transvaluation of Some Christian Terminology"),载《宗教研究期刊》(*Journal for the Study of Religion*) 1, no. 1 (1988),第71—73页。

③ 斯奈德在录音带《这是我们的身体》之中,对此作了叙述性的说明。

人类的伙伴群包括植物，甚至岩石在内。注意这首诗，他如何将时间引入了社区观念的论述之中。社区不仅仅是意指当下，而且还指代地球整个地质进程之中的一段时间。可能有人想知道，这种相续性的平衡能否延续下去，毕竟，山脉也仅仅是过客，于是加入这样的诗句或许更合适："如同岩石与山冈走向海洋与天空。"但另一方面，海洋与天空同样也是过客而已。

对于斯奈德而言，植物、动物不仅仅是人类的伙伴，他们甚至是人类的长辈。斯奈德描述一次原始森林经历时说："我们长时间地处于长者的陪伴之下。"(*PofW* 135)作为长者，他们承负了大自然的种种信息："那些古老的树木，苍老挺拔……他们就是社区中的'祖父母'，是社区的信息仓库或'见证人'。"(*PofW* 139)而且这些长者还是我们的老师："我怀疑，这些古树幽灵正在树桩周围徘徊，从某种角度上说，他们正在给我某种启示。"(*PofW* 118)

社区具有某种信息交流与共享之意，斯奈德自然社区观的交互影响性的部分内容关涉物种之间的信息交流。动物可以与人类"讲话"。一次他驱车穿越西部，在这漫长旅程之中的一个早上，当他从睡袋中醒来，一只喜鹊靠近他，为他吟唱了下面的曲子①：

喜鹊之歌

早上6点
坐在掘出的沙砾堆边
坐在丛木旁，与沙漠工程痕迹边
在大卡车的足下
　　州际80并不遥远
山狗——三两只
　　在高地上号叫与狂吠

喜鹊在枝头
斜着头低唱

① 关于创作此诗的动因，在《这是我们的身体》中有叙述。在一次表演中，斯奈德演唱了这首喜鹊歌的部分内容(见引号部分)。

"兄弟,在我心中
一片青绿
我不会骗你
嗅嗅这微风吧
它透过所有的树叶而至
不必担心
种种前景
西部群山
年年如此的积雪
现已歇息
但见地上羽毛稀疏——
因风儿轻轻吹过——

兄弟,在我心中
一片青绿"(*TI* 69)

像这种不同物种之间的交流,允许人类与大自然的其他造物建立起另外一种联系。若以地域作为行政区分,人类可以为本区域内的动物与植物谋求话语权。斯奈德把此作为自己的任务之一,"在人类王国内部,偶尔会响起捍卫非人类权益的声音……"(*TRW* 159)实际上,这样的一种可能性已经变成了一个道德律令。植物、动物是人类行政社区之中的一部分,除了在意境隽永的诗作之中能倾听到他们的呼声,也有必要在政府的议院中听到他们的声音。(*TI* 106)

这种神人同形同性论的神秘观,也是斯奈德社区食物网论述的一个有机组成部分。斯奈德注意到,在传统的美洲原住民信仰之中,有这样一种观念,认为动物会主动把自己奉献给值得奉献的猎人,并且期待对方以良知与感恩作为回报。[①]"这个世界并不仅仅存在着注视,也存有倾听。……其他的生命(他们以古老的方式教导人类)不介意被杀,被吃,但

① 见巴恩希尔:《因陀罗网》。

是他们期待人类能很有礼貌地说声请，道声谢。而且他们也不喜欢看到自己被浪费掉。”（*PofW* 20—21）于是，动物成了人类的援助者，为人类提供食物。

在评论诗《酱汁》（*AH* 30—31）时，伍迪（Woody Rehanek）论述道，斯奈德把自己的形象定位为“等同，象征，最终成为一个图腾动物形象。这种体验已经胜过了与非人类保持理性上的和谐关系，而是与非人类完全建立起了亲密关系。……萨满教至关重要的一面，就是这种与动物融为一体的能力”①。但是术语“一体”可以指代几种存在状态或几种关系方式。斯奈德关注的是一个社区的一体化，而不是关注某种由离群索居的神秘式修炼所达到的某种纯一元论的统一状态。例如，在物种间存在一体化现象，它允许超人类社区的出现。

> 我们都能够进行非凡的变化。在神话与传说之中所描述的变化是，动物变成人，人变成动物，一种动物变成另一种动物，甚至出现更大程度的跳跃式变化。经过这些变化，其本质属性仍然稳定且清晰可见。所以有白令海（此处正相反！）附近的依努皮亚人（即爱斯基摩人）的动物徽标，其展现的是一张细小的人脸图案，或绣在动物皮毛之上，或绣在动物羽毛之下，或刻在动物之前胸后背，甚至雕刻在动物的眼睛之内，向外窥视。（*PofW* 20）

这样一种观点，初看起来似乎与佛教相差甚远，但是，其实只有当我们人为地把“精英”佛教，从一个范围更广的大众宗教之中分离出来，才会出现这种情况。此一分别并不是东亚佛教的特征，而在斯奈德神秘的萨满教式的观点与日本诗人的观点之间存有饶有趣味的相似性。正如斯奈德把古木尊奉为长者，日本诗僧西行在其精神修炼之旅中，把樱桃树和月

① 伍迪：《加里·斯奈德的萨满之歌》（“The Shaman Songs of Gary Snyder”），载《奥卡诺根自然新闻》（*Okanogan Natural News*）19，Summer 1984，第9页；引在帕特里克·D. 默菲（Patrick D. Murphy）：《解读加里·斯奈德》（*Understanding Gary Snyder*，Columbia：University of South Carolina Press，1992），第140页。

亮视为同伴或原型。[①] 深受佛教影响的日本诗人芭蕉曾经提到，在一只鸟儿的鸣叫声中，他倾听到了自己双亲的呼唤，而且他谈到，一位真正的诗人是能进入竹子而说出竹子自身的微妙感觉的人。[②] 一般说来，在日本神道教与东亚萨满式民间佛教之中，人类与动物世界的相互转化是一个常见的主题。事实上，正如上文引述，斯奈德为美洲原住民传说之中的变化故事予以了佛教意义上的阐释。

> 这就是"inua"，常被称为"灵魂"。但是，倒不如把它称为造物之本质更合适。如果不介乎人或事物暂时所发生的十分有趣的种种变化，实际上，它仍然保持着同样的面目。……当然，这与人类中心主义，或人类自大主义的主张是不一样的。因这种观点认为，世界的每一造物，都具有智力灵魂，且如同人类一样才华横溢。佛教的肖像学家，在人头像的头发中藏着一个小小的动物肖像，使我们意识到，人类仿佛也在用荒野中原型般的双眼观察着周遭事物。(*PofW* 20)

但是，所有这些神话论述意味着什么呢？斯奈德真的相信在生物物种之间以及在生物与其他事物之间可以发生转化吗？我认为，提出这么一个实证性的问题，其本身就是错误的。神话的根本作用并不是陈述"客观真实"是什么，而是"客观真实"是什么为讨论什么是"真正真实"的敞开了大门。例如，一位动物维权者，在我发表一篇关于斯奈德狩猎论的文章之后，曾经向我抱怨："动物们并不真的是把自己主动交送给猎人，这仅仅是描述了一种合理化原则。"斯奈德关于赠礼与共享式狩猎的论述，无疑可以被一些人用来论证对动物进行不必要杀害的合理性，但是，我们必须避免抛弃美洲原住猎人的传统观点。我宁愿以此假设为出发点，就是在此神话思维里，存有某种极其重要的智慧，而此智慧，是不能被坚信客观

① 威廉·R. 拉斐尔：《西行与自然的佛教价值》("Saigyō and the Buddhist Value of Nature")第一、二部分，载《宗教史》(*History of Religions*) 13, no. 2, November 1973，第 93—127 页；no. 3, February 1974，第 227—247 页。

② 关于芭蕉著述中此方面的讨论，参见戴维·兰迪斯·巴恩希尔：《芭蕉宗教世界生态体系之中的民间宗教与神道教》("Folk Religion and Shintō in the Ecosystem of Bashō's Religious World")，美国宗教研究学会(the American Academy of Religion) 1994 年 11 月，伊利诺斯州，芝加哥年会论文。

真实的现代理念所把握的。毕竟，神话明晰了在人的心理与精神层面，什么是真实的；明晰了在人类与世界的关系之中，什么是本质的存在。斯奈德的神话社会理论，认为人类与大自然的其余种种造物具有多维的亲密联系与共享关系；认为人类与种种非人类的生命存有根本的相似之处；认为在此自然社区之中，人类与非人类是一种共同参与的关系。坚持这些理论，在某种程度上可以更全面、更充分地促进，以至实现人类与其余生命形式之间的种种深层次的相互联系。正如默菲(Murphy)已经注意到，斯奈德在其《嫁与熊的妇女》(*PofW* 155—174)一文中，对美洲原住民故事的再诠释："在此，故事所揭示的是……在今天，神话所带来的威力，以及神话可以在动物与人类的鸿沟之间搭起沟通的桥梁……"①

斯奈德非常熟知西方佛教现有一发展倾向，就是佛教在信仰与实践方面，大都拒绝"通俗"成分，而他对此持批评意见。

> 西方佛教现在就有一种强大的发展势头，要使佛教心理学化——在佛教中尝试找出迷信、巫术与非理性，并试图把佛教变成一种治疗方式，大家可以见到许多这样的例子。请允许我说，我很感激我的一段经历，就是我曾经在亚洲逗留多年，而且伴随着亚洲佛教徒消磨了许多时光。我意识到，佛教是一个具有完整实践体系的宗教，它并不是仅仅局限于有关佛教的学术演讲而已：就如同那些只强调故事、迷信、仪式与类似等的愚蠢做法。我越来越喜欢佛教注重实践这一方面。(*WM* 25—26)

斯奈德佛教式的极权主义观，部分目的在于，要接纳这样一种长期存在的传统，这传统就是要在精密复杂的哲学与发达的神话训诫中融入"大众化"的信仰与形式。他把佛教与美洲原住民文化相结合，同他把佛教与中国或日本的大众/萨满教相结合的风格极其吻合。② 其显而易见的不同在

① 帕特里克·默菲：《解读加里·斯奈德》，第164页。

② 关于中国的佛教禅宗与中国大众宗教的联系方面的详尽讨论，参见伯纳德·福尔(Bernard Faure)：《直观性讨论：禅宗文化评论》(*The Rhetoric of Immediacy: A Cultural Critique of Chan/Zen Buddhism*, Princeton: Princeton University Press, 1991)。

于,斯奈德没有转向在美国拥有大多数信众的大众宗教(指我们的主流宗教),而是转向了仅有少数信众的美洲原住民传统宗教。他这么做,部分原因在于,新教传统大都拒斥巫术(包括天主教圣餐在内),而强调大自然总是在不停堕落之中的存在,以及人类与自然的隔离。东亚民间宗教之中存有的萨满成分,很大程度上,在我们的大众宗教中并不存在,而在美洲传统的原住民宗教中却有其强劲的萨满因子存在,虽然其宗教力量甚微。

## 作为生态学家的萨满法师

斯奈德在其早期的作品之中就已把萨满教与生态学连为一体。近来,戴维·艾布拉姆(David Abram)已经对这一联结进行了论述,他认为,在某种程度上,正是这种联结使斯奈德的观点得以澄清。

> 正如我在亚洲12月之旅中所逐渐洞悉到的那样,传统的萨满法师,在很多方面都展示出了,其作为一个部落社会之生态学家的身份。他或她作为部落社会与更大生态系统之间的中介。……通过其持续不断的仪式、出神、昏厥入迷,以及特殊的旅程,萨满法师确保,在人与更广范围之生命存在之间的关系得以平衡,彼此间的和谐与互惠关系也能得以建立。①

艾布拉姆说,我们关于自然与超自然的假想使得我们没有认识到萨满法师肩负的这一生态作用。

> 虽然无数的人类学家详尽地记叙了萨满法师与超自然实体之间保持亲善的种种行为,但他们总是设法忽略萨满法师在巫术行为中的生态学维度。在很大程度上,我们必须把这种疏漏归咎于现代人的假想,这种假想认为,非人类的自然世界大都是确定不变的、机械

---

① 戴维·艾布拉姆:《巫术中的生态学理论》("The Ecology of Magic"),见彼得·索尔(Peter Sauer)编:《寻找家园:从猎户杂志出发论自然与文化》(*Finding Home: Writing on Nature and Culture from Orion Magazine*, Boston: Beacon Press, 1992),第178—179页。

> 的，而那个被认为是神秘的、强大的，并超越于人类知识领域而存在的世界，因而一定是存在于大自然之外的，某种另类的、非物质领域的——超自然。①

艾布拉姆发现，对于萨满法师/生态学家而言，自然就是超自然，超自然即自然。

当然，这种概要性的观点，对于大乘佛教来说也是正确的："色即是空，空即是色。"但是富于哲思、神秘的大乘佛教，趋向于按照一单独的非个人心灵形式，来认识宇宙最终之真实存在状态，而不是把宇宙看做一个生命社区。然而，萨满教认为大自然不是由一个心灵所刻画，而是由许多心灵所塑造。结果，艾布拉姆注意到，人类的智力被看做"仅仅是其他许多智能形式之一"②，这是贯穿斯奈德著作的一个主题。

> 然而，巫术，也许是从其更原始的意义上来讲，它是一种体验，是对生存在由多种智能形式所构成的世界的一种体验；是一种直觉，是人们所看到的每种自然形式的直觉——从猛扑而下的燕子到草叶上的苍蝇，甚至草叶本身，都是一种体验形式；是一种存在，一种有着自己嗜好和感觉的存在，尽管这些感觉与我们人类的感觉是非常的不同。③

佛教的六道众生业感宇宙论与此有些类似。六道众生包括动物与其他四种超自然（或自然之上）的生命存在：地狱道、饿鬼道、阿修罗道、天道。艾布拉姆与斯奈德二人的观点都不同于此业感模式，其不同之处在于他们把所有超人类的智能形式都置于这个可触可感的大自然之中，甚至包括从分水线到盖娅的种种植物和生态系统（至少斯奈德是这样认为的）。大自然，以及其中的一切，都在社区的范围之内。

对于艾布拉姆和斯奈德而言，萨满法师独具特长，能与超人类智能建

① 戴维·艾布拉姆：《巫术中的生态学理论》，第180页。
② 同上书，第182页。
③ 同上书，第183页。

立起交流关系。“正是由于萨满法师的巫术,能对这个更广的超人社会增强理解,而对他们所发出的种种寓意深远的恳请——小调、叫声与姿态语言——心领神会。[1] 在这种观点看来,大自然是一幅“拥有灵敏感觉的山水画”[2],并且要与大自然进行精神交流,就得对大自然的声音保持敏锐的感觉。正如大自然与超自然是不可避免地联结在一起,我们身体的感受与对生命精神之维的感知也是密切地联系在一起的。结果,与大自然培养一种感觉上的交流关系,对任何个体的健康发展,乃至对作为整体的整个文化,都具有至关重要的意义。

> 把人类从这些声音的呼唤中隔离开来,继续既有的生活方式,继续谴责这些另类生命的敏锐感觉,直到人们淡忘这些物种的灭绝,这就是剥夺我们自己对大自然完整性的感受,剥夺人类心灵具有的与大自然的和谐一致性。只有在与非人类保持联系并与他们共享欢乐之时,我们才能算是人类。只有与所谓的他者保持互惠关系,我们才能开始医治人类自身的种种恶疾。[3]

这种互惠观,使得艾布拉姆展开了一场新的对话。

> 我发现我被这种与他者的非语言交流所攫住,彼此之间进行姿态语言的双向交流,使得我善于沉思的思维几乎派不上用场。我的身体,仿佛突然被一个比我善思考的大脑还年长的智者所推动;我的身体,好像被占据并驱动——难以言表——仿佛是来自他者身体的指令,树木,空气,还有我们脚下多石的大地都在对我发令。[4]

艾布拉姆在他者术语的使用上,存有一个问题,正如我们在导言部分所介绍的那样,通常“他者”这一概念暗示着“隔离”、“贬低”与“缺乏责任

---

① 戴维·艾布拉姆:《巫术中的生态学理论》第 183 页。
② 同上书,第 198 页。
③ 同上书,第 201 页。
④ 同上书,第 196—197 页。

感”，对其他存在物还暗含有“扩张主义”与“家长独断”之意。显然，艾布拉姆指向的是一种与之不同的关系：在一个社区中的互相依赖与交涉关系。一个真正的社区（相对于一个社会集体而言），其特征之一就是，界定社区是谁，社区的本质是什么，其部分依据应来源于社区中的其他成员。为了澄清斯奈德的社区观与艾布拉姆对此所作的注解，我们需要明晰，人类与他者的关系属于既肯定差异，又避免隔离与异化的类型。而米哈依尔·巴赫金（Mikhail Bakhtin）的思想有助于解决此难题。

**“他者”与对话：巴赫金与“种际社区”**

俄国文艺评论家米哈依尔·巴赫金认为，可以换一种方式来对待他者所带来的异化感与压制感。

> 俄国人在词“drugoi”（“另一”，“另类”，“其他人”）与词“chuzhoi”（“异化”，“生疏”，也指“其中的另一个”）之间作出了区分。英语组词“我/他者”，由语调可以读出异化与敌视之意，但这能够明确避免。在巴赫金心目中，**他者**（the another）与**我**并不是相敌对关系，而是我的必要组成部分之一，是一个友好的他者，在**我**为了进行自我界定而作种种尝试时，他在其中起着积极作用。①

帕特里克·D. 默菲对社区与生态的研究已作出了重要贡献，其主要成果是发展了巴赫金的思想。他认为，研究社区与生态，范围不仅包括人类，而且也包括大自然。尽管西方传统一贯把大自然与外来文化都想象为他者，默菲仍然要追问：“如果在没有去除差异、个性与其他特征的前提之下，来把人—人与人—自然之间的交感关系作为首要模式加以考虑，不是异化又会是什么呢？如果我们从一个有联系的差异性概念出发来进行研究，即从他者而不是从他者概念出发，结果又会如何呢？”②显然，艾布拉

① 卡瑞尔·爱默生（Caryl Emerson）引自帕特里克·默菲：《文学、自然与他者——生态女权主义评论》（*Literature, Nature, and Other: Ecofeminist Critiques*, Albany: State University of New York Press, 1995），第178页，注释4。

② 默菲：《文学、自然与他者》，第35页。

姆认为自然界为他者而非他者。关于联系，默菲正确地发现，斯奈德也持有类似的联系论，斯奈德（曾是一名人类学博士生）“赞同，我们中的每个人，都要从人种学者变为告密者，从与他者超然于外的客观分离关系，变成视他者为与之具有主观共享承诺关系的他者”①。

这一“他者”概念，如同佛教与生态思想拒斥自我与他者之间严格的二分。正如默菲所言，巴赫金的思想意味着要“认识到自我与他者概念的关系是互相依赖与决定的关系，从而构建……”②此处让我们回忆一下，伯特·阿尔蒙关于斯奈德诗歌的叙述，是极其适宜的。斯奈德在诗中描绘的是，“动物与植物似乎是自主莅临此世界的”③。阿尔蒙借助“自主”一词，论述了动物与植物不是他者，还有他们并不纯粹是背景或象征。然而在一个巴赫金式的论点中——以及在斯奈德的“生态—萨满教—佛教”的论点中——根本就没有自主事物存在。如果我们这样认为，会更恰当一些，那就是，对于斯奈德而言，动物与植物拥有其自身的**完整性**——不是出于其自主状态，而是作为“另类”（anothers）被**整合**到相互依赖的生态网络之中而拥有。④

认识到自我与他者间彼此贯穿的关系，既具规范性作用，又具描述性作用，这是非常重要的。⑤ 它明白表示了要与自然保持一种理想关系，并对其可能性进行论证：人类不必把自身与自然、他者之关系转至一种异化关系。但是，它也暗含了对人类存在之本质状态属于描述性的一种确认：无论我们认识到与否，人类都存在于一个互相影响着的网络之中。这一

① 默菲：《文学、自然与他者》，第115页。关于斯奈德人种学的“告密者”理论，参见戴维·罗宾斯（David Robbins）：《加里·斯奈德：一位告密诗人》（“The Poet as Informant”），载《方言人类学》（*Dialectical Anthropology*）11，no. 2—4（1986），第203—210页；以及纳撒尼尔·塔恩（Nathaniel Tarn）：《从人类学家到告密者——加里·斯奈德的一次田野调查》（“From Anthropologist to Informant: A Field Record of Gary Snyder”），载《黄金时代：民族诗学期刊》（*Alcheringa: A Journal of Ethnopoetics*）4，autumn 1972。

② 同上书，第5页。

③ 阿尔蒙：《加里·斯奈德新近诗作中的佛教与能源观》，第121页。

④ 关于整合于道教之完整性的重要研究，参见安乐哲文《把德归复于道》，载J. 贝尔德·克里考特与安乐哲编：《亚洲传统思想中的自然观：环境哲学论文集》，第113—144页。

⑤ 肯·赫契考普（Ken Hirschkop）已经讨论了巴赫金思想之中，描述性与规范性二理间的不明确之处。参见肯·赫契考普：《绪论：巴赫金与文化理论》（“Introduction: Bakhtin and Cultural Theory”），见肯·赫契考普与戴维·谢泼德（David Shepherd）编：《巴赫金与文化理论》（*Bakhtin and Cultural Theory*，Manchester and New York: Manchester University Press，1989），第1—38页。

观点需要对联系观引入一种华严式的理解，“不是将自/他理解为二分的存在，而是将其理解为互相贯穿着的部分/部分、部分/整体的关系……”[①]默菲在某种程度上，应用了斯奈德的华严社区观来评论厄秀娜·勒吉恩(Ursula Le Guin)的著作，说：“当统一带来一种全体感，尽管并不一定必须需要这种完整性，自我与他者，个人与社会，都是补充性的存在者。”[②]

因而，构想中的社区不仅具有共存性，而且还有互动性。所以，在理解斯奈德——艾布拉姆——社区观之中的互动性理论时，巴赫金的对话理论是极其有益的。此对话理论既复杂又含糊，已经被人们以不同的方式进行了多种解读，以致许多观点相冲突的思想学派都把他的思想视为自己的源流。[③] 但是，与我们此处的讨论相关的核心要点是，他者概念使得互通式对话成为可能。要成为他者，而不是一个他者，就是要成为一个具有话语权的主体，而不是成为一个被分析或利用的客体。虽然巴赫金在其对话理论中展现出来的是人类中心主义观点，但艾布拉姆、斯奈德及默菲都仍然强调，超人类的大自然也应当有自己的话语权。“这样一种互相关联性，不仅使得人们从执自我/他者为二分存在，转变为认为此二术语为互为构成的他者身份的存在，而且，能使人静心倾听‘其他在者’(others)的声音，无论是否是人类的话语，而把其他在者皆视为具有感知，并具有创造性的话语主体……”[④]既然超人类的大自然不能以人类的嗓音发言，那么就需要有人来展现这一话语：萨满法师或诗人可以完成此使命。默菲在一个综述中，显然应用了斯奈德的萨满诗人观，论述道，“把此‘另一个’(this other)看做具话语权的主体，其暗示意义是，对此我们应当具有这样的概念，不仅人类，而且还包括其他的潜在存在，都需要被一个言说者/创造者所建构，而此言说者/创造者并不是此话语主体本身，而是作为话语主体——两者之‘另一个’(the other)——的一位代言人……”[⑤]

由他者概念引发的一个核心论题是，真实交流的可能性。蒂姆·迪

---

① 默菲：《文学、自然与他者》，第9页。
② 同上书，第118页。
③ 关于对巴赫金思想多样性解读的回顾，参见赫契考普：《绪论：巴赫金与文化理论》。
④ 默菲：《文学、自然与他者》，第114页。
⑤ 同上书，第9页。

安(Tim Dean)立足拉康主义(Lalanian)的视点,走近他者概念的研究。他论述道:“他者概念的悖论在于,它既使关系成为可能,又不可能。以代言人为中介的交流,总是既使联系变得不完美,又能有效地使联系变得不和谐。”[①]虽然这种交流是有局限的,而且这种联系永远不会是完全和谐或透明的,但声称他者总是,而且不可避免地暗示着一种不和谐关系,就是拒认他者存在的可能。这么一种论点可能适合拉康(Lacan)的观点,但是斯奈德与萨满教传统(包括巴赫金)显然是不会同意此论述的:与他者的关系或许是不完美的,但它能成就一个真正意义上的相互联系,其中实现了包含每一个主体在内的完整性,其中真正的学习也出现了,而且交流可以卓有成效地保障和谐的实现(虽然不能达到完美状态)。

但是,对于传统的萨满教而言,其终极目的不是为了实现某个人与整个超人类世界的个人交流,其目的在于行使治愈功能。在传统的萨满社会,个人的疾病不仅被看做自身躯体功能失调所致,而且也被看做此个体与一个更大范围的生命存在社会之关系的不协调所致。“在诸多这类文化的传统之中,疾病,被认为或者是因为此人体内失衡,或者是因为魔鬼或恶灵侵入他或她的身体。……然而,一般情况,对此影响可以溯源到一种不平衡状态的存在,这就是存在于人类社会与一更大范围内环境间的不平衡。而在此范围内,这些特殊灵魂的魔力得以扎根。”[②]艾布拉姆的身体疾病观,在帕特丽夏·克拉克·史密斯(Patricia Clark Smith)关于美洲土著妇女的社会冲突观中找到了共鸣。她论述道,存有“一种趋向,把妇女之间的冲突,不是看做一件纯粹个人的事情,而是宁愿把这类琐事看做更大整体的一个组成部分,把它看做一种征兆,看做某一对中的一方与另一方失去了联系所致。而这个另一方不是某单一的个人,而是一个复杂的互惠关系网”[③]。斯奈德常常评述道,术语“去医治”的语源学意义,应该是“去实现整全”。而这正是萨满法师的任务——通过使整个社会与大自然融为一体,而为社会求得整全。

① 参见蒂姆·迪安:《加里·斯奈德与美洲无意识——栖息在土地之上》(*Gary Snyder and the American Unconscious: Inhabiting the Ground*, Houndmills, England: Macmillan, 1991),第151页。

② 见艾布拉姆的论文《巫术中的生态学理论》,第179页。

③ 默菲:《文学、自然与他者》,第178页,注释3。

## 重实践的社区

斯奈德被萨满教信念所吸引，原因之一是因为一位萨满法师就是一位虔诚的宗教实践者。由于斯奈德享有自然诗人之美誉，他的观念就不符合诸如静坐与观想之类的传统修行模式。立足于他对禅宗修行的渊博深广的了解，斯奈德强调走实践之路。而且，他所关注的焦点，不是萨满法师或佛教僧人以个人身份所从事的宗教修行，而是社区，是能为互相依赖的宗教修行提供语境的社区。自从斯奈德踏入诗歌领域以来，他的一个核心目标就是，在一个注重宗教实践的社区之中保持分享与参与。早年，他被美洲原住民的神灵信仰所吸引，但后来却转向佛教，因他发现佛教僧团更易接近，更易理解。斯奈德回忆道，曾经他“认为美洲印第安人的招魂仪式非常古老，而且相当难以介入，在某种角度上说，即使招魂仪式就在隔壁进行着。因为，这是一个只有一生下来就处于该文化之中的人，才可能真正理解与深入参与的宗教实践方式。或许其内容可以适用于整个世界，而其意旨并不指向全人类。但是，要追随霍皮人的行为模式，你就必须得变成霍皮人”(*TRW* 94)。而他发现，在日本禅宗的修行僧团里，他就能够参与进去，并且被其宗教训练方式吸引。“其僧团生活与宗教训练方式，更像处于一传统工艺之中的初级工艺程序。长期以来，一些文艺作品，一直都赞美禅宗训练如同一种过硬、洁净与有价值的训练方式。”(*PofW* 148)

他自 20 世纪 60 年代从日本回国后，就着手阐述他的观点。他认为传统的佛教僧团是有着种种局限的。1969 年，他论述道，他的理想是构建一个具有精神修炼特征的延展社区，其中可以保留佛教的普适性及其复杂的理性思维模式。但是，它更具有那些氏族部落社会的特征，是一个范围更广的社区而不是一个纯僧侣式的教团。

> 佛教与印度教传统……丧失了原始文化的固有传统，而那才是可以保持整体整全的生活方式。……实际上，某些原始文明所具有的社会功能，在很高程度上可以让全体原始人走上一种精神训练之

路。其中,处于本文化背景下的每一个人都已参与进来,并且彼此互不隔离,在神职人员与普通人之间,或在开悟者与未悟者之间,没有任何的隔离。我们现在需要做的就是,充分汲取大乘佛教杰出的知性成就,并将之带回一种社区生活的方式中去……(*TRW* 15—16)

更近一段时间(1990年)以来,他又重申了这一理想,强调介入生态关系之中并与之保持联系的必要性,虽然这与人共处的生态关系有时是令人不愉快的。

人类也存有由其他途径而获得的领悟,那就是只能源于非僧侣式的经历所获得的洞察,这些经历来源于工作、家庭、损失、爱与失败等,而且处处可见。存于人类与其他生命形式之间的生态—节约型关系,不能被我们长期忽略,因为,它会促使我们基于一个长远的考虑,来审视人类与植物相连的种植与收获行为,来审视人类对动物所做的促进繁殖与任意屠宰的行为。在所有宗教团体最初与之共事,并与之师学的唯一老师——真实面前,我们所有的人,都不过是学徒而已。(*PofW* 152)

结果,斯奈德强调了家庭作为一个心灵训练之背景环境的重要性。"对于我而言,从事实践的自然单元是家庭,从事游戏活动的自然单元就是社区。一个桑哈应当具有社区之意,就如同真正的大乘佛教能涵盖众生一样。"(*TRW* 136)

把桑哈视为一个基于家庭而存在的社区,这种观点是背离传统僧侣式观念的。事实上,它更易让人联想起儒家的基本理想,但是斯奈德理论的起因,显然是扎根于大乘佛教的。大乘佛教兴盛的部分根源在于,它起源于一个对支流佛教包容范围更广的佛教信仰之中。这种佛教信仰模糊了严格意义上的僧人与俗人之分,而对那些身居寺庙围墙之外的俗人,也能激起求证解脱的渴望并能为之敞开参与实践的心灵训练之门。大乘佛教哲学,特别是华严哲学,一贯批评二元论,而总是在一个广泛的互为相关的真实之境面前,坚持一种总体观。对于斯奈德而言,心灵社区及其实践行为，必须反映出这样一种总体观的思想。

斯奈德集权主义社区的佛教观，带来了某种与传统佛教相背离的社会革命。如果桑哈代指所有的生命存在，并且以伦理为其径路之中心，那么，社会道德就是必需的，而且势必会带来行政区域激进主义。

> 西方文明对人类带来的恩惠一直都是社会变革方面的成果，而东方文明带来的惠泽总是个体对自我根本的自性/空性的洞察。对此两种成果，我们都需要取其精华。它们都包含在传统佛法求解脱的“三学”之中：“慧学”（Prajña：般若）、“定学”（dhyāna：禅那）、“戒学”（śīla：尸罗）。……“戒学”，就是在日常生活中，去除阻碍你自身心灵成长的不当行为，通过树立个人榜样与成就可以信赖的行为，而最终建成一个属于所有生灵的真正的社区（桑哈）。在我看来，三学之最后一学意味着，它可以促进任何文化与经济的变革，并且毫无疑问，它还可以使之向一个自由的、国际的、无阶级的社会发展。……继续履行自己的职责吧，但要乐于与一个群体合作。“让旧貌换新颜，建成一个新社会吧！”——正如世界产业工人联盟在50年前的口号一样。（*EHH* 92）

在斯奈德发展之后的桑哈观中，有一种处于不断创新之中的张力。与集权主义形而上学相结合的社会伦理道德，要求一种国际性的能涵盖整个地球的行政区域激进主义。但是他所钟爱的生命区域主义和部落氏族范式，其焦点是指向某一当地之局部区域的，一个生命区域主义社区的实践也仅是某地的实践。

> 最终我们所有的诉求，都可以向这些术语提出：“土著”、“音乐”、“舞蹈”、“珠子”、“羽毛”，以及随之而来的意义深远的责任。……而其部分责任在于要选定一处场所。要恢复一块土地的生机，一个人就必须固定在一个地方生活与工作；要在一个固定地方工作，就是要与一群特定他人一起工作；在一个地方一起工作的人们就组成了社区；而一个社区，经过一定的时间，自然就孕育出了一种文明。（*PIS* 250）

这类实践可能是当地的行政工作,“令人乏味的,但又与实际密切相连的工作。如,地方教育董事会的工作、郡县督导官的工作、当地林务官的工作与当地政府的政治事务……”(*WM* 23—24),其中也包括形成一个大家庭的运作。“家庭里充满着如父般的慈爱,成员间彼此协作,相互影响,而备感温馨。这是一个走出小家的大家庭,不知不觉地,它在向一个社区发展,并且,一种为社区所共有的价值观也会逐渐形成。”(*WM* 24)家庭发展成社区(这又是一个十足的儒家理念),邻近社区连接而成生态社区。“邻近社区的价值观就是一生态系统的价值观,因为它们涵盖所有生灵的价值。”(*WM* 24)虽然大自然的一切都在桑哈之中,但是,只有分界线邻近的生态地区才是实践之地。

> 分水岭就是当地唯一仅有的佛教式曼陀罗,它为所有的生灵——人类与非人类,提供了一个可以互动的疆土范围。这就是拥有“佛法身份”的开始:不是指拥有某一社团的成员身份,也不是指拥有某国的公民身份,而是一个更广阔社区的成员身份。换句话说,一个桑哈,即一个某地的佛法社区。一切都在其中。具体情形正如道元所说:“当您找到了自己的位置,实践就开始了。”(*WM* 24)

居于一处,居于社区之中,某一生灵就可以开始其真正意义上的佛教式生态实践,这也是真正的社会变革所应包括的内容。

## 结论:建造社区

此处以考察斯奈德新近的一首诗作为结尾是恰到好处的。斯奈德在这首诗里触及其社区观的诸多方面。其中,有些内容我们在前面已经讨论过,而有些内容,在此就只能简要地提一提。诗作《建筑物》(*NN* 366—367)讲述了他在内华达山脉社区建筑房屋的感想。在此值得对之作一全文引述。

> 我们中途开始修建房屋,历经文化变革时期,

越南战争，柬埔寨战争，充塞耳目的
还有伯克利的催泪弹，
全副武装的男孩子们，满目惊恐，长发缠结披肩，
从警察局奔跑而出。
我们切削树木，勘钻大石，掘挖水坑，聚拢喷气浴室。
建成此房，我们又继续进行校舍修建，
用一百辆独轮手推车，
午餐时研讨加州远古的印第安人。
我们在铁器作坊触顶的支架上
冶炼周朝时期的“木”(Mu)式铜器，
在向神灵祈祷、供奉烟草之时
我们把一个五叉金刚埋藏在两栋校舍之间。
一把大火烧毁了所有这些建筑，
保险公司又重建了一栅栏式的复制品。

十年之后，我们相聚在草坪周围。
文化革命结束了，人们剪短头发，
人类森林中，工厂定调，轰声隆隆，
单身母亲们重返校园，成为律师。

号角响起，指挥棒舞动，乐章奏响
我们开始修建一个会堂。
四十人的队伍，女木匠，童工，撞击钉子的叮当声
拧紧考登屋面材料，用刨机刨平梁沿。
会堂在三周内建成。
鲜花布满，大门敞开，迎来贵宾。

当岁月中的波斯湾，
谎言与罪恶被政府视为美德，
与“事实”共舞

仍在继续:
我们的建筑坚固耐用:可以居住,可以教学,可以静坐,
去静坐,去确实感知铃声的响起——
这就是历史。这也在历史之外。
刚刚修建的房屋,
总是浸润在池水的湿润之中
池水让万物复苏
去除外形修饰,微微闪烁。

斗转星移
月圆月缺。
雨季与旱年;
建筑依在
工艺精湛,设计优美。

这首诗很容易让人忆起日本佛教作家鸭长明(Kamo no Chōmei, 1153—1216)的名篇《方丈记》(*Hōjōki*)(意即"记叙我十步见方的棚屋")。此两篇作品都聚焦于建筑物,将反思置于一个处于大动乱与大破坏的历史与政治语境之中进行,并且还关注不断变迁的暂时的俗世文化的连续性。两篇佳作都假定,传统社会的种种不足仍继续上演,虽然较鸭长明,斯奈德对其政治原因提出了更多批评。而鸭长明以佛教信念为例进行论证,此信念认为,此世界已经进入了末法时期(mappō),且不可逆转。鸭长明反省了人类建筑物的无常,反省了人类与建筑物的关系。在临近作品的结尾,他论述道,"只有寄居在一个为当下而修好的棚屋里,一个人的内心之中才会没有忧惧"①。在此诗作的倒数第二节,斯奈德的诗句呼应了鸭长明的反思。

但是两篇作品的差异也是显而易见的。鸭长明的随笔《方丈记》从一开始,就对实质如梦幻的生活展开了辛辣的描述:"河水奔流不息,水流却

① 唐纳金(Donald Keene)译:《记叙我的小茅屋》("An Account of My Hut"),见《从早期到19世纪中叶日本文学作品选》(*Anthology of Japanese Literature from the Earliest Era to the Mid-Nineteenth Century*, New York: Grove Press, 1955),第209页。

永不相同。池中水泡浮动，时而消散，时而聚拢，也不会久存：人类及其寓所何不如此！"[①]而斯奈德所展现的是形而上学的乐观主义：临近诗歌的结尾部分，他影射了《方丈记》，但其重点在于揭示事物辞旧迎新的一面，而不是消失与死亡的一面，"总是浸润在池水的湿润之中/池水让万物复苏/去除外形修饰，微微闪烁"。他具有一种与其政治上的悲观主义不同的社会乐观主义，而此点也与鸭长明迥然不同。日本作家鸭长明，当其首都被毁以后，离开家乡，走入山麓地带，搭起孤独的棚屋。他在丈室之内，从事艺术创作，并献身佛教事业。斯奈德也离开城市走入山林，但其目的在于开创一个新社区。不像鸭长明，斯奈德所建的寓所为公众共有，由整个社区建成，并服务于整个社区：如校舍"用一百辆独轮手推车"建成，大厅在"四十人的队伍，女木匠，童工，撞击钉子的叮当声"中建成。

斯奈德社区所呈现的风貌，既与鸭长明倡导的悲观厌世的生活相反，又与当时美国社会所充斥的暴力与异化现象相反。其社区观具有的革命性意义，并不是说他具有颠覆其时政治势力的意图，而是要创建一个可以备选的社区模式，此模式可以成为后文明社会建设的基础，"让旧貌换新颜，建成一个新社会吧"！这种社区观的一个本质特征就是劳动。[②] 其风格是自然的、世俗的，不是工业化的或充满尖端科技的："拧紧考登屋面材料，用刨机刨平梁沿。"而劳动是仪式之源。仪式展现并强化了社会的团结一致性，因为随着自然物质的使用，它象征性地展现了社区在生态意义上的互相依赖性："号角响起，指挥棒舞动，乐章奏响/我们开始修建一个会堂"；"会堂在三周内建成/鲜花布满，大门敞开，迎来贵宾"。社区的劳动也是具有宗教意义的，既表现在共同的仪式上，也表现在冥想、禅坐之类的修行方式之上。"去静坐"的重复使用，强调了这种实践的重要性，也暗示了正在进行之中的实践的重要性：最终实践不是手段而是目的。其

① 唐纳金译：《记叙我的小茅屋》，第197页。

② 关于斯奈德作品中"劳动"的重要性，参见莱昂内尔·巴斯尼（Lionel Basney）：《澄清含义：斯奈德与贝里的劳动观》（"Having Your Meaning at Hand: Work in Snyder and Berry"），见伦纳德·M. 特拉维克（Leonard M. Trawick）编：《世界、本质与诗韵：从"诗人的欢呼"出发评论当代诗作》（*World, Self, Poem: Essays on Contemporary Poetry from the "Jubilation of Poets"*, Kent, Ohio: The Kent State University Press, 1990）；以及参见帕尔：《缘生》（*Living Interdependence*）。

结果是，此实践完全融入事件之中，与“事实”共舞，包括能感知的敏锐与断然觉知地听到一阵轻轻的铃声。

社区也是文化传承的语境与媒介。斯奈德一贯关注文化的传承，虽然，在其早期作品中他的观点更是人类学与历史学的，赞成保持从旧石器时代延续至今的萨满文化的连贯性。特别是在诗集《斧柄》(1983)中，斯奈德从一个更个人的层面，讨论了文化的传承。① 详细描绘请参考此诗集扉页诗的结尾行。他在那儿引用了一幅象征文化连续性的古代中国图案——一把斧头。斧头既是制造新斧头的原型，又是工具。

我发现：庞德(Pound)是一把斧头
陈(Chen)是一把斧头，我是一把斧头
我的儿子是柄，一会儿
再次修整，原型与
工具，文明之技艺
看我们在如何传承(*AH* 6)②

同样，诗文《建筑物》以工具图案作为结尾。工具，作为传承文明的人类循环圈之内的载体，植根于大自然循环圈内的背景之中。关注工具也有助于将我们的文化与其他文化联结在一起。斯奈德在其早期的诗作《头顶上的山谷》(*RR* 9)里，反思了在内华达山脉修建房屋的点点滴滴。在一次劳作之余，他发现堆有数千个之多的箭头状物，它们既是工具，又是工具的产品。他以处于匆匆流逝的岁月之中当代工具论作为诗作的结尾。

……拾起冷钻机

① 这并不是说在其早期作品中缺乏个人性的层面。诗集《地球之家》(*Earth House Hold*)以描写斯奈德与玛莎(Masa)的婚礼作为结尾：“站在火山口边缘，吹起号角，唱起圣歌——祭酒洒向火山神、海神与天神，接着我和玛莎遵循传统习俗，交换饮了三口……”(*EHH* 142)诗中的“贝壳”图案使此诗与《建筑物》篇相联系起来。后者揭示了能更完整地实现社区理想，并将之建成文化传承的平台，其中，能将最初的/远古的文化传统与佛教思想结合在一起。

② 陈世骧(Shih-hsiang Chen)，斯奈德的古汉语老师，他翻译了陆机(Lu Ji)的文学评论集《文赋》(*Wen Fu*)，其中引用了“斧头”图案。

尖锄，手提顶重器与
炸药包
万年的时光飞逝而去

(... Picked up the cold-drill,
Pick, singlejack, and sack
Of dynamite.
Ten thousand years.)

正如莱昂内尔·巴斯尼所述，斯奈德的工具论“连同他早期发现的黑曜石碎片，使他能为人们搭起一座同情或至少是触及绵延千万年人类历史之桥梁。他们的工作所暗指的物体，既是工具又是其产品，如箭头状物，意为一种直接的实际功能，从而从物质术语与精神术语两方面暗指了一种文化功能”①。工具（指代“史前文化古器物”）及其图案（指代“文化代码”）是那些根本的文明目标之基本组成成分，“去居住，去教育……”实际上就揭示了我们现在如何去承继历史。斯奈德以如下诗句作为诗文《我学到了什么》(*AH* 85)的开头：

除了能正确使用一些工具外
我还学到了什么呢？

查尔斯·莫尔斯沃思(Charles Molesworth)已经讨论了在《龟岛》和《斧柄》之中表现出来的文化传承的重要性。谈到后者，他说：“此处存有的重要张力同于使《龟岛》(1974)充满活力的力量：即我们如何才能面对因生态反常与强大的宇宙地质之进程所致的充满胁迫的背景力量，而继续进行意义深远的社区与文明的传承。”②然而，默菲主张：“与其说是张

① 巴斯尼：《澄清含义》，第135页。
② 查尔斯·莫尔斯沃思：《为它装上手柄吧》(“Getting a Handle on It”)，载《美国图书评论》(*American Book Review*) 6, no. 5—6(1984)，第15页。

力,不如说是对连续性的关注更为确切。"[1]但是真正的社区传承,就是与我们时代反常的生态之间存有一种十足的张力关系,这不仅是因为大自然的破坏是社会深度恶疾的一个征兆,而且也是因为大自然本身就是我们的社区。当北美山狗在加州山麓被灭绝时,斯奈德说:"我的孩子们会失去/乐声,他们才刚/喜欢上。"(*TI* 21)山狗是社区的一部分,而它们的叫声也是文化传承之中的部分内容。另一方面,社区、文化的传承与宇宙地质进程之间也没有必然的制约关系,或者用斯奈德的术语来讲就是,"风化的大地/历史之天空"(*RR* 8)。它们都是孕育与繁荣文化的背景,而且一个健康的社区与那些循环体系也是协调一致的。因而,需要——

> 教育孩子们关于循环周期的故事。
> 生命的循环。其他所有的循环。
> 那就是它的全部意义,而这一切都已被人们遗忘。(*AH* 7)

正如人们所期望的那样,诗文《建筑物》中的社区包含一种与古老的萨满文化和亚洲宗教相联系的东西。在校舍里,他们"在向神灵祈祷、供奉烟草之时/我们把一个五叉金刚埋藏在两栋校舍之间"。多年以后,他们又"号角响起,指挥棒舞动,乐章奏响/我们开始修建一个会堂"。因而,此社区既从当地/生命区域主义文化中汲取营养,又从全球的文明成果之中汲取营养,如从古加州与古中国。

斯奈德的社区观,存于一个更广泛与更微细的语境之中:就是正在进行着的"与事实共舞"的事件之中。宇宙最终的真实存在是物质;而物质就是这个世界的存在形式。这个世界不是由抽象物或永恒物所构成,而是由拥有形体特征与独特性的具体事物所构成。这些具体事物存在于一个行进中的和谐互动的过程之中,每一瞬间都是万象更新。"与'事实'共舞"是非二元性的存在关系:建筑物是"坚固耐用"的,然而"池水的湿润之中""让万物复苏……"它们,如同一切物质,既各不相同又组成一个有机整体。于是,社区就是一个存于"与'事实'共舞"之内的舞会。而且,对于

① 默菲:《解读加里·斯奈德》,第134页。

斯奈德而言，显然最终这将是一个意义重大的共舞盛会。

这种共舞既是历史性的，又是超越历史的。斯奈德已经在其他某处谈到了两种时间模式，一是澳洲土著的“开天辟地”（dreamtime）观，一是道元的“有时”（beingtime）论。他认为，一种时间模式是“与及时的因果模式相对照的创造与存在的永恒瞬间……人们主要生活在那种模式之中……”（*PofW* 84—85）对于斯奈德而言，我们需要把建筑与社区，以及文化本身看做历史的一部分，看做对一个特殊历史纪元的回应。但是，我们也需要认识到建筑与社区，“是某一瞬间所建”，充满着更新的永恒瞬间。

诗歌《建筑物》为斯奈德论证了一种可供我们选择的社区模式，就是一个将具体的物质世界与形而上学的非物质世界整合于大自然之中的社区模式。舍曼·保罗（Sherman Paul）已经指出斯奈德生活之中社区的重要性。这是舍曼·保罗在回应杰克·凯鲁亚克（Jack Kerouac）《达摩流浪者》之中贾菲·赖德（Japhy Ryder）（小说中的主人公，基于加里·斯奈德而创作）的预言时所指出的。这预言是：“我想，他将会像寒山（Han Shan）一样，独居深山老林，在悬崖峭壁上留下诗句，而结束一生。”保罗修正了这个预言，因为他注意到斯奈德是“现在住于山林之中，但是与家人一起，且生活在社区之中”①。保罗指向斯奈德的“自然—社区一体观”理论是正确的，但是斯奈德并没有像寒山一样，真实地以一种半传奇式的隐居方式在深山老林中隐居过。② 他既没有居住在美国文明昌盛的低洼之地，也没有隐居于孤山野径之巅峰，他只是居住在丘陵地带。在这样的交叉地带，他能追求“独居与群处，金刚与种子”，具体体现出“存在于孤独的眼睛和营养丰富的厨房二者之间的张力，而这正是远古力量与巫术的根源”③。

---

① 舍曼·保罗：《寻找原始文明：重读戴维·安廷、杰罗姆·罗森堡与加里·斯奈德》（*In Search of the Primitive: Rereading David Antin, Jerome Rothenberg, and Gary Snyder*, Baton Rouge: Louisiana State University Press, 1986），第188页。

② 传说之中的人物“寒山”，独自居住在深山老林之中，在自己洞穴外墙壁上涂写诗句，不应与某一历史诗人相混淆，虽然其身份与经历鲜为人知，但比传说人物更复杂。关于真人寒山著作最全面的收集本，参见罗伯特·G. 亨里克斯（Robert G. Henricks）译：《寒山诗全注全译》（*The Poetry of Han-shan: A Complete, Annotated Translation of Cold Mountain*, Albany: State University of New York Press, 1990）。

③ 见斯奈德对保罗《寻找原始文明》第298、299页的回应。

他既不是在山林中证得涅槃的佛陀，也不是走下山来向人们宣扬佛法的佛陀。他只是一个再次栖居居民，居住在能把佛教与传统生活方式结合在一起的生命区域社区之中。在那个地方，也就是在一具体处所，因为他能既与深山又与闹市保持密切联系，所以就能培养出他的当地社区。这样一个地理位置既有物质上的便利，又存有极大的象征意义，因为，在斯奈德看来，他的社区既不局限于深山，也不局限于都市。可见，"基特基特迪齐"就是大地桑哈网上的一个节点。

（何则阴　译）

# 美国佛教徒对土地的回应：西海岸两所静修中心的生态学实践[①]

斯蒂芬妮·卡扎
(Stephanie Kaza)

从理论上看，佛教哲学非常适合生态世界观。受人尊敬的佛教导师，如一代宗师越南一行禅师，他不时指出，在人类生活与环境之间存有互相依赖的缘起性。[②] 美国的佛教学者，包括此书之中的许多作者，在文本及原理方面都阐明了一种佛教式的环境哲学基础。[③] 但是，佛教与生态的这些联系如何才能转换成实际行动呢？美国的佛教徒是否在按照他们所说的做呢？

本文中，我将着眼于美国的两所佛教中心，从机构层面来评估生态实践所能达到的程度。静修中心就如同一个焦点，它既向虔诚的佛教修行者传播佛教价值观，又向一般的访问大众介绍佛教价值观，以至于达到了这种程度，佛教中心特别强调要遵循一些精神原则去关爱自然，因为，这些原则为人类在环保事务中提供了一个承担道德承诺的根基。显然，对许多领导潮流的环境思想家而言，单靠科技与经济力量是不能妥善解决环境危机问题的。[④] 相反，他们倡导进行一种基于宗教的、道德的或精神

---

① 在此谨感谢肯尼思·克拉夫特与温迪·约翰逊(Wendy Johnson)对本文之初稿所提出的修改意见。

② 请参见一行禅师著作：《为了一个可能实现的未来》(*For a Future to Be Possible*, Berkeley: Parallax Press, 1993)，与《活得安详》(*Being Peace*, Berkeley: Parallax Press, 1987)。

③ 例如，乔安娜·梅西：《佛教缘起因果论与一般系统论：大自然系统之佛法》(*Mutual Causality in Buddhism and General Systems Theory: The Dharma of Natural Systems*, Albany: State University of New York Press, 1991)中是如何对待佛教哲学的。

④ 其中，请参见莱斯特·布朗(Lester Brown)：《启动环保革命》("Launching the Environmental Revolution")，载《1992年之世界状态》(*State of the World 1992*, New York: W. W. Norton, 1992)，第174—190页；以及赫尔曼·E. 戴利(Herman E. Daly)与小约翰·B. 科布：《为了共同的福祉》(*For the Common Good*, Boston: Beacon Press, 1989)。

的、价值的文化变革，这些价值观倡导细致入微地照管与关爱地球。对本文化转型，美国佛教中心如何作出自己的贡献呢？它们试图搞清楚如下问题：佛教的显著特征是什么？哪些又是对现有文化的反映或是回应？在佛教中心，关于生态实践活动方面哪些地方充满着张力呢？这些实践又依赖于哪些机构因素呢？

本文是一份对正在美国不同佛教中心进行着的关于环境实践评估工作的初步报告。我首先调查的两个中心是，位于旧金山北部的绿峡谷禅修中心（Green Gulch Zen Center），与位于加州海风县（Marin County）的圣拉菲尔（San Rafael）附近的灵岩禅修中心（Spirit Rock Meditation Center）。二者都是田园式佛教中心，管理着相当大的一片土地。虽然两中心都是在相当晚近的时间才建成，但是在适当管理与使用土地的实践方面，都已取得了一些成就。在此，就此两佛教中心的土地历史，我提供一个简要说明，并对两者在管理土地的异同方面作出比较。资料来源于中心的时事通讯、期刊报道、实地考察，及与中心职员的访谈。在加里·斯奈德"再次栖居"理论语境的核心伦理观的指导之下，我考察了两中心现行的土地管理工作。我陈述了一些张力点，并揭示了一些需要进行进一步伦理实践探索的方方面面。此处汇报的许多方面，欢迎大家参与对话。

## 土地历史

绿峡谷禅修中心位于旧金山北部绿峡溪（Green Gulch Creek）狭长的冲击平原上美丽的河谷地区。此片土地几乎延伸至太平洋边的缪尔海滩（Muir Beach），被金门国家休闲区（Golden Gate National Recreation Area）的公共露天场所包围；附近的土地在塔莫派斯山州立公园（Mount Tamalpais State Park）和海风县水系（Marin County Water District）的保护之下。山谷的南北两侧是覆盖着青草的开阔山脊，红杉林的树叶，时隐时现，勾勒出溪谷两侧之线形美景。在下一个峡谷，有缪尔森林国家保护区（Muir Woods National Monument），是旧金山海湾地区最高的海滨红杉树家园。

在旧金山禅修中心（San Francisco Zen Center）正式组建 10 年之后，即在1972年,于农场主乔治·惠尔赖特(George Wheelwright)手中购买了绿峡谷农场。日本铃木顺泷禅师(Shunryu Suzuki Rōshi)于1959年抵达美国,住于日本城(Japantown)布什街桑港寺(Sokoji),自那时起,海湾地区的禅修弟子就追随他学习坐禅。到1966年,禅修中心已经变成了固定的禅修社区,铃木禅师就有意寻找一块土地来专门筹建禅修中心。在筹集到巨资的情况下(包括摇摆舞义演收入),1967年禅修中心购买了塔莎加拉山中心(Tassajara Mountain Center),此处曾是大苏尔(Big Sur)地区的一处温泉胜地。不久之后,禅修中心从桑港寺迁至培基街(Page Street)的一处新的都市机构,铃木将之命名为"Hoshinji",意为"初修寺"。① 禅修中心因铃木禅师的著作《禅心与初心》的出版,赢得了美国大众的认同,并且,很快又出版了爱德华·埃斯佩·布朗(Edward Espe Brown)的书《塔莎加拉面包书》。②

1971年铃木禅师的健康状态开始恶化。去世之前他提议寻找一处农场作为禅修场所。次年,他的法嗣理查德·贝克(Richard Baker)率领禅修中心成员着手购买绿峡谷农场,也就是后来的绿龙寺(Green Dragon Temple)。乔治与霍普·惠尔赖特(Hope Wheelwright)夫妇已拥有此土地30年了,早在海滨高速公路建成的若干年以前,当缪尔海滩还是一个葡萄牙渔民小山村时,这块土地就已经属于他们了。乔治在农场饲养牲畜,其中有为他赢得奖章的公牛。为了便于放牧,他在山坡喷洒"2—4D"型除草剂,以控制灌木生长。小溪旁凿有沟槽而形成系列小水库。牲畜的足迹仍然遍布草坪;小溪水经过混泥土沟渠潺潺流过山谷的大部分土地。③

毗邻的是弗兰克斯峡谷(Franks Valley),峡谷边缘树木茂盛。与之相

① 迈克尔·温格(Michael Wenger):《禅宗山历史》("History of Zen Center"),载《风铃》(*Wind Bell*) 27, no. 1, Spring 1993,第15—17页。

② 铃木顺泷:《禅心与初心》(*Zen Mind, Beginner's Mind*, New York: Weatherhill, 1970);爱德华·埃斯佩·布朗:《塔莎加拉面包书》(*The Tassajara Bread Book*, Boulder, Colo.: Shambhala Books, 1970)。

③ 参见1991年11月5日温迪·约翰逊与斯蒂芬妮·卡扎:《绿峡谷禅修中心之地形生态与管理重心:写给禅修中心董事会的报告》(*Landscape Ecology and Management Concerns at Green Gulch Zen Center: A Report to the Zen Center Board of Directors*)。

比,自1906年旧金山地震以后,绿峡谷区域的树木却遭到了严重砍伐。许多红杉树和花旗松从缪尔海滩的大礁湖(Big Lagoon)码头运出,去帮助城市重建。为了在峡谷低洼之地植树造林,惠尔赖特夫妇在峡谷入口道旁,种下成排的非本土种桉树。当禅修中心成为绿峡谷的土地管理者时,禅修弟子们付出了巨大的努力,建成了一个20英亩大的有机农场,和一个1英亩大的有机花园。为了保护土地以恢复生机,他们在农艺牧场种植大果柏木和辐射松,让它们成为土地的防风林。1975年以后,每年都有植树活动,而且一些非本地品种植物(金合欢树、金雀花、常春藤)也已相继被挑选回来。由于大幅度施用农作物堆肥,以及大量种植豆类庄稼,牧场土壤的土质得以改善。农场生产并被鉴定销售自然食物:生菜、倭瓜、南瓜与马铃薯,以及其他绿色蔬菜。花园里盛开有种种一年生的花朵,如麝香豌豆花、银莲花、燕草属植物和秘鲁百合花,还有多种多年生的花,如大丽花、西伯利亚鸢尾属植物和玫瑰花。在温室里,为一些社团或个人园丁培育有许多鲜花、蔬菜与土种植物。①

灵岩禅修中心位于圣哲拉纳摩山谷(San Geronimo Valley),是介于旧金山北部圣拉菲尔都市走廊之莱斯岬国家海岸区(Point Reyes National Seashore)与塞缪尔·B. 泰勒州立公园(Samuel B. Taylor State Park)空旷地之间的一处交会地。峡谷空旷,人烟稀少,稀稀疏疏坐落有一些田园式大牧场和奶牛农场。圣哲拉纳摩山谷规划小组对此地施行严格的自然资源保护措施,以及严格进行计划种植管理,为整个峡谷带来了巨大的发展压力。中心以当地一突出的岩石命名,这岩石被当地米沃克族(Miwok)部落奉为神石。在灵岩禅修中心后面,绿色小丘起伏而上,槲树与月桂树散布在海岸周围,分外美丽。

20世纪60年代,许多西方禅修学者行至东南亚研学"vipassanā",即"内观禅修"。70年代,他们返回家乡,开始在不同的静修中心指导人们禅修,包括在科罗拉多州博尔德(Boulder)的纳洛帕学院(Naropa Institute)讲学。1976年,杰克·科恩菲尔德(Jack Kornfeld)和约瑟夫·高德斯坦(Joseph Goldstein)在东海岸,率领一群资深禅修研学者及导师,

---

① 源于1992年6月与温迪·约翰逊的访谈,以及与绿峡谷花园职工的实地交谈。

购买了坐落于马萨诸塞州巴雷(Barre)的一家天主教神学院,在那儿建立起了内观禅修团,并将之作为一所永久的静修中心。在西海岸,由于时事通讯《觉心》(*Inquiring Mind*)在全国的出版,以及当地各种中心(包括绿峡谷)中静修中心的增多,人们对内观禅修的兴趣与日俱增。1983 年,一小群加州人开始定期聚会,考虑在西海岸筹建一所静修中心。三年后,杰克·科恩菲尔德发现在圣哲拉纳摩山谷,自然保护协会(The Nature Conservancy)正在售卖一块 400 英亩的土地,他们计划将出售此地的收入用于亚马逊热带雨林的保护。这块地看起来正适合他们的目的——上课,整日静修,为全体成员提供住宿。在与圣哲拉纳摩山谷规划小组的代表深入协商,以及与土地所有者进行细致的磋商之后,买卖达成了。①

与绿峡谷农场相比,这块土地还未经开发,几乎也没有留下什么建筑物。正在进行的筹款工作非常顺利,款额丰富,完全可以为定期静修活动修建必要的基础设施。1990 年,安置了几处临时性的拖车房屋,作为禅室与办公室。1995 年建起了食堂,因此在当地就可以提供膳食了。未来的房屋设计计划包括,要修建 4 处可以容纳 84 位学生的大厅宿舍,可以容纳 200 个座位的禅堂,可以居住 20 名工作人员的职员楼。此外还有停车区,1 处家庭活动楼,4 处家庭式公寓,教员住宅,有会议室的理事会楼,并在附近建一寺院。寺院中有 18 处私人棚屋,1 处小禅室,2 间教员宿舍。早在 1996 年,此计划就得到了海风县公共工程部门(Marin County Department of Public Works)与政府所有其他相关主管机构的批准。建筑工程的下一步工作很快就要开始了。②

对此两所田园式佛教中心进行一个简要比较,我们会发现,二者具有一些明显的相似点与差异之处。这些异同点在促进各自地域的生态文化与价值的演变方面,具有重大意义。两地都是围绕塔莫派斯山(Mount Tamalpais)大块版图的组成部分。塔莫派斯山在当地是一显要山峰,顶峰高达 2571 英尺。山的侧面簇拥着花旗松、红杉林、海滨灌木丛,还有蜿蜒

① 梅雷迪思·梦莲(Meredith Moraine)与杰里·斯图尔德(Jerry Steward):《迄今为止的故事》("The Story So Far"),载《灵岩禅修中心时事通讯》(*Spirit Rock Meditation Center Newsletter*),September-January 1995,第 5 页。

② 《灵岩禅修中心时事通讯》,February-August 1996,第 4 页。

的岩石与苔藓覆盖丰富的小溪。绿峡谷位于西南面斜坡的山脚处,灵岩位于东北侧面地区。两中心之间,直至塔莫派斯山边缘,有22英里,是远足一整天的距离。两所中心都以塔莫派斯山为其基本的垂直参照点,这座山是旧金山北部一处颇受人喜爱的地标,它与奥克兰东部更高的恶魔山(Mount Diablo)不相上下。

两所禅修中心都位于物产富饶的海风县,这是一处有着强烈的环保意识历史的地区。并且,此地区制定有限制旧金山海湾高速公路周围狭长地带发展的详细计划。由于海风县环保协会(Marin Conservation Association)以及其他人在过去70年之中的不懈努力,此县西部三分之二的地区,已经作为空旷之地被保护起来。这一质朴味十足的自然露天场所,充满着磁铁般的吸引力,它不仅吸引着海湾地区9个县的徒步旅行者、慢跑者与观光旅游者,也吸引着来自全美国各地的访客。一些起着联结作用的州立国家公园,提供有可以观看山脉景点的200英里的徒步旅行道,还有绵延的海滩,宏伟壮观。在任何一个佛教中心建成以前,这片土地本身就是成千上万人精神上的向往之地。

到绿峡谷和灵岩的游客与禅修弟子们,对此两所静修中心之乡村田园设施的秀美,经常发出由衷的赞美。诚然,他们是奔佛教教义而来,但是,他们也在花园中散步,在沙滩上漫步,并穿越一个又一个小山丘,享受美好时光。如画的风景,给人的精神带来巨大鼓舞,而风景本身,也被视为禅修体验的存在部分之一。两处的禅修指导,既在禅堂进行,也在户外进行——在户外要特别进行"动中禅修"(walking meditation)的指导。通过一次或数次到绿峡谷或灵岩参访,禅修实践者们逐渐把他们对佛法的体验与这些特别的土地联系在一起了。

两中心的不同点也是非常显著的。虽然二者都被极为狭长的空地所包围,但是,绿峡谷几乎所有的土地都属于公营信托财产;而毗邻的灵岩,其土地却是私有财产。要维系良好的邻里关系,绿峡谷要做的就是,要与一些主要的公共机构保持持续的协商与合作关系;而对于灵岩而言,就是要与土地私有者们保持良好关系。虽然它们都位于海风县,但两地的小气候却迥然不同。绿峡谷位于海边,冬天气候比较温和,夏天多雾。灵岩位于内陆峡谷,历经了更多的极冷与极热,而在干燥的秋天,也更易于发生火灾。

绿峡谷禅修中心从惠尔赖特夫妇手中接纳了主要的建筑物，稍作修缮之后便用做静修场所，虽然它们也还存有一些瑕疵。比如说，如今的禅堂，就是以前的牛马棚，还存有可爱的高天花板，以及厚厚的木地板。但是，由于它直接建于未经防潮处理的溪水河床之上，一到冬天，禅堂显然就有些潮湿。而灵岩禅修中心从开始修建以来，一直就设计与地形条件极其相符的建筑物。在任何需要的地方，都利用依循环境设计原理的最新技术来进行房屋设计。绿峡谷已经将20英亩土地用于培植无农药的有机农场与菜园，并迎接了所有的相关挑战：如土地改良，水资源管理，蔬菜销售，以及与禅修中心其他活动的有机结合。而灵岩，没有有机农场和花园，除了一较小的风景区种植计划之外，也没有任何此类规模的种植计划。

可能最为突出的差异就是，绿峡谷从一开始就成为一所可以寄宿的禅修中心。寄居在那里的人们把它视为自己的家；而周末来的访客与静修者只是影响甚微的来宾。土地的决策权握在全体职员以及董事会的手中，在某种程度上，是在管理委员会手中。几乎这两个主管团体以及自愿者委员会的所有成员，现在是或一直都是此禅修中心附近某地的常住居民。相反，灵岩除了提供最低限度的服务，从未提供过住宿，在接下来的若干年，也不会提供住宿。甚至购买土地的筹款工作，都需要依赖于那人员非常有限的货摊式禅修中心之外的广大俗人以及其他自愿者的参与，才可以顺利进行。① 这一管理方式的差异，由于土地管理决策人的人数与资历长短各不相同，塑造了每一中心与土地之间的不同关联方式。

## 生态居伦理：走向再次栖居

环境伦理之理论框架可以基于许多不同原理而构建。② 例如，霍姆斯·罗尔斯顿（Holmes Rolston III）统计出了人类评估自然价值的几种方

---

① 《千佛僧团》（"Saṅgha of 1000 Buddhas"），载《灵岩禅修中心时事通讯》，February-August 1996，第10—11页。

② 这些理论已经基于不同分类法而进行过分类。例如，参见沃里克·福克斯著《通往超越生态学》（*Toward a Transpersonal Ecology*，Boston：Shambhala Books，1990）；及1996年4月史蒂文·C. 洛克菲勒为地球宪章项目所作《环保与可持续发展原理：摘要与纵览》（"Principles of Environmental Conservation and Sustainable Development：Summary and Survey"）。

式（经济的、科学的、娱乐的、审美的、神圣的），与另一种自然价值观形成鲜明对照，即认可自然固有的内在价值，如有机体的、地形的等——亦即“就其内在所是”来评价大自然。① 人们评价众多的宗教中心，可以依据它们促进了什么样的价值观，以及这些价值偏好在精神训练之中如何反映出来。生态女权主义学家瓦莱丽·普拉姆伍德（Valerie Plumwood），在社会力量制约关系与永恒沉重的二元论语境之下，论证了人类与大自然的种种关系方式。② 人们评价宗教中心，可以依据它们所再度创造的、有关自然的不同层次的文化态度观来进行。提倡自然保护的生物学家里德·诺斯（Reed Noss）和爱德华·格拉宾（Edward Grumbine），基于保护与加强生物多样性而阐明生态伦理法则。③ 生态哲学家戴维·艾布拉姆认为，生态伦理的指导方针应当基于一种不仅仅是在人类世界之间所存有的互惠感的交流而提出。④ 可见，每一种框架，都提供了一种极端不同的视野，透过它们，我们可以考察不同文化方式中实践活动的种种不同。

对于这一评估目的，我个人的兴趣在于生态文化的传承方面。我想知道宗教机构如何运用其精神原则支撑起一种生态学上生命的可持续发展方式。20世纪30年代至40年代期间的野生动植物学家奥尔多·利奥波德，在其杰作《大地伦理》之中，把伦理定义为“一种处于变化发展之中的社区本能”。对于利奥波德而言，所有的伦理都基于这样的前提，“个体是社区的成员，而社区之间又是相互依赖的部分与部分之间的关系”：

> 大地伦理……拓宽了社区的边界，宽至包括土壤、水源、植物与动物，甚或整体的社会存在：土地。……总之，大地伦理改变了智人

① 霍姆斯·罗尔斯顿：《哲学走向荒野》（*Philosophy Gone Wild*，Buffalo，N. Y.：Prometheus Books，1989），第111页。

② 瓦莱丽·普拉姆伍德：《女权运动与掌握自然》（*Feminism and the Mastery of Nature*，New York：Routledge，1993）。

③ 里德·诺斯与艾伦·Y. 考伯瑞德（Allen Y. Cooperrider）：《救护自然遗产：保护与重建生物多样性》（*Saving Nature's Legacy：Protecting and Restoring Biodiversity*，Washington，D. C.：Island Press，1994），以及爱德华·格拉宾：《熊之幽灵：探测生物多样性之危机》（*Ghost Bears：Exploring the Biodiversity Crisis*，Washington，D. C.：Island Press，1992）。

④ 戴维·艾布拉姆：《感觉的魅力》（*The Spell of the Sensuous*，New York：Pantheon Books，1996）。

(Homo sapiens)的作用,使智人从土地社区的征服者变成为普通的成员与公民。①

当人们居住在这片土地之上,随着时间的慢慢流逝,他们逐渐就变成了土地的一部分,而土地也渐渐地包容了他们。他们不再是生活在土地**之上**,而是**与**土地及土地的所有成员生活在**一起**。此处,我来考察一下机构式的种种实践方式(与一个人与世隔绝的禅修方式相对照),看其如何反映了处于发展中的社区本能的进化情况。

加里·斯奈德认为,促进一种"生态社区本能"(ecological community instinct)兴盛的有益导向,应当是推进再次栖居模式,并将之建设成为一种包含生态系统底蕴的文化。他引用了生物地理学家雷·达斯曼(Ray Dasmann)关于**生态系统文化**(ecosystem cultures)与**生物圈文化**(biosphere cultures)迥然相异的论述。"生态系统文化"认为,生态系统的生命及其经济价值的决定依据是自然区域划分以及地形上的分水岭情况。而"生物圈文化"的理念是,城市是中心,自然界要适应全球对自然资源的利用甚或抢劫。② 原住民与乡下人的生活方式,几乎都可以认为是基于生态系统文化的自然流露。一般来说,他们对周围生态系统健康发展所带来的影响,不及于生物圈文化的后果。再次栖居的人们是那些决心过一种基于某一处所的生活,并"创造"一种与原初居民之生活方式相一致的"共同的理想生活"的人。③ 这就意味着过一种将某一特殊处所视为一体的生活,并把本地上的植物、动物视为人类生活之中的同伴、邻居以及支持者。随着时间的流逝,随着对区域生态系统文化的熟知,这种区域感会得以加深与强化,基于地域的学问也会代代相传。

斯奈德认为,再次栖居生态伦理(a reinhabitory ecological ethic)实践,其核心内容有三个方面:"对一切都心怀感恩;对自身行为负责;与流入自

① 奥尔多·利奥波德:《沙乡年鉴》,此处所有引文皆引自第239—240页。

② 雷·达斯曼在论文《国立公园、自然保护区与"远古的未来"》("National Parks, Nature Conservation, and 'Future Primitive'")中有论述,1975年2月提交于新西兰惠灵顿之南太平洋会议,主题为"关于国立公园"。

③ 加里·斯奈德:《再次栖居》,载《宇宙中的某处》(*A Place in Space*, Washington, D.C.: Counterpoint Press, 1996);并在《传统生活方式》第191页中首次刊出。

己生活的能源（即与泥土、水源和生物体）保持密切联系。”[1]表面上看来，这些论述是如此简单以致让人觉得有些靠不住，然而其中暗含的意义却深远而独特，它们与对诸多宗教中心的考察结果极其相符。正如斯奈德所提出的那样，“决意生活于某处的实际要求……在身体上与知性上都是如此强烈，以致它也成为了一种伦理与精神选择”[2]。他认为，要作为“生态系统人”（an ecosystem person）的身份寻求生存，一个人就得利用与吸收伦理和精神资源。借处所知识，这些观念都会得到强化，相应地，它们还会借人类自身依赖于某一处所之本质学问而强化。

第一方面，“心怀感恩”。它会带给人谦卑，并使我们保持一个范围更广之自我的觉知。其中还包括有敬畏、谨慎、眼泪及共同感。在大自然的死亡控制强力之下感恩与祈祷，感恩生命的馈赠，感恩自由，感恩当下。再次栖居者会记起：人类的生命依赖于其他生命；一切都不会永恒存在；人类不会有永远的食物、水源或寓所保障。在佛教语境之中，感恩心的修行意味着对“无我”（no-self）、“无常”（impermanence）与“缘起”（interdependence）理论的深刻理解。

第二方面，“对自身行为负责”。这暗示了一种自我克制训练，并认可每一行为在因陀罗网上，所带来的波纹涟漪式的影响。[3] 行为负责的实践意味着，将人类对土地的破坏性影响减缩到最小，而为其他非人类生命的繁荣与昌盛留下足够空间。在此实践中包含佛教要求自我约束的戒律，如包括戒杀与戒滥用联系。[4]

第三方面，“与流入……的能源保持密切联系”。这或许是最细微之处，而易于被人们所忽略。斯奈德谈到的是“旷野心灵”，是一种原初能源，也是一种通常由原始智慧直接激发的原始需要。它是其他生命形式共有的能源，是气候、地理和历史的混合力量。一个人在佛教中心或许可

---

① 加里·斯奈德：《再次栖居》，第 188 页。

② 同上书，第 190—191 页。

③ 参见梅西：《佛教缘起因果论》第 2、3、10 与 11 章，也请参看弗朗西斯·H. 库克：《华严宗：因陀罗网》。

④ 参见伊丽莎白·罗伯茨（Elizabeth Roberts）与伊莱亚斯·埃米顿（Elias Amidon）编：《地球祷文》（*Earth Prayers*, San Francisco: Harper, 1991），第 120—121 页。此书是绿峡谷禅修中心因 1990 年地球日基于环保原则而编制的戒律。

以通过某种方式与此能源发生联系，如在动中禅修之中，在花园的劳作之中，或者在食物的精心准备中。但是作为一个机构，如何能够在其构成与组织文化的层面之上与旷野心灵保持接触呢？我认为佛教静修中心为了迎接这一挑战，应当开始采用再次栖居模式，让土地对当地生态实践带去显著影响。斯奈德伦理的三方面，记叙了生态文化在美国土壤上传递或传播的一种方法。对此两所佛教中心的考察，能对这些“新式移民”迈向长期的再次栖居生活可能达至的程度，提供一个初步评估。

## 评估两所佛教中心

### 绿峡谷禅修中心

首先看一看绿峡谷禅修中心的情况，我愿意以考察它“感恩土地”的实践活动作为开端。此感恩常常在不同程度上混合着对“佛”、“法”、“僧”（三宝）的感恩。但是某些感恩实践特别强调人类与土地之间的联系，以及人类对土地的依赖。在日常生活之中，禅修弟子们饭前要念颂禅诗：

> 无数人的劳动化做眼前的食物
> 我们应当明了它是如何到达身边的
> 受此馈赠，反思自己的德与行是否与之相配
> 探求心灵的本来面目，让我们远离贪嗔痴
> 我们进食，是为了延续生命与修行佛法①

对于绿峡谷的禅修弟子而言，那数不清的劳动是显而易见的：移动灌溉管道，种植色拉用蔬菜，培育温室幼苗，制作农作物堆肥。饭前禅诗定时提醒大家，对于他们身体所依赖的食物要时时心怀感恩。

一年四季，供献仪式之“乐典”(ekos)在季节转折点进行。春分仪式，就在山谷向东一侧的户外进行，代表整个禅修团体感恩新年初升的太阳。夏至时节，正午时分，感恩花园的慷慨，感恩农田里的庄稼。秋分仪式在薄暮举行，面向遥远的西方，领略佛陀关于无常与死亡的教义。冬至的子

---

① 每日的修行安排与饭前唱颂皆由绿峡谷禅修中心的“Eno”(即“禅堂负责人”)负责提供。

夜,在黝黑的天幕之下,感恩无我之无垠旷野心灵。①

除了在这些太阳运行的自然结点组织感恩活动,绿峡谷禅修中心也留意在感恩节感恩农场的丰收。届时,“禅堂”(Zendo)与餐厅的祭坛上,饰有供品:甜菜、甜菜头、南瓜、生菜和马铃薯。人们吟诵《心经》(*Heart Sūtra*),以感恩土地的丰富馈赠。四月佛诞节,孩子们在不同植物带收集能代表各种野生植物的花儿,放在大象花车里,准备进行婴儿佛陀的沐浴仪式。这个仪式中吟唱的供奉曲,在长长的充满愉悦的嗡嗡声中,竟然唱出了所有花儿的名字(超过100种!)。其中偶尔夹杂着拉丁名的唱颂,突兀而明显,更让人觉得异常有趣。重复的唱颂,是在向原野中的小山丘和争奇斗艳的各色花朵,传递着感恩情怀。②

斯奈德生态伦理观的第二方面,对自己的行为**负责**,在像绿峡谷这样的田园中心,是一项复杂的事业。我愿意汇报一下绿峡谷曾经所取得的诸多成就,以及当前正在进行的种种努力。但是无疑可以肯定,在这块生态状况极其复杂的土地上,要充分承担起人类行为的责任,还可以采取更多的有效措施。我愿意描述一下此中心从机构层面在四个领域所作的努力:土地管理,社区关系,生态文化与环保教育。

**土地管理**工作主要集中在两方面:土壤活力的恢复与有机农场的种植。恢复土壤活力的一些工作是采取无为的方式,让海滨栖息地的旷野心灵再一次活跃在地面之上。小山丘上,不再喷洒除草剂来控制蔬菜的生长;不再允许牛群踩踏疏松的土壤层。灌木丛沿着小溪,任其顺势疯长,现已长成了一个可供野生动物漫步徘徊的健全的生态走廊,当地的鸣鸟也已栖居于此。在所有恢复土壤活力的预防性努力中,还包括从1975年以来,每年2月的植树节,一直都在种植树苗。大果柏木与辐射松形成的防风林,现在很可能已经高达50英尺。它们能使那可以毁坏海滨土壤的强大海风发生转向,因而对保护土壤起到了重大作用。1991年以后,除了种植红杉树与花旗松,还在邻近山谷收集到可以种活的海滨橡树果,

---

① 斯蒂芬妮·卡扎:《一个充满关怀的社区》(“A Community of Attention”),载《语境》(*In Context*)29, Summer 1991,第32—35页。

② 每年,绿峡谷禅修中心的菜园职员温迪·约翰逊都要列出各种野花的名字,并备齐鲜花。

种植在被保护的地点，去替换那些被牲畜弄坏的树苗。[①] 虽然存有一些争议，但全体职员与志愿者们，也还是费力地移除了非本地种的桉树幼苗、阿拉伯树胶、德国常青藤和金雀花，因为它们抑制了原生植被的生长。1991 年草拟出一个初步的地形生态报告，其中详细地拟订了进一步植树的打算与恢复土壤活力工作的建议。[②] 由于没有指定专门的工作职员作为土地管理员，工作进程受到了一定的限制。虽然有生态维护人职位，也有农场主与花园主职位，但是没有一个工作职员能对此地形生态系统之整体生态健康状况承担起责任来。

26 英亩的有机农场，已经为有效管理农场建构了一个成功模式。而且，其生态实践所取得的成果，得到了全州的一致公认。它是通过加州有机农场协会(California Organic Farming Association)鉴定的成员农场，因在土壤耕种方面，达到了不施用杀虫剂和化学肥料的规定标准。适度使用重型农用机械——它们主要用于犁耕农田和移植秧苗。除草与收割都由手工完成，它们是禅修弟子保持“正念”(mindfulness)修行的一部分。土壤在仔细施用农作物堆肥的情况下，活力得以恢复。堆肥由厨房废料、绿色蔬菜边角料与马粪混制而成。每年冬天种植大量熔岩豆，生长在土壤之上，一到春天，它们就都变成了地下绿肥。虫害与植物疾病，通过观察与轮作方式进行控制，或者通过有选择地使用有机的或机械的方法来控制。[③] 因为绿峡谷禅修中心要对海湾地区的有机农场主社区负责，要对“有机农作物标准协会”(the standard-setting association for organic produce)负责，于是它就有着强烈的动机，以机构整体的身份，对自己的行为保持高度责任感。同样地，那一亩半的四季常青菜园也是有机菜园，每次耕种都是种下两种植物，实现双种，所有的收割工作也都是由手工完成的。

因土地而形成的**社区关系**，其要求就是要与缪尔海滩居民及金门国家休闲区(GGNRA)的全体职员保持不断对话。对于他们之中的每一方而言，成为一个好邻居，就意味着共享土地与水资源，并承认与感谢禅修

① 每年植树节的记录文档由温迪·约翰逊提供。

② 约翰逊与斯蒂芬妮：《绿峡谷禅修中心之地形生态与管理重心》，第 3—5 页。

③ 1995 年 6 月与农场主彼得·拉鲁德尼克(Peter Rudnick)的实地访谈录。

中心整个机构对土地所带来的良好影响。在缪尔海滩,也即红杉溪快要汇入大海的入口附近,绿峡溪中的溪水全部汇入红杉溪。在干旱的夏季,农场就利用这些混合水源来灌溉低地农田。因为加州海岸的水资源极其有限,用水率问题就成了一个冲突之源。绿峡谷禅修中心与当地社区其他农场主及缪尔森林(金门国家休闲区的一部分)因用水问题曾起争执。为了让流经缪尔森林的红杉溪之溪水深得足以让鲑鱼畅游其中,也为了与邻居分享现存水源,绿峡谷中心已在旱年减少了耕种面积。[①]

与金门国家休闲区的关系,也是绿峡谷中心整个机构生活一个不断进行着的有机组成部分。全体工作职员已被询问,他们如何评估穿越绿峡谷的自行车路线计划——其目的是为了监控移自南非的野生植物开普菊的生长状况——以及如何评价缪尔海滩大礁湖的生态重建工作。经年累月,在绿峡谷禅修中心的工作人员与缪尔森林公园的护林员之间筑起了一种稳固联系,因为他们需要共同合作,培育植物幼苗。而白天他们又自愿结队种植。金门国家休闲区资源管理办的成员们帮助绿峡谷进行土地管理的决策,提供有益建议,这些建议影响着绿峡谷附近地形地貌的变迁。[②]

农场与花园鼓励社团之间互相影响,他们通过与其他农场花园的合作延展项目来实现。名种植物幼苗常捐赠与其他刚起步的农场,比如亨特点(Hunter's Point)监狱项目,还有伯克利运动场花园(Schoolyard Garden in Berkeley)。志愿者被鼓励与全体农场职员一道收割马铃薯与南瓜。工作职员们常常询问与协商其他农场的种植方案,并就土壤建设、种植设计与育苗技术诸方面的问题为他们出谋划策。

努力进行**生态文化**建设,是指人们的日常活动要能促进一种健全可靠的环保习惯的形成。在绿峡谷,在三方面反映了它作为一个机构,所承担起的高度责任:饮食习惯、废物循环利用与水资源利用。绿峡谷作为一个佛教中心,奉行的政策是,食堂不烹饪,不提供肉食。虽然素食主义总是与佛教联系在一起,但是它本身并非来自佛教教义方面的严格要求。

---

① 1995 年 6 月与农场主彼得·拉鲁德尼克的实地访谈录。

② 在这些咨询中,一些主要的接触人有:迈尔·芒罗(Mia Munroe),缪尔树林国家保护区公园护林员;伊冯娜·兰德(Yvonne Rand),禅修导师;温迪·约翰逊,绿峡谷菜园职工。

然而，自从禅修中心开始素食以来，作为一个机构整体，禅修中心就没有从事过与工厂化畜牧农场经营和动物屠宰相关的残忍行为。此外，由于坚持素食主义，此机构就没有因为放牧牲畜与进口牛肉而参与地球热带雨林的加速破坏。绿峡谷供给食物，尽可能采用来自有机农场的时令农产品。其他的农产品购于当地奶品店以及当地的蔬菜农场，以支持附近农场主的发展。虽然绿峡谷在食物管理的诸方面，为改善土地的生态状态担起了责任，并为当地的经济繁荣作出了贡献，但是有些人甚至敦促进行更激进的生态实践，比如说要求"只"提供绿色有机食物。

食物废料用于农场、花园的大堆大堆的堆肥制作。将绿色蔬菜边角余料与附近养马场的马粪混合、堆积，经过几个月的"酿造"，堆肥就制成以备用。绿峡谷也循环使用白纸、杂志、玻璃瓶、塑料瓶、罐头盒、纸板、电动机润滑油和电池。农场从老主顾手中回收板条包装箱，再次用于农产品的流通包装；苗圃园再次利用加仑罐与浅盘进行幼苗培育；许多办公纸张、纸制毛巾、餐巾纸与卫生纸，都购买于循环纸厂中心；被狂风刮倒的树木变成木柴，木材废料可用于引火，或将之焚烧成灰入肥。没有进行回收利用而被运出绿峡谷的废物，微乎其微，少之又少。这些努力，使得进出禅修中心的食物与废料流程极其简单化，一方面是基于垃圾运输的费用极高，另一方面也是由于禅宗整洁有序的审美要求所致。

绿峡谷强制性地保护水资源，因为当地的泉水量以及绿峡溪水流量都极其有限，而导致水资源有限。它们要满足全年所有的用水需求：30到40名常住客，10至15名参访学者，200至300名周末访客，此外还有不定期研讨会与短期静修安居的用水需求。绿峡谷位于高度发达的旧金山海湾地区，在用水方面能达到自给自足，实在是非同寻常。绿峡谷的整个用水系统，依靠自我储存与当地供给。用水汲于5个水库、3个储水罐和1口水井。关于额外用水的后援供给，此峡谷与海风县水系没有约定，所以用水方面完全根据实际所需而加以节制。夏季与初秋，降水量明显减少，为水源储存带来压力。为此，在客房与常住宿舍安置有低流量的盥洗与淋浴设施，在花园的一些苗床使用滴水灌溉方式。[1] 在结社禅修期

① 1992年6月，绿峡谷实地采访。

间,在进行日本正式的"oryoki"餐仪式时,练习节约用水。每餐每人用不足一杯的水清洗自己的饭碗。当然,水资源保护的成效,依赖于不停地提醒不断变动的访客群与职员群要注意节约用水,特别是在旱月。

关于环保意识**教育**,绿峡谷中心现仍在进行着。最初差不多是由花园的全体职员充当先锋的。全年开设农场耕种课与花园培育课,主题有堆肥制作,多年生植物培植,菜园护理,以及其他内容。孩子们的教室,以及其他团体的空余场所,用于接待巡回的农场与花园授课,还轮流用做禅堂与住宿楼。几年来,绿峡谷已经举办了一系列题为"自然带之声"(Voice of the Watershed)的巡回访问演讲,主题是关于当地的自然史。每年植树节前,年长的职员们带领大家环绕峡谷山脊,进行徒步考察,目的是希望把中心纳入一个更广阔的地域语境。1992年夏天,禅修主题特别集中在"环境与禅修"方面,将环保主题融入文本研学、导师教导与日常的禅修实践之中。结果结集了一个关于"绿峡谷环保实践"的教育小册子。其中,概述了绿峡谷整个机构在树立环保意识与承担环保责任方面所作的种种努力。[①] 虽然各种各样的职员与弟子成员们,已经推进了以上种种努力,但在领导层,对环保的关注还没有被看做一件应予以最优先考虑的事情。

通过这四个方面的努力——土地管理,社区关系,生态文化与环保教育——绿峡谷在使生态伦理系统化方面取得了一些成就,以一个机构整体对中心的集体行为承担起了责任。虽然,这并不能保证经过绿峡谷的每一个人都完全接纳这种伦理火花,但是,起码在绿峡谷访问期间,他们都期待追随当地文化之中业已形成的环保实践方式。

加里·斯奈德生态伦理的第三方面,要求**与流入某人自己生活的能源保持联系**。关于这一点,禅修中心的生活方式就是这样的。这或许是三个伦理因素中最易评估的一个,然而对于斯奈德理论框架之活力而言,却又是最关键的一部分。个别习禅弟子汇报说,自己获取了契入能流的切入点:在花园劳作时,在红杉树下静坐时,或是在海边漫步时。但是这种感悟性的禅修实践活动,很少被禅修中心以一个整体方式来进行。但

① 斯蒂芬妮·卡扎准备了对绿峡谷成员的咨询问题,此小册子可以在绿峡谷办公室找到。

无论如何,绿峡谷这几个方面的实践,在促进与野生动植物能流保持日益增强的联系方面,的确具有可能性。

其中第一方面,衍生于传统禅宗对**劳作就是修行**的观念的强调。许多经典的禅宗公案故事,发生在扫地、清洁、耕种或劈柴的背景活动之中。[①] 在曹洞禅(Soto Zen)的传承中,"开悟"经常发生在世俗日常生活之中。短期来访的禅修弟子,在农场或花园劳作两三个上午,就常进行静默的保持正念练习。在结夏农耕时,其他的工作职员,与农场、花园工作人员一道,每周在饭前、种植前、除草前或收割前都要练习静修一次。由于要求必须完成工作,由于精神上的一体化,这些努力都是修行性的。因为,所有社区成员都在共同体验着土壤、新鲜空气之中的能流,与基于一定规则基础之上的地形面貌。

第二方面,我愿意称为**使土地神圣化**。这包括整个机构的户外活动,如仪式、步行与纪念会,其中都有土地的参与。就是以一种传统的方式,禅修中心让大地成为举行婚礼与其他仪式的场所。禅修中心圆寂长者的骨灰——如格雷戈里·贝特森(Gregory Bateson)、艾伦·沃茨(Alan Watts)与艾伦·查德威克(Alan Chadwick)以及其他圆寂者——葬于花园上方的小山丘。池塘边,花园里,已经为几十人种下纪念树与纪念灌木丛。其中包括为片桐大忍禅师(Katagiri Rōshi)和莫琳·斯图尔特禅师(Maureen Stuart Rōshi)种下的纪念树。每年植树节和元旦节,全体人员绕着山脊静静转行。显然,其意义与自然史所记载的漫步和休闲远足是截然不同的。转山脊已经成为中心每年活动日程的一部分。这些活动,都能将中心置于一个更宽视野之内的地域之中成长,在散步的举动中,将土地纳入脚下并予以延伸,以直面邻近的野外气息。动中禅以同样的方式,使花园变得神圣,使人们的注意力集中于所耕之地。

绿峡谷也举行一些特殊庆典,感谢这块土地上或这片灵野之中的非人类成员。在世界地球日,禅修导师们为动物与树木举行庆祝仪式,感谢他们在此社区的登场亮相。1995 年 12 月,海滨上一株心爱的槲树,经一

---

① 请参考公案集,如《无门关》,以及托马斯·克利里译《宁静之书》(*Book of Serenity*, Hudson, N. Y.: Lindisfarne Press, 1990)。

阵猛烈暴风吹过之后，坠毁于地；不久之后，禅堂附近的一株辐射松，由于树皮遭受甲虫害，不得不被砍倒在地。像这种情况，每一次人们都要在树边设置祭坛，举行仪式，为死去的树敬香，也为行将就木的树祈祷。[①]我将此视为一种邀请，邀请死亡与毁灭的野生能流参与修行实践。

最后，对于斯奈德生态伦理的第三方面，我认为，使机构日程简单化与使生活方式简单化的实践，促使人们与维系生活的能流保持了密切联系。许多传统的禅修形式强调自制与适度。将机械噪音与亮光对感官带来的影响减至最小；将禅堂服装的颜色定为不醒目的深色调。要求来参访的禅修弟子们，从傍晚直至第二天凌晨早餐时间，都要保持沉默以修习禅定。在为期一天或七天的短期静修中，所有时间内，弟子们都要保持沉默。结果，大枭的叫声、海浪声与风声，界定了声音的范围。既为了节约能源，又为了保证黑夜所需，绿峡谷限量使用夜间照明灯。而照明灯的使用，根据最低限度的安全需要来定。于是，夜晚，山丘没有被人类的光源打上烙印，而被笼罩于一片黑暗之中。夜间活动的动物也就不会因人类的出现而受到惊扰。

总之，所有斯奈德生态伦理理论的三方面，这些机构所做的种种实践，都取得了切实可见的成果，这就是绿峡谷在土地管理方面所作出的一种佛教修行式的回应。在"祖先的山谷"，提供感恩供献，在多方面担起责任，与野生能流保持有序联系，这一切的努力，为生态文化的传承，为迈向再次栖居，增加了更多的成功几率。在绿峡谷，起伏的山丘从东绵延至西，汹涌的大海延伸至峡谷南方，自然风光分外优美。绿峡谷禅修中心作为一个机构，当之无愧地能够促进一种土地生态伦理的形成，并正在为那些造访绿峡谷的人们创造出一种生态文化模型。这些实践可以看做是具有生死攸关的重大意义的实践方式。它们可以在领导层人员的支持下加以展开，也可以在正在从事解决环境问题的社区活动中开展。

### 灵岩禅修中心

虽然灵岩禅修中心在土地管理方面，不具有与绿峡谷同样悠久的历

---

① 温迪·约翰逊：《共坐一棵枯树下》（"Sitting Together under a Dead Tree"），载《风铃》30，no. 2，Summer 1996，第34—36页。

史，但是其生态实践方面汲取了东南亚最古老佛教宗派业已确立完善的传统观念。在灵岩，与土地的关系还处于名副其实的“蜜月”期，随着中心吸引了越来越多的修行者，中心也日渐繁荣壮大起来。许多有关土地购买的筹款工作，由那些自发与土地命运系在一起的人们之中的领导力量推动着。[①] 随着越来越多的禅修弟子把这块土地当做禅修宝地，看起来，“坠入爱河”的进程会被加速，并会不断地得到自我强化。

首先，让我们看一看“对一切都心怀**感恩**”这一要素。在灵岩，显然有两种核心实践方式是支持加里·斯奈德的这一生态伦理的。在为期1天、7天、10天或3个月的禅修营期间，强调观心修行，正如在《念处经》（*Satipatthana Sūtta*）（讲“正念”的四念处）以及强调观呼吸的《安般守意经》（*Anapanasati Sutta*）之中所讲的那样。修行者在静修时受到指导，使得他们能够训练自己，既在感官的机敏方面，又在心理与情绪方面保持敏锐的觉知。随着每一餐的进食，修行者会注意到食物的香味，食物的准备以及食物的来源诸方面，因而与食物有关的感恩心就会油然而生。越南一行禅师在灵岩组织过为期几天的禅修营，每一次都精心准备就餐禅修指导。如在成群的人甚至是一千人以上的人群中分发橘子或苹果，他们可能恰好会一整个小时都把一个水果捧在手中，来鉴赏与感激促使此水果成熟的种种因与缘。[②]

在灵岩，另一个主要的禅修方式是“慈心禅修”，即修习《慈经》（*Metta Sūtta*）。在每一次禅修日或禅修课结束之时，就会介绍一些有关慈心的禅修方法。在灵岩，许多禅师已经把禅宗传统的格言警句之意加以延伸，已延至包含有土地、土地之上的动物与树木，以及太阳与雨水的馈赠。感恩的表达采取了这样的方式——祈愿安全，祈愿身心健康，祈祷这片土地社区之中的所有成员共享和平与安宁。

斯奈德伦理的第二方面，对自身的行为**负责**，从一开始它就成为指导土地购买的核心理念。长期以来灵岩的所有权，已经成为峡谷房产中倍加珍视的一部分；而且对这一早期财产，已经提议可以将之用于其他一些

---

① 梅雷迪思·梦莲与杰里·斯图尔德：《迄今为止的故事》，载《灵岩禅修中心时事通讯》，September-January 1995，第5页。

② 《灵岩禅修中心时事通讯》，February-August 1996，第2页。

用途。然而,公民们的圣哲拉纳摩山谷规划小组,出于自己的监督职责,要保护露天场所以及优美的风景区,在弗朗西斯·德雷克爵士(Sir Francis Drake)走廊,总是设法阻止一些有碍观瞻的发展。灵岩的土地售卖与设计规划协商内容,包括有关修建地、运作范围与土地管理诸方面的重大协议。① 中心要成为西部海风社区的一个受欢迎的成员,灵岩领导层就需要确保当地居民能够实现对土地完整性的保护。

第一类决策就是有关交通的管理。既要防止双车道高速公路发生堵塞现象,又要限制土地上的停车量。在早期,在干草坪上停车曾产生过火花致使局部灌木丛着火的现象,这警告计划者们有必要仔细考虑停车地点的选择。停车收费站建议,执行一项合伙使用汽车的提议。停车区域的道路两旁,曲曲折折种植有一些树木,为的是让来客到达时减慢车速。核心领导成员们一贯坚持努力,为对邻居可能带来的潜在不良影响承担责任。这些潜在影响包括小车噪音、日益繁忙的交通以及可能引起的草地火灾。

迄今,所作的许多土地管理方面的努力,已经指向建筑方案的仔细规划方面。灵岩设计委员会(Spirit Rock Design Committee)定期与一些建筑师碰面,讨论在这块土地上的发展范围与规模。但是纳入考虑的一些有关建筑物的因素,还相当模糊不清,如道路建设、河床情况,以及对海滨宏伟庄严的槲树的影响,都是如此。这些槲树塑造了这片土地的风貌。1990 年以后,临时用办公建筑、临时禅堂都已经被安置在适当位置;第一个建筑项目——食堂,竣工于 1995 年,目的是在短期禅修营期间为客人提供饮食服务。随着后续资金的到位,随着对土地及水系累积影响的持续不断的监测,未来还会逐步增修建筑物。

现在,每月的劳动日已经成为灵岩土地管理传统的一个有机组成部分。一开始,志愿者们在牧场上拔除入侵的星形蓟菊,并移走破旧的栅栏柱子和带刺的铁丝网。他们清除灌木丛,砍下倒树,用做柴火。作为一个人一天禅修功课的一部分,禅师请求植物、昆虫、鸟儿与其他动物的原谅,原谅人们打扰了他们的家园。重体力的劳动任务,包括挖掘壕沟和沙坑,

① 《灵岩禅修中心时事通讯》,September-January 1991,第 5 页。

这既是为了铺设灌溉系统与污水系统，也是为了铺设电力、用水和电话线路系统。许多当地树种被种在停车区，也种在入口道上。志愿者们为蓝鸫搭起盒子式的巢，放置在土地四周。1995 年夏天，为了蓄水，还挖掘了几口小池塘，也筑起了堤坝。在橡树溪谷（Oak Tree Canyon），修建了有祭坛的仪式区，沿着小溪也标示出了一条小径。这些池塘既意味着是人类的娱乐场所，又意味着会是野生动物们的一极佳水源地，因为，会有这些动物到来：青蛙、鸟类、獾、浣熊、狐狸、小鹿、野猫，甚至还可能有美洲狮的造访。①

在**社区关系**方面，灵岩的管理者们与当地邻居和圣哲拉纳摩山谷规划小组的成员们继续构建友好关系。尽管西边山脊对面的许多土地都是受到公共保护的空地（塔莫派斯山州立公园和海风县水系），但是与灵岩相接壤的土地都属私人所有。在美国其他的乡村环境之中，佛教与印度教静修中心有时被看做奇异的外来者而受到怨恨，它们给当地带去了崭新的但却未必受欢迎的文化。灵岩的禅师与职员们一贯致力于让灵岩适应当地社区，并努力使之成为热心邻居。这一努力是通过社区会议、公开听证会、与邻近地区及城镇居民保持规律性接触来实现的。因为中心成员们并不精通土地实践，这就意味着需要作出特别努力，向那些精通地域管理的行家学习；意味着需要引进一些管理者，帮助实现从农场管理到静修中心管理的转变。

作为对机构整体行为负责的一种表现，灵岩正处于建设土地**生态文化**的过程之中。虽然暂时几乎没有人居住在灵岩（与绿峡谷相比），但是当新建筑物落成后，工作职员及留宿人员都会增加。灵岩与绿峡谷一样坚持素食，从而限制了它们在破坏全球环境方面的"贡献"，因为养殖牛、鸡与肥猪对环境的破坏很大。循环利用系统与堆肥制作系统已经建立起来，既可供居民与白天的游客使用，又可供静修者们使用。在干旱的夏秋季节，当失火威胁严重的时候，消防安全演习就成为一项重要训练。

为了增加对土地的了解，以及促进一种具有责任感的生态文化的形成，灵岩对孩子和成人们都开设了一些有关生态的**教育**课程。自然主义

---

① 《灵岩禅修中心时事通讯》，September-January 1995，第 3、9 页。

志愿者们带领大家在大自然中漫步,穿越400英亩的土地,越过不同类型的动植物生活环境,向大家介绍各种鸟儿和野花。每月为孩子们开设课程,带领他们到溪边,到橡树下,探询它们的"法"语,聆听它们说"法"。几年来,灵岩都在美国独立纪念日(7月4日)那天,举办"缘起节"庆贺。这是一次静静地向每一生命致谢的机会,借此感谢精神社区之中的所有成员,借此感谢和谐的生命之网。

灵岩中心在《前景展望》之中解释到,中心"就像一个活生生的曼陀罗,正处于不断的创造之中:这是一所西方的佛法静修中心,在生活中发现法,并在生活中建立法"①。其中描述了求法证道的六种方法:静修,适当的关系,研学,隐居,融入日常生活与服务社会。一个修行者可以通过其中的一种或所有方法,培养专注、理解、道德和慈悲品质。培养适当的关系,其对象既包括人,又包括地球;服务生活基于对万物的关爱与尊敬。这一陈述为中心的根本原则提供了一个导论式的教育框架,其中包括对土地的尊敬。

斯奈德指导方针的第三点,**与流入某人生活的能源保持密切的联系**,在灵岩,首先就是通过动中禅修方式来实现此联系的。慢慢地步行,小心仔细地禅修,留意每一步迈出和每一个呼吸动作,这是内观禅修的一个关键方面。在灵岩,以团体方式在户外进行长周期的步行禅修,为双脚和大脑提供了汲取土地上野生能源的机会。此社区的一个成员,从灵岩到绿峡谷穿越塔莫派斯山,长途跋涉以朝圣。对于这个延展的朝圣修行,他有着明确目的,这是为了使他自己关于当地野生地区的土地知识具体化(此时的朝圣不同于尼泊尔或印度的朝圣)②。朝圣也是一种能使社区成员聚在一起共享与土地建立联系的体验。

灵岩中心的六种求法证道方法之一是"隐居"。这提供了"体验简单生活,体验放弃尘世生活"③的机会。虽然在灵岩,没有修建可供隐居的

---

① 绿峡谷禅修中心:《前景展望》,1995,第1页。

② 法·光明(Dharma Aloka):《当下的朝圣》("Pilgrimage Here and Now"),安娜·道格拉斯(Anna Douglas)与法·光明的访谈录,载《灵岩禅修中心时事通讯》,February-August 1996,第12—13、16页。法·光明是这样描述步行朝圣的:"正式朝圣仪式的本质,是使自己从日常生活中分离开来,它如同一种被规定于一处神圣背景之中的礼拜之戏剧艺术。"

③ 绿峡谷禅修中心:《前景展望》,1995,第3页。

小屋,但是法师们鼓励弟子们将隐居的原则结合每天的日常生活实行,比如在日常生活中保持简单的消费习惯,花更多的时间用于静修,以及专注于佛法研学。隐居,可能将人类对地球的影响减少到最少,而将居住于地球上的其他植物动物的自由生活彰显到最大程度。把隐居作为总体规划之中的一部分,中心已经把通过隐居与土地建立联系的方法纳入其禅修目标进行管理。通过资深弟子们的隐居禅修方式,有可能与土地发展建立起更深与更持久的联系。

这些整体性的机构实践方式反映了斯奈德生态伦理的三方面,把它们综合起来考虑,就不难证明,一种适应土地状况的佛教生态文化正在形成。感恩的献礼,承担责任以关注土地管理与社区关系,与野生能流保持联系,这些都有助于把此中心建设成一个与佛教修行相连的环保模式。草木丛生的山脊延伸至南方,开阔的牧草地伸展至北方,由此,灵岩为在一个实践体系之中深化生态联系,展现了另一强大而有利的良机。随着两个中心对北加州所作的贡献,在环保实践及在此地区实现再次栖居模式方面,美国佛教无疑能够起到极其重要的作用。然而,这一过程也不是不具有一些内在张力点的。

## 一些张力点

现在,尽管这两所中心都将一些既定的生态实践作为其宗教文化的组成部分,但是,它们都没有专门致力于实现生态的可持续发展与生态上的自我依赖。但这种程度上的再次栖居,在现有基础上能提高全体职员与居民的容纳力。因为对此两中心而言,最首要的任务是传播佛教教义,并提供一个可供修行的场所。此时,依赖外界提供食物、能源、供给与资金来源,来维系中心的核心宗教活动,更为简单与便利。然而,选择利用多种商业资源,通常包括一些确定阶层与文化的优先权。如果居民们主要依赖于异地商品生存,那么再次栖居的生活模式还会出现吗?

假设将生态的可持续发展作为机构的一个整体目标,关于如何使用土地的辩论就会出现:如果需要谋求更多食物而耕种更多的庄稼,这些露天空地还会受到保护吗?目前两地的大多数亮点,都依赖于土地未经开垦所展示出来的开阔感。它带来了一处实实在在的远离都市噪音、污染与人口压力的“呼吸空间”。然而,对于土地的这种审美式利用,可能会由于进一步选择再次栖居模式而受到威胁。

在美国以及其他地方的佛教中心,都能够将佛教的分析理论与自我研究理论,应用于自己机构的运作中去。绿峡谷和灵岩已经这样做了,已将佛教理论应用于机构管理、经济运作与师生关系的考察之中。在生态方面,要做出具有同等深度的工作,就意味着要调查整个机构在自然与文化关系之间所存有的种种习惯。美国佛教中心在多大程度上再造了如下这种占主流地位的文化态度?这种态度认为,文化为优而自然为劣;文化处于控制地位,而自然属于有待控制的一片混沌;文化有如男性而自然却如女性。① 在绿峡谷,在生态实践之上强调禅坐的分量与价值,这一方式足以证明上述论述。即使教义并不支持这种观点,但是还是有一些人认为,农场与花园的工人们比那些花费更多时间在禅堂的人要略次一等。

另一个张力点是关于社区的需要。在本土文化背景中,再次栖居模式与文化背景、社区现状是相协调的。一代又一代居住在同一片土地上,有关该土地的知识通过文化交感与社会互动方式而代代相传。像绿峡谷与灵岩这样的宗教禅修中心,显然不属于永久社区,而属于学习中心,或者是训练中心,人们在那儿停留的时间长短不一。如果生态文化的传递不通过代代相传的方式,那么,它能通过典型范例的方式进行传递吗?此处存有一个内在冲突:一个修行者参与的环保工作越多,或与土地的联系越紧密,他或她与有同样经历的他人共享一种社区感的程度就会越高。这会导致一种愿望,愿意成为一片土地更永久的居民——导致再次栖居模式的发生。然而,由于土地承载能力有限,这势必会压缩其他人在这片土地上同等程度介入的可能。这些宗教中心在没有世代居民居住的前提下,它们如何能成功地作为生态文化与生态价值的传递者呢?

① 参见谢里·奥特纳(Sherry Ortner):《女性与男性的关系像自然与文化的关系吗?》(“Is Female to Male as Nature Is to Culture?”),载米歇尔·津巴利斯特·罗莎尔多(Michelle Zimbalist Rosaldo)与路易丝·兰费尔(Louise Lamphere)编:《妇女、文化与社会》(*Woman, Culture and Society*, Stanford, Calif.: Stanford University Press, 1974);以及随后许多女权主义的理论文章对她断言的讨论。

或许最难的问题之一是管理:谁来承担土地所有权与生态管理工作的重担?从法律上来讲,董事会及其所雇用的工作人员是责任人,但实质上,领导权掌握在方丈、主持和禅修领导人手中。若是由某一单独个人拥有房产,关于其私有财产的许多决定会由他自己独自作出。与此相反,绿峡谷与灵岩的主管团体对土地的管理责任,分散于不同的方面,有不同的人参与其中。这些人分别负责有关土地的历史、容量与管理需要的部分内容。生态控制并不均衡,主要与人类的生存需要相联系(水源、树木、花园空间与农产品)。有关恢复退化栖息地活力的长期规划,与人类膨胀的使用需求方面,都已进行了非正式的讨论,但是,还没有将它们纳入一些地方建设的总体规划中去。

## 未来的挑战

此评估可以证明旧金山海湾地区两家规模较大的佛教中心所开展的生态实践活动。他们立足于通往再次栖居模式,虽然已经采取了一些措施,但是许多地区的生态管理工作仍然需要引起人们的关注。在此研究之中,我已经指出了一些尚未解决的问题,这是机构未来所面临的挑战,也是目前迫在眉睫必须处理的问题。

绿峡谷与灵岩禅修中心,随着它们对佛教弟子的吸引力日益增强,在承载力方面都面临一些问题。这需要对停车状况进行仔细考察(绿峡谷在周日车位常满,而灵岩是在周一晚上),需要考虑是减少来参加禅修的人数呢,还是开辟更宽更大的停车场。随着游客人数的日益增多,污水排放、自来水及其他能源供应方面的压力也日益增大。例如,秋季的绿峡谷,由于水源最为匮乏,那时它或许就会尽量不举办禅修营与研讨会。

已经困扰着海风县其他地区的土地管理问题,迟早也会成为这两个中心的难题。其中一个问题就是,一种非本土野生小猪活动的范围在日益扩大,他们在土地上打洞,并将橡树苗及其他树苗、秧苗连根拔起。在一些自然保护区,人们井然有序地捕获小猪,以防止外来侵害。对于两所禅修中心而言,这个问题可能会更早地困扰灵岩。但这两所中心周围有如此多的空地,野猪光临海滨或许仅是个时间问题而已。在加州地区,由于海滨灌木丛、草坪与森林随着人们的用火需求而进化成长,用火管理也就成了一个问题。在人们住地周围,用火压力问题的解决总是一拖再拖,除非到了必须解决的危机关头。两个中心,作为生态管理的得力干将,都有必要考虑燃料的控制,或者采取其他的用火管理方法,以减轻树木草坪承担的燃烧用火负荷。

绿峡谷的人们对土地上矗立着众多非本地品种树木,已经提出了质疑,特别是阿拉伯树胶,它很容易着火,已对附近的就餐区带来了一些危险。① 在早期植树期间,人们选择种植辐射松,认为它能防止水土流失,能更快地长成树干,同时提供燃料。对此树种,当地居民已颇有微词,一方面因为它易于受到树皮甲虫侵害,另一方面,也因为对于北边海滨地区而言,它属于外来品种。高大挺拔的澳洲桉树,因其沿树皮垂悬而挂的根根藤条十分雅致,而深受许多人的喜爱。但是从它的树干与枝叶上会滴下许多油滴浸入土壤,而使泥土带有毒性,这就减小了其他多种生命存在于树下的可能性。这些树木,究竟哪些应当被清理出去,哪些应当保留下来?可见,承担责任就意味着要提出颇有深度的伦理学与生态学问题,以进行有益的反思。

两中心都有小溪潺潺流过,虽然绿峡溪更宽阔一些,治理得也更好一些,但仍然需要对溪水质量和其中水生动物的生存状态进行监控,特别是在堤坝处,要蓄水,要形成水池,可是由于泥沙淤积,溪水流经的水路,已经成为鸣鸟嬉戏和小型哺乳动物生存的天然走廊。如果允许下层矮生植被生长,允许水生昆虫大量繁殖,就很容易增强天然走廊为他们提供食物与栖身之处的能力。如果考虑更大范围内的一些挑战,其中的一些就是要求人们付出创造性与主动性工作,或者是需要鼓励居民,或者是需要鼓励游客、俗人树立一种发展中的环境伦理意识。艾普丽尔·史密斯(April Smith)女士在著作《校园生态》一书中,为学校机构评估他们自己的生态实践行为,列出了一些关键要点。② 这之中的许多要点适用于像绿峡谷禅修中心和灵岩中心这样的宗教机构的评估。对于废物与有毒物管理,这

---

① 约翰逊与卡扎:《绿峡谷禅修中心之地形生态与管理重心》。

② 艾普丽尔·史密斯与"学生环保行动联盟"(the Student Environmental Action Coalition):《校园生态》(*Campus Ecology*, Los Angeles: Living Planet Press, 1993)。

两所中心可以朝这个方向努力：减少不能制作堆肥或不能回收的固体废物数量。这意味着留意前循环过程，或者意味着选择无包装与包装少的产品。这也意味着为潜在的有害物质提供充足的处理方式，比如针对废旧电池、废旧工具、油漆与溶剂、车店化学用品，以及浓缩型有机杀虫剂的处理。

在资源流动与基础设施方面，还能做更多的工作。在绿峡谷，虽然水源的使用受到严密监控，但是能源的消耗却是分散型的，为节约能源所担负的责任也是不均衡的。当人去屋空之时，电加热器仍常常打开着。在两所中心，食物流程都得以仔细管理，一是为了省钱，二是因为它是素食修行的一个有机组成部分。尽管绿峡谷目前或许有一半食品都属于有机食物，但此中心在将来完全可以执行全有机食物菜单，以尽可能地支持当地农场主的发展，因为化学农业的毒副作用已经记录在案，特别是其中含有荷尔蒙分解素和免疫系统破坏因子。[①] 那么，对于两中心的禅修者而言，最有利的支持之一可能就是食用有益健康的安全食物了。

史密斯倡导制定一种机构制度，来使产品的使用形成一条龙式的流线过程，特别是针对休息室和会议室的那些待回收的纸制产品。两所中心都可以尽可能地选购未漂白的纸，以减少氯及戴奥辛毒害。目前，两中心都配有可供再次使用的餐具，可以不时清理除掉杯碟上的污垢；绿峡谷的常住居士们，已经在讨论如何选用布制餐巾与私人杯子了。对于野炊与户外庆祝活动，两中心都鼓励人们带去自己的扁平餐具以及其他餐具，而不是使用纸或塑料产品。

随着每一中心的成长，它们的预算也在开始增加。它们的基金要么储存在公共机构里面，要么就是以股票和债券的方式在流通着。此两中心的董事会可以促进和执行一种吸收社会投资的政策，以便在“绿色财政管理”(greening financial management)方面增加机构参与管理的分量。在此层面上承担责任，需要委员会做出更多的工作，也需要更多的志愿者参与进来，帮助机构在生态伦理方面获得有益进展。当这一工作进行之时，

---

① 新的证明材料收集在西奥·科尔伯恩(Theo Colborn)、黛安·杜马诺斯基(Dianne Dumanoski)与约翰·彼得森·迈尔斯(John Peterson Myers)联袂撰写的《失窃的未来》(*Our Stolen Future*. New York: Dutton, 1996)之中。

重要的一环就是,两中心都有必要既在自己的成员之中,又在游客之中,宣传自己在生态重建方面所作出的努力,以期对此生态工作带来支持和协作。

## 作为生态角色榜样的佛教中心

对此两所佛教中心进行这一比较研究,带出了许多有趣的新问题。因此,需要对其他多种不同的佛教中心进行更多的个案研究。预测未来的研究,应该包括对以下一些机构的生态实践活动的回顾:罗切斯特禅修中心(Rochester Zen Center)(纽约),特伦伯山禅修中心(Mt. Tremper Zen Center)(纽约),噶美邱林西藏中心(Karme Chöling Tibetan Center)(佛蒙特州),熊果树村(Manzanita Village)(加州),香巴拉中心(Shambhala Center)(科罗拉多州),山水寺(Mountains and Rivers Temple)(加州)以及其他的一些禅修中心。[①] 生态实践主要是受佛教传统所驱动呢,还是受美国环保主义所促进呢?人们对这一点的认识是模糊不清的。生态文化会成为美国佛教的标志吗?在一些特定的禅修中心,生态实践与禅修实践以及佛教修行的其他方面又有什么联系?这也是不清楚的。在今后的研究中,我愿意找出,在一些禅修中心,正在教导或实践的佛教的哪些方面实际上是阻碍了生态文化的发展和应用。

如果像佛教禅修中心这样的机构,要在修行或实践方面变得更有生态韵味,要增加更多的生态关注,那么这么一种发展又需要依赖哪些因素才能得以完成呢?可能存在的一些重要因素或许是:1. 在确立生态优先地位时,禅修领导层的作用;2. 处于关键地位工作人员的创造性工作及成就;3. 教义对环境作用的强调程度如何;4. 保留与传承宗教传统以及文化传统的方法或手段如何;5. 修行对其本身的期望,以及修行对生态史和管理需求的理解;6. 来自外部的发展压力。这其中的一些因素,对一些中心来讲是可操作的,但对其他中心就不一定,每一中心都会形成自己独特而复杂的环保故事。通过对田园禅修中心以及都市禅修中心的考察,通过

① 也请参看杰夫·山内:《禅宗山中心的绿化:个案研究》("The Greening of Zen Mountain Center: A Case Study"),见本集内。

对具有不同佛教传统的中心的考察，以及对不同规模或不同领导模式的禅修中心的考察，那么，我可能就能够辨别出其中的一些生态实践模式。

通过对此两所禅修中心的初步考察，似乎可以清楚地看到，绿峡谷禅修中心与灵岩禅修中心正在开始证明，哪些方面表现了作为一个机构依据一种生态伦理来生活的可能。过去，宗教中心已经成为建设更广社区的榜样，或许这些佛教中心可以向海风县以及范围更广的组织的其他中心，示范人们如何可以生活得更简单与更环保。通过表达感恩，通过有效照管土地，以及通过与土地上的野生能流保持开放联系，这些中心其实就维系了佛法修行的根基。大家作为佛教社团邻居以及佛教之中的“善知识”（kalyana mitta，心灵上的朋友），一起工作，共同努力。他们可以激励其他人，以对环境负责的方式行事，从而对繁衍在土地上的人类与非人类成员的健康与兴旺负起责任。这些中心将生态文化融入日常生活的成功范例，随着时间的流逝，可能会激发游客将这些实践方式传播至其他机构的运作或家庭生活之中去。从而，基于心智修炼的生态文化果实，就可以支撑再次栖居的肇始，而带来可以维系一切生命所需的能流。

（何则阴　译）

# 禅宗山中心的绿化:个案研究

杰夫·山内
(Jeff Yamauchi)

## 导 言

我们已经看到,在过去的几年里,美国越来越多的禅宗(Zen)中心一直在努力将环境伦理融入到他们的社团生活之中。从理论上来看,环境伦理与禅宗似乎是相适应的,因为禅宗倡导对所有生命保持敏感性,鼓励节制、适度和简单的生活。然而,了解一下美国的禅修中心如何将修行运用于环境问题之上也是值得的。

出于几点原因,我选了加州的禅宗山中心作为个案进行研究。在过去的两年里,我住在该中心并且作为主要的参与者,参加了中心的一些环境项目。该中心的自然环境,为促进珍爱环境而进行户外教育及其他相关活动提供了一个理想场所。在一项环境发展项目中,中心的领导特别注意保护整体的完整性,并且愿意采取措施保护其天然景色。"低环境影响"一直是中心对现行发展策略所采取的基本态度。虽然如此,直到最近,其管理径路更多地仍是采取一种大体原则的暗示方法,而不是给予具体的运作指令。在我看来,禅宗山中心近似于正在贯彻一种环境项目,其既具有独一无二性,又在广泛应用之中。因此禅宗山中心有潜力成为一个在美国禅宗界倡导发展和促进环境伦理的重要倡导者,它可能是一个美国禅宗中心尝试"绿色"环保实践的最佳范例。

大体而言,禅宗山中心也为美国禅宗展示了一个很好的典范。该中心1979年由日本早期的一位禅宗大师(rōshi)博雄·泰山·前角(Hakuyu Taizan Maezumi)创建,他讲学三十余载直到1995年去世。前角禅师是最早在美国、欧洲和墨西哥发起和帮助建立禅宗修行中心的先驱。很长一段时间以来,日本禅宗一直是美国宗教全景的一部分。与其他佛教传统流派相比,日本禅宗的影响更广。因此,禅宗融合于美国的历史可以使我们更好地理解佛教对西方文化的影响。如我希望借此个案所展示的那样,禅宗山中心因在整合禅宗与环境保护论方面所起的积极作用,而可能代表了美国禅宗发展的一大趋势。

本文的主旨是禅宗山中心本身,而不是深入研究美国禅宗将来任何可能的发展方向。我希望通过对该中心环保工作的评估和一个总结性建议,来展示美国禅宗作为一种宗教途径解决环境危机所具有的生机。

## 禅宗山中心概况

禅宗山中心位于南加州圣杰辛托山脉西南坡最前沿的阿普尔谷(Apple Canyon),海拔5 440到6 800英尺。阿普尔谷溪是圣杰辛托河的南叉分流出去的一条支流。分水岭的开端处,逆流向上,离位于沙漠分水界(Desert Divide)处的禅宗山中心不足一英里远,此沙漠分水界是一座显著突出的挺拔山脊,它将圣杰辛托山脉分为东西两个斜坡。

据记载,阿普尔谷大体上有三种土壤类型:"风湿中度、含沙量2%—15%、花岗岩河床上易于排水的冲击扇形土壤;露出地表、含有岩石的干热混合地层,50%—100%的坡度,深度坚硬的未风化岩石不到20英寸;露出地面的岩石层,30%—100%的坡度,其邻近光秃的岩床含有不到15%的土壤,但足以维系各种植物的生长。"①含沙土壤和峡谷底端相连,而几乎没有分解的岩石土壤主要分布在峡谷坡上。

---

① 迈克尔·汉密尔顿(Michael Hamilton):《禅宗山中心的生物影响报告》(*Biological Impact Report of Zen Mountain Center*, Idyllwild, Calif.: Michael P. Hamilton and Associates, 1994),第11页。

禅宗山中心的地产——160 英亩(总面积的四分之一)——有多种多样交相辉映的动植物栖息地：河滨、露石岩、草地、山地丛林、橡树林地和混合针叶林。此外，该中心的大部分面积相对而言未受到人为干扰。实际上，附近很大比例的土地都属于联邦政府所规定的荒地保留范围。中心及周边环境地形的多样性与相对完整性维系了动植物的多样性。中心的一项详细的生物影响报告，列出了本地区生物现状：共有 216 种植物，63 种鸟类，24 种哺乳动物和 16 种爬行两栖类动物。①

除了一些私人住宅以外，禅宗山中心和松林泉农场(一个大型的休闲和会议场所，位于中心南部一英里处，由基督复临安息日教会运作)对阿普尔谷施加了来自人类的最大影响。附近的社区，如山区中心、加纳谷、松林峡谷和野外田园构成了这周围最主要的居民人口。即使洛杉矶和圣地亚哥也分别在中心西边和南边大约一百多英里处，该中心的地理位置仍很隐蔽。

中心相对隔离的地理位置，在一定程度上保证了该地区的生物多样性。此外，有为数不少的珍稀、濒危与敏感物种在中心领地出没或生存。(见表 6—1)。阿普尔谷周围的 30 种濒危物种中的大多数都对人类的影响非常敏感。一项生物调查显示已经有 7 种珍稀动物(斑点蝙蝠、北圣地亚哥口袋鼠、加州斑点猫头鹰、山区鹌鹑、北部苍鹰、南部山艾树蜥蜴和圣地亚哥山区王蛇)和 2 种珍稀植物(约翰斯顿岩石水芹和加州钓钟柳)生存在该中心辖区。此外还有一些生态指示性物种，如加州斑点猫头鹰，具有象征性意义，它反映了一个成熟松叶林所具备的条件。

该生物影响报告提供了一个清楚而又实在的证据，说明该中心地产处于一个具有丰富物种的多样性的地理环境之中。南加州因其城市化进程和各种形式的发展项目丧失了大部分的自然栖息地而臭名昭著，仅此丧失就使得该中心不得不考虑阿普尔谷脆弱的独特性。

---

① 迈克尔·汉密尔顿：《禅宗山中心的生物影响报告》，第 60—99 页。

**表 6—1:在禅宗山中心附近发现的或会出没的珍稀、濒危和敏感物种①**

| 物种 | 状态② | 已发现的最近位置 |
|---|---|---|
| 哺乳动物 | | |
| 半岛大角羊 Ovis canadensis cremnobates | C2, CE, NF | 离中心不到10英里 |
| 斑点蝙蝠 Euderma maculatum | C2, NF | 在中心观察到 |
| 太平洋西部大耳蝙蝠 Plecotus townsendii townsendii | C2 | 离中心不到5英里 |
| 圣伯拿北部飞行松鼠 Galucomys sabrinus californicus | C2 | 离中心不到10英里 |
| 北圣地亚哥口袋鼠 Perognathus fallax fallax | C2 | 在中心观察到 |
| 鸟类 | | |
| 加州斑点猫头鹰 Strix occidentalis | C2 | 在中心观察到 |
| 南部秃鹰 Haliaeetus leucocephalus | FE, CE | 离中心不到5英里 |
| 北部苍鹰 Accipiter gentilis | C2, NF | 在中心观察到 |
| 山区鹌鹑 Oreotyx pictus | C2, NF | 在中心观察到 |
| 两栖爬行类 | | |
| 圣地亚哥蜥蜴 | C2 | 离中心不到5英里 |

① 改编自迈克尔·汉密尔顿:《禅宗山中心生物影响报告》,第40—43页。

② FE=联邦级濒危物种;C1=准联邦级1级;C2=准联邦级2级;CE=加州濒危物种;CT=加州受威胁物种;CR=加州珍稀物种;CNPS=加州本土植物协会清单1B;NF=国家森林敏感物种。

| | | |
|---|---|---|
| Phrvnosoma coronatum blainvillei | | |
| 沿岸西部鞭虫 | C2 | 离中心不到 5 英里 |
| Cnemidophours tigris umbratica | | |
| 南部山艾树蜥蜴 | C2 | 在中心观察到 |
| Sceloporus graciosus vandenburgianus | | |
| 圣地亚哥山区王蛇 | C2，CR | 在中心观察到 |
| Lampropeltis zonata | | |
| 圣地亚哥环颈蛇 | C2 | 离中心不到 5 英里 |
| Diadophis punctatus similis | | |
| 南部橡皮蛇 | CT | 离中心不到 5 英里 |
| Charina bottae umbratica | | |
| 大斑点剑螈 | C2 | 离中心不到 10 英里 |
| Ensatina eschscholtzii klauberi | | |
| 山区黄脚蛙 | C2，NF，CR | 离中心不到 10 英里 |
| Rana muscosa | | |
| 植物 | | |
| 加州篷子 | CNPS，NF | 离中心不到 10 英里 |
| Galium californicum ssp. prinum | | |
| 加州钓钟柳 | C1，CNPS，NF | 在中心观察到 |
| Penstemon californicus | | |
| Hall's Monardella | CNPS，NF | 离中心不到 5 英里 |
| Monardella macrantha var. hallii | | |
| 隐蔽性湖泊蓝色卷叶 | C1，CR，CNPS | 离中心不到 10 英里 |
| Trichostemma austalmonatum ssp. compactum | | |
| 约翰斯顿岩石水芹 | C2，CNPS，NF | 在中心观察到 |
| Arabis johnstonii | | |
| 柠檬水仙 | C2，CNPS，NF | 离中心不到 10 英里 |
| Lilium parryi var. parryi | | |

| | | |
|---|---|---|
| 姆孜猬 Echinocereus engelmannii var. munzii | C2, CNPS, NF | 离中心不到5英里 |
| 教区刚毛 Chaenactis parishii | C2, CNPS | 离中心不到5英里 |
| 圣杰辛托多刺草夹竹桃 Leptodactylon jaegeri | CNPS, NF | 离中心不到5英里 |
| 蓬松角矾根 Heuchera hirsutissima | CNPS, NF | 离中心不到5英里 |
| 细角针叶花 Dodechama leptoceras | FE, CE, NF | 离中心不到15英里 |
| Tahquitz ivesai Ivesia callida | CR, NF | 离中心不到5英里 |
| Ziegler's tidy tips Layia ziegleri | C1, CNPS, NF | 离中心不到1英里 |

## 阿普尔谷土地利用史

卡惠拉(Cahuilla)印第安人在2500年到3000年前最先占领了圣杰辛托山脉及其周边地区。[①] 卡惠拉人大多是在10月和11月定期拜访阿普尔谷,因为那时到了橡树果收获季节。卡惠拉家族会集聚在橡树林旁边,花数周时间采集成熟的橡树果——他们最重要的主食。与谷类如大麦和小麦比起来,橡树果的营养价值更高:尽管橡树果蛋白质与淡水化合物含量要低些,但它们的脂肪和热含量要高一些。橡树的产量比较可靠——多到一棵成年大树可以摘几百磅橡树果。卡惠拉人用于碾磨橡树果的大石头和研钵就位于中心南部。位于研钵附近的一大片茂盛的加州黑栎(Quercus kelloggii)林,就为卡惠拉人在冬天进入阿普尔谷采集和加工橡

① 约翰·W.鲁滨逊(John W. Robinson)、布鲁斯·D.里舍(Bruce D. Risher):《圣杰辛托》(*The San Jacintos*, Arcadia, Calif.: Big Santa Anita Historical Society, 1993),第23页。

树果提供了证据。

19世纪晚期，阿普尔谷起先是托马斯农场，然后是加纳农场的一部分，那时加纳农场由9500英亩大小的土地组成。① 从19世纪到大约20世纪60年代，即在今天的禅宗山中心及其周边地区出现了放牧牛群的现象，尽管曾经在那个地区有很大的木材产业中心，但部分原因是因为阿普尔谷上游地区很难接近，所以只能有选择地收割一些树木。目前，在中心领地内散布着多种老树桩，如大果松(Pinus coulteri)、黑材松(P. Jeffreyi)和北美翠柏(Calocedrus decurrens)。一个来自中心异常成熟的黑材松果核样本说明，它大约有五百年历史之久。

自从1979年从阿普尔谷购进约160英亩大的土地开始，禅宗山中心就逐步发展成一个集中的禅修训练中心。该过程始于1982年第一次的三月期安居(ango)禅修。该中心的修行主要集中在夏季：一年中的其余时间相对就很安静，只有很少数量的工作人员维护着建筑物与基地。在禅宗山中心占用土地期间，大多数时间对环境几乎没有造成什么影响，这主要是由于中心最小化程度的发展。例如早期的建筑就只有洗澡堂、厨房、小禅堂和几处小茅房。后来为了安排常住与访客住宿，增加了几处小拖车式建筑。早期复合的建筑群只局限在很小的区域之内。当时间、钱与适当的人员都齐备了之后，在接下来的十年里，建筑物就会得到发展。现在房屋设施包括较大的禅修大厅、五间小屋、僧人的住处、一个工作间、一处小宿舍和一个两层楼的澡堂。除了三间小屋外，其余建筑群都位于该中心南部尾端仅三英亩的范围之内。人们对使用场所的限制，极大地降低了对阿普尔谷的影响，并直接为当地环境带来了持续不断的活力与兴旺之象。

尽管由于经济原因，禅宗山中心放慢了发展步伐，但保持一种生态敏感性，也是考虑在此山上选择适当方法建立禅修中心的一个影响因素。一位中心的早期常住，在其文章中反思了这种环境“意识”：

在佛教传统中，圣地的主要形式一直是寺或院。因为它们都是

① 约翰·W.鲁滨逊、布鲁斯·D.里舍：《圣杰辛托》，第64页。

由人所修建，可以位于不同的地方。一般说来，它们要么是修建在政治权力发源地附近的城市里，要么是建在另一种神圣力量发源地附近的群山之中。两种圣地形式的结合，即庄严的庙宇和山区的自然风光，造就了一处极有影响力的修行中心。①

阿普尔谷被认为是该中心的延伸，有了爱和关注，建筑物和基地自然就形成了。对环境最小的破坏是将峡谷作为圣地的直接后果。该生物影响研究已经证实，他们对中心的环境产生的是最小限度的影响：

显然对环境的搅扰是最小程度上的，因为噪音低，光源限制使用，禁止打猎和诱捕；而生活方式上具有能保持生物多样性的特征，以及限制人类的造访。结果就是该地区的生物多样性方面呈现出特别丰富的特征。②

尽管禅宗山中心社区在这里已经持续 17 年了，该中心地产内部的自然栖息地及其生物多样性仍然得到了保护。尽管没有明确地说明，但明显地，一种大地伦理在禅宗山中心的早期发展之中已经起到了作用。

## 禅宗山中心的员工制管理实践

禅宗山中心的任务声明近来已作了修改，一个原因是因为中心需要设计一个管理财产的更全面的方法。如其陈述，中心的目标是：

旨在为禅宗的教学、培训和修行提供支撑性环境；旨在将稳固可行的生态原则整合到禅宗山中心的发展和运行功能之中；旨在确保佛法的法脉能在未来的人类后代之中得以传承。

① 卡尔·马盖·吉布森(Carl Mugai Gibson)：《山中心：修行胜地》("Mountain Center: A Special Place to Practice")，载《十方》(*Ten Directions*, Los Angeles: Zen Center Publications) 6, no. 1 (1985)，第 5 页。

② 汉密尔顿：《禅宗山中心的生物影响报告》，第 48 页。

在修改任务陈述的过程之中,中心社区和成员达成了一个普遍共识,后来由董事会在1996年4月14日正式批准。修改后的任务综述,为促进员工的管理实践设定了阶段性目标,该实践方式能保护此中心地产区域的自然完整性。收录到1994年生物影响报告和生物储备中的关于动植物居住地和物种多样性的经验性数据,为禅宗山中心的管理者提供了准绳,该准绳可以用来评估对自然资源管理的方法是否适当。

最近还雇用了一名森林官来帮助发展适宜的员工制管理制度,以维持聚集在该中心生态寄居区之生物的健康和多样性。整体目标就是让中心90%以上的地产范围不受干扰。该森林官在1995年提出的一个全面计划给出了具体指示,以提高不同生态环境活力,降低火灾风险,提高野生动植物寄生地的多样性。① 管理制度已经执行了6年多了,它要求进行适当的森林资源管理实践,包括减少过多的植被,去除患病的和病虫害树木,栽种适宜的针叶树和橡树,保留矗立的死树(snags)和倒下的腐树,好让它们成为动物的巢穴。管理激励项目(SIP)第一期,为减少淤积植被已经获准两千美元的资助,是为了处理那些容易引起火灾的植被。由州和联邦局发起的"SIP"项目,旨在鼓励和帮助私人植林地所有者以一种对己和对后代都能持续发展的方式,积极管理好土地。

在员工制管理计划之中,建议优先减少密集的下层丛林,特别是处于建筑物周围的丛林。抑制火灾是人类在阿普尔谷和圣杰辛托山区其他地方最重要的影响行为。美国林务局(United States Forest Service)火灾史图显示,至少在最近的50年里,在禅宗山中心没有重大火灾发生。然而近来有四起火灾威胁到了阿普尔谷。如在1982年,起源于圣杰辛托山沙漠边的一场大火从北边向阿普尔谷蔓延。只因上升气流的强风,才阻止了火沿山脊蔓延而下。1993年,一位粗心的猎人引起另一场火灾,因他在中心外面留下了一处没有完全熄灭的篝火。火很快就被灭火直升机用水熄灭了。第二年,闪电袭击了离禅宗山中心大约五英里的赫米特湖而造成了另一起火灾。阿普尔谷和附近五月谷的所有居民都要参与到志愿

① 詹姆斯·F.布里奇斯(James F. Bridges):《加州河岸县阿普尔谷禅宗山中心森林管理计划》(*Forest Stewardship Plan for Zen Mountain Center at Apple Canyon, Riverside County, California*, Redlands, Calif.: n. p., 1995),第48页。

撤离的活动之中，赫米特湖的火灾在三天之内得到了控制。最后一次，即1996年7月初，野外田园与松林峡谷南部多达一万英亩范围的森林被烧毁，也威胁到了附近城镇。在那场火灾中虽无人员死亡和房屋损失，但是其严重程度足以要求将整个社区撤离。这些插曲给了我们清楚的证据，那就是火灾的的确确为我们带来了真实的危险。

为了实现第一个员工制管理目标，中心复合建筑群周围六英亩的林地都已被变薄以用做防火隔离带。在设施周围需要做的是定期清理密集的底层丛林和死木，不仅仅在规定的30英尺内，而且至少是两倍于此距离或者必要时是更长的距离。在选定区域进行控制性燃烧——进行适当的监督和提供适当的条件——也是减少火灾之可能的方法。火灾太容易发生了，既可能因自然原因也可能因人为原因，而且火速很快，加之峡谷的窄通道增加了风的流动，这也可导致难以置信的巨大破坏。在火灾之后，要在阿普尔谷恢复森林和重建老树林，要花好几百年时间。因此强烈承诺进行火灾预防工作，是在禅宗山中心地产之内促进管理工作计划中的一个首要因素。

另一项员工制管理实践就是限制发展速度。中心财产只有很小部分用于发展，而且仅仅局限在三英亩的范围之内，中心的大部分土地都将让它们保持原貌。将继续控制对峡谷上游(加州斑点猫头鹰栖息地)的有限涉足，使其没有新的人类痕迹增加，目的在于抑制人类对野生动植物带来的直接破坏。

常住居民、学生和旅客数量的潜在增长，也会带来重要影响，所以在设计措施减少负面因素增长之时应该考虑到此类影响。现在中心已有13名常住员工，而周期性的访客，人数由1至100人不等，时间持续一天至三个月。夏季访客最多的时候，周期性客人平均大约有10人，也可能有20位之多或更多。中心计划未来增长到36名全职常住员工，访客数量和停留时间大致保持一致。但实际上访客平均数量极易攀升。在整体设计建筑群落时，要考虑到充足的住房以适应人流需求。全职员工们自己也会带来很大影响，而且会对禅宗山中心的发展和机能起到最为重大的影响。最重要的是，中心的常住员工为管理行为奠定了基调，因在很大程度上，是他们自己在具体实施政策，所以实际上是他们决定了环境政策。

例如，一位员工可能希望饲养一只狗或猫，如果允许放养，这就会对周围区域的野生动植物带去影响。虽然在这一点上，目前还没有发生实质上偏离管理制度的现象，但在未来可能还是需要制定一些管理方针，以清晰勾勒出一些必要的预防措施来使人们对中心地产及其生物栖息地环境的影响最小化。

在很多方面，禅宗山中心可以被看做一个自然保护区，有着98%的未经发展地区和可持续维系的生物多样性存在。中心的禅修活动使他们采取了适宜的方法来管理中心财产，因为只需要发展很小一部分地方来进行禅修培训，还因为禅宗的整体战略眼光就是要求尽可能地减少对环境的危害。也就是说，中心将来要正常运作，对环境必须提出最小化的要求。阿普尔谷的自然风光实际上有利于禅宗的沉思或冥想之类的修行训练。因此保护和适当管理中心的动植物栖息地以支撑丰富而多样的生态生物区，正是中心的核心兴趣所在。

## 一项关于禅宗山中心环境发展项目的提议

我参与了一项非营利性教育的一体化课程，就是大家所知道的"地球见证基金"(Earth Witness Foundation)，它旨在关注一项环境项目发展。"地球见证基金"的名字来源于作为确认他证得圆满正觉的佛陀触地的那一瞬间。环境项目的全面属性就保障了该组织能够全心全意与有效适当地实施其目标。正如地球见证基金的规章之中所说明的那样，该公益计划项目的主要目的是：1. 提供一种以修行方法为实现手段的环境教育中心或场所；2. 提供一处本土教育工作室；3. 资助一些特别活动，例如客座演讲者的讲演和学术研讨会，这样就可以培养一种环境意识与生态意识；4. 以季刊和不定期文章的形式发布环境信息；5. 为宗教与生态的合作，特别是与佛教的合作，提供公开的论坛进行讨论；6. 实施一些解决环境问题的高端项目。①

---

① 杰夫·山内：《加州公益社团地球见证基金之规章制度》(*Bylaws of Earth Witness Foundation*, *A California Public Benefit Corporation*, Mountain Center, Calif.: Zen Mountain Center, 1996)。

人们有意将环境项目的适用目的制定得很宽泛，以适应将来更广泛的目的范围，但该项目目前还处于计划阶段，大多数项目都还处于发展过程之中。该环境项目取决于禅宗山中心僧伽承担事务的多少，实际上可能要花两年的时间来实施。

然而地球见证基金的主动性运作，要与禅宗山中心新的领导阶层相适应。目前似乎是开始一项环境项目的理想时间。中心的管理层广辟门路，特别接纳创新观念，以将中心的机能拓展至严格的和正式的禅宗修行之外。中心现阶段具活力的动态氛围使环境项目更容易接纳，而且对于作为一个整体的社区而言，都具有潜在可行性，特别是考虑到中心已经开展与实施员工制管理计划。

我相信，中心员工制管理计划的下一个步骤，就是在禅宗山中心促进一个能利用可靠的生态原则和减少物质消费来指导的可持续发展的生活方式。当禅宗山中心社区真诚地尝试过一种更可持续发展的生活方式后，管理制度对所有人来说将会变成一个更有吸引力的过程。尽管禅宗山中心还不能完全自给自足，不能依靠自己生产或制造，但社区可以促进实现可持续发展的积极变化，这样就会限制对环境的影响。

有很多既能降低影响又能减少消费需求的方法。以下两个事例是中心迈向可持续发展的开始步骤，它们展示了禅宗山中心正在实践的被称为绿色的禅宗修行方式。

用一种更能随时更新的能源是实现环境项目可持续性发展目标的一种方法。中心已在适当位置安置了一处光电系统，与一台 6 000 瓦的丙烷发电机相配合，它们能在用电高峰期和白昼较短的冬季供电。现在中心由于太阳能板的不足，限制了其全面将太阳能作为一种电能来源的运用。禅宗山中心的目标之一，就是能用一个光电系统，而实际上使太阳能发电作为中心的唯一电力能源。在光电系统之中，成功使用的关键因素是电能的保存，如用低功率的电灯泡，关掉不必要的电灯和限制电器的使用。

使禅宗山中心社区可持续发展的第二种方法是栽种一些有机食物。位于中心西南角的是一小块苹果园（20 棵树）和蔬菜园（直径 33 英尺）。这仅是一个适度的开始，但中心内部还有一英亩的土地很适合耕种。菜园产品仅仅只是食物的补充,而且在夏季和早秋将是非常有限的,但是为了增加水果和蔬菜种类,就有必要掌握关于植物生命周期的知识,熟悉当地气候特征与栽种条件方面的情况。换句话说,园艺也可以被看做一种教育常住者与游客的成功手段。

因而,可持续发展在禅宗山中心发展环境项目之中可以起到非常关键的作用。中心有意识地努力减少消耗和寻找可持续性替代品的做法提供了这样一种环境意识,该意识能成为禅宗修行的基础。环境项目由于禅宗山中心根据其员工制管理理想而在实际生活之中起到了积极作用这一事实而得到了加强。

## 禅宗山中心的环境工作室

只有一个工作室成为最近提议的禅宗山中心环境项目的一部分,但是更多的一些工作室已经纳入日程。该环境工作室的主要目的是培养人们对环境的正确态度与欣赏、感激之情。因为阿普尔谷的自然美景和中心管理其土地的有效方法,逻辑上,建立环境工作室将有可能成为提高生态意识的下一个举措。

因为工作室还处于发展的初始阶段,现在要对它们作一个全面而有组织的陈述就很困难。我描述工作室的目的是,说明中心在发展环境项目方面,而不是在正式的禅修培训方面大致的可能方向。我相信,禅宗山中心正在走出传统禅宗发展模式之局限。更多的以环境为导向的工作室可以为中心提供机会探索出禅修培训之外的其他的一些环境教育机遇。这里讲到的仅仅是有可能被适用到禅宗山中心环境项目的那些工作室。

其中一些工作室涉及美国的本土艺术。美国本土的传统方法和象征不仅仅包括本土的文化要素,还表达了它们与当地环境的密切相关性。本土艺术工作室与中心的自然背景是相一致的:参与者在探索他们的创造性与获取更强的本土文化意识之同时,可以分享发展一种对环境更好的理解以及与环境的良好关系。

例如,最近在一个陶器工场,胡安·奎扎达(Juan Quezada)花了五天时间给学生展示和讲解他的制陶技巧——一项起源于大卡萨斯(Casas

Grandes)的陶器制作传统。陶器反映了他的文化背景，展示了墨西哥他家乡周围的沙漠风貌。奎扎达是墨西哥奥尔蒂斯(Ortiz)马塔(Mata)繁荣的陶器业的创始人。他的作品已在赫尔德博物馆(Heard Museum)、洛伊博物馆(Lowie Museum)和洛杉矶的西南博物馆展出。胡安·奎扎达的陶器工作室展示将成为一年一度的盛事。另一个已经列入计划的本土艺术工作室就是卡惠拉人的篮子编织艺术，它将展示当地原住民的文化工艺。卡惠拉编篮艺术要求使用当地的土种植物，这些植物在禅宗山中心生长有很多。辨别这些植物和编织技巧的知识会使卡惠拉篮艺培育出一种对卡惠拉文化以及当地环境更多的感激与欣赏之情。

圣杰辛托山边远地区的荒野静修中心将是接下来的另一个环境工作室。三天的背包旅行将结合难忘的徒步旅行，早晚禅修，和一段长时间的独处。中心的潜在理念是促进自然作为修行"导师"的作用，同时深度的禅修和沉默提升了人们在森林之中旅行所获得的洞察。要设计四所这样的中心来与四季相配合。静修中心也可能安置在圣杰辛托山旁边的其他地方，可能的地域包括附近的圣罗莎山、安萨波瑞哥沙漠和约书亚树国家公园。

在鼓励更好地感激与欣赏自然世界的同时，环境工作室有可能成为应用正念禅修的另一种方法。这些工作室同样还能向那些可能不会来此地的人们介绍禅宗山中心。在工作室里，定期的禅修指导还将继续提供，但一般来说是在适当时候有选择性地提供，或必要时结合在一起提供。人们有足够的兴趣来维系环境工作室在将来的发展。我相信这类工作室和静修中心在行进中的环境项目之中总会占有一席之地的：不仅仅是因为它们能为中心提供经济支持，还因为它们将通过融入广泛的教育理念而有助于禅宗山中心的多样性发展。

## 概要与结论

在从阿普尔谷购进约四分之一大的土地之后，禅宗山中心继续作为一个"绿色"禅修中心向前发展。中心的绿化进程足可暗示此处存有一种员工制管理伦理。1994 年进行的生物影响报告提供了一个实实在在的证据,那就是在很大程度上,中心有意识地减少对周边环境的影响,并已认识到阿普尔谷生物区的存在价值。该报告也是一份科学文书,因它揭示了在中心地产之内所发现的动植物栖息地及种属分类上的丰富多样性。

结果,禅宗山中心的环境伦理,已经以一种更连贯与更有组织的方式,发展成为其总体方针中的一个很重要的组成部分。中心修改之后的任务声明,在其中整合有可靠的生态原则,是他们严格按照环境指导路线行事的反映。一项由一在册森林官提出的六年员工制计划已被实施,并且在第一年进展得很顺利。在中心地产之内进行自然资源管理的复杂程度,总体说来都很高。当深入考虑将禅宗山中心更充分地发展成为一所既在伦理方面又在精神层面顾及环境后果的禅修中心时,它们已经有意识地付出了促进生命可持续发展的诸多努力。

在禅宗山中心建立环境项目的下一步提议是绿化该中心。虽然仍在起步阶段,但环境项目已见曙光。固然现在对该中心的环境项目下结论还为时太早,但是还是可以得出一些结论的。考虑到中心的自然环境、其渐进性的行政管理方式以及禅修之中的环境因素,禅宗山中心有机会发展出一项独特的环境项目。表面上看,美国有上百个佛教中心可以提供各种各样的禅修,但是它们当中只有很少的一部分拥有发展良好的环境项目——如果它们真的也有这样的项目的话。禅宗山中心有潜力成为将环境关注整合到佛教修行之中的一个佛教中心。

禅宗山中心同样还有潜力在探索宗教、自然与环境之间的联系方面作出自己的贡献。显然,所有主要的宗教传统都必须与日益恶化或遭破坏的环境相适应。中心在保存土地的自然性完整方面,已经保留有很好的记录,现在他们开始为在更宽的社区范围之内培养那种态度而寻找方法。通过继续强调员工制管理与环境教育,禅宗山中心,对于美国那些希望开始绿色实践的其他佛教中心而言,无疑能够成为一个成功的范例。

(周玉、刘伟　译)

# 佛教生态世界观的应用

# 核生态学和入世佛教[①]

肯尼思·克拉夫特
(Kenneth Kraft)

不管是对于学术界内外的佛教思想家还是一位思考着的佛教徒来说，当今都是一个令人颇感兴趣的时代。无论人们在哪儿研究佛教传统，都会发现，现在是对一些教义和实践形式进行重新阐释的时候了。一个激励当前佛教思想和实践革新的事物就是目前世界范围内的环境危机。学者和行者都在问：有没有可能从佛教角度来阐述当今的生态问题？有没有可能依照如今的生态挑战来真正地变革佛教？处理这样一些问题的一个方法就是着手处理一个具体的环境问题。一个具体的问题可以把我们的注意力重新引到一个不为我们熟悉的方法之上，因为你要和新的学科较量，要把自己完全沉浸在具体的细节之中，并且要培养出新的工作搭档。然而，就是这样的一个过程对佛教会颇有益处。

核废弃物就是这样的一个具体问题。核出现五十多年以来，核废弃物的处理就一直从科学、技术、社会、政治以及伦理方面困扰着工业社会。辐射性的废弃物迫使人们把它当做一个课题来考虑，部分原因是因为现在处理这个问题的工艺很陈旧，既妨碍视野又阻碍行动，我们缺乏一个新的概念性框架来结合相关的方法并运用上我们的想象力。因此近来我一直在尝试运用**核生态**(nuclear ecology)概念。[②] 首先，“核生态”听起来像是矛盾的：辐射物质是不生态的，这一事实臭名远扬，以致“核非生态”可

---

① 我对 Sōgen Hori、斯蒂芬妮·卡扎和艾伦·森诺克(Alan Senauke)就本文初稿所提出的颇具思想性的评论深表感谢。

② 以前我从没在西方语言中见过“核生态”一词的使用，但是我了解到，在莫斯科有这么一个学院叫“核生态和核政策中心”(直译而来)。

能会更合理点儿。然而有些明显矛盾的事物到头来却还是讲得通的(比如说:入世佛教、缘生说,在外行听起来这些仍然是一些悖论)。把"核"和"生态"放在一起,可能会促使我们在更广的语境范围之内,来考虑核现实,这样一个范围会把目前和将来对生物圈的核影响结合起来考察——亦即"生态的"。理想点来说,对人(或万事万物)和生态系统的潜在威胁,应当是我们首先思考的问题而不应是过后追悔的憾事。①

核生态作为一个领域,也可能能够把对核物质进行长期管理所需的不同学科或个人的作用整合为一个整体。一些观察者承认,当今学科过于细分亦有不足之处:

> 所涉及的问题,要求对物理学、工程学、医学、流行病学、地理学、经济学、系统分析学、心理学、管理技术等都要有很好的了解,而这是任何个人都做不到的。因而,从某种意义上来说,没有哪位专家,没有哪一个人能对所有这些领域都有独到见解,更别说是非技术人员了。②

就单单生态这个名目下就有好几个与核物质有关的下属学科,但是这些学科从来都没有被用于对核废弃物的管理。这些学科包括辐射生态学(也称为放射生物学)、应用生态学、工业生态学、恢复生态学和深层生态学。为了重视后代权益,一个统一的核生态学应该体现出来自世俗和宗教方面的管理与保护意识。佛教及其"宇宙生态学"(cosmic ecology)③与其他的一些学科的确应能有所贡献。

---

① 任何表达都有其不足之处。如果核生态被误解为只是从正面角度来说明核现实的危险之处,听起来它就会是很良性的东西。要承认的是,核生态拓展了生态的含义(即:核物质不像其他物质那样可以反复利用)。基于实践目的,必须定义其有限性,例如,我建议把核裁军和防止核扩散的问题不列入核生态范畴。

② 道格拉斯·麦克莱恩(Douglas MacLean):《了解核能方面的争论》("Understanding the Nuclear Power Controversy"),载小 H. 特里斯特拉姆·恩格尔哈特(H. Tristram Engelhardt, Jr.)与亚瑟·L. 卡普兰(Arthur L. Caplan)编:《科学争论》(*Scientific Controversies*, Cambridge: Cambridge University Press, 1987),第 578—579 页。

③ 弗朗西斯·H. 库克:《华严宗:因陀罗网》(*Hua-yen Buddhism: The Jewel Net of Indra*. University Park: Pennsylvania State University Press, 1977),第 2 页。

## 佛教徒对核问题的回应

几十年来，佛教徒对核问题一直都很敏感，尤其是在北美。对辐射物质问题的关心，通过各种反对核武器的方式表现出来。这些方式包括：横穿美国的游行抗议，在联合国静坐，在内华达州核试验基地示威，个人的叛逆行为以及参加当地的监督小组。1974 年，诗人加里·斯奈德在他获得普利策奖的书《龟岛》里写道："别再就核废物的处理欺骗公众了：要安全地处理它们是不可能的。"①越南一行禅师把核废弃物说成是"最难对付的一种垃圾"和"正念(mindfulness)警钟"。②

这个领域里，最具影响力的佛教思想活动家是乔安娜·梅西，她是"核监护概念"的提出者。梅西的思想及其榜样力量激励了包括我在内的许多人。她并没有因害怕核废弃物而退缩，她反而辩论说，我们必须为此承担起责任。梅西在培养一种未来人意识，她想象未来人要求我们处理的最紧迫的一个问题可能就是："你们做了什么——或没做什么——来保证我们不受你们所留下的有毒核废弃遗物侵害?"她建议创立监护场所与成形的核设施，在这些地方，可以借一种能反映对待这种任务的普遍的道德承诺来监督放射物质。这些场所也可以具有宗教性质，可以作为朝圣、禅定或是举行与管理有关仪式的地方。由梅西领导的核监护小组，从 1991 年到 1994 年一直都很活跃。在研究小组或公共工作坊里，参与者们用未来主义的仪式来体验，这种仪式表达了监护理念。虽然这个核监护小组并没有发展成为一个组织，但是它的一些观念传到了环境管理部的能源办公室里。③

美国的几个佛教团体，把对核问题的关心结合到了他们的宗教修行

---

① 加里·斯奈德：《龟岛》，第 94 页。

② 一行禅师：《最后一棵树》("The Last Tree")，载阿伦·亨特·巴德纳编：《达摩盖娅：佛教与生态论文集》，第 220 页。

③ 乔安娜·梅西：《把世界当成爱人，当成自己 》(*World as Lover, World as Self*, Berkeley: Parallax Press, 1991)，第 220—237 页，以及书中每一处。也请参见肯尼思·克拉夫特：《佛教实践的绿色层面》("The Greening of Buddhist Practice")，载罗杰·S. 戈特利伯编：《神圣的地球：宗教、自然与环境》，第 492—494 页。

之中。1995年,在旧金山北部的绿峡谷禅修中心——可能是在这方面最活跃的机构——上演了一出多媒体的仪式和表演来纪念广岛和长崎被炸50周年。俄勒冈州的一个很小的禅修小组成员,下定决心要对核废弃物这把“毒火”做点什么,因此他们在传统的菩萨四弘誓愿的基础之上加上了第五个弘大誓愿:

众生无边誓愿度
烦恼无尽誓愿断
法门无量誓愿学
毒火无熄誓愿制
佛道无上誓愿成①

佛教和核问题的交叉问题激发出了很多艺术作品的创作,这些作品通常都具有行动主义的推进力。小田真由美(Mayumi Oda)创作出丰富多彩的印刷物和旗帜:女神和菩萨在保护地球不受核污染。棚桥一晃(Kazuaki Tanahashi)在政府核基地,带领大家用彩色布或巨大的毛笔共同作画,创作出一幅直径100英尺大的圆圈图。棚桥的圆圈影射两个完全不同的事实:历史悠久的禅圈(日语为 ensō),象征同一性;以及近来能源部的誓言文件,要关闭原子分离圈区域。② 也有越来越多的与佛教有关的诗集把核问题当做主题,其中最早的一首诗由加里·斯奈德创作:

**液态金属快中子增殖反应堆(LMFBR)**

死亡自身
(即液态金属快中子增殖反应堆)

---

① 《佛教徒对担负起监护职责的誓言》("Buddhist Vows for Guardianship"),监护工程(Nuclear Guardianship Project),载《核监护工程论坛》(*Nuclear Guardianship Forum*) 1, Spring 1992,第2页。

② 美国能源部环境管理办公室:《关闭原子分裂区:美国核武器生产造成的环境遗产以及能源部对此正在做什么》(*Closing the Circle on the Splitting of the Atom: The Environmental Legacy of Nuclear Weapons Production in the United States and What the Department of Energy Is Doing about It*, Washington, D. C.: Department of Energy, 1995)。

站在那儿，咧嘴微笑着，召唤着
钚制牙齿闪闪发光
眉毛竖起嗡嗡作响
挥舞着采矿的刀子

卡利(Kālī)在坚硬的死亡开关上跳舞

铝制啤酒罐、塑料勺子
胶合板、PVC管、乙烯基座套
它们几乎不会燃烧、不会腐烂
如潮水般淹没了我们

穿着卡利尤嘎(Kālī-yūgā)的袍子

我们的岁月结束了①

1994年4月，大约50名美国佛教徒在内华达核试验基地纪念佛祖诞辰。前一个晚上，大家协力完成的这个室外仪式包括在圣坛祭祀、诵经和绕行。这些参与者一个接一个地表达了他们所关注与渴望之事。一位妇女温和地说，她的继父还是个年轻的士兵时，就曾被迫去见证地面核试爆。一位大学生坚定地宣布："我要为地球和所有生灵贡献我的生命。"其他的一些人静静地把纸片固定在岩石之下，在圣坛里放上写下他们心愿的纸片。进行民间非暴力的抗议运动可能是这次运动不可或缺的一个组成部分，因为行禅会走向一处有穿制服的人把守的边界，一些行禅人故意越过那条界线而被逮捕。这一仪式在以下的祈祷中结束：

可能所有的功德与德行都会源于此处的努力。现在，我们恭敬地转向致力于治愈这片美丽的圣地，救助一切在此地因进行核试爆

① 斯奈德：《龟岛》，第67页。

而被伤害的生灵，以期望这个世界的孩子们，能生活在不受这些亵渎神明的核武器影响的和平之中，并因此能有机会成佛。①

## 核时代的正念

如果选择一个最常用的词，来表现当今西方佛教的修行特点，这个词肯定就是“正念”。不仅在佛教圈内如此，在大众媒体界亦是如此。最近，《今日美国》上刊有一篇标题睿智的文章，名为“佛教：当下的宗教”。它把正念称做“佛教徒禅修的核心……完全生活在当下的能力，和对生活深深的觉知与感恩”②。这样的一个定义是不会招来反对的。但是，在核问题或环境问题的背景之下，一位修行者可能会询问这样一个问题：我修行“正念”的范围是什么？

如果“正念”被曲解，那么它很可能就会在偏离环境意识的这个方向行进。如被误用，“正念”可能会被用来排除一些不想要的思想、感情或感知。若一位修行者非常狭隘地集中精力于“完全生活在当下，深深地觉知”，可能会很不经意地忽视他自己以及别人的行为所带来的更大的影响。例如，一位洛斯阿拉莫斯的原子弹设计者，他在开车上班的路上非常专注地观呼吸，或是一位核管理委员会官员，在其日常生活中特别留意“正念”禅修，但却容忍核电站的安全疏忽，对此，我们又能说些什么呢？

有时候，“正念”所涉及问题的复杂性和挑战性，并不能简单地被认为是仅仅活在当下。关心社会和环境的佛教徒们认识到，他们既要观呼吸也要关注观呼吸的范围，而观呼吸及其范围是紧密相连的。③ 真正的修行致力于不断拓宽和加深正念的范围和程度。从这点上来讲，一行禅师尝

① 坦希恩·丽贝·安德森(Tenshin Reb Anderson)：《在内华达核试验基地大门口为佛祖生日进行的献礼》(“Dedication for Buddha's Birthday at the Gate of the Nevada Nuclear Test Site”)，1994年4月10日。

② 《佛教：当下的宗教》(“Buddhism: Religion of the Moment”)，载《美国周末》(*USA Weekend*)，15—17 September 1995。

③ 对于入世佛教徒，如果在“breath”中加上一个字母“d”，比如“follow your breadth”，或是“become one with your breadth”，一些传统的凝息禅修的训诫依然具有意义。

试把正念和核废弃物联系起来：

> 最难处理的垃圾是核废弃物。不是说需要400年它就能变成一朵花，而是说需要25万年。我们很快就会把地球变成一个不适合后代居住的地方了，因此我们在日常生活中保持正念是很重要的。
>
> 核废弃物敲响了“正念”警钟。每生产出一颗核弹就会有核废弃物产生。现在有大量的这种物质，而且每天都还在增长。很多联邦机构和其他一些政府部门都很难处理它们，储藏和清理费用已成为我们留给后代的一个巨大债务。更紧急的是，没有人告知我们问题的严重程度——废弃物处理厂在哪儿以及它到底有多危险。①

一行禅师没有深刻阐释，如何才能够将我们日常生活中的“正念”修行应用于核废弃物的处理之中。此例中，保持“正念”可能包含：调查当地的能源资源以及可能的能源替代物，努力改变自己及其他人的生活方式，与更广的政治参与等。全社会要警惕现在不让辐射物质进入生态圈，而且，在将来，这也会被看成一种集体正念。②

## 此业(Karma)非彼业

现代科技在时空上的广泛影响，超出了以往任何的人类经历。在很多情况下，我们真的不知道我们的行为后果将会是什么。科技以很复杂的方式或冲淡，或扩大或掩饰了行为后果，这使得对行为的伦理评价也变得同等复杂。从佛教徒角度来衡量核废弃物的一个方法，就是用术语“业”来分析某些问题。例如，从业的角度来说，制造出会长期存在的、能把千秋万代置于危险之中的辐射物质，意味着什么？若从学术或宗教立

① 一行禅师：《最后一棵树》，第220页。

② 对科技的报复效应研究，要求人们具有一种和佛教之正念相类似的警觉感。参见爱德华·坦纳(Edward Tenner)：《为什么被反咬一口：科技与无意之后果与报复》(*Why Things Bite Back: Technology and the Revenge of Unintended Consequences*, New York: Alfred A. Knopf, 1996)，第277页。

场出发，传统意义上所理解的业，并不会轻易地使自然陷于危难之中。我们是在谈论业对我们、对子孙后代、对环境，或是对所有这些的意义吗？至少，需要拓展或改变人们以前对业的认识。

在佛教悠久的历史中，对业的理解是很不相同的。一个经典的定义是把"业"和"思"（即意图，梵文为 cetanā）等同起来，对意图的强调是佛教明显区分于机械论的印度教和曾普及一时的耆那教徒（Jain）之业概念的重要特点。虽然有些佛教徒似乎相信，只要他们的"思"是合理的，思之业就是清楚明白的，有些又承认业是复杂的，有时甚至是疑问重重的。在特定情况下，一个人可能并不真正知道自己的意图是什么，很多行为反映出多种意图。一个行为所意想要达到的效果和实际效果往往不同。最佳意图可能正是会阻碍或会引起伤害的意图。有时人们即使做了如此有违自己最根本愿望的事，但却会带来正确结果。因此"思"及意图并不是问题的全部。

在当代西方佛教徒之中，"业"主要代表行为的道德意义，即"因果"神秘地运作在伦理界和物理界。入世佛教的一个基本信条就是——不管一个人的意图，即"思"是什么——他都不可能在社会、政治或环境真空之中去走出一条心灵成长之路。当一个人在日常生活中进行正念禅修，甚至是在禅堂进行禅修，其行为或非行为仍然会继续带来广泛影响。有时，让我们沮丧的是，我们认识到人类是在加强那些基于强权和生态无知的体制。① 因此，根本就没有那种免于业力的地带存在。

在亚洲，利用人们对业的信仰来逃避责任并不是不常见（"受穷是他们的报应——为什么我应当去帮助他们？"）。然而，若根据其他解释，业包含有一种根本责任：即使我们不可能知道所有让我们处于现在之状况的因与缘，但无论如何，我们都不得不承担起过去与当下之责任。"业力"（Karma）可以肯定地被看做一切存在与现象之间的缘起现象。菩萨（bodhisattvas）和大菩萨（aspiring bodhisattvas）的度他作为都是在这个具关联性的领域里发生的。

① 平均起来，一位美国人消耗的世界有限资源量相当于 50 位印度公民所消耗的量。即使一位具有良知的美国佛教徒把此平均消费减半，这之间的差距依然很大。

在所有的佛教文化之中，发生具有业之重要含义的行为的场所基本都是个体性的：一个人现在的境况是他过去行为的“业果”，而一个人的未来愿望能否实现，类似地也要受限于他如今的行为。虽然佛教坚持认为，道德因果会作用于很长的时间范围之内，但实际上通常认为，业的影响最多能延伸于几世之内。业力的运作被认为是有序的，而且是相对可以理解的——否则，业力世界观将失去说服力。因此坏事也可能会发生在好人身上，反之亦然。而这不见得会摧毁一个人对某些正义宇宙体系的信仰。

当今的核问题和环境问题从几方面挑战着这些假设，因为，此处佛教集中于关注个体的业力后果。如今，我们也需要对集体行为进行更好的伦理分析。应该如何用现代用语来表达“集体业力”概念呢？我们对制度上的区别的理解提供了一个相似物：即使个体没有歧视意图存在，但这一制度运转起来可能就是会有偏见的。在这个意义上来讲，整个体制都是有意图的。业力理论也必须能够说明个体与集体责任之间的联系。面对一些系统问题，入世佛教徒们寻求有效的集体行动来解决问题。有一个类比把两种业的同时存在比喻成双重曝光的照片。另外一个类比是一张报纸的照片：点域（个体层面）揭示出可以辨认出来的图案（集体层面）。

虽然佛教关注不远的将来，但是现在我们也需要方法从地质角度来说明人类行为的长期影响（钚在25万年内，也就是大约在10万代人的时间之内都会充满毒性）。并且，虽然佛教关注表面上可以理解的道德因果论法则，但现在，在一个核科技时代，我们也需要面对那些日益增加的不明的道德后果。

在当代背景之下，如果想要用业力教义来证明相关性，就还需要经受住一些艰难的跨越式考验：从亚洲文化到西方文化，从前现代、现代到后现代时期，从宗教背景到非宗教和多元背景，从低科技社会到高科技社会。要承认，这是一个夸大了的顺序。如果对业力的新理解只关注于不远的将来，那么它们是否会涉及改变一些可以长期适用的法则，或是改变一些基本法则？如果是后者，那么这就不是第一次改变业力教义的主要原则。有记录说，早期佛教徒关注“思”，这在当时也是一个革新。另外一个具划时代意义的修改，就是出现这样一种观念——好的业果可以转与他人,这是对古印度相信业是无法推卸之信仰的引人注目的废除,而这对大乘佛教的发展却至为关键。

## 生态业(力)(Eco-karma)

再次思考业力,就很可能需要提出新的概念和用语。例如,高科技行为的伦理含义与低科技和无科技行为的伦理含义就可能不同。佛教对高科技伦理学的阐释,可能会需要一个类似"科技业力"这样的新范畴。同样地,如果要说明影响环境的行为伦理这一方面,诸如"生态业力"这样的概念就会变得有用。[①] 如今,我们逐渐意识到,人类过去的行为影响到生物圈现在的方式,现在的行为将会构筑起未来的环境模式。例如,如果我们依据"生态业力"概念来仔细思考全球的变暖问题,我们就可能更好地阐明问题的伦理方面。当爱因斯坦说"人类将会得到他应得的命运"时,可能他算是宣布了(无意地)"生态业力"的第一法则。[②]

随着新用语逐渐为人所知或被定义,其中的一个测试就是检测它们能否与以前的佛教传统相符。起初,业力概念在往生态方向扩展时,看起来好像和过去的佛教不是非常一致。虽然在各种文化中,佛教徒都把自然置于一个很高的位置之上,但是人们根据此词的当今含义,很难把前现代佛教理解成是生态的。诸如非暴力、慈悲这些主要美德,过去都应用到每一动物身上,但却没有用到某一物种或生态系统之上。同时,佛教的其他特征也可被引用来证明"生态业力"的创造使用是正确的。例如,动物就会被看成业力法则的主体。和西方的宗教以及知识史相比较,信仰本身就是为脱离人类中心主义(以人为中心的思想)所迈出的颇有意义的一步。

像"生态业力"这样的概念,可以促使人们对所设想的概念,如人类、

---

① 在很多处,我对于伊恩·哈里斯所称的"专业术语修正主义"(terminological revisionism)都感到愧疚。但是哈里斯也建议说,再定义是"佛教传统自身所固有的一种完美的自我完善过程之一部分"(伊恩·哈里斯:《佛教环境伦理学与反传统:以生态佛教为例》,载《宗教》25, no. 3, July 1995,第201—202页)。

② 引自彼得·韦斯(Peter Weiss):《现在,废除吧》("And Now, Abolition"),载《原子科学家公报》(*Bulletin of the Atomic Scientists*)52, no. 5, September/October 1996,第43页。

动物和植物间所圈定的界线进行重新衡量。关于植物的本质，佛教界已经争论了好几个世纪了。植物是有生命的吗？他们会感受到痛苦吗？他们能觉悟吗？佛教学者兰伯特·斯密特豪森已经提到：

> 诸如佛教徒为什么不像耆那教徒和大多数印度教教徒那样，把植物包括在由业力决定的轮回体系之中，这样的问题就产生了。如果我们没有事先假设植物是非生命的东西，而是把它们假设为是有生命的，那么它们就会感受到被切割或毁伤之类的痛苦，因此一个人就没有理由不像耆那教徒和大多数印度教教徒实际所做的那样，把它们的存在也看做是由以前的业力所致，并因而把它们看成是轮回的另外一种可能的再生形式。①

新概念允许提出新问题：某一植物的生态业是什么？某一动物，或物种，或生态系统的生态业是什么？思考把地球作为一个整体的生态业，是否有意义？我的、你的、我们的生态业是什么？

当一个人尝试用这些考虑之中的一些思想，来瞄准核废弃物中的一些具体问题时，问题的复杂性就加剧了。比如说，指派中介（Assigning agency）的处理就不是一件容易的事。从长远的角度来看，说“我们”在制造核废弃物是非常准确的——我们大多数人充分利用了此机会，过上了发达国家的生活，因而把真正的基本权力的代价，转嫁给了遥远的地方和后代。我们理所当然地认为，我们一天24小时都应拥有充足的电力。然而“我们”也可以被随意使用（We can also be used too loosely）。一个人对打开电灯开关所涉及的业进行表面的断言之前，应该考虑一些具体情况。例如，对一个特定地区进行的分析，可能会揭示出，该处的能源几乎是，或完全是可持续性使用的（风能、太阳能等）。从伦理学的立场来讲，有必要把一位核能业的经理和一位使用部分源于核能之电源的家庭主妇区别开来。

---

① 兰伯特·斯密特豪森：《早期佛教中植物的感知觉问题》（*The Problem of the Sentience of Plants in Earliest Buddhism*，Tokyo：International Institute for Buddhist Studies，1991），第101页。

即使我们认识到核废弃物会将数不清的后代置于危险之地,但是对那一遗产的伦理研究还得依赖很多因素,包括这种危险本身所蕴涵的科学和社会本质。正如伦理学家克里斯丁·施雷德-弗雷谢特(Kristen Shrader-Frechette)所提到的那样,一种危险的大小量级只是相关变量之中的一个变量:

> 除了量级,还有无数的其他因素会决定一个危险是否可以接受:无论它是主观自愿的,还是被迫的、不自愿的;无论影响是即时的,还是延时的;无论接受这一危险有无别的选择;无论这一危险的程度是为人所知的,还是不确定的;无论接触它对一个人的基本福利而言是必需的,还是只属于一种纯粹的奢侈品;无论是因为工作,还是不因为工作而接触它;无论它是一种普通的危害,还是令人恐怖的危害(例如癌症);无论是它影响所有人,还是只影响一些体质敏感的人;无论导致危害的因素是蓄意所致,还是很可能由于被误用;无论这种危害及其后果是可逆转的,还是不可逆转的。①

我们知道,在某些情况下,是人类在制造问题,但是我们依赖于没有为我们提供可变选择的生态系统。对于一个每天赶车去上下班的洛杉矶人来说,能够开车去上班是生活的必需,即使他知道,由于车辆过多,每年有好几百人因此而死亡和好几千人残疾。这儿还有一个更复杂的问题,这是科技社会的特点:任何一个开车的人,并没有明显地察觉到,烟雾是否变得更糟糕,或是否增加了由于烟雾所致的死亡人数。在这种情况下,要评估道德或业的责任是很难的。

在把如业这样的概念应用到当代西方生活方式之中时,它的定义(再定义)在哪一点上是受到佛教教义和传统的制约的呢?业从轮回阐释之中的脱离程度,对于这方面的问题来说是至关重要的。当代佛教徒还得决定,应该进行业考虑的界限。器官的捐献和接受是否包含

---

① 克里斯丁·施雷德-弗雷谢特:《伦理学和能量》("Ethics and Energy"),见汤姆·里根(Tom Regan)编:《地球:环境伦理学方面新的介绍性文章》(*Earthbound: New Introductory Essays in Environmental Ethics*, Philadelphia: Temple University Press, 1984),第121页。

有意义的业力含义？有投资策略吗？它们可能有。但是，过分强调业力——衡量一下削铅笔的业果为何——很可能会引起概念上的荒谬和功能上的瘫痪。

准确地说，当我们需要为更重大的事负更多责任时，我们的责任感正被强大的社会力量腐蚀。一些试图通过可用的西方法则和言语，从道德角度来讨论责任问题的公众人物，通常被指责为是太说教了。佛教传统提供了另一种方法和语言。如果当今的入世佛教徒，想要使业力学说更加精炼和更丰富以适应目前的境况，那么，此业就将非彼业，但是它可能在不可见的领域之中起到颇具建设性意义的作用。

## 佛教环保实践面临的挑战

虽然佛教环保主义是新近才发展起来的，但是已经能够明确几种在实践层面所面临的挑战了。其中有一些对任何环境问题而言都是存在着的，另外一些只与核废弃物有关。让我们来假想一个普通的美国佛教环保主义者，并把他简称为盖布(Gabe)。假定盖布有着深层的想要觉悟的渴望，并且有着同样深层的想要保护地球的渴望。这么一个人在佛教环保路上很可能会遭遇到一些障碍，其中包括：传统佛教教义和当代现实之间的不连贯性；有必要阐明佛事和环境工作谁更具有优先重要性；参与筹建公众利益小组的难处；对为了回应生态威胁所进行的象征性行动之功效性的怀疑。

我们从上面所谈到的已看到，业力学说是一个揭示过去的教义和现在的情形存有潜在隔阂的领域。因为有人对核废弃物问题感兴趣，废弃物话题提供了另外一个明显的无连贯性的例子。在禅宗里，僧人与其他的一些严谨的修行者，都不应该浪费任何东西或把任何东西当废物看待。有图画描写了一些富有教育意义的故事：一位刚剃度的僧人因为丢弃一支筷子而受责骂；一位僧人为了捡回一片生菜叶沿着山间溪流奔跑着；道元禅师只用半勺水洗脸。在这些背景之下，“不浪费“通常含有两层相关联的含义：“不浪费”和“不把任何东西看做废物”。一位当代禅师宣称：“前辈禅师所说的原本人和物之中都没有废弃物这话才真正包含了佛教的基本真理。”①

这些学说和实践都是可以仿效的，而且从广义上来说，它们也都可应用于核废弃物的处理。如果我们依照一种由道元所展示的尊重和整体性，来与地球以及其他所有生物友好相处，我们就很可能不会制造出任何的核废弃物。或者，如果出于一些有益的目的（例如，为了医学应用）不可避免地产生了一些有限的辐射废弃物，如果我们能像那位沿溪追回生菜叶片的僧人那样，非常用心地安全处理那些废弃物，我们的后代也会对此表示欣赏。

然而这些同样的例子也会带出一些问题。前现代时期没有哪种形式的废弃物像核废弃物那样有毒，那么怎么能应用禅宗理论来处理有毒废弃物呢？处理一座寺庙所产生的废弃物是一回事，处理核反应堆、核武器生产厂所生产的成千上万吨核废弃物却是另外一种规模的问题。虽然一位僧人可以在饭煮熟之前就追回一片漂走的生菜叶子，钚却要在25万年的时光过去之后才能安全地被处理掉。我们也注意到，禅宗关注个人行为的范例，和核废弃物的生产及未来规模所要求的高度复杂的集体行为之间的矛盾。为了调和这些矛盾，入世佛教徒们正寻求既对有毒废弃物，又对那些处理这些废弃物的人有改造作用的新方法。

一天只有24小时，而一个具有生态意识的佛教徒还必须不时地（虽然很不情愿）在一种或另一种活动之间作出选择。如果在佛事和环境工作之间出现明显冲突，一位佛教环境保护者应把哪个放在首位呢？试想一下那个盖布，在某一天，他已经用心完成了家庭事务、工作和一个公民的义务之后，他意识到他还有些空闲时间。“啊，”他自言自语道，“我是该用这些时间来进行不受干扰的禅思，还是应该用这段时间来写信给国会议员，以反对在我们州倾倒核废弃物的临时计划？”你可以改变假设条件，并且可以用任何内在的修行方式来代替禅思，但是总会有需要在这种和那种事情之间作出选择的情形出现。一行禅师和泰国佛教活动家苏拉克·西瓦拉科萨，曾经对在和平和佛教的生存之间作出选择这个更重大

---

① 森永奈绪美（Morinaga Sōkō）：《我为了成为禅僧的奋斗》（“My Struggle to Become a Zen Monk”），见肯尼思·克拉夫特编：《禅：传统和变迁》（*Zen: Tradition and Transition*, New York: Grove Press, 1988），第17页。

的问题进行过沉思。以下是西瓦拉科萨对他们谈话的回忆：

> 在越南战争结束之前，我问一行禅师，他是愿意在共产主义的政权之下获得和平同时意味着佛教的结束，还是愿意民主的越南获胜同时佛教也可能获得重生。而他的回答是不惜任何代价以获得和平。①

一行禅师在和平与佛教的幸存之间，被迫申明他到底会优先选择哪一个时，他把和平放在了佛教的生存之前。如果他被问及，在有着全球意义的生态系统的生存和佛教的生存之间进行选择，他的回答还会是同样的吗？

如果一位修行者正在他的房间安静禅修，突然，他听到窗外传来急刹车的声音、强烈的撞击声和大声的尖叫声，此时该采取的恰当行为是明显的。那时候，跑向现场是佛教的做法。但是当问题更复杂，拖延的时间更长时——如大多数环境问题一样——要求一个人何时留在禅坐席何时离开，情形就不是那么明确了。乔安娜·梅西曾被问到，在佛法修行和与核有关的活动之间出现明显矛盾时该怎么办，她断然答道："处理核问题的工作就是佛事。修行的目的之一就是要改变我们的行为。对于那些参与此项工作的人来说，'毒火'即佛法导师。"②

在此还有一些区分是可取的。如果一个人把佛法修行看成是很狭隘的（仅只是指禅定、唱诵和礼拜），并且认为通过使得这些活动更加完美的行为，一个人就算是在为地球做事了，我们很可能因为这种合成过于简单而反对它。同样地，如果一个人说，参与环境工作从本质上来说是在做佛事，我们就不得不说："稍等片刻。这种说法还得看其他的一些因素，比如说一个人精神的成熟程度，或是一个人对待环境任务的心态。"对于盖布和他的同事们而言，最普遍的实践方面的不足，就是行动的佛法层面很快

① 苏拉克·西瓦拉科萨：《变革世界中的佛教：政治必须与宗教相连》（"Buddhism in a World of Change: Politics Must Be Related to Religion"），见弗雷德·埃普斯坦纳（Fred Eppsteiner）编：《慈悲之路：关于入世佛教的文章》（*The Path of Compassion: Writings on Socially Engaged Buddhism*, Berkeleg: Parallax Press, 1988）修订版，第16页。

② 1992年8月19日和乔安娜·梅西的私人谈话。

就会消失掉。要对非此即彼的优先问题作出绝对的回答，可能还没有一个令人满意的答案。要找到这一答案，必须要经过实践，直到一个人认识到，大多数活动都同时既表达了环境意识又表达了佛教意识。

无论从一般意义上考虑环境问题，还是从特殊意义上来考虑核问题，佛教徒都面临着这样的困难：把佛教的价值观和修行方式转变成有意义的公众行动、具体的方针政策和持久的组织构成。当然，在此问题上，佛教环保论者也不是孤军奋战。夏琳·斯普瑞特奈克（Charlene Spretnak），一位生态女性主义者和内观禅修者，追问道：

> 我们怎样才能促使人们和公共机构，能从将来长远的角度来思考，而不是以近期的一己私利来思考问题呢？我们怎样才能鼓励人们对未来形成自己的看法，并更加有效地向着此方向前进呢？我们怎样才能判断某些新科技对社会是否有用——并且用这些判断来塑造我们的社会呢？①

如果盖布想要公开做事，以激发领导和公民们针对核废弃物做些正确的事情，他的第一个冲动可能就是要把佛教认定为启示之源——毕竟，他是一个佛教环保论者。但是他若再想一想，如果他想要进入美国的主流社会，他可能会作出判断，佛教徒的身份往往会起反作用，而使潜在的支持者感到迷惑或疏远。具有讽刺意义的是，在今天的大众层面，把“佛教”从佛教环保论中剥离出来可能是一种很巧妙的做法。

上面提到的在内华达试验基地进行佛祖诞辰庆典，就是佛教环境保护论实践的另一个挑战性实例。面对现实的环境威胁——这一情况是由核武器和核废弃物所造成的危害——宗教或象征性活动到底有什么意义？并且如果仪式就是很合适的回应方式之一，那么传统的宗教仪式在当代背景之下具有什么样的相关性？有几位参加试验基地仪式的人，对他们自己的誓言、礼拜和其他一些手势对他们力求要抗议的可怕危险是

① 夏琳·斯普瑞特奈克：《美国绿色运动的十个主要价值》（“Ten Key Values of the American Green Movement”），见罗杰·S. 戈特利伯编：《神圣的地球：宗教、自然与环境》，第536页。

否会有真正的影响而感到迷惑。对于有些人来说，矛盾看起来是不可调和的。对于另一些人来说，用仪式来抗议核方面的问题，可能会和一个对核问题处理负责的社会有着更好的相关性。第三种人认识到我们核誓约的严肃性，因而再次确认仪式行为的有效性，即使这些行为对怀疑论者显得是无效的。

当佛教徒和其他的一些人努力与核废弃物问题展开斗争时，他们发现，他们的惧怕和希望唤起了一种非个人式的表达方式。在得克萨斯的阿马里罗(Amarillo)，曾为原子弹的钚弹芯的掩埋地。那儿的一位民众监督组组长最近告诉我，她一前一后经历了两种强烈感受：一种是埋了弹芯意味着冷战的结束所带来的高兴，另一种是监管她所在社区越积越多的钚所带来的近乎绝望的感觉。我们刚离开能源部一位高级官员的办公室，我的一位朋友边哭边说，今天，许多实际上的核监管员愿意接受新的纪念仪式、新的宽恕仪式与新的可把现代人与后代联系在一起的仪式。当代环境保护论学者说，激进的环境保护论者“正在美国的神圣空间参与一场仪式性的游击战”，一场对奉献的渴望与亵渎的危险间的竞争。[①] 从这种意义上来说，在内华达试验基地的佛教激进分子，在创建精神层面关注核问题之仪式方面，可能算是迈出了第一步。

## 生态公案

如上所述，俄勒冈州禅宗小组的成员们通过修改大乘佛教的菩萨四弘誓愿来表达他们对核废弃物的责任。照字面意义，第一誓愿的意思是：“众生、无边、誓愿度。”在一个核时代，度尽一切众生意味着什么呢？它在何种方式上，包括那些受核武器产品和核能源生产所伤害的人在内呢？如从日本的原子弹受害者、纳瓦霍(Navaho)采铀矿工到切尔诺贝利(Chernobyl)的孩子们。又以何种方式，它的确会包括那些无数的未来生灵——人类与非人类——在内呢？他们都将会遭受到当前军事和能源政

① 戴维·奇德斯特(David Chidester)、爱德华(Edward T. Linenthal)编：《美国宗教空间》，Bloomington：Indiana University Press，1995，第21页。

策所致的延时的不良影响。

8世纪时的印度佛教僧人和诗人寂天(Sāntideva)就曾宣称:

只要时空久存,
只要生灵依在;
那么我将竭力,
度尽一切苦难。①

这种誓言——不管是去理解还是去具体实现——在前现代时期,都是很具挑战性的。今天,广博的时空科学观使我们形成正确评价,关于无数生灵和对那些生灵的无尽威胁,我们也就拥有了新认识。因此,面对核现实在内心树起菩萨誓愿,就是宣布,愿意为在今后的25万年,以及之后的那些将会受到我们在过去50年里所造成的核废弃物影响的生灵们的命运负责。现代禅宗大师约翰·戴多·卢里,当他提到地球的生态危机时坚持认为,人人都必须开始"为整个灾难负起责任"。他写道:

即使某行为乃南美洲某人所为,但这也并不能说明我们就没有责任。如同我们就是那些用棍棒打击幼小海豚的袭击者,如同我们就是那些大量烧毁热带森林的肇事者,我们同样要承担起责任。②

这种关于承担责任的根本主张,在佛教传统里早有先行者。9世纪时的一部禅经《六祖坛经》教导说:"他人有错,我亦有责;自己犯错,己担全责。"③

理智告诉我们,拯救一切众生,或是"为整个灾难"负责,只是一个不

---

① 斯蒂芬·巴彻勒(Stephen Batchelor)译:《入菩萨行》(*A Guide to the Bodhisattva's Way of Life*, Dharamsala: Library of Tibetan Works and Archives, 1979),第193页。

② 约翰·戴多·卢里:《戒律与环保》,包含在这卷书里(第176页),也出版在《大山实录》(*Mountain Record*)里,Spring 1996,第13页。

③ 我依敦煌版经文译。也可参见菲利普·B. 扬波斯基(Philip B. Yampolsky):《六祖坛经》(*The Platform Sutra of the Sixth Patriarch*, New York: Columbia University Press, 1967),第161页,以及中文附录第18页。

合理的夸大了的想法。然而那些承诺要完成此抱负的人断言，就是此项任务具有的不可思议之处，能把心灵推向越来越深的程度，直到它变得可能超越时空以及拯救与非拯救的限制。任何熟悉禅宗公案的人都会认识到，菩萨之弘大誓愿和一些可以相提并论的宣言都具有公案性质。严格地说，公案就是一种独特的禅修类型：

> 一则公案就是心意识之中的一个谜团，此谜团是不能光靠智力来解开的。虽然在很多文化的宗教和非宗教文献之中，都会发现一些难题和自相矛盾的陈述，但是只有禅宗才具有这种能发展成一种精深的宗教训练的方法模式。正是公案区别于世俗常规逻辑的一些细节描述，赋予了大多数公案深深吸引人的智力诱饵。①

例如：父母未生你之前你的本来面目是什么？公案与谜语的区别在于，试图解开谜团的人变成了此过程中的一部分。同样，菩萨弘大誓愿要求献身者一直实践，直到她意识到她已成为此誓言的一部分为止。

生态危机本身就具有一些类似公案的方方面面。核废弃物就是一个好例子：我们很难从概念上来把握住问题，而面对实际问题，我们又会踯躅不前。现在没有万无一失的安全手段来存放放射性物质，但是我们实际上也没有要停止生产它们的意思。因此核废弃物的处理显得像是一个没有办法解决的难题。在一定程度上，本文提到的几个问题都可以当做公案来处理。目的不在于发明创造，而是要看看有没有任何历经时间考验的佛教修行手段，能用来对付这些新的紧迫问题。如果我们把以下的问题当成生态公案（如果我们能接受又一个新词语的话，或可叫"eco-koans"），我们可能会找出一些有益的方法来：

> 什么是废弃物？
>
> 我保持正念的范围在何处？

---

① 肯尼思·克拉夫特：《有说服力的禅宗：大东和日本早期禅宗》（*Eloquent Zen: Daitō and Early Japanese Zen*, Honolulu: University of Hawaii Press, 1992），第58页。

对环境遗产,我/我们的责任是什么? 对核遗产我们的责任又是什么?

受心智训练驱使的环保论者的要务是什么,心智成长还是环保工作?

我们何时才知道已经做了自己能做之事?

这些问题可能缺乏禅宗经典公案模式之中的“智力诱饵”,虽然如此,但是还是可以依照探究公案的那种持续、深入的方法来探讨它们。提问本身就比将要获得的任何答案更有价值。只有当我们和这些生态公案生活在一起之后,允许它们来对我们时时提问,并且克制我们接受纯粹概念上的解决方法之冲动后,我们才能对这些和其他的一些生态公案产生可以信赖的认识。

也可以依照当代情况来对一些经典公案和相关文本进行全新阐释。曾经有人问9世纪时的禅宗大师南泉:“知有底人向甚么处去?”南泉答曰:“山下村头作一水牯牛去。”[①]南泉如果是在今天被问及此问题,他可能会说:“这个人到内华达丝兰山当一位核监护人去。”这儿还有另外一例:

香严(Hsiang-yen)禅师曾说:“如人上树,口衔树枝,脚不踏树,手不攀枝,树下忽有人问:‘如何是祖师(Bodhidharma)西来意?’若不对他,又违他所问;拟欲讲他,又丧身失命。当凭么时,作么生?”[②]

问题“如何是祖师西来意?”直指“禅宗的根本真理是什么”。因此那个倒霉的主角只需以某种不开口的方式来展现他的禅宗智慧,而不必以被摔死的方式来演示。

人类现在与地球之间的困境和吊在树上那人的困境相似:若超过了

① 约翰·C. H. 吴(John C. H. Wu):《禅宗的辉煌时代》(*The Golden Age of Zen*, New York: Doubleday, 1996),第96页(有细微改动)。此处译文已参阅《五灯会元》。——译注

② 罗伯特·艾特肯译:《无门关》(*The Gateless Barrier*, San Francisco: North Point Press, 1990),第38页。此处译文已参阅《古尊宿语录》。——译注

某点，行动与不行动都将同样无效。当文化历史学家托马斯·贝里写下以下文字时，看起来他是在对香严公案进行行星际视野的理解：

> 通过过去两个世纪对地球进行科学和技术控制，我们设想，对于取得任何确定的成功，都能负起相应的责任。而现在我们又如此深地介入了地球生态系统之中，我们就不可能简单地撤出，让地球以及地球上的生命系统去独自承受和应对我们所造成的毒害以及其他的毁坏。①

如果依照菩萨誓愿精神，我们确实就有更大的责任，而这些责任通常是不在我们意识之内的，这样，我们的生活就会有巨大改变。的确，我们会失去我们(以前)的生命。那个人靠牙齿悬吊在树上，人类已不可逆转地介入了生态系统……“若不对他，又违他所问；拟欲训他，又丧身失命。”**当凭么时，作么生？**

(闫艳　译)

① 布赖恩·斯威姆(Brian Swimme)、托马斯·贝里：《宇宙故事：从原始时代闪耀到生态时代》(*The Universe Story：From the Primordial Flaring Forth to the Ecozoic Era*，San Francisco：Harper San Francisco，1992)，第 252 页。

# 人口、消费和环境问题方面的佛教资源

丽塔·M.格罗斯
(Rita M. Gross)

本章将佛教基本教义应用于由一位女权主义运动家、宗教学者所写的人口控制和资源利用的问题之上，对于她来说，佛教是一个历经人们长期抉择依然存在的宗教。因此，本章我将引入两种视野，一是作为一个受过佛教思想训练的圈内人的视野，一是作为一个热爱跨文化比较研究和对主要宗教传统有着广博知识的圈外人的视野。

正如所有主要传统所面对的境况，与现在情况相关的论断不可能直接从古典经文中摘选而出；而是需将传统中固有的价值观应用到当前危机的应对之中，即应用到威胁我们赖以生存的整个生物圈的人口过剩与过度消费这些史无前例的危机之中。由于古典的佛教价值观，对回应当前情况提出了具有很高相关性的种种方法，因此，在我看来，在当今背景下把佛教的传统价值观应用到这些问题中来并不是一项很难的任务。在一定程度上，我在本文中，将充当具有建设性意义的"佛教神学家"来诠释传统，以让传承下来的佛教传统能与当代问题及当代需求展开对话。反思我既作为一位学者又作为一位佛教徒的立场，我会既引用早期佛教思想，也引用佛教内部的大乘佛教和金刚乘佛教的思想。同时，我也将会尽可能地做到不带任何的宗派偏好。

## 界定议题：环境、消费和人口

当我们试图让传统的佛教价值观与当前情况进行对话时，清楚地了解当前情况是非常重要的。此章的任务就是从佛教视野来说明环境、资源利用和人口增长这几个紧密相连、环环相扣的问题。既然佛教总是提醒我们,有必要按照事物的真实面目而不是虚假幻象去处理问题,那么简要地考虑一下生态系统、消费和人口之间是怎样相互作用的,并以此来开头就是较为合适的。当把这三个问题相互联系在一起时,人们可以想象出三种选择:少量而充足的人口舒适地生活在稳定、自我更新的资源条件之下;过多的人口生活在条件很差、资源不足的条件之下;或者是现在的这个金字塔形状,一小部分人生活得很好,而大多数人勉强活命。显然,只有第一种选择富有价值,人们是多么地看重后代的繁衍,以至于他们会倾向第二种而不是第一种选择,这是让人不能理解的。而目前这个存有特权阶层的金字塔形,从道德角度来说则又是肮脏不堪的。而且我们也应搞清楚,在这个缠结体之中,只有人口是有商量余地的元素。换句话来说,当我们研究正在探讨的此三因素——环境、人口和消费——时,其中有两个因素是不可协调的,而有一个是可以的。最为根本的就是,人类必须在生态圈的范围与局限之内生存,这一点是没有商量余地的。不管怎么做,我们都别无选择,因为离开了生态圈就没有生命存在。从道德上来说,全世界的人们要公正(是公正不是平等)地来分配资源,这一点也应是没有商量余地的。这两点的不能商量,就意味着在这个等式中,只有人口的多少是可以协调的。人口必须要少到多少,才能使每一个人都过上体面的生活而又不破坏环境,这一追问既是必需的,又是值得的。我们不可能增加地球的大小,而我们的增产也只能是到一个有限的程度,但是我们作为一个物种,是可以控制人口的。做到这一点所需要的就是,认识到其他的很多追求和繁衍后代至少是同样神圣和令人具有同等的满足感的。

宗教通常批评过度消费,但通常会鼓励过多生育。因此,虽然我会提到佛教鼓励的是适度消费的价值观,我也会强调,不可忽视的是,佛教在生育方面鼓励适度和有责任心的价值观。我强调佛教中的这些要素,正是因为几乎没有关于宗教倾向于限制人口方面的讨论。不过度强调个人生育的佛教徒过着满足的生活,这么一个长期存在的世界大宗教典范当然是值得我们深入考察的。绝不可能将佛教的根本价值观和宗教定位,直译成或理解成是赞成提高人口出生率的。大多数宗教祈求两点宗教思想,以证明他们鼓励提高人口出生率的行为是合理的,但这并不是佛教所具有的。虽然所有形式的佛教都包含着明确的性伦理标准，但佛教并不要求它的信徒把生育当做自己的义务，如果不把性行为与生育联系起来，佛教的大多数派别也不会消极否定性行为，而将之完全视为需要避免的邪行。因此，通过避孕和节欲来控制人口是完全可以接受的。关于人口生育，最根本的佛教价值观倾向于把生育看成是深思熟虑的、有准备的选择，而不是因为意外或义务而造成的。因为佛教有着珍视人类生命的独特理念，所以只有能在身体、情感和精神方面都会得到很好照顾的孩子才应被生出来。一个人应少生孩子，这样孩子们才能得到很好的照顾，而又不至于耗尽父母、社区和地球的情感、物质和精神资源，对于这一指导思想没有几个佛教徒会有异议。

但是相比较而言，看起来赞同提高生育率这种观点在地球上还很盛行。有些人温和地提出，说无限制的生育不是个人权利，并且可能具有摧毁性作用；认为人口过多和贫穷之间存有因果联系，并看到了人口过多的副作用。但这些人受到了嘲笑。赞同提高生育率意识至少包括三点主要思想，这三点都令人质疑。赞同提高生育率的人，不管在任何情况下，即使是在很极端的情况下，都认为出生就是一件好事。提出在任何情况下都可以生育是不负责任的、不仅无功且是有过的，持这种观点的人，是不会受到提高生育率赞同者的欢迎的。此外，赞同提高生育率的人声称，为了有足够的人口，人类有必要生育，那些选择不生孩子的人会受到讥讽，并且会遭受很多社会和经济方面的不利。最后，赞同提高生育率的人认为，生育是个人权利而不应受公共政策影响，虽然他们通常都坚持认为，他们的生育结果具有公共的甚至是全球的责任。提高生育率赞同者的悲哀在于，虽然通过一些自发手段，过多的人口可能会很快得到减少，但是如果缺乏这些手段，人口可能就会通过一些非自愿的、会带来巨大痛苦的方法——疾病、暴力和饥荒——来减少。因此，反对那些愚笨而泛滥的赞同提高生育率的宗教教条、社会活动、同辈之间压力、税收政策、情感和价值观是很关键的，因为这些东西会不知不觉地从各方面侵扰着每一个人。

在开始探讨把佛教教义作为提出适度生育和适度消费的伦理之前，我们最好先停下来认识一下两个富有争议的问题。虽然对它们的结论会明显地体现在我对佛教伦理、环境、消费和人口的讨论之中，但是不可能在目前这个背景之下来讨论它们。

因为佛教关于一切事物都是缘起的这一观点意义重大，所以，我看不出个人的权利可以延伸到这样一种程度，即一个人可以被允许行使他所意想的权利至会威胁支撑所有生命之本的程度——既在消费之中又在生育之中。无论一个人有着多少财富或是持怎样的价值观，驱使他进行不适当的消费或生育，我们都很难说，他们有着个人权利来这样消费和生育，而不考虑他们对生态圈所带来的影响。追求个人权利和个人自由的花言巧语，在极度公有制和独裁的社会制度之中肯定还是有说服力的。但是今天，这种花言巧语和生活姿态，会威胁甚至于颠覆为了保护和保存我们的社会和物种所需进行的限制和适度调节。

此外，尤其在需要反对赞同提高生育率的意识和政策方面，我们已经超越了相对主义的程度。在人类社会中，当相对主义可行时，我们总是太晚、太慢才认识到它的优点。我们总是急于指责那些和我们有着不同世界观的人。与世界观有关的相对主义是很有价值的，因为世界观的多元存在是一笔宝贵的财富资源。但另一方面，与基本伦理准则有关的相对主义却会导致一些不可容忍的结果。我们真的愿意把那种视妇女为财产、对孩子横加剥削的文化，说成是“那只是他们的文化”而已？如果人们真的相信伦理标准是完全相对和任意的，那么就不可能会有什么国际人权运动。而消费和生育是两个最高层次的伦理问题，因为对它们的处理会大大影响每个人的生活。我们不能再任由那些相信他们应该生许多孩子的人那样做了，正如我们不再宽恕奴隶制、剥削孩子或是把妇女当奴隶对待一样。若在目前的背景下宣称，赞同提高生育率是令人无法容忍的，也是不合适的伦理态度，这样做会使得某些历史悠久、枝繁叶茂的文化和宗教价值观处于危险之中。有些宗教需要调整一下它们对生育的一些劝告，以适应由现代医学所带来的现实，现代医学大大降低了死亡率而不是出生率，这样的结果导致人口增长达到了很危险的程度，而所有这些人都想按前所未知的更高水平来消费。

## 在缘起世界行中道：佛教关于适度的基本资源

佛教最基本的教义就是“缘起”（梵语叫 pratītya-samutpāda，巴利文叫

paṭicca-samuppāda)，据说这是佛祖在觉悟体验中的发现之一。因为“缘起”是一条不可拒认的底线教义，所以它为所有与消费和生育有关的进一步评论奠定了基础。佛教不是把所有的生灵都看成隔离或独立存在的实体，而是把它们看成存于相互缘起的大网络之中。无处不在的缘起理论，是佛教关于制约世界万事万物的因果法则之理解的一部分。根据佛教的观点，没有什么事情的发生会离得开因果律或会与因果律相违，因为因果律的运作，不会有例外出现；而因果律的作用之中，神的力量也不可能介入。此外，既然佛教把因果律理解为缘起，那么一个人的作为就会对整个宇宙产生影响，而随后也会得到宇宙的回应。因此，关于消费和生育方面的抉择，就不是与整个世界无关的一己之私的决定。地球上任一地方生下任一小孩，都会对互为缘起的整个世界产生影响，就如对任何资源的消耗一样。我们不能说，财富私有或是低水平的物质消耗，就能够排除这个孩子对相互依存的宇宙网络的影响。我们也不能争辩说，个人对孩子的渴望超过了考虑这个孩子对相互依存的宇宙之影响，因为在任何情况之下，因果律都不会停止运作。同样，任何地方的资源利用都会借地球的整个生态体系造成连环影响。通常，世界一个地方的奢侈消费会直接与世界另一地方的贫穷和苦难相关。因此，无处不在的缘起理论，这个对佛教来说非常根本的观念，要求各种活动都要适度，尤其是在生育和消费方面，因为它们对宇宙的一切事物都有很大的影响。当佛教的缘起理论与把地球视为有限救生艇的科学理解联系在一起时，那么就很清楚，佛教把适度、人性化与公平的人口控制看做必需的了。同样清楚的是，佛教会把与生育和消费有关的不合生态的行为，看成是不顾缘起宇宙之有限的、受谋求一己私利驱使的自私行为。

宇宙的缘起景象呈现出一幅有关生育与消费的巨幅图片。当我们在相互缘起的宇宙范围内来研究人类王国时，这一景象就会变得更加细腻。一方面，佛教把人类的轮回视为一笔巨大财富，另一方面，佛教认为一切众生在根本上都同样具有基本的离苦得乐的迫切愿望。因而，生而为人，弥足珍贵。人生而处在这一巨大的缘起网络之中，其中，一切存在的互相联系比彼此的物种分别更为根本。因此当讨论佛教关于人类在缘起宇宙之中的处境时，总是要把“贵为人身”和“众生如母”两词连在一起。生为人之珍贵，绝不是因人类有凌驾于其他种类众生的权利，因为一个人过去可能是、将来还可能会变成别的众生——虽然佛教修行也被认为是为了促使人在人类王国里继续轮回。另一方面，所有的生灵都在互为缘起、空性与巨大的宇宙网络中相互连接着，没有一物可以例外。此网是关系如此亲密的一个网络，大家分享着共同的体验，一些很生动的传统比喻宣称，一切众生曾为吾母，而我们又曾为他们的母亲。因此，我们不应该觉得人优于别的众生，或是人类享有特权。佛教反复宣称，因为我们知道我们是多么地不愿受到伤害或经历痛苦，而既然一切众生都是我们的亲人，我们就应当尽可能地不去伤害他们或给他们带去痛苦。

众所周知，传统佛教相信轮回，并且认为轮回的结果并不一定总是做人，而是要依赖其前生的功德与智慧。在所有可能的轮回道途中，来生做人被认为是最幸运和最受青睐的，对这种轮回的喜爱甚至超过了再生在更加快乐的天人王国里。似乎仅这一信仰就足以鼓励人们无限制地生育。但是当人们理解了为什么把生为人看得如此重要时，情况就会变得很清楚，过多的人口却会摧毁来生做人弥足珍贵的条件。生而为人弥足珍贵，是因为人比其他众生更有心智成长的潜能，而最终更能实现圆满涅槃之果。虽然一切众生内在都具有实现涅槃的潜能，但是它的实现却需要一定的因与缘，并受其他一些因素的阻碍。因此，人类轮回之中的快乐在于人具有走向涅槃的文化与精神潜能，如果可以获得足够的资源，此潜能更容易实现。仅仅是生在一个人的肉体里面，这并不一定能带来“贵为人身”的欢喜，因为，对要成熟内在于人的人性潜能而言，生而为人仅是一必要而非充分的条件。让此肉身置身于适宜的环境之中，并能在身体、情感与精神方面得到适当的教养，这是有益的，甚至也是必需的。这就是为什么少数人受到很好照顾的情况，比很多人挣扎着求生存的境况更受人青睐的根本原因。

使得人生令人渴望和值得一过的条件，在佛教的一个核心价值观中得到了很好的总结——那就是“中道”。中道也被认为是要付出适度的努力：不太多，也不太少；不太紧张，亦不太松懈。要最适度地利用“贵为人身”所呈现的机会，一个人就需要行中道，而且要能行中道。要避免在一切情况下走极端，是佛教的核心价值观之一。佛陀在觉悟之前认识到此点，而此又是他觉悟的必要的先决条件。首先，他认识到奢华人生是没有意义的，但是他也认识到，苦行也不会得道。于是，佛祖得出结论说，要想彻底成就人性，一个人就需要生活在适度之中，既要避免太放任自己，又要避免过度苦行或克己。

中道的指导思想是强调太多的财富和过度的安逸生活会对心智起反作用，因为这样的生活往往会促使人产生自满、惬意以及攫取更多财富的贪婪——这一切想法对心智的成长都是没有益处的。因此，中道概念对与过剩人口紧紧相连的猖獗消费主义和过度消费提出了强有力的矫正性批评，无论如何，中道概念就拥有一个有意义之人生的最低物质和心理标准提出了根本见解。佛教从来没有将贫穷和苦难理想化，也没有把它们视为心智成长的有利条件。那些处于极度贫穷、严重危险和极度痛苦之中的人们，没有时间也没有愿望来训练他们趋向涅槃，充分获取生而为人的利益，这是非常不幸的。佛教称颂适度，但它不称颂贫穷。因为它认为，贫穷不太可能激发人们实现涅槃——甚至也不太可能允许人们拥有足够时间来实践。

因此，佛教徒早就认识到，在佛教教义起效用之前，必须要有充足的物质财富和安适的心理状态作为基础。佛教也一直认为，一个人不可能空着肚子进行禅修或观想，也不可能在落魄、受剥削或恐惧的时候来创造出一个提高的、觉悟的环境。长期以来，佛教徒都知道很深的心智或禅修实践——这被视为人可以导向大安乐或成就之可能——通常是在获得某些基本程度的中道喜乐之后而不是之前开始的。在那之前，人们真的认为，一旦他们拥有了足够的物质财富，他们就不会再经受痛苦了。一个人必须要达到对于一些基本愿望的基本程度的满足之后，他才可能开始认识到，乐受以及随后的苦受是一件很复杂微妙的事情。在基本需求得到满足之后，当人们开始体验乐受与苦受都不是那么轻易就会被消除时，佛教的基本旨意就开始变得有意义了。

这一点与很多人所倡导的，如果人们的生活到了一定程度，那么就很可能控制人口过度增长的观点是相吻合的。如今，众所周知，减少人口的最有效的方法之一就是提高人们的经济生活质量。拥有一定物质财富的人们都会看到限制生育是有说服力的；然而对于那些物质上深陷囹圄的人来说，情况却不是这样的。佛教思想一贯倡导要调查清楚事物的因果关系，因为整个缘起的世界都受因果律制约。人口过剩不是平白无故地发生的，它由一些缘由所致，而其中之一似乎就是因为太贫穷，而使人们不能在太奢华与太贫穷之间行中道。

然而，同样清楚的是，太多人口也会颠覆一切想要控制贫穷的尝试，因为有限的地球只能提供有限的资源。因而，我们就需要回到确认过度消费、人口过多与贫穷之间具有缘起性的关系上来。如果像那些没有人口生育限制之指导思想的文化与宗教所做的一样，如果其中的一个关键元素被漏掉了，那么互为缘起的宇宙就会激烈受压。再者，指出所有宗教和大多数文化传统对限制消耗都有着伦理指导思想是很重要的。虽然人们并不常遵从它们，但指导思想确实是存在的。但是，几乎没有宗教倡导限制人口生育。大多数鼓励或要求它们的信徒生育后代，而没有提供任何有关限制生育的指导，也没有任何关于人口会变得很多的认识。因此，在宗教体系之中，能够为限制生育提供宗教性理由的范例就极具重要性。

缘起洞察与在一切谋求之中行中道的建议，当然能提供这样的指导。把缘起、人贵而生在合适的环境、行中道结合在一起，就能为人口控制与消费问题提供睿智而明确的指导。至于消费，很关键的是明确行中道的要求指向两个方向。显然，过度消费违背了中道，但是过分的自我克制同样也是有违中道的。建议行中道并不是说，因为生育权不可侵犯，所以就建议把我们的皮带再扣紧一格，并为了更多人的生存腾出余地来。这是既要求限制生育又要求限制消费的建议，而生育与消费二者又具有互为缘起的关系，以至可能实现一种有益于一切众生觉悟成佛的生活方式。当然，让地球来养活太多人口，让社区为他们在身体与情感方面提供足够的哺育条件，是和中道相抵触的。至关重要的是，人口的增长不能超过家庭、社会以及地球能为其成员所提供的中道生活的能力。

只是满足于简单幸存的基本条件是不够的，而且认为地球还能养活更多人的论调也是没有说服力的，因为追求生活的质远比看重肉身之量要有意义得多。除了最大限度地保障充足的营养物外，提供足够的空间以避免会导致侵犯和暴力的过度拥挤也是重要的。能够得到使生活真正富于人性化的科技、文化和精神财富也是很基本的要求。因此，无论从全球角度、社会角度还是个人角度来说，限制生育都是很重要的，这样，已经生出来的孩子才能享受到充足的物质与心理关怀。若非如此，就是对那些生而为人，并具完善佛性之人的恣意忽视。为了生养太多孩子所导致的贫穷与情感枯竭，对任何人都是没有益处的——至少对于那些由于无限制或过多生育所生出来的孩子来说是这样的。从佛教的角度来说，这一基本事实远比诸如“我想要多少孩子就要多少”这种个人私欲，或是鼓励提高生育率的那些社会的、宗教的宗旨和压力要重要得多。

虽然，一些明辨是非与善良的人们会赞同这些指导思想，却不会赞同它们的实施，但在我看来，这些指导思想仍然是可以用来协调人口压力与资源耗用的完美无瑕的观点。很显然，行中道并不是指第一世界国家可以随意消耗，但是也不是指世界其他的地方可以随意提高生育率，当然这也包括第一世界中的很大一部分区域。在我看来，它确实包含了一些能真正提高生活质量的科技基础——花园、宠物、计算机、很好的立体声设备、国际旅游、电能、冷冻、文化多样性和人文教育——这些东西是没法既供给无限多的人口而又不使环境极度恶化的。既然生活中还有许多东西要比繁衍后代更为神圣与更能带给人满足感，那么，为了拥有更多的、缺乏这些财富的人口而放弃这些文化财富，看起来是多么的愚蠢。

## 传承“觉悟基因”：大乘佛道与生育动机

很多宗教，包括很多与佛教共存的一些重要的亚洲传统，都要求把永久保存一个家族的血统视为其宗教义务。但是对于佛教徒来说，是否生育孩子并不是一个宗教要求。在佛教的观念里，一个人不必进行生物性繁殖，以完成一个人对“众生如母”之缘起网络的责任，或以实现人一生最崇高之可能性。事实上，虽然一些传统的观点提倡的是，独身生活高于居家生活，而不是提倡不生育孩子优于生育，但是，许多的佛教传统认为，生物性的繁殖后代会干扰改善世界，也会干扰一个人实现自己的最高潜能。既然佛教徒和其他人类都是人，因此探索一下，是什么启发他们信奉不求生育后代的宗教思想，并且考察一下佛教关于适度生育的讨论就是既重要而又有趣的。

要求永久保存一个家族的血统，在某些传统中是非常强烈的，并且它也刺激了赞同提高生育率的一些行为。通常这种要求是和一些复杂的思想和行为共存的，包括无后（男性后嗣）不孝的价值判断，无后即严重亵渎宗职的说法，因此，每个人都必须结婚生子，并且女人除了怀孕当母亲，就很少有或根本没有别的选择或使命。坚持要求为了完成义务而进行生物性生育的传统，几乎不会包括不过度生育这一要求，不过度生育能从生育的极端之中，为人们带回一些受人青睐的变异的中道行为。事实上，这种传统通常不鼓励任何限制生育的尝试，并且也会使那些已育有传宗接代之子而又想节育的人感到，如果他们想要这么做的话是不值得的。佛教把这种对家族世系永存的绝对关注看成是纯粹利己主义和自我中心主义的延伸，而这又是导致一切苦难的根源，因此佛教从来不嘱咐它的信徒们这样做。并且佛教已经因为不要求成员进行生物性生育，而成了亚洲邻国的主要批评对象。

亚洲对佛教徒自私不求生育进行了批评，攻击佛教徒的感情是怪异的。佛教徒的回应是两方面的：首先，为“众生如母”之缘起网络最有价值的贡献，绝不是靠生物性生育来实现；其次，生物性生育通常都是受自私和自我中心动机的驱使。让我们仔细研究一下这两种观点，因为我认为这两点都是反驳很多鼓励提高生育率思想之伪善道德论的重要资源。

这些关于生育的结论，不是人们不情愿提出的消极限制。反而，从佛教的观点来看，他们是扎根于人们最终想要的、能满足人们最深渴望的深层思想之中的。佛教徒会说，同时追求智慧、慈悲直至觉悟，甚至超越觉悟，才是满足我们最深渴望的东西，因为它能显明我们根本的人性。佛教徒的信仰和亚洲及西方的很多流行思想相反，他们并不是在寻求离苦的自我中心动机之上过着他们所喜欢的适度、禅修与观想的生活方式。相反，佛教徒并不排斥家族血统具有追求个人修行圆满的最终价值。佛教徒声称，我们永远不可能在生育中找到圆满觉悟，或同样重要的是，不可能通过经济的生产和消费来实现，无论这些追求是多么盛行，或是多么严厉的宗教和社会传统要求他们如此。反而，我们需要认识到人的心智潜能。在消费或生育之中找到生活的目的，仅仅只能是强化了佛教徒所称的“利己主义”，这是深植于人心的自我中心倾向，而这最终导致了人类一切的苦难。

佛教徒反而认为,与熏养以及使人类永久保存自己的遗产和与生俱来的权利——觉悟后的宁静和快乐比起来,让家族血统长存是微不足道的。佛教徒不是被鼓励去通过生物性生育,而是去唤起菩提心(bodhicitta)——所有生灵都固有的大慈大悲之心,来寻求自我的永久。那么,我在此使用一个传统佛教的比喻来讲就是,既然我们已经认识到,人类都恒存本来清净的菩提心,我们就当发誓,要遵循大慈大悲的菩萨道,以求全人类的解脱。与其说将这种选择看做个人的损失,不如说将此看做一个人在漫无目的游荡和寻求自我永存的迷宫之中,欣喜地寻找到了他自己的同一性与终极目的。佛教徒在要实现菩萨誓愿的仪式上会诵到:"就是今天,我的生命变得有价值了。"而菩萨誓愿对大乘佛教而言又是很重要的。宣誓之后,大家会祝贺他已进入了觉悟之家而拥有了觉悟血统。

假使菩提心被看成是包括人在内的一切众生的基本遗传特征和潜能,那么在自身体内唤醒和培育菩提心,在众生之中鼓励它的成长,就是从最深远的意义之上来延系"家族"血统,从而超越了以遗传为基础的家族、部落、民族,甚至种族的狭隘界限。现代版的异质菩提心概念指出,这些方式的确促进了我们许多最有价值的特点得以永存。"Bodhicitta"通常被译做"觉悟之心"(awakened heart-mind),我的老师有时把它译做"觉悟基因"(enlightened gene),此翻译强调菩提心既是一个人由遗传得到的最基本特质,又是一个可以遗传与如母众生的东西。当一个人能够觉悟、培育与传承觉悟基因时,他还会担心家族基因的传承吗?

相比较而言,生物性生育的动机通常是很狭隘和无知的。很多宗教都批评说,物质消费对心智成长是起反作用的。少有传统看到,生物性生育等同于以自我为中心,且最终是不能令人满意的;或没有看到过多生育与过度消费一样也源于心理和精神匮乏。然而,佛教就能很容易地证明,生物性生育通常是受自我中心动机的驱使,尤其是受到想要自我永存之渴望,或是想要扩张自己团体的欲念驱使。根据佛教最根本的教义,渴望自我中心总是会导致苦难。来暴露易受攻击的促使过多生育的情感与贪婪之消极方面,来准确地为之定性,以及来阻止想要永存的那种驱动生物性生育的错误理想都已为时过晚。这种理想就是提高生育率赞同者的部分立场，就是这种观点驱使很多并不认为当父母就是一个人之实际天职的人去生育的。认为所有的生育都是有益的想法通常都是虚幻的，甚至在稳定时期和从生态角度来说人口密度合适的时期也是如此。在目前情况下，继续鼓励每个人为延续家族血统而去生育就是不负责任的表现。

受到想要使个人永存渴望的驱使，父母们通常会努力去生育他们自己的"碳性复制品"，而不是生育能被允许在世界上发现自己独特生活方式的孩子。由此生育动机所造成的苦难，经常不引人注意，且一代一代永久继承下去。当父母养育孩子时，希望孩子能够替代他们，能够追随他们的价值观和生活方式。但我没有那样做，因为，我深知那种视孩子为父母附属物、要求孩子去继续完成父母未竟事业是加之孩子身上的情感暴力。这样的故事在佛教典籍中不胜枚举。通常，个人的贫穷促使生育欲望的产生。当然，一些想要生育者的精神状态，远远没有达到佛教所提倡的那种心平气和与宁静境界。我深深地怀疑那些需要和渴望生育的人，怀疑他们的心理是否平衡，以及他们的动机是否纯洁。在我的经历中，我大多数的优皮士朋友都认为，人口控制是非常重要的问题——对于人口之中其他部分的人而言——但是他们自己想要生育及其动机都是无可厚非的。认为他们可能是受想要自我永存的动机驱使，而不是受行菩萨道驱使的想法，所激起的敌意与防卫状态，让我相信，我的怀疑确实是正确的。当这些人付出了极大代价，并且想尽一切办法，想要怀上自己的生物性孩子，而不是去领养一个已经来到这个世界却又需要抚育的孩子时，我的怀疑就更加深了。最后，很多人受宗教、家庭和部落的压力而去生孩子，甚至根本没有就此作出个人决断。他们是受"集体自我"(collective ego)的驱使，而这与"个体自我"(individual ego)也没有本质上的区别。就像所有形式的"自我"主义一样，追求集体自我带来的结果仍然是苦难。

号召大家认识到生育动机中的消极薄弱点，暗示着要求大家重视并且使一些非生育性的生活方式合法化，包括男、女同性恋生活方式。赞同提高生育率的人们最强有力的心理武器之一，就是不容忍多样性的生活方式，并且诋毁那些不依常规生活的人。没有孩子的人，应被尊重为是为觉悟血统永存作出巨大贡献的人，而不应被排斥或被指责。作为一位女性我常认识到，为了把我的才能贡献给如母众生，我很可能需要做一位不生育孩子的女人，我当然也熟知对那些自己选择不要孩子的女性的偏见。最开始是父母或公婆不停地纠缠说，他们多么希望家族香火能得以永存，以及多么觉得他们有被骗的感觉。接着就是不断地听到一些反馈说，一个人现在如何沉迷于追求自己的使命，以后最终会后悔那种所谓的以自我为中心的事业。然后就会有孤独和被遗弃的感觉，因为朋友们都忙于照顾自己的核心家庭，而没有空闲与你适时交友。最后，尤其特别是会有一些自我中心、自我放纵的中年男人，他们的目的就是要和一些年轻女性成立第二家庭，这点已得到很多人认可。家长式的鼓励提高生育率观点非常倾向于认同这些偏见。

不用说，生育当然也可以列为佛教实践中的一个适宜的议事日程，并且很多当代的佛教女性思想，也在探讨如何把生育作为佛教议题和实践的参考因素。在我看来，若要把生育视为佛教徒的有效选择和备选生活方式的话，那么，这种生育必须是受到佛教无我、无着(detachment)、慈悲和菩萨道修行原则的推动，而不是受社会与宗教要求、世俗标准与习惯、冲动愿望、生物钟或是基于自我中心的那种自我永存渴望的驱使。我也相信，这种无着与慈悲动机的亲子关系是完全可能的，虽然并不是任何一处都与亲子关系一样普通。在我作为一名佛教女性神学家的工作中，我也一直强调限制生物性生育和经济生产的必要性，同时也强调男女同等、共同分担这些负担和责任，以使有意义的世俗佛教修行能够发生。

佛教徒很看重能促进无着、中道、智慧、慈悲和菩提心发展的生活方式。因此，在很多盛行佛教的国家里，禁欲的修道院生活比要生育的世俗生活方式更受人青睐。虽然关于佛教的这方面记录还说不上很完美，不是在所有的，但是在许多佛教社会里，女性也可以进行这样的选择，女性和男性一样不再因为怀孕或是让别人怀孕而被认为是实现完满的条件。在很多当代佛教国家里，终生禁欲的寺院生活不再那么受欢迎也不再那么可行，但是号召严肃认真的俗世佛教禅修运动，不仅在西方佛教界而且在亚洲，不仅在俗世男性佛教徒中而且也在俗世女性佛教徒之中，都在日益急剧增加。当世人参与这样的修行时，他们就必须适当限制自己的经济和生育行为。因此，过度消费和人口过剩这两个横行于世的破坏性孪生子，就能通过珍视人类觉悟之佛智与慈悲，并奋力实现它们的潜能而同时得到控制。

“觉悟智”能明察万物之缘起意，故能放弃个人选择的虚幻性，而虚幻的个人选择不会对缘起的生命发源地起到密切影响。“觉悟慈”珍爱一切众生，而不仅仅是珍爱自己的家庭、部落、民族或种族，因为众生都值得关怀和关心。如果行中道“无着”追求能更普遍地指导人们进行消费和生育抉择，那么，世界上众多的苦难就会急剧减少。佛教把菩提心视为固有的成佛基因，它既来自于，又将传承于如母众生，使生活圆满觉悟的是发展慈悲心和变得有价值——而不是通过自我不朽，无论是通过个人的自我中心主义还是借家族、部落或民族的生物性永存来实现。万一这还不够清楚，万一这种慈悲心还不被人认为是有义务培养的东西，而是被看成个人遗产的话，那么它的发现将会使生命变得富有价值并且充满快乐。把赞同提高生育率作为宗教要求和义务强求，就无法成为觉悟世系中的一员。无赞同提高生育率之偏见，并且重视人们对觉悟世系，而不是他们的生物性生育的贡献，有足够才能和超然的人们来做父母，他们就可以自由地，以不受冲动、义务或个人永存驱使的更纯洁的动机来生育——而那些对如母众生作出同等重要的别的贡献之人，也将受到同等的赞扬和尊重。

## 性和交流：对金刚乘佛教的几点评论

要求永远传承家族血统，并伴随着对限制或摒弃生物性生育者的批评训诫，只是赞同提高生育率思想的宗教根源之一，其他根源至少也具有同等的欺诈性。反对性生活的宗教语言在宗教之中是很普遍的，包括在一些佛教形式之中也是如此。通常认为，性行为总是问题重重的、邪恶的或是对一个人的心智成长有害的。这种围绕性行为、性体验的罪恶感、恐惧感和猜疑，是基于宗教用语或戒律而产生的，并导致一些对等判断或象征性联系，在所有其他负面影响中，其中一条就是加强了赞同提高生育率的进程。把性经历看成是禁果，绝不会促进专注与负责的性行为。

从宗教对性行为的恐惧所滋生的第一个主要判断，就是把性行为和生育等同起来,这在很多的宗教传统中表现得非常强烈。一些宗教信奉这样的观点:性行为的主要目的——即使不是唯一的有效目的——就是生育。据说,不是为了生育而发生性行为,会对那些发生性行为的人带来负面的道德和精神后果。因此,性行为与生育之间的潜在联系,不能也不应受到质疑和阻碍。像手淫、同性性行为这些不能导致怀孕的非生育性行为,是既不应受鼓励也不应受谴责的。然而,这种观点通常却帮助了赞同提高生育率的议程。鼓励人们认为性行为有消极作用,看起来并不能有效地控制性行为。但是因为人们已被培养成把性行为和生育联系在一起,或因为,他们被禁止采取措施不把它们联系在一起,因此他们的性行为就导致高生育率,而这一结果与当前的低死亡率结合在一起,就造成了人口增长过剩。

打破性行为与生育之间的道德等式是一个极其关键的任务,因为只要非生育性性行为受到打击或谴责,那么高生育率就很可能还会继续。只要再次追问性行为在人类社会之中的功能这一根本问题,就很容易打破这一等式。只要把人类的性行为模式与其他动物的模式比较一下,就会很清楚,人类社会性行为的主要目的是交流和亲密。和大多数别的动物不一样,人与人之间的性行为即使不能带来怀孕,也能够并通常会发生,因为女性虽然有性欲但却能不生育。这种非生育性的性体验,在表达人类夫妻的亲密与交流方面,确实是很重要的,因而对人类社会的作用也是非常重要的。此外,如果正确理解并适度进行性行为的话,它就会成为人类最强有力的交流方式之一。事实上,生育通常并不是性行为所带来的很重要的一个结果。因此,如果想要性行为不涉及道德与精神方面的不洁,就规定性接触必须与怀孕潜在相关就是不适当的。相反,除非是意想的时机成熟或负责任的怀孕,否则,采取节育措施的小心的性行为应该是受所有宗教鼓励的性道德。

性行为必须与生育联系在一起的观点,与其他几个等同性判断紧密相连,它们同样具有赞同提高生育率的蕴意。当性不能与生育分开,并且当女性除了当母亲,就没有其他有效和有价值的身份认同或文化角色时,大多数女人都会变成母亲。因此,把女性和母亲身份象征性与实际性等同起来,就成了理所当然的事。几年前,每个人都认为,女性的神性必定就是成为“母亲神”。当我开始宗教历史方向的研究生学习时，我就记得，这样的陈词滥调在当时是很普遍的。然而，所有神圣女性都会变成母亲神的假定，被证明是极度天真并是受到文化束缚的。当人们查清神圣女性论的神话与象征意义，并不受主流文化模式之女性目的论约束时，就会发现，神圣女性可以当母亲，但除此之外还可以有许多其他角色。她们可以是王后、保护者、教师、文化的传入者、艺术的支持者、财富的筹集者……即使在神话中，她们参与别的文化活动，也并不在于她们是无性别的。在神话中，你可以看到很多神圣女性，她们在两性关系之间很活跃，但是她们不是母亲，或并不强调她们要生育。很清楚，有了非生育性但活跃的两性关系的这种宗教象征和神话，女性就不会去促进生育率的提高。现在，最后的警惕是必须的：在当代女性神学中，应该非常关注重构女性的象征性问题，以免这些象征又会实实在在地强化女人就必须是母亲这一陈词滥调。

第三个等式就是把养育与母亲身份等同性地联系在一起，在传统宗教和流行文化与心理学上，这都是一个非常受欢迎的陈词滥调。此等式的负面和限制性影响是多种多样的，总之，就是它会促进提高生育率议程。如果如此狭隘地界定养育，那么凡是想要养育孩子的人，除了变成父母就别无选择。养育和母亲身份等式，也会加强我们已讨论过的对不生育者的偏见，因为声称不愿养育孩子的人是自私的，做到这点很容易。但是，此等式最严肃的蕴意，是它暗含的对养育意义的理解的局限性。如果养育与母亲身份如此紧密地联系在一起，那么，其他形式的照顾就不被认为是养育，并且不怎么受到鼓励，尤其是对于男性而言。认为养育为母亲独有，甚至被母亲垄断，因而只限于女人所能为之，这一假定是家长式陈词滥调之中最危险的遗留。由于这种俗成模式的强大力量，人们通常认为那些不服从家族模式的女权主义者就不会养育孩子。但是，很显然，女权主义者的批评并不是对养育而是对养育方式的批评：它批评男人就有理由可以不养育孩子，而女人就得被限制于此，且在家长制性别职责的牢笼里被惩罚去养育孩子。女权主义并不是关于进一步限制养育或不鼓励养育的，而是关于要认识到养育形式的多样性，并期望所有的社会成员都来参与养育事业。既然养育孩子对人类的生存很有价值，很重要，那么，我们关于养育的观念应该超越固化的母亲观念，而将之扩充至诸如教育、治疗、保护地球与参与社会活动等方面，这也是很关键的。把所有的人（包括男性），都界定为养育者，并教授他们养育技能，而不仅只是把这种行为限制在母亲身上，也是同等重要的。

因为一些被恐惧、怀疑和罪恶感包围的性行为立场是在宗教之中产生的，所以关于性行为的一个宗教的而不是纯粹世俗的或心理学的论断，将会对这个有关宗教伦理学、人口、消费与环境问题的讨论产生巨大意义。把性视为神圣象征与神圣体验，并有助于人的心智成长这一宗教评价，当然应当被注入此论坛的相关讨论之中。金刚乘佛教——印度佛教发展起来的最后一种形式，如今在中国西藏颇有影响，并且在西方也变得越来越重要——就包括这么一种资源。不必说，很关键的一点是，金刚乘佛教的这些讨论不应该与关于"密宗双修"(tantric sex)的撩人描写联系在一起，而此修炼方式实际上也源于性恐惧与性罪恶感。

在藏传金刚乘佛教中发现的神圣性行为的象征意义与实践行为，对于很多宗教传统来说都是很陌生的，包括那些对西方人来说最熟悉的宗教传统。在金刚乘佛教之中，人们熟知的成对美德悲智双运，被拟人化为男人和女人。它们不仅被拟人化了，还被绘画或雕刻成为拥抱着的两性，通常被称做"双身佛"(yab-yum)。此双身像后来被用做沉思和禅定修行（包括把自己看成参与了这一对双身的拥抱）的基础。在亲自与此双身像一起禅修多年以后，我自己完全被此象征所富有的解脱力量和快乐所迷倒。不是当成个人的，也不是有些令人尴尬的，或许也不是充满罪恶的一种沉迷，性行为被公开描绘成最深刻的宗教真理的象征，描绘成发展个人固有觉性所需进行的禅修练习。

双身佛最深刻的含义及其核心在于这样一个事实，那就是用来象征宇宙真实的人类基本关系，是同等的配偶与平等的男女作为欢愉的、完全合作的伙伴关系。

这与那种把宗教象征主义限制在亲子关系——无论是父神与爱子还是玛利亚与爱子的关系——的倾向明显不同，而此倾向在别的宗教传统里很普遍；这与痛恨神圣之性的同样的宗教传统也形成鲜明对照，而对神圣性行为的痛恨一直是那些传统之中的一个难题。人们禁不住会猜想，这么公然将性行为赞美成神圣伙伴间神圣体验、深刻交流与变化修行，将会去掉基于相信没有生育可能的性是错误的这一观念，同时将去掉赞同提高生育率思想之危害的观念。这将是很有意义的。

在人类关系而不是在宗教象征王国里——在二者可以分开的范围之内——这种象征，在金刚乘佛教内，已经导致在男女之间形成心智与法之配偶关系的可能（非异性关系是否也是可能的，这一问题就更难回答）。这种关系不是寻常的家常安排，或是浪漫的规划与渴望，而是在追求心智成长的修行路上相互支持与共同运作。看起来，性就是这种关系之中的一个元素，但不是其基础。由于金刚乘教义的深奥难懂，这些关系过去以及现在仍然在印度北部的晚期金刚乘佛教与藏传佛教里得到认可与重视。西方佛教徒只是正在开始发现或重新发现这一资源，这一在追求解脱道的伙伴中作为共同掌权的配偶关系的可能，和与现象界之“他者”发生深刻理解与交流的模式。重视、维持和赞美这种关系，将会深深削弱提高生育率赞同者在人类生活中所持的性地位之观念偏见，同时也会大大促进男女间健康、人道与平等之关系模式的创建。

（闫艳　译）

# 佛教、全球伦理与地球宪章

史蒂文·C.洛克菲勒
(Steven C. Rockefeller)

当全世界各民族与国家都准备进入21世纪的时候，社会正经历着巨大变革，而全球也正日益变得越来越相互依存，此时最应该关注的任务是提出新的全球伦理。现在，人们正在努力创建一个"地球宪章"，这一宪章将会对确保地球作为人类与所有生灵安全之家所需核心伦理原则和实践指导方针进行精确陈述。支持此动议的人们希望，此地球宪章最终能够被联合国大会采纳，并且希望它能为保护和恢复地球环境以及可持续性生存事业起到作用，而这些都是人权宣言为了促进人权以及根本性自由所做的一切。本文旨在追问，佛教传统可以为地球宪章的发展作出怎样的特别贡献。

全世界人民需要共有一些伦理价值观，经济与科技的动力正在创建一个崭新的全球社会，而全球化进程也是势不可当的。此外，席卷全球的工业和科技革命导致了严重的全球性问题，而这些问题只能通过全世界各方面都参与其中的全球方法和协作来解决。通过科技新发展、创建规章制度和调节市场机制，可以完成很多工作来应对这些问题，但是改变个人的态度和价值观也是很必要的。全球伦理的目的，就是促使所需改变的价值观，对正在建构全球社会的势力进行导引，使其按照能促进地球健康发展的创造性方向前进。

如果新的世界伦理就是为了抓住全球所有人的思想和心灵，它就必须扎根于人们不同的文化传统之中，并且从这些传统中凸现出来。新伦理将要求人们改变思想和行为方式，但是不应感到它是由外部强加的。它应该被构建为人们所尊重与尊敬的基本价值观的必要延伸或进一步发展。在这方面，世界宗教的贡献和领导作用就非常重要。

在一个全球相互依存的时代，通过应用不同宗教传统中所包含的智慧来解决时代重大问题，并且通过参与不同宗教间的对话，以试图确认共同的关注和共同的价值观，宗教就能有助于进一步增强人们的伦理意识。如孔汉斯(Hans Küng)所说：

> 没有世界伦理就没有共同生存。
> 没有宗教和平就没有世界和平。
> 没有宗教对话就没有宗教和平。[①]

在这些相互关系中，据说世界宗教是来为世界各民族人民做他们努力想要实现的那种社会之示范。这就意味着，要在一个生态、经济和社会方面都互相联系的多文化世界里，创建一个共同生活的伦理协定。地球宪章工程从能够激励人们从事最高尚事业的伦理角度，为促进各宗教间的对话和宗教与世俗社会之间的合作提供了一个独一无二的机会。

自 1987 年，联合国世界环境和发展委员会号召创建"为了维系我们共有地球之上的生计与生活，规范国家与国家间行为的新标准"以来，[②]国际对地球宪章的支持虽然缓慢却是持续稳定的。在 1992 年联合国环境与发展大会(UNCED)"里约地球峰会"期间，人们为提出地球宪章作出了很有意义的努力，但是当时的时机并不成熟。里约宣言明确宣布了一些根本原则，但并不符合为地球宪章所制定的标准。1994 年，前联合国环境与发展大会秘书长、地球理事会主席莫里斯·斯特朗(Maurice Strong)和作为绿色国际组织主席的米哈伊尔·戈尔巴乔夫(Mikhail Gorbachev)，共同发起了新地球宪章的创建动议。1995 年春，在海牙和平宫举行了一个国际性的地球宪章研讨会。接下来的一年，为了与将于 1997 年 6 月联合国大会特别会议达到顶点的联合国里约后五年(Rio+5)

---

① 孔汉斯：《全球责任：寻找新的全球伦理》(*Global Responsibility: In Search of a New Global Ethic*, New York: Crossroad Publishing Company, 1991)，第 1、71、107、138 页。

② 世界环境与发展委员会：《我们共同的未来》(*Our Common Future*, New York: Oxford University Press, 1987)，第 332—333 页。

评论协调一致，作为独立进行的里约后五年评论的一部分，一个世界范围之内的地球宪章咨询活动被组织起来，这一活动由地球理事会负责指导。国际地球宪章委员会将于1997年对地球宪章草稿进行检查。

地球宪章将会被准备成为以相对简洁、清晰而激励人的语言所写的"软法律"文书形式。[①]它将在早先的国际宣言、宪章和条约的基础之上写成，其中包括一些由各种各样的非政府组织所起草的内容。从1972年联合国大会关于人居环境所产生的斯德哥尔摩宣言开始，在过去的25年里，国际法方面，关于环境与可持续性发展就有了实质性进步。国际上，在与地球宪章相关的40或50条法则方面，出现了具有重大意义的一致性意见。[②] 这些法则反映出人们针对世界问题所采用的一种合理而实际的解决方法。他们都大大受到新生态科学研究结果和一些与人权、社会正义、经济平等、后代权益、尊重自然和环境保护方面相关的根本伦理关注问题的影响。地球宪章的创建，将会进一步提炼和发展那些法则，这些法则在正在浮现的国际性法则中具有一致性。通过利用科学知识，利用可持续发展中人们的实践经验，利用关于环境和发展的广博的伦理学文献以及世界宗教的智慧所进行的全球对话就可以实现这一点。

本文余下篇幅，将特别聚焦于佛教传统如何响应地球宪章的发展，以及对发展地球宪章将作出怎样的贡献。佛教徒怎样才能帮助创建一个文书，而该文书能针对不同文化与各行各业的人们，能为拯救地球，创建和平、正义、民主参与、可持续性发展与生态康宁所需的共同伦理智慧提供基础？从佛教的角度来看，什么样的法则才能构成正在形成的世界伦理之核心？这些法则应该怎样表示出来？应该使用何种语言？对这些问题的回答，当然会涉及反映不同佛教观的各种各样的答案。此外，每种不同

---

① 在国际法中，"软法律"文件被看成对所涉及的国家意图和渴望之声明的表达，不被看成有约束力的条约。但是，有些有助于人权声明的"软法"最终变成了"硬法"。

② 对这些原则的解释，参见史蒂文·C.洛克菲勒：《全球伦理、国际法和地球宪章》("Global Ethics, International Law, and the Earth Charter")，载《地球伦理》(*Earth Ethics*) no. 3—4, Spring-Summer 1996；以及史蒂文·C.洛克菲勒：《环保与可持续发展原理：摘要与纵览》(*Principles of Environmental Conservation and Sustainable Development: Summary and Survey*, 1996)。后面这个文件是为地球理事会准备来支持地球宪章工程的，它对和地球宪章相关的国际法则提供了一个总体回顾。可以按以下地址订购本文：史蒂文·C.洛克菲勒，美国佛蒙特中布立05753(Middlebury, vermont 05753)，648信箱。

的宗教，可能想要用它自己独特的语言和世界观来制定自己版本的全球伦理。然而，关于地球宪章的迫切问题是，人类用一种统一的语言来制定全球伦理，到底能做到什么程度？对全球伦理和佛教进一步的观察意见与质疑，可能会有助于激励产生一些关于这些论题卓有成效的见解。

首先，在1993年芝加哥举行的世界宗教大会一百年纪念会上，由孔汉斯领导的一个由各宗教参加的委员会，起草了一项关于全球伦理的声明，此声明后被大会采纳。此声明明确了"黄金法则"作为世界宗教共享的最根本的道德原则。① 换句话说，黄金法则可以被理解为是为善避恶之一般道德律令的最简洁的表达方式。这一立场，佛教是能够支持的。关于黄金法则，在龙树的《宝鬘论》(Ratnāvalī)里，还发现了一个与此主旨相一致的别样的表达方式：

> 就如你渴望
> 别人能做什么来帮助自己，
> 于是，你也应当愿望
> 能做什么去帮助别人。②

帮助他人和避免伤害他人的诫命，与肯定和否定表达黄金法则的大意是相符的。于是，这就是可以共享的第一个原则，并且能让来自不同文化和宗教的人们，在此之上共同努力以构建一个全球伦理。认识到要帮助而不要伤害之道德理想的重要性，当然也要让每一个人清楚地知道，人类所处的复杂与可悲处境，因为我们生存在一个不能不导致一些伤害，并且有时即使是在帮助他人也会不可避免地伤害他人的世界里。这种两难境地就足以使伦理哲学家们忙个不停。

在最近的一篇文章《通往全球社会的可能性》里，儒派哲学家杜维明

---

① 孔汉斯、卡尔-约瑟夫·库舍尔(Karl-Josef Kuschel)编：《全球伦理：世界宗教议会宣言》(*A Global Ethic: The Declaration of the Parliament of the World's Religions*, New York: The Continuum Publishing Company, 1993)，第23—24页。

② 龙树和第七任达赖喇嘛著，杰弗里·霍普金斯、拉蒂·仁波切(Lati Rimpoche)与安妮·克莱恩(Anne Klein)译：《宝鬘论与四念处之歌》(*The Precious Garland and the Song of the Four Mindfulnesses*, London: George Allen and Unwin Ltd., 1975)，第55页。

就强调了黄金法则所具有的最根本的重要性：

> 要创建一个新世界秩序，第一步就是要明确表达一心要创建一个全球社会的普世意图。这至少就需要用一个新的黄金法则来替代利己法则，不管此法则是如何被广义定义的。新的黄金法则就是："己所不欲，勿施于人。"①

杜教授还补充说，黄金法则的这一否定表达，还必须通过一个反映生态和社会相互依存之现实的正面表达来扩充其含义。那就是："己立，立人；己达，达人"，虽然佛教徒可能不愿用"己立"与"己达"之类的语言。当然，佛教也坚持认为，"帮助"而"不伤害"的原则应该包含从所有人与人的关系延伸到包括一切众生在内的关系。

这一讨论提出，是否应把黄金法则作为人类共享的最根本的伦理理想问题包括在地球宪章之内？还有，如果是包括在内，那么应该怎样来表达它？在世界环境和发展委员会的报告《我们共同的未来》(1987)中，在关于设定防止跨边界环境破坏的新建议之国际法原则部分，就已引用了这一法则。报告建议，国家在处理与别国的关系时，应该遵循这条原则："你不会对自己国民所做的事，也不应施与他国人民。"②此外，环境保护最根本的法则，如今已经被广泛认同为是"ahiṃsā"，也就是"不伤害"之主旨的另一表达。例如，在由国际自然与自然资源保护联合会(IUCN)准备的环境和发展方面的国际公约草案中，关于"根本法则"部分说道："对环境最好的保护，可以通过阻止环境伤害来做到，而不应该是通过努力弥补或补偿伤害来实现。"(第6条)③这一原则在遇到有可能造成不可逆转的环境伤害，例如，面临某濒危物种将要灭绝的情形时，它将被认为是尤为重要的。

第二，当代国际法越来越多地使用出自新的物理学、进化生物学和生态学

---

① 杜维明：《通往全球社会的可能性》("Toward the Possibility of a Global Community")，见劳伦斯·S.汉密尔顿编：《伦理、宗教和生物多样性》(*Ethics, Religion, and Biodiversity*, Cambridge: White Horse Press, 1993)，第72页。

② 世界环境与发展委员会：《我们共同的未来》，第350页。

③ IUCN是保护自然与自然资源的国际联合会，也常被称为"世界保护联盟"。总部设在瑞士格兰德，成员包括超过80个州政府与400个以上的非政府组织。

的世界观，来证明所提出的关于环境与可持续性发展的很多法则是合理的。重点放在生物圈的整体性、人类与自然的相互依存性、大社会所有成员的相互关联性、生物多样性以及文化多样性的重要性之上。佛教支持这种出于科学质询的新生态世界观吗？近几年来，一些学者已经指出，在佛教哲学与当代物理学、生态学和环境伦理学方面，似乎呈现出某种极有意义的会聚性。

第三，或许佛教能对地球宪章所作出的唯一最重要的贡献就是，通过地球宪章，从全球社会角度确保体现一种确定了的意旨，即全人类协作保证一切众生免于一切残忍的伤害行为以及一切不必要的伤害。"四谛"把焦点聚集在"苦难"问题之上，而这是一切众生寻求解脱的根本问题，并且佛教伦理认为，"拔一切苦"的"悲"是至高无上的伦理美德。以国际法方式表达的正在形成的世界伦理观，的确分析了很多导致人类苦难的缘由，比如说贫穷、战争、不平等、无知与环境恶化。然而现存的国际法，却没有明确非人类生灵的苦难亦为道德问题。国家法关注了物种与对生物多样性的保护，但是没有关注非人类生灵的个体，除非它们所代表的是一濒危物种。如果对一种非人类物种个体成员及其栖息地进行保护，那么这是对物种保护的关注，而不是防止它们的苦难发生。国际法的确可以通过号召人们保护生态系统，来帮助减少一些非人类生物的苦难，但是此处所关注的问题是与奥尔多·利奥波德的大地伦理相一致的生态系统的健康以及生物界的整体性，而不是个体生物的苦难。

从一个佛教徒的立场来看，应该强烈提出这么一种观点，那就是地球宪章应该把由人类给非人类众生所带来的苦难明确为道德问题，而且它还应包括对付此问题的一条法则。很多国家的法律确实有如何处理虐待动物之行为的条文。问题是国际法是否应进入此领域，像环保者带着慈悲对待众生一样，介入对生态系统与物种的关注。国际自然与自然资源保护联合会在《关爱地球》(1991)中提出了对待非人类生物的指导方针，就到底什么内容可以被包括在地球宪章里给出了示范："人们应该善待所有生物，并且保护它们不受残酷对待，避免苦难以及不必要的杀戮。"①佛

① 世界自然保护联盟(IUCN)、联合国环境规划署(UNEP)与世界自然基金会(WWF)：《关爱地球》(Gland, Switzerland, 1991)，第14页。

教，由于其伦理传统，对此问题的争论处于一独特地位而能影响其结果。如果在这一问题上没能听到佛教的意见，那么它就很难赢得大家对此原则的接受。如果没有世界宗教的帮助，动物解放运动就不能够强有力地坚持下去。①

第四，是语言使用的问题。反思很多当代环境哲学的讨论，国际环保法认为，所有的生命形式，即物种，都有理由得到尊重和保护，因为他们具有异于对人类可能有用之任何外在价值的内在价值。这个声明是在《关于自然的世界宪章》(1982)中和"生物多样性大会"(1992)上作出的。在此再次确认，是物种而不是生物个体具有内在价值。在国际法律文件中出现所有物种都有内在价值之声明的重要性是怎么强调也不过分的。它是一个重要突破——它超越了近几个世纪主宰西方文化和世界其他大多数地方之传统的人类中心世界观。它为"人类社会"之范围的延伸建立了基础，而且，对此人类有道义责任把一切生命都包括进来。它意味着，非人类的物种值得尊重和关爱，不管它们对人类具有的工具价值为何。用康德(Kantian)的话来说，他们应该被当成为"自己的目的"来对待，而不是仅仅被当成"手段"。换句话说，非人类物种应该被看成有道德身份的主体，而不仅仅是被占有或被使用的客体。

但是，虽然佛教对所有众生都传授要慈悲为怀，但关于一个生命或某一物种具有内在价值一说，一些佛教哲学家也有所保留。因为此论点看起来是说，"内在价值"的概念意指事物之中存在一些固定本质或永恒自我，这与佛教关于因缘共生、无常、空以及无我的教义是相反的。根据这些关注点，就出现了佛教哲学能否或应否确认所有物种或众生具有内在价值之概念的问题。在考虑此问题时，人们应该牢记在心，如果佛教徒要拒绝国际法中所使用的内在价值之类语言的话，在延展人类的道义关注至包括一切众生方面，就会为当代的国际努力带来严重退步。

① 阿肯色州汉德里克斯学院的杰伊·麦克丹尼尔(Jay McDaniel)教授起草了《给地球宪章作者的一封公开信》("An Open Letter to Authors of the Earth Charter")，在信中他提到了这个问题，并且建议地球宪章包括保护动物的法则，这条法则使用的语言应该和在《关爱地球》中使用的语言相类似。公开信中用"生物"一词替代了"动物"一词。人们也可以用"生"这个词。这封公开信由美国保护动物协会传递给其他团体，包括宗教组织，希望他们能够拥护它。

在寻求此问题解决方法的过程之中，强调佛教哲学、伦理学与内在价值的实际意思或含义间没有不协调之处，这是很重要的。二者的相关点是，任何具有内在价值的生命存在都是值得尊重和关爱的。那么，会不会存有一种与佛教的因缘共生以及无常教义相一致的、关于内在价值之本质的佛教界定呢？的确，一些西方哲学家和神学家可能会试图根据灵魂、永恒自我或一些永恒的根本本质的存在来解释内在价值观念，但是这并不是唯一的一种来解释其他生灵也是值得尊重的主体而不仅仅是被使用或被剥削的客体或工具的方法。比如说，能不能用“佛性”概念来解释所有生灵具有的内在价值呢？

第五，关涉一个相关问题。有些非政府组织的地球盟约和宪章使用了宗教语言。[①] 例如，它们肯定了生命或一切生命形式的神圣性。这是说明其他生命形式和生物之内在价值的另外一种方法。佛教肯定要敬畏生命，尤其是有情众生。在地球宪章里提及生命、生命群体或复杂生物网之神圣性，佛教徒会赞同吗？

第六，关于内在价值和生命之神圣性的讨论，引出了另外一个重要概念——“权利”问题——的讨论。在过去三百年中，尊重人权对社会正义而言，已被看成是非常重要的。黄金法则首先与首要的含义在于：尊重所有人最基本的尊严、权利和根本自由。人们一致认同，所有人具有平等的权利，因为他们都是具有内在价值的生命。在过去的一个世纪里，有着非常不同之政治定位的全世界各国都采纳了人权法。二次世界大战以来，人权思想在国际法中已经得到了广泛发展，并且在人权方面，有三个具约束力的全球条约已被采纳。尊重人权是正在形成之中的新全球伦理的重要元素之一。很多佛教徒都大力支持人权法。对于非人类的物种是否也应使用“权利”语言呢？从佛教的观点来看，人类对非人类的生命确实负

① 参看，例如，“地球盟约”（“The Earth Covenant”），它是地球教育学会准备并发行的。地球教育学会位于 475 Riverside Drive, Suite 1848，10115, U. S. A.；“地球宪章”（“The Earth Charter”）是国际宗教和地球协调委员会设计并发行的，其地址是：P. O. Box 67, Greenwich, Connecticut 06831－0767, U. S. A.。这两个文件都已刊登在乔尔·贝弗斯路易斯（Joel Beversluis）编：《地球宗教团体原始资料集》（*A Sourcebook for Earth's Community of Religions*, Grand Rapids, Mich.: CoNexus Press — SourceBook Project, New York: Global Education Associates, 1995），第 201、214—215 页。

有道德责任。地球宪章是否应当提到"自然的权利"或是"非人类众生的权利"呢?

使用和自然有关的权利语言是很有争议性的,而且至今还没有任何国际文书使用此语言。与确立非人类物种和生命拥有内在价值的问题相比,此问题倒是没有那么重要。内在价值的观念,为确立人类有尊重和关爱自然的道德责任奠定了坚实基础。是否在地球宪章里使用权利语言,来阐明人类对非人类物种负有责任是个次要问题。换句话来说,关于非人类物种,宪章可以不使用权利语言,就能说清对生命整体之尊重与关爱这一强有力的伦理观。权利语言的优势在于,它有着被人理解的、广泛的、清楚的道德与法律含义,并且它的使用会促进对非人类物种的合法保护。

最后,是否有一种来自佛教观点的关于生命和整个世界的基本态度,能在地球宪章中得到体现呢?关于这方面,地球宪章工程的领导们宁愿宪章拥有其精神深度。针对生命与世界,它能够提及诸如好奇、敬畏、敬重、谦卑、忏悔、感激、慈悲和普遍责任之类的看法。这个问题认识到了这么一种可能,那就是我们可能正处于人类意识和文明进化的某一时期,而此时期,来自不同文化的人们,能够确定一些对待生命的基本态度,以及对一套符合这些态度并且能够反映这些态度的原则取得一致意见。

地球宪章的咨询过程会持续整个1997年及以后。当地球宪章最后定稿时,它首先会作为"人类条约"来发行,它会有个人签名,并且会被宗教组织、非政府组织以及全世界的其他团体采用。希望有了大众强有力的支持之后,地球宪章能够在2000年得到联合国承认。

佛教团体能对正在进行之中的地球宪章咨询过程作出重要贡献。这篇文章只是明确了起草地球宪章时应处理的许多问题之中的几个。对宪章中必须考虑的问题与法则有兴趣进一步了解的团体,可以和地球理事会联系,并且可以利用地球理事会为支撑咨询过程所准备的资料。①

① 地球理事会已经在互联网上建立了地球宪章的网页。本书第300页注释②《环保与可持续发展原理:摘要与纵览》的部分内容,就包括在这个地球宪章网站里。地球理事会网址为 http://www.ecouncil.ac.cr。此外,尊重生命和环境中心在期刊《地球伦理》(7, no. 3—4, Spring-Summer 1996)两期特刊上出版了地球宪章。尊重生命和环境中心的地址为:2100 L Street, NW, Washington, D.C. 20037, U.S.A.。

地球宪章工程的更大意义在于，它以一种非常具体的方式，集中讨论了全球伦理，并且颇有成效地为宗教间与跨文化间的交流设立了舞台。如果认真仔细地来构建，宪章将会对个人、学校、商业、政府、宗教会众、非政府组织以及国际集会提供伦理与实践指导，它可以作为有激励性的人类伦理指南针。它提出了一个挑战，这个挑战值得宗教群体和任何地方有思想的男女们对之付出最大努力。

（闫艳　译）

# 佛教与生态之中的理论与方法论问题

## 是否有佛教的自然哲学？[①]

马尔科姆·戴维·艾可
(Malcolm David Eckel)

环保著述中一个最为普遍和持久的看法就是，认为东方宗教提倡人与自然之间的和谐感。而这个固化模式的对立面就是西方宗教提倡把人与自然分割开来，并且鼓励主宰、利用与控制自然的行为。罗德里克·纳什(Roderick Nash)对此反差作出了经典表述："对自然怀着崇敬与宗教般敬畏的感觉源于古代东方文化"，并且"在远东，人与自然之间的关系是一种近乎于爱的崇敬，而这一点在西方是没有的"。[②] Y.室田(Y. Murota)认为，在日本人对待自然的态度和他所感到的西方现行的态度之间有着类似的反差："日本人关于自然的态度和西方人的截然不同。……对于日本人来说，自然是一种无所不在的力量。……对于日本人民来说，自然既是赐福于他们的力量，也是一位朋友。……相反地，西方文化背景之下的人们把自然看成一个物体，而且通常把自然看成处于人类对立面的一个实体。"[③]

在很大程度上，这种东西方之间的反差对近来的一些环保著作所造成的影响，是源于小林恩·怀特颇具创新意义的文章《生态危机的历史根源》。[④] 怀特把犹太—基督教描述成是以人类为中心的，并且认为犹太—

---

① 本文最早登载在《自然哲学》(*Philosophies of Nature*)上，是波士顿大学为纪念伊拉齐姆·科哈克(Erazim Kohák)的研讨会文集，出版于1995年11月13—17日。

② 罗德里克·纳什：《野性与美国式思维》(*Wilderness and the American Mind*, New Haven: Yale University Press, 1967)，第20—21、192—193页。

③ Y.室田：《日本的文化与环境》("Culture and Environment in Japan")，载《环境管理》(*Environmental Management*) 9(1986)，第105—112页。

④ 小林恩·怀特：《生态危机的历史根源》，载《科学》155(1967)，第1203—1207页。重载于《Machina Ex Deo：西方文化物力论文集》(*Machina Ex Deo: Essays on the Dynamism of Western Culture*, Cambridge, Mass.: MIT Press, 1968)，第75—94页。

基督教的这种人类中心主义剥夺了自然的神圣地位，并把它置于人类的剥削和控制之下。虽然怀特没有对东方传统进行过多评论，但很显然，他理解的东方传统是和西方相对立的。

> 颓废派（beatniks）和嬉皮士（hippies）是我们这个时代的主要革命群体，他们对禅宗和印度教的亲近表现出了一种合理的本能性，这两种宗教所构想的人与自然的关系与基督教自然观完全相反，恰如基督教自然观的镜像。

怀特所持有的关于东西方之间的反差观念，七年后被日本历史学家渡边正雄（Masao Watanabe）在同一期刊所发表的文章中采用。[①] 渡边认为，日本人民"对自然之美的欣赏品味是相当高雅的"，他还说，"与自然和谐共处的艺术是日本人民的生活智慧"。通过一些当代著名作家的著述，怀特的观念在环保运动中继续得以体现。加里·斯奈德，这位德高望重、受人尊敬的林恩·怀特那一代"颓废派和嬉皮士"的幸存者，在最近的一本文集中把亨利·戴维·梭罗关于"荒野"的观念、道教中关于道（Tao）的观念以及佛教中关于法（Dharma）的观念很好地联系在了一起：

> 在关于（荒野）的第二套定义中，有很多的意思和中国人对道（Dao）这个词的定义相似，道就是大自然之道（way）：是不可释（eluding analysis）的、不属于任何类别（beyond categories）的、自组织（self-organizing）的、自知（self-informing）的、十分有趣的、出人意外的、非永久的、非实在的、独立的、完整的、有序的、无中介的、自由展现的、自我证实的、自我意志的、复杂的与十分简单的。同时既空又真。在某些情况下，我们可以称之为是神圣的。就其具有原初的形态与稳固性意义而言，荒野与佛教之法的概念又相差无几。[②]

---

① 渡边正雄：《日本文化中的自然概念》（"The Conception of Nature in Japanese Culture"），载《科学》183（1974），第279—282页。

② 加里·斯奈德：《野生界之实践》，第10页。

本文旨在探讨是否可能确立一种“佛教的自然哲学”。这是指代一种肯定我们所谈到的“自然”界观点的哲学，同时，这一哲学也能真实体现出促使佛教徒寻求心智净化和成长的那些复杂动力。

首先，我们是从何处得到佛教敬畏自然这种一成不变的看法的？渡边正雄开始阐述日本人对待自然的态度时，讲述了一个关于19世纪艺术史学家拉夫卡迪奥·赫恩(Lafcadio Hearn)[①]的故事，以及西方对日本看法的起源。渡边说他曾读过拉夫卡迪奥·赫恩是如何对一群美国学生讲述他的第一次日本之旅的(正是这次旅行使赫恩形成了他对日本的幻想和迷恋，并促使他决定终生留住日本)。渡边曾问过他的学生，在读赫恩对自己日本之行的讲述时，他们首先注意到的是什么。答案是赫恩关于日本人热爱自然的印象。这一点体现在赫恩讲述一名日本武士摆放着插满菊花的花瓶，来欢迎他外出归家的兄弟的故事之中。学生们的回答引出了渡边自己对日本式园林设计、插花、茶道、诗歌以及烹饪之中所蕴涵的自然之美的评价。

渡边提出，西方人最早是通过审美渠道接触到日本自然观的，这是正确的。当日本在19世纪50年代早期向西方开放的时候，日本艺术如潮水般涌入西方市场，并对西方艺术家们的视觉风格造成了深远影响，这种影响所造成的差别可见于詹姆斯·麦克尼尔·惠斯勒(James McNeill Whistler)和文森特·凡·高(Vincent Van Gogh)之间的不同画风。[②] 几乎没有什么能比京都龙安寺(Ryoan-ji)之沧桑岩石和空旷禅院更强有力、更具启发意义地体现了日本对自然的构想。也少有自然派诗人的作品能够与日本诗人芭蕉作品中所凸显出来的优雅和紧凑相提并论。有时人们会说若把握了芭蕉诗中的意境，就把握了佛教的全部要义。[③]

---

① 日本名为“小泉八云”。——译注

② 如可参见盖布里埃尔·P.韦斯伯格等(Gabriel P. Weisberg et al.)编：《日本主义：日本对法国艺术的影响，1854—1910》(*Japonisme: Japanese Influence on French Art, 1854—1910*, London: Robert G. Sawyers, 1975)。

③ 罗伯特·S.埃尔伍德(Robert S. Ellwood)、理查德·皮尔格林(Richard Pilgrim)：《日本宗教：文化透视》(*Japanese Religion: A Cultural Perspective*, Englewood Cliffs, N. J.: Prentice-Hall, 1985)，第55页。

闲寂古池旁，

青蛙跳进水中央，

扑通一声响！

(Old pond—

Frog jumps in-

Sound of water!)

当然，此诗的“意义”肯定是关于流动着的自然界之中一瞬间的浓缩之美，在这一瞬间，诗人与读者的思维都沉浸于此自然事件本身。

芭蕉用诗来赞美大自然的做法，也可见于一些中国文学前辈的作品中，比如在唐朝的一婉约派诗人的诗中就可见到，关于这位诗人，我们只知其号为寒山子(Cold Mountain)。在寒山子诗歌的字里行间，佛教的“道”(way)呈现出了明显的自然主义韵味。

自乐平生道，烟萝石洞间。

野情多放旷，长伴白云间。

有路不通世，无心孰可攀。

石床孤夜坐，圆月上寒山。[①]

这首诗展现了对自然之粗犷及未经破坏之处，对烟雾、岩石与树木的独特而敏锐的感觉——加里·斯奈德曾把所有的这些自然面都与亨利·戴维·梭罗的“荒野”概念联系在一起。[②] 然而这首诗也体现出了非常重要的佛教价值。其字里行间反映出了“中道”(the Middle Way) 这一传统主题，就是引导凡人从世间的苦难无知中走出来，以成为一个脱离凡俗的圣贤。而且这些诗句通过一系列典型影像，刻画出了这两个境界之中不

---

① 伯顿·华兹生(Burton Watson)译:《寒山子:唐朝诗人寒山诗百首》(*Cold Mountain: 100 Poems by the T'ang Poet Hanshan*, New York: Columbia University Press, 1970)，第67页。此处的汉语诗文，出自《全唐诗》卷八〇六。——译注

② 加里·斯奈德曾很传神地翻译出不少寒山的诗歌。参见他的《激流拍岸与其他诗歌》(*Rip Rap and Other Poems*, San Francisco: Grey Fox Press, 1982)。

同体验的对照。平凡世界是纠缠不清、晦涩难懂与黑暗之世界的一部分，其间迷雾缠藤（mist-wrapped vines）[1]、闲云飘荡（idling clouds）。而觉悟（enlightenment）了的世界，则是无牵无挂、淡泊名利与清新朗明的，象征着佛陀觉悟（Buddha's awareness）的“圆月上寒山”。“寒山”不仅仅是诗的场景，也指代诗人自己的身份；它同时也描写了一位圣贤要达到觉悟所必须要走的道路，还象征了觉悟本身。将所有这些意义都隐含在一个单一具体的意象之上，就说明觉悟包含了自身与自然界之间相融合的感受。

威廉·R. 拉斐尔向我们表明，芭蕉的诗是东亚长期对自然的宗教意义进行教义反思的结果。[2] 比如芭蕉先辈诗人中的西行描绘到，在趋往觉悟的道路之上的前进，也包括“一瞬短暂停留”，以在柳树阴下逗留一会儿，通过这样的描绘他提出了关于“道”之本质这一问题。是像一位虔诚的朝圣者那样双眼贯注远方的目标行路，还是时而走出这条路并容许你的意识与自然界的某个部分相融合更好呢？

自语离大道
仅一小憩耳
杨柳树阴下
自我小憩始
流水潺潺过
时光亦如是

此处，是柳阴而不是朝圣者之路使人意识不到时间的流逝，这个“停留”反映了佛教涅槃（nirvāṇa）式的“静止”（cessation）。然而为何是将“涅槃”与柳树而不是与自然界的其他事物联系在一起呢？拉斐尔表明，这几行诗反映了一个复杂的教义讨论，即某些特定的植物是否也具有“佛性”（Buddha-nature），换句话说，它们是否能够体现朝圣者所要寻求的那种觉悟境界。在中国，这一问题最早是作为对空与色之间关系的普遍讨论的

---

① 上文将此译为“烟萝”。——译注

② 威廉·R. 拉斐尔：《西行与自然的佛教价值》，载 J. 贝尔德·克利考特、安乐哲编：《亚洲传统思想中的自然观》，第 183—209 页。

一部分而提出来的。这一问题逐渐演变为关注植物的一个特殊问题。植物有没有佛性？一些佛教思想家在《妙法莲花经》关于植物的章节里，找到了对此问题的肯定回答。经中说，佛陀教诲的甘霖平等地降落于一切形式的植物身上，而各种植物依据自身的能力繁茂生长。① 在日本，这种观点演变为西行诗中“短暂停留”所体现出的立场。自然界被看成体验觉悟的场所，而且具有重要的特殊意义——这种重要性足以使诗人离开大路而消失于柳阴之中。

西行并不是唯一一位探索自然界与觉悟体验之关系的人，他的方法也不是唯一的方法。阿伦·G. 格雷帕德就表明，甚至可以通过更加复杂的方式将觉悟体验体现于物理性景观之中。② 比如国东（Kunisaki）半岛的火山两子山（Futagoyama）就被看做《妙法莲花经》经文的物质表现形式：它那 28 个峡谷被认为与《妙法莲花经》的 28 个章节相对应；而其沿途超过六万尊的雕像，正好代表经文中所有表意文字的总数。此处景观本身就是经文，而经文就是佛法。走在山路上，并把山谷当成经文的视觉表象来阅读，就是去体验自然与经文、道路与目标、停止与前进之间的关系，而这种方式远远超越了西行那几行简单的诗文。

还有诸多事例可以用来表明佛教价值观与日本崇尚自然界之间的关系，但是上述例证应该足以说明，渡边确实有理由可以认为，对自然的崇尚在日本文化包括日本佛教方面都具有举足轻重的作用。然而也可有充分理由相信，这并非事情的全部。在一篇很有名的题为“东方与西方的自然观念”的文章中，作者斯蒂芬·R. 凯勒特用数据清楚表明，有理由让人怀疑，东方文化如同西方文化一样会对自然不尊重。③ 凯勒特说：“与以

---

① 伯顿·华兹生译：《妙法莲花经》（*The Lotus Sutra*, New York: Columbia University Press, 1993），第五章。

② 阿伦·G. 格雷帕德：《日本的自然与文化》（“Nature and Culture in Japan”），载麦克·托比亚斯（Michael Tobias）编：《深层生态学》（*Deep Ecology*, San Diego: Avant Books, 1985），第 240—255 页。

③ 斯蒂芬·R. 凯勒特：《日本人眼中的野生动植物》（“Japanese Perceptions of Wildlife”），载《生物保护》（*Conservation Biology*）5（1991），第 297—308 页；《自然的观念：东方与西方》（“Concepts of Nature: East and West”），载迈克尔·E. 苏尔以及加里·利斯编：《再造自然？对后现代解构主义的回应》，第 103—121 页。也可参见谭逸夫（Yi-Fu Tuan）：《环境之态度与行为间的差异：以欧洲和中国为例》，载《加拿大地理学家》12, no. 3（1968），第 175—191 页。

前认为东方有着非常尊重自然的正面态度的看法相反，现代日本和中国却都由于有对自然保护不利的记录而被提及——包括大范围的温度上升、热带雨林的砍伐、过度开采野生动植物产品、任意破坏性地捕捞鱼类和大范围的污染。"①凯勒特准备了一份调查问卷来调查并比较日本和美国对待自然界的态度。他发现在日本和美国两种文化之中，共同的最常见的对待自然的方法就是凯勒特所称的"人道主义的"(humanistic)方法：两种文化都表现出人们"对诸如宠物或大型野生动物个体的首要兴趣与强烈关爱，而这种关爱让人产生强烈的神人同形同性论联想"。具有此倾向的人，在日本占37%，在美国为38%。在美国，第二种最常见的态度是"道德主义的"(moralistic)：27.5%接受调查的美国人表现出凯勒特所称的"极为关注对待动物的正确性或错误性，并强烈反对过度利用或虐待动物"。凯勒特称，日本最常见的第二种态度为"消极主义的"(negativistic)，比例为31%：是一种"由于不喜欢或恐惧动物而主动回避的基本倾向"。凯勒特称日本人的第三种普遍态度为"统治性的"(dominionistic)(28%)："主要兴趣在于主宰和控制动物。"也就是说，凯勒特调查的日本人之中，超过半数害怕或不喜欢动物，或是重点关心他们对动物的主宰权和控制权。凯勒特的调查结果得到了1989年联合国环境署(United Nations Environmental Program)调查数据的证实：该调查发现，日本在14个被调查国之中，"在环境意识和关注度方面排名末尾"。

为了能够解释日本人对待自然的态度，凯勒特还进行了一系列的详细面谈以深入其调查。很多受访的人指出，"日本人很重视在精心构造的环境之中获得对自然的体验和享受"。重视这种感受的理由各不相同，但都很能说明问题。其中一人说，是"一种日本式的'半自然'的爱，这种半自然有那么点被驯化了的顺从感"。另外有人说，日本人"将他们所喜爱的环境特征隔离起来，固化起来或是竖墙把它们围起来"。凯勒特所有的受访者强调的都是关于自然的文化性转化，在这一转化之中，一些自然元素变成了和谐、有序和协调的象征，从而也就变得精练而抽象了。唐纳德·里奇(Donald Ritchie)也注意到，日本人强调自然的文化转化，而不是

① 凯勒特：《自然的观念：东方与西方》，第107页。

自然自身的纯洁性和没有被改造过的状态，他曾说："日本人对待自然的态度主要是占有性的……直到人类的手……对其进行适当塑造之后……自然才是自然的。"①

我们如何才能解释凯勒特的调查结果与对热爱自然的佛教徒的一贯看法之间的矛盾之处呢？日本传统如何能够显现出对自然深深崇敬的同时，而又能够容忍，甚至是鼓励那种普遍而深入的文化统治（cultural domination）态度呢？一种可能的解释是，日本人彻底被西方关于自然的统治和利用偏好所吸引，以至于本地传统就被淹没于大力追求西方式的经济发展之中。但是凯勒特指出，把这种矛盾仅仅归因于是西方影响也太过简单化了。如 W. 蒙哥马利·瓦特（W. Montgomery Watt）在关于所谓早期伊斯兰形成的外部影响之评述中提到，一种文化要深层次或意义深远地"影响"另一文化是非常困难的，除非是在接受者文化中已经有了使得这种影响成为可能的倾向或诱因。② 那么，日本的佛教传统之中，是否存有倾向于自然的"文化转化"的那种诱因呢？是否是佛教自身能够导致这种态度呢？从最根本上来探究这些问题的方法，就要回到佛教传统的故里——印度去，并且从其最初的背景里来质询传统。

印度的宗教典籍是怎样描绘自然界的呢？当然，印度文明是复杂的，而且在对待自然方面，其复杂性不亚于东亚或西方的任何传统，然而要说印度文明在"人类的"和"自然的"差别方面，有着一种深刻而持久的偏见，好像并不算是把问题过度简单化了。反映这种差别的最佳资料之一就是《薄伽梵歌》（*Bhagavad Gītā*），这是印度教最著名和最受人钟爱的经典之一。经文由两人的对话组成，一人是正处在战争白热化边缘的战士阿尔诸那（Arjuna），另一位是为他驾驭战车，自认为是上帝化身的奎师那（Kṛṣṇa）。在故事开头，阿尔诸那凝望着战争造成的断壁残垣，沉浸在悲伤之中。奎师那安慰他，要他振作起来去完成他作为战士的使命，而不要为其行为后果感到恐惧或悲伤。奎师那安慰言语里的推理，反映出印度

① 唐纳德·里奇：《岛之海洋》（*The Island Sea*, Tokyo: Weatherhill, 1971），第 13 页；凯勒特引用于《自然的观念：东方与西方》，第 115 页。

② W. 蒙哥马利·瓦特：《穆罕默德：预言家与政治家》（*Muhammad: Prophet and Statesman*, Oxford: Oxford University Press, 1961）。

教对待自然的态度中的一个基本特征。奎师那安抚阿尔诸那，要他将永生不灭的“灵魂”(puruṣa)和会死亡、易改变的“肉体”区分开来，因为当灵魂走向新生时，肉体注定是要被摒弃的。

> 虽说这肉体注定要完结，但其中所蕴涵的自我却是永恒的、不可摧毁的且无法衡量的；因此，你应该去战斗，哦，婆罗多(Bhārata)。(2.18)

假如阿尔诸那认识到，他真正的存在就是他的灵魂而不是肉体，他就无须受痛苦或恐惧的影响。

随着经文逐步演绎出“灵魂”与“肉体”的差别，我们发现“肉体”被说成“prakṛti”，这一概念通常被译为“自然”。在人的小宇宙(microcosm)中灵魂与肉体的差别是大宇宙中“灵”与“自然”两大原则的差别的反映。说“prakṛti”就是“自然”究竟是什么意思呢？首先，“prakṛti”一词所涵盖的语义范畴，似乎比“自然”这个英语单词通常所涵盖的要宽泛得多。“prakṛti”不仅涵盖了宇宙的物质方面，也包括了人性中称为“意”(manas)和“觉”(buddhi)的方面。根本的差别不在于一方面是肉体而另一方面是精神或灵魂，而在于人性中各种易变的复杂因素(包括肉体、意和觉)与永恒不变的灵魂间的差别。然而“puruṣa”和“prakṛti”的区别在于：“puruṣa”是有意识的、超然的，而且是可以通过严格训练(瑜伽)或理性获得的，从这个意义上来说，“puruṣa”是“灵”；而“prakṛti”是“自然”，因为“prakṛti”仅仅是反映或遮掩了“puruṣa”所体现的意识，并且易于改变和腐朽。在阿尔诸那的处境中，人类陷入了“prakṛti”丝线所编织的迷惑之网，这时人类所面临的挑战，就是辨认出他们真正的同一性表现是不朽的灵魂，并且要从自然的束缚之中解脱出来。

从理论意义上来说，“puruṣa”和“prakṛti”之间的差异，属于古典印度教哲学传统中的数论教派(Sāṃkhya)和瑜伽教派(Yoga)之间的差异。而从任何意义上来说，这两个传统在印度传统关于真实之意的阐释之中，都算不上是主流理论框架。然而这一差异对印度文化有着广泛影响。比如当人们去位于孟买港的象岛(Elephanta)寺遗址时，他们要经过港口的一段水域，然后到达一座小岛，之后攀上长长的楼梯来到岛屿中央突出的岩石顶端，最后进入一个石窟，就到了从天然岩石中切割出来的神祠(shrine)。穿越水域的路途，象征着越过易变的、让人分心的"自然"界，而进入幽静黑暗的寺庙，则代表到达了不变"灵魂"之中心。这段行程的宗教性戏剧化表现，立足于自然界与灵魂界之差异这一基本的文化观念。甚至在吠檀多不二论(Advaita Vedānta)这种非二元论(nondualistic)的传统中，虽然它们的目的是要消解自我与世界间的差别，但是它们觉悟的行程也是基于永恒自我与非自我之间的"离"(viveka)之上的，这也是它们首要而坚定不移的主张。① 人们能够强有力地反驳说，印度教传统受到永恒之物有着终极价值而易变之物则无这一信念的驱使，甚至在非二元论的层面上亦是如此。"自然"包含着那些会改变、会消逝的事物。

佛教徒并无印度教的那种关于个体灵魂会永存的信念，但是佛教徒对"自然"界中的困难和危险也感到惶惑。兰伯特·斯密特豪森注意到，在古典佛教的原始资料中，说到信佛教的农民和城市居民，甚至僧侣都更加青睐被改造过的已经文明化了的村庄和城市，而不是未经开发的森林或丛林。② 丛林和森林是死亡和转生(rebirth)的象征(就如朝拜者为了到象岛寺所必须穿越的海洋)，而城市却代表了超越生死轮回的涅槃。③ 出现在印度原始资料中佛教天堂的影像通常都是自然景象，而这些景象中自然的"野性"成分都已经被人工彻底改造过了。印度《无量寿经》(*Sukhāvatīvyūha*)中描绘的极乐世界(Sukhāvatī)：整齐对称的树木、长方形的水池、金光闪闪的波纹与波光粼粼的湛蓝色水面，更能让人联想到一个停车场而不是充满野性的未开垦之地。④ 斯密特豪森极其正确地注意

---

① "离"(viveka)是知晓梵(Brahman)的四"资格"之一。见艾略特·德驰(Eliot Deutsch)：《Advaita Vedānta：哲学重构》(*Advaita Vedānta: A Philosophical Reconstruction*, Honolulu: University of Hawaii Press, 1969)，第105页。

② 兰伯特·斯密特豪森：《佛教与自然》("Buddhism and Nature")，载《佛教哲学研究：论文集》7(*Studia Philologica Buddhica: Occasional Paper Series*, 7, Tokyo: International Institute for Buddhist Studies, 1991)。

③ 更多材料参见斯密特豪森：《佛教与自然》，第15页。"涅槃之城"(city of nirvāna)的出现见于稍晚的经文之中。早期经文中与此隐喻相应的部分见于《经集》(*Suttanipata*) 3.109，其中提到，涅槃乃是一片平坦的土地(samo bhūmibhāgo)。

④ 麦克斯·穆勒(Max Müller)译：《大乘佛教经文》("Buddhist Mahāyāna Texts")，载《东方古典文献集》49(*Sacred Books of the East*, 49, Oxford: Clarendon Press, 1894; reprint ed., New York: Dover Publications, 1969)。

到，有很大数量的佛教僧侣没有选择住在城市或乡镇里。在僧侣生活的隐居阶段，森林被看做有助于禅修的宝地。僧人在森林中可以避开所有来自世俗社会的干扰，并通过观察四季的演变来仔细思考现实事物的无常。但即便如此，自然界也主要被当做一个场所，当做僧人自我精神转依的一种指引，就如格雷帕德所描述的把《妙法莲花经》映射到两子山的山谷和山脉当中去一样。

佛教传统中这一早期组成部分，对自然并不是充满敌意的：即人们并不会为了追求人类的善去统治或毁坏自然（不管是植物还是动物），弄清楚这一点是很重要的。但是自然的狂野与未驯化却不会被人为鼓励或培养。自然界就是一处场所，是反映生死轮回之无常和不遂人意的一个明证。要培养的目标不是让旷野进入它自身的有序之中，而是让修行者达至一种可以从自然界——从一切无常与不遂人意之中——释放的觉知状态，以获得宁静与自由感而达至涅槃境界。因此，人们或许会说，自然并不是用来被统治的，但却是为了获得自由而应被放弃的。

在这样的智慧背景之下，发现印度佛教典籍之中基本上不存有那种一贯与东亚传统联系在一起的对野生世界和“自然”界的尊重，就不会让人感到诧异了。印度诗歌对内观或觉悟的理解，常常反映出一种修辞上的不同，而在此不同之中，佛陀的教诲比自然界的种种可能性“更伟大”或是“与之形成对照”，在哲人法称（Dharmakīrti）关于佛陀的教诲与月亮清冷光线的诗意联系的探索之中也是如此。

难道圣人月亮落下一滴泪，
不强过一片片冰冷的月光？
此心如何才能找到快乐，
虽然矗立在喜马拉雅冰冷的山洞之中，
它如何才能承受那无法承受的
与它所爱分隔的烈火般的煎熬？①

---

① 丹尼尔·H. H. 英戈尔斯（Daniel H. H. Ingalls）：《梵语宫廷诗选》（*An Anthology of Sanskrit Court Poetry*, Cambridge, Mass.: Harvard University Press, 1965），第438页。

当我们把法称的意象——“圣人月亮”(佛陀)与中国佛教诗人李白(701—762)的一首诗：

床前明月光，
疑是地上霜。
举头望明月，
低头思故乡。

进行比较时，人们就会清楚地看到，印度佛教传统的“葡萄美酒”倒进中国“酒瓶”之中时所产生的美学以及意识形态的转化现象。在印度传统中，“自然”是一个需要被超越的世界，而在东亚，它本身却具有了象征超越的能力。

那么，我们应该怎样来领会西行和芭蕉诗中关于自然界的那些肯定映像呢？是不是日本传统过深地受到中国人对待自然界的态度的感染，以致已经完全脱离了印度传统？毫无疑问，中、印两大传统之间存有显著差别，但是我们也可以以这么一种方式来看待印度佛教，这为我们看待日本诗歌传统之中的佛教维度开启了一种新视野。可以把芭蕉的“闲寂古池旁/青蛙跳进水中央/扑通一声响!”理解为是完全沉浸于自然行进过程之中的一种表达：一只青蛙跳进池塘，对这一事件产生强烈感悟的一瞬间，人的思想与此事件完全交融。但严格说来，这首诗并非专为青蛙或水而作，而是为了表达一个强烈感悟之瞬间。这首诗的力量蕴涵于事件观察者的心念里，而此心念并不是排斥自然，而是觉知自然。

当斯蒂芬·R.凯勒特探究到日本对自然的一贯看法时，他发现，他的一位受访者声称，“重视在精心构造的环境之中获得对自然的体验和享受”。这一声称更多地是强调自然的文化转化，而不是处于自然条件之下的自然本身。自然元素经过提炼和抽象，然后变成了和谐、秩序和平衡的象征。阿伦·G.格雷帕德同样抓住了这一点的不明确性和复杂性，暗示说：

被冠以“对自然的日本式热爱”，实际上是“对经过文化转化和净化之世界的日本式热爱，而如果无人理会这样的一个世界的话，它就只能是衰败”。所以在日本，对文化的喜爱采取了对自然之爱的形式。①

可能，自然无须通过明显有形的塑造才能转化得具有重要意义，虽然设计一个“自然的”花园是一种文化艺术的提炼，但是对于观察者——人——而言，自然场景的意义主要在于人的觉知。为了使这种“自然”式觉知方式更加清晰，可以说，对自然进行一些塑造和控制是恰当的甚至是必要的。

那么有没有一种“佛教”的自然哲学呢？如果这一问题旨在辨别出一个关于自然界的神圣不可侵犯的简单的、统一的认识，那么答案肯定是没有的。如果是出于除此之外的其他任何目的，答案都将是肯定的。在印度和东亚传统的明显差异之下，存在着对这样一种观点的信奉，那就是人类通过发展和净化他们自己的心灵来抒写命运。当里卡多·文彻里尼(Riccardo Venturini)说，佛教传统在“心灵生态学”的语境中发展出自己的自然态度，以及佛教传统致力于发展一个以人类为管理者的“净化”了的世界时，毫无疑问，他就是这么认为的。② 是否可以认为，佛教传统虽然被看做一种很有希望的模式，一种能逃脱西方人类中心主义自然观所导致的那种毁灭性后果的模式，实际上也和西方宗教传统一样受到了人类中心主义缺陷的危害。这一问题对于理解佛教应对生态危机的可能性颇为关键，而多半也取决于“人类中心主义”一词的含义。

在西藏文和梵文传统中，“人”这个词让人回想起一段长长的关于补特迦罗(pudgala)(通常译做“人格”[person]，但字面上就是“人”[man])身份的充满争议的历史。一个叫做“独我论者”(pudgalavadin)的古印度佛教流派坚持的是这样一种立场，它认为一个人的同一性，存在于从此时延续至彼时的补特迦罗之中。③ 而补特迦罗又易产生歧义地被认为，是与

① 格雷帕德：《日本的自然与文化》，第243页。

② 里卡多·文彻里尼：《佛教之生态平衡观》(“A Buddhist View on Ecological Balance”)，载《法界》(*Dharma World*) 17，March-April 1990，第19—23页；斯密特豪森引用于《佛教与自然》，第17页。

③ 关于“我论”(*pudgalavāda*)理论的经典解释可参：L. 德拉瓦莱·普森(L. de La Vallée Poussin)译：《阿毗达摩俱舍论》(*Abhidharmakośa*)，载 *Mélanges chinois et bouddhiques* 16(1971)。从《阿毗达摩俱舍论》中译出了关于这个典故的一段比较有用的英文译文，见爱德华·孔茨译：《佛教经典》(*Buddhist Scriptures*, Baltimore: Penguin Books, 1959)，第192—197页。

组成心灵—肉体之刹那存在的心理—身体(psycho-physical)元素(skandha)联系在一起的。这些组成元素无时无刻不在改变之中,而补特迦罗却持续存在着,补特迦罗与这些组成部分既不相同又非完全不同。似乎补特迦罗曾被人们看做保持人格的"外形"或"轮廓"之类的东西,所以,可以说即使人格之中组成个体的所有成分都已经改变了,但一个人仍然保留着同样的"形",也许就如同一辆小汽车,其所有的单个零件都被更换了,却仍然保持着原车之"形"。

"独我论者"作为一个独立的流派早已不复存在,假如补特迦罗没有成为佛教徒思考自我本质时要引以为戒的典型错误象征的话,那么,关于它的争论也就可能沦落到无人记起的"历史珍品"的地步。佛教哲学中,最基本的主题之一就是声称"无我",而"无我"至少是指,无一个能将此时之我与彼时之我绑系在一起的持续不断的补特迦罗存在。"我论"(Pudgalavāda)是关于"人"或"人格"的学说,也可以说是佛教主要的一种异端邪说,当今佛教传统选择把自己与这种学说相区别开来。问"人算什么,你还顾念他?"或是"你用'人'这个词的时候指什么?"这些问题,就是要从最敏感之处来探究关于"我"的佛教观的根基:如果一个人想要在实现觉悟的道路上取得进步,要避免的最根本错误是什么呢?

在此揭示了佛教关于"人类中心主义"的悖论。佛教传统所真正关心的确实是人类如何实现自己的目标。从更深的历史与概念层次上来看,佛教传统捍卫一种自我依赖的理想,就如常被引用的《法句经》(*Dhammapada*)诗句所言:人"自受殃福①,岂因它神"?但自我利益的成功实现,是与通往与它同等重要的自我解构之路紧密相连的。在理论层次上,对涅槃的寻求,与既从教义又从觉悟方式上理解"无我"的寻求是紧密联系在一起的。而在更为实际的层面上,佛教戒律建立在各种大大小小的选择之上,这些选择挑战着自我中心主义的天真模式,而日常生活的点点滴滴就是依此模式编织出来的。在传统的东南亚佛教社会中,佛教僧侣们每天早晨都要出去向非出家人化缘,他们在对众生继续表示"友善"或关怀的同时进行禅修。非出家人准备好食物,同时形成一种观念模

① "自受殃福",出自《大正藏》,《本缘部 T4》p. 559. 1。——译注

式，认为他们自己的精神利益与一种弃舍（renunciation）姿态和提供让僧侣们维生的食物紧密相连。道德训诫，特别是不杀生戒（不只是指不杀人，在理论上，这一条也扩展至指不杀一切有情众生），培养出了一种对一切生命形式的最基本的尊重。这些理想在东南亚的各个佛教社会中通过不同程度的坚持而得以实现，但是利己之自我解构主义与对生命的尊重，二者在理论上的关联却深植于文化之中。可以把格雷帕德所说的日本人采取了热爱自然的形式来表达对文化的喜爱，释义为在整个佛教文化中，自我的修养主要采取了自我中心的解构和对更大范围之生命网络的关注。

史蒂文·C.洛克菲勒曾就人类中心主义和功利主义对待环境伦理的方式作了评价，认为当它们和一种生态的"互为缘起"的科学的正确评价结合在一起时，就会更加具有生物中心论特征。[①] 这种概念性发展在佛教传统中也有其相对应的部分。说实现和实践"无我"这一理想是为了自我利益服务，就是说通过认识到个人在"互为缘起"（pratītya-samutpāda）的网络之中的位置，就能让人最好地理解什么是个人利益。不同佛教传统对理解"无我"的表达，常常将"无我"（或是与其在大乘佛教中的对应概念，即"空性"教义）和"互为缘起"等同起来。中观派（Madhyamaka）龙树有一句很有名的诗："众因缘生法，我说即是空；亦为是假名，亦是中道义。"[②]其他的一些经文资料只简单地将"互为缘起"等同于佛法或佛陀本身，如常见的"见缘生即见佛"[③]。

然而是否能把互为缘起看做真正的"生物中心主义"还有待商榷。如果生物中心主义的径路旨在承认"动物、植物、河流、山川以及生态系统的内在价值，而不是简单地认可它们的可利用价值和对人类的用处"[④]，那

① 史蒂文·C.洛克菲勒：《生态时代的信仰和僧伽》（"Faith and Community in an Ecological Age"），见洛克菲勒与埃尔德：《灵与自然》，第139—171页。关于人类中心主义的更多评论，请参见J.贝尔德·克利考特：《非人类中心主义价值观理论与环境伦理学》（"Non-Anthropocentric Value Theory and Environmental Ethics"），载《美国哲学季刊》（*American Philosophical Quarterly*）21（1984）。

② 此译文出自《大正藏》（《中观，瑜伽部 T30》p. 33.2）。——译注

③ 《大正藏》中与此相对应的词句是："若见缘生即见法，若见法即见佛。"参见《经集部 T16》p. 819.1。——译注

④ 洛克菲勒：《生态时代的信仰和僧伽》，第143页。

么,“内在”一词就表示出了某种障碍性,因此词似乎暗示了一种实质性的、永恒的特性,而这正是“无我”和“互为缘起”的观点所想要破坏的。但是“另位中心”(other-centered)立场的实际力量,却很清晰地从佛教不同种类的禅修传统之中显现出来。寂天说,想象一下,一边站着你贫穷的自我,另一边站着50甚至100个贫穷的他人,最好是寻求谁的利益呢?你是否应该只关心你自己,只设法解决你自己的不足或恐惧?或者你应当为更大的一个集体争取利益?假如这大的集体不仅仅是50或100个生命,而是宇宙间的芸芸众生又会怎样呢?寂天说答案应是再清楚不过的了。获得自我的最大利益,在于尽可能地为生命网络之中的一切生命寻求最大的利益。寂天思想的要点可以解释为,实际上是形成了一个人对其他生命(在“生物”网或“生命”网络之上)的关注中心,目的是为了解构此人的自我中心(出于自己的利益)。

佛教关于环境的一些最有力度和最敏锐的著述,是探索从“无我”、“互为缘起”到“慈悲心”这一基本的佛教概念性运动的意义。斯蒂芬·巴彻勒在重新思考E. F. 舒马赫著名的“佛教经济学”概念时,指出佛教经济学必须从“非二元性”和“空性”的立场出发,从这个观点看来,一个伦理“中心”的概念就越来越有实际的重要意义了。“在西方,我们仍然被困在神中心主义和人类中心主义的争斗中,对此,如今一些绿色主义人士(Greens)试图通过提出生物中心论这一概念来加以解决。这些想法与佛教对真实存在之境的体验是背道而驰的,如果这些想法还算什么的话,那就是趋于‘无中心’论的。”[①]乔安娜·梅西据小乘佛教传统观点也制出了同样的运动图,以对“易引起问题的自我具体化特征”的感知开始,进展到互为缘起的概念,然后发展为一种最适合称为宇宙之“自我利益”的感知,其间,世界被视为某一生命体之自身。[②] 受到阿恩·奈斯的言论和“深层生态学”概念的影响,梅西把关于利他主义动机的伦理争论,从一个人自身对于他人的义务,转变为关于自身“存在”的争论。所以,人保护自然就是为了保护自己,而且自我之圆包括处于自然秩序中的一切。

① 斯蒂芬·巴彻勒:《佛教经济学再思考》(“Buddhist Economics Reconsidered”),载阿伦·亨特·巴德纳编:《达摩盖娅:佛教与生态论文集》,第178—182页。

② 乔安娜·梅西:《自我的绿化》,载巴德纳编:《达摩盖娅》,第53—63页。

毫无疑问，互为缘起，这个佛教伦理理论中至为关键的部分，让我们颇有理由去怀疑任何形式的“中心主义”，无论它是以神为开端，以人为开端，还是以让人备感亲切的生物为开端。但是，是不是所有关于“中心”的概念都需被彻底抛弃呢？佛教的环境著述中充满了对相互联结(interconnection)的隐喻，从镶满“宝珠”的“因陀罗网”中每一颗交相辉映的宝珠，到生命存在“网络”之影像等各种比喻。但是，还有另外一种与“住所”(place)或“家”(home)之感受相关的比喻，相对而言这种喻体还没有得到很好的研究。佛教典籍从很早就开始谈到朝圣的传统，朝圣时，人们去参拜有关佛祖生平的各种重要遗址，亲“见”它们并受之感染。佛祖的出生地、觉悟地、首转法轮地以及涅槃地都极受推崇，传统资料上还讲，佛祖在菩提伽耶(Bodh Gayā)菩提树下顿悟的法座就是宇宙的中心。一些大乘佛教经文还传承着这样一个传统，就是每一时代的每位佛陀，都是在同一地方觉悟，而就在佛陀们觉悟的地方安置一个可以确立宇宙中心的宝座。① 如果在佛教伦理思想中有一个关于环境的“中心”，那么，它就可能应该是被置于诸佛的成佛地。

但是这个地点在哪里呢？可能在印度北部。然而，佛教传统却明显地很反感关于佛祖的一个实实在在的概念。佛教传统所孕育出来的一个根深蒂固的观点就是，要见佛，并不是要见他的肉身，而是要领悟佛法。(“哦，跋迦梨[Vakkali]，见此毫无价值的肉身能见到什么？见法即见佛，见佛即见法。”)那么，那个“觉悟法座”(throne of enlightenment)，即人们能够领悟佛法的那个地方究竟在哪里呢？一个答案可能就是在心灵本身。正是在心灵之中，人们才能理解空性的实质。但是，心灵总是存于一个具体的身体里面，而身体又总是位于一处具体的地方。虽然，从某种意义上来说，空性无处不在，但是它只有在某时、某地、某人肉身之中才能被领悟。道格·科奇达(Doug Cochida)在一篇绝好的禅思文章《禅修与处所感》之中，引用了禅宗大师道元关于将地球指代为“真正的人体”(true human body)的话语：

---

① 埃蒂安·拉莫特(Etienne Lamotte)著，萨拉·博伊恩(Sara Boin)译：《维摩诘经义》(*The Teaching of Vimalakīrti*[*Virmalakīrtinirdeśa*]，London: Pali Text Society，1976)，第94—99页。埃蒂安·拉莫特在《维摩诘经义》中总结了大乘佛教传统中关于觉悟之法座的内容。

> 在"整个地球是人类真正的身体"中之"真"的含义，是指实在的肉体。你们应当知道整个地球不是我们暂时的外表形象，而是我们的真正肉身。①

可以说，地球并不只是一个幻象，它是觉悟的圣人之身，它和佛陀的法座一样值得尊敬。

加里·斯奈德在文章《野生界之实践》中说道："在某些情况下，我们可以称(自然)是'神圣的'。"②说只在"某些情况下"，表示佛教对于赋予自然本身的"神圣性"，所持的是一种恰如其分的保留态度。但是说到自然秩序，用"神圣性"这一词也并不是完全不可接受的。当一个人在禅思无常时，自然界可以作为他的一位老师。在某些佛教传统里，自然会被认为是具有佛性的。但是最重要的是对觉悟的寻求才使得自然变得神圣。觉悟的实现体现在某一肉身与此地球之上。当然，把地球看做觉悟法座只不过是一个比喻，在佛教著述之中，这种比喻根本就不常见。但是此比喻却与伊拉齐姆·科哈克的有神论的语言表达方式非常一致，本文也是为他而作。科哈克对自然的道德良知有着了不起的洞察，这体现在他的著作《余烬与群星》③(*The Embers and the Stars*)之中，他的见解里体现了神圣的存在，或如他自己所说，"在这个世界里，神无处不在"。虽然对于古典有神论中的语言表达方式，佛教传统遇到了问题，但对神圣存在的感知，在佛教的体验和想象之中却是存在的。然而它并非源于外界，也并非现成就有，它的成形和发展需要通过人类身心的训练，以及想象力、慈悲心和意识觉知的应用。人类必须为他们寻求觉悟之地的和谐、健康以及安宁承担起自己的责任。

(闫艳　译)

---

① 道格·科奇达：《禅修与处所感》("Zen Practice and a Sense of Place")，载巴德纳编：《达摩盖娅》，第106—111页。

② 斯奈德：《野生界之实践》，第10页。

③ 伊拉齐姆·科哈克：《余烬与群星：对自然之道德观的哲学探索》(*The Embers and the Stars: A Philosophical Inquiry into the Moral Sense of Nature*, Chicago: University of Chicago Press, 1984)，第188页。

# 绿色佛教与慈悲式等级形式①

艾伦·斯朋伯格
(Alan Sponberg)

佛教的自然观与环境观有着漫长而复杂的历史，所以一点也不令人惊讶，我们能在这丰富多样的传统之中，找到许多可与当前人们对自然的关注，以及对人类在其间所处位置的关注产生共鸣的东西。虽然在过去，佛教徒并没有找到什么充足的理由去阐明环境伦理学本身，但是在传统的佛教伦理学之中，确实存有关于我们今天所面临之环境危机的伦理阐述。众所周知的事实是，非佛教徒环境伦理学家以及越来越多的当代佛教徒，对此问题至少都进行过些许研究，他们所倡导的佛教观念通常被人们称为"绿色佛教"(Green Buddhism)。② 我在本文中的研究径路是，寻求搭起沟通以上两大阵营的桥梁，因而此处我将既作为一位实修佛教徒又作为一位环境伦理学家，一位既具有哲学学术训练又知晓佛教历史的环境伦理学家的身份展开论述。我拟在本文中批评绿色佛教的某些表征，但重要的是，读者要认识到，我是立足于当代佛教这个至关重要的绿色运动范围圈之内展开批评的，目的是要在其间辨析出"近敌"(āsanna paccathika)来。正如觉音大师(Buddhaghosa)在5世纪时所评述的那样，比起那些较为明显的(相对安全易防的)的来自圈外的"远敌"(dūra

① 本文原载于《西方佛教评论》(*Western Buddhist Review*) 1, December 1994，第131—155页。之前曾为庆祝地球日于1996年4月20日由华盛顿州里奇兰的西方佛教之友重印成宣传册。

② 如，可参见马丁·巴彻勒、克里·布朗编：《佛教与生态》(London: Cassell, 1992)；阿伦·亨特·巴德纳编：《达摩盖娅：佛教与生态论文集》；加里·斯奈德：《野生界之实践》；J.贝尔德·克利考特、安乐哲编：《亚洲传统思想中的自然观》；以及迪恩·柯廷(Deane Curtin)：《道元、深层生态学及生态自我》("Dōgen, Deep Ecology, and the Ecological Self")，载《环境伦理学》(*Environmental Ethics*) 16, no 2, Summer 1994，第195—213页。

paccathika)，“近敌”通常具有更大的危险性。

我在此所指代的“近敌”就是这么一种论点：认为绿色佛教与任何以及一切形式的等级形式根本就水火不容，因而它也就反对一切形式的等级分别。有极好的理由可以说明，为什么这一观点初看起来似乎是真实而有吸引力的，虽然我们必须认识到，这些理由更多地是源于我们自身的文化传统而不是源于任何佛教自身的东西。固然，佛教至少在其早期确实倡导一种在根本上是分散性的体制结构，但我们也不应该按照时下西方所关注的那样，将此误解为佛教的精神理想就可以被看做是没有等级差别的平等主义。佛陀的确显得很激进，因为他承认，众生——不仅仅是人类——都可以趋向他所宣称的解脱，但这并不意味着他认为就种类或个体而言，万物皆是没有重大差别而平等存在着的。我们没能认识到佛教是“非平等主义的”这一要点，以至于我们不仅严重地讹传了佛教传统，还很有可能冒险去否认掉佛法中的一个重要方面，而这又正是当代西方思想中所严重缺失的一面。因此在本文中，我首先要力求证明，排斥各种等级形式根本就是非佛教的表现；而且我将进一步说明，无论如何这种观点并非蓄意，但却具有模糊甚或排斥佛教之一根本特征的威胁，而也可能会证明，对于绿色佛教议程而言，此特征将会是至关重要的。

要理解我的论点，我们就必须回顾当前西方所存在的对任何形式的等级分别都深为反感的历史，并对之进行深刻反思。我们还必须澄清等级结构在传统佛教之中所处的位置。如果我们发现，在某种意义上，等级结构确实存在于佛教之中，那么我们就不得不追问，此等级结构是否就是我们急于从自己西方的文化历史之中所要消除的那种等级结构。我知道，关于任何形式的“等级”结构的讨论，都会在西方的许多佛教徒与环保主义者之中唤起强烈反应，但是我仍然要有意选择使用这个容易引起争论的词——“等级”，在下文中我将会给出明晰的缘由。我带着敬意将这篇文章献给那些认为此词天生就令人厌恶的人们。其实我与他们深有同感，所以，此时我只是想请求这些人，将本文之中可能冒犯他们的内容暂且悬置一旁，然后再请听我把话讲完。如果我们没能领会，佛教是，而且一定是“有着等级区分”的宗教，那么，佛教要赋予西方文化的大部分内容恐怕都将会被错失。通过考察这个表面上听起来似乎很不舒服的断言，我认为我们会明白一些关于佛教的很重要的内容，也会明了一些明显是西方式的、现代的“厌恶”（pratigha：嗔恚）等级之分所表现的文化根源。

## 佛教之根基的两大维度

我们的首要任务就是，考察传统佛教是否有某方面确实可被称为是具有“等级分别”的。虽然我们必须记住，佛教在不同文化表征之下以及不同文化传统之中，存有着多样性的特征，但是我们还是有可能从后来呈现的不同佛教样态的内核之中，识别出一套一直存在于佛教之中的根本性教义。如在这些根本性的佛教教义之中，我想到了“缘”（conditionality）、“缘起”（pratītya samutpāda）、“业”、“中道”（the middle path）、“无常”（impermanence）与“无我”（anātman）等教义。从这个意义上讲，就更全面地理解“佛教根基”而言，我寻找到了一条非常有益的阐释径路，那就是认识到，有两大根本的佛教传统维度贯穿于佛教历史之中：一是发展性维度（a developmental dimension），一是关联性维度（a relational dimension）。虽然我们会看到这两大维度是迥然不同的，但我们也必须认识到，它们之间是相辅相成与互为补足的，而正是这一点对佛教传统之整体性的形成至关重要。

让我们逐一考察此二维度。当我们谈到佛教的发展维度或面向之时，是指佛教传统所具有的转化意向，即佛法（Buddhadharma）究其本质而言，是一套为了帮助人们心智成长的实用方法。各种形式的佛教，都把心灵生活视为一种转化，一种从颠倒迷惑与遭受众苦发展为觉悟光明与解脱众苦的转化。即使是所谓的佛教非二元化存在形式——例如，禅（Zen）与大圆满（Dzogchen）——都承认颠倒与觉悟之间有着经验上的差别，当然两者都不会使遭受众苦的真实存在变得没有价值。[①] 相反，无论何时，

① 实际上，提出佛教的形式为“非二元”而不是“二元”形式，纯属用词不当。所有的佛教形式都是非二元的，因为觉悟最终被理解为是完全超越了本体论所称的一切二元性。类似地，所有佛教派别都不可避免地采用了某种形式的“操作性二元论”，以体现痴迷与觉悟的区别。佛教的各个派系，在阐述觉悟及其与苦难的关系之上，其着重点存有显著的不同，但此不同更倾向于属于一种实践方式上的差别而不属于实质性本体论上的分歧。佛教传统中关于渐悟论者与顿悟论者间的区别，就我看来，主要是修辞学上的区别，当然，有些地方确实是由于我们常常被自己所用语言所欺骗而造成的。

只要我们注意到万物都是相互关联的这个清晰的佛教概念，佛教根基的第二个关键方面——我称为佛教传统的关联维度——就凸显出来了。在这里，"万物"不仅包括有情众生，也包括处于和参与生态系统的每一方面——最终即是作为整体存在的整个生态圈。①

从历史角度来考察佛教，我们很快就会注意到，几乎没有任何一种特定的佛教传统的表述，给予了此两大维度以同等程度的重视。此处我的论点建立在这样一个观点之上，在某种程度上，此二维度将总是同时存在着的——即实际上二者之间存有着必然的互补性——即使当其中一个比另一个显得更加突出之时亦是如此。事实是，在某个特定的佛教形式语境之中，两大维度之一或二者通常就会受到或多或少的强调，但也不会带来什么问题，因为此基本的互为补足性并没有因此而被否定。的确，就诠释不同佛教派别对发展维度与关联维度所赋予的不同程度的重要性而言，我们能够找到行之有效的方法勾勒出佛教传统在其2500年的历史进程之中，所展现出来的复杂而迷人的变化图景，而在此变化中，我们可以发现，佛教传统在不同的文化氛围中，一直贯穿着自己的根本的佛法义理。

要弄清佛教根基之两大维度间的变量关系，我们可以将之联想为一个图表的两轴，纵轴表示佛教的发展维度，横轴表示关联维度（见图8-1）。于是，我们就有了一个很有启发意义的工具，可以用之来探究不同佛教流派与教义的深层蕴意，从而测绘出它们各自对发展维度与关联维度所赋予的不同程度的重视情况。虽然我在此提出的方法，对展现与理解佛教内部的多样性很有帮助，但同时此方法也将有助于我们认识到，不同佛教形态所显示出的不同之处，与其说是表明了不同佛教形态之间存有着根本分歧，不如说是表明了不同佛教形态之间所存有的方法与侧重点的不同——这显示出了佛教的一种方便法（upāya），而正是这种方便法的应用，证明了佛教传统具有适应不同历史与文化语境之需求与部署的能

① 关于植物与无生命之物是否有伦理立场，佛教史上有着相当复杂的看法。参见兰伯特·斯密特豪森：《早期佛教中植物的感知觉问题》；以及威廉·R. 拉斐尔：《西行与自然的佛教价值》一、二部分，载《宗教史》13，no. 2，November 1973，第93—128页，以及no. 3，February 1974，第227—248页。

力。毫无疑问,人们甚至可以根据这个简单的纵轴横轴图所揭示的对此二维度之不同侧重的各种变化来描绘出一幅图画,并据此图来编写一部佛教史,但是那将远远超出目前我们手头上所要做的事情。

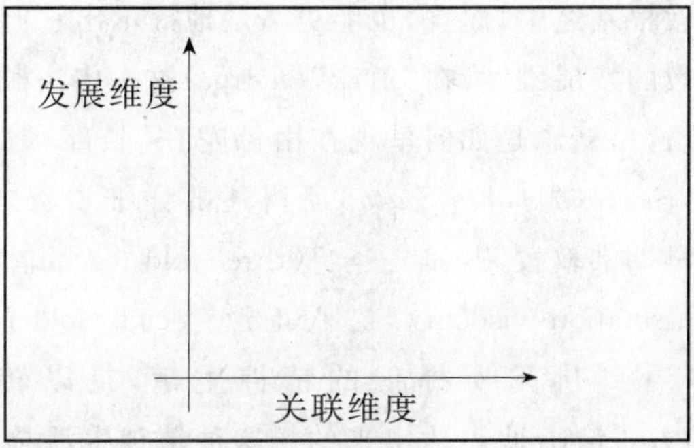


**图 8-1**

目前我们的目的旨在论证一些基本的概说,而这些概说既能例证"纵轴"与"横轴"或"发展"与"关联"维度之间的根本差别,又能论证这种诠释法的有效性。就佛教发展史中所崛起的两大派别——一是小乘佛教(Theravāda Buddhism,多称为"Hīnayāna"),另一是大乘佛教(Mahāyāna),包括后期发展出来的金刚乘(Vajrayāna)与禅宗(Zen)等——而论,我们就会发现,前者相对更强调发展维度,而在后者之中关联维度则更为突出。类似地,我们也会观察到,南亚的印度—西藏佛教形态就整体而言,往往在发展维度(纵轴方向)方面走向偏高,而东亚佛教形态总体上则往往在关联维度(横轴方向)方面延展较远,当然,这种认识并不是草率得出的。有了所有以上这些概括性认识,例外事件通常比那些相符合的例证显得更为重要,更令人感兴趣。而且更为重要的是,我们必须记住,在此所进行的诠释,只不过是对此二维度予以程度相对不同的侧重而已,而这并没有假定此二维度之间存有任何形式的相互排斥性。事实上,我们在历史记录之中,很难找到完全属于以上之某一单一维度之佛教形态的例子,即便如此,我们也很有理由来追问,如果存有这样的个例,它是否仍然可以合理地归属为佛教,即使它自认为自己源于佛教。

然而，在目前这个抽象与概括的水平上进行探讨，根本就不能令人长期感到满意。既然现在在我们的脑海里，已经有了佛教两大维度之别的基本认识，那么就让我们来更具体地思考一下，此二普遍性方面究竟与实际佛教教义如何发生关联。这样做能帮助我们认识到，此二维度是多么深地根植于佛教根基之中，而且，也能更清楚地揭示出它们彼此之间的互补性。也许佛教的发展维度，在“道谛”(mārga)这一佛法概念之中是最显而易见的，无论这一概念是如何呈现在由佛陀在《长部》(*Dīgha Nikāya*)的《沙门果经》(*Sāmaññaphala Sutta*)所讲述的详细步骤之中，还是呈现在更为人知的早期佛教教义，如“三学”(three-fold teaching)，即“戒—定—慧”(morality-meditation-wisdom)与“八正道”(eight-fold path)之中。在此，我们可以看到佛陀所提倡的精神生活，是以转换式救赎论(soteriology)的方式清晰地表达出来的。这种精神生活总是以一种充满问题的状态开始，通过对心智、精神状态或心智成就的各种细致入微的进展积极进行系统培养，这一问题状态就最终会被克服。从这个意义上讲，佛教展现了一种很有趣的能与西方早期和中世纪思想中之“美德传统”相类似的思想。

我们考察一下佛陀在《相应部》(*Samyutta Nikāya*)中所教导的佛法，如四禅定(dhyāna)、五根(indriya)、七觉支(bodhyanga)、阿罗汉境(arhathood)或十二因缘(nidāna)，就可以在早期佛教之中探究到关于纵向之发展维度的许多其他的类似表述。[①]但是所有这些教义，于个体修行者而言，都表明了他们不同修行境界之不同的发展维度。然而，如果除此之外，我们还能够对证明此维度的方方面面有一系统性认识的话，那么，我们就能更好地理解这个纵轴究竟延展到了多深的程度。佛教基本的宇宙论为发展维度的第二种形式也提供了最好的证明。比如说，纵向排列着的“三界”(triloka)，被更加详细地发展成六道(gati)(有时也为五道)的等级之分轮回理论：天(gods)、阿修罗(titans)、人(human)、畜生(animal)、饿鬼(pretas)与地狱(hell-beings)。可见，个体在追求精神生活或在追随佛陀的正道之时，存有一个至关重要的纵向维度，而且也正是这一纵向维度

---

① 《相应部》(*Samyutta Nikāya*)，12：3，§23。

建构了佛教宇宙观的概念结构本身。

迄今,我所引证的佛教之发展维度的许多例子,来源于早期的上座部佛教(Theras, Buddhism of Elders),并在其中显得更为突出。而此与我在前面所提到的在佛教两大分支之中,发展维度与关联维度之间受重视程度的相对差异性也是相一致的。然而我也强调过,此二维度之间并不是互相排斥的,如果我们再考察一下大乘佛教传统中关于纵向发展维度的例子,这一点就会变得更加明晰。首先,应当谨记,到目前为止,我们讨论过的所有教义都能在大乘佛教中找到它们的原有位置(如果不必指要受到同等程度的重视)。纵向发展维度从来没有被简单地摒弃过,甚至当禅宗与净土宗(Pure Land schools)探讨了,以任何过分拘泥于文字字面表述的关于"发展的"语言描述的危险性之时,他们也仍然坚持着至关重要的——并且从根本上来讲是纵向的——关于觉悟体验与遭受永恒苦难体验之间的差别。因而,大乘佛教保持着早期佛教传统的纵向维度,但它对这一维度的认可并不局限于仅继承了早期传统主题的遗留物。

很多被认为显然是属于大乘佛教的教义,也反映出了发展道路上所同样具有的纵向维度。这一点可以在菩萨理想之中找到证明,这一理想实际上是以一种从精神角度来说颇有意义的方式,通过强调利他主义动机的重要性,来拓展关于"道"的旧观念。十地(bhūmi)菩萨与菩萨的六德、十德或六种、十种波罗蜜多(pāramitā)教义,二者在瑜伽行派(Yogācāra)的见道(darśana-mārga)与紧随其后的修道(bhāvana-mārga)理论之中皆意义重大。正因为有了所有这些横轴方面的关联性探索,大乘佛教才仍然保有其根本的发展性特征,甚至禅宗也不例外,即禅宗的"顿悟"也要求有一段时间——通常是相当长的一段时间——特别严厉的修行期才可能出现。①

接下来,转到关联维度,也即我们示意图上的横轴方向。毫无疑问,首先浮现在我脑海中的将是与大乘佛教相关的教义。从伦理角度来看,这一维度明显体现在菩萨理想中的超个人与利他主义这两个中心要点

① 这一点至少在禅宗(Zen)史上是真实的,虽然在目前西方所流传的各种现代版的"禅宗"派别中不是如此。

里；而从本体论角度来看，它体现在由空性(śūnyavāda)教义衍生而来的互为缘起的概念里，而空性的教义在体现着大智慧的著作《华严经》(*the Avatamsaka*)以及其他关键而重要的大乘佛教经典中都得到了丰富而详尽的描述。大乘佛教的一个关键因素就是：基于世间万物究其本质而言是互为缘起的洞察，而坚持认为与其说佛陀的觉悟是一种智慧与慈悲的结合，不如说是一种大智慧的实现，而这种智慧必定蕴涵着慈悲。因此佛陀觉悟的本质就被看成是相互关联性的体现，即某种只能存在于富有慈悲心与利他行为的语境之中的本质属性。但是，我们得再次小心谨慎，不要去假定认为佛陀觉悟之中所体现出来的关联维度纯粹是大乘佛教的创新。

首先，菩萨理想的源头思想在上座部佛教的早期传统之中就得到了极好的描述。早期关于无常与无我的教义，已经足以建立起一种基本认识，借此认识最终可以构建起关于任何公认的自利与利他之两分法的无实体性(nonsubstantiality)存在的理论。① 甚至，更明显的事实是，前大乘佛教的关联维度之根源，就蕴涵于我们在上文已经考察过的那些体现着发展性维度的教义之中。而这一必不可少的关联方面，的确就构成了早期传统中最显而易见的有关等级之分的教义。虽然所有的佛教流派都承认，生命形式的纵向排列分类，表明了一个清晰可见的不同意识层次的等级之分——之上还要加上一个成佛时才能达到的更高层次——但这一等级之分与我们所期待或惧怕的那种西方文化的产物却极为不同。佛教中这些垂直方向上的等级之分，意旨不是要在其中建立起一个具有特权与压迫的等级形式。完全相反，此等级之分既不是绝对的，也不是认为其中的一类众生对另一类众生的统治就是合理的。事实上，正如我们将在下文中清晰可见的那样，此处，关于垂直方向的差别，是一个关联着慈悲而不是关联着控制的问题。

在亚伯拉罕(Abraham)一系的宗教(犹太教、基督教与伊斯兰教)里，上帝在本质上就高于人类，正如创造者与造物的关系。同样，唯一依照上

---

① 在早期互为缘起、无常、无我的教义和晚期大乘佛教中空与相互关联的概念之间存在着逻辑与历史性的联系，但在本文中没有足够的篇幅来充分追溯这些联系。

帝形象所造的人类，本质上(且不可更改地)也高于动物以及其他一切被造物。佛教关于生命形式(包括“佛地”在内)的区分，与此形成鲜明对照。固然，不容置疑，佛教在结构上全然是具有等级之分的，但却是以一种根本不同的方式构成此等级之分的。在佛教的“存在巨链”(chain of being)之中，所有层次的存在都是动态的且可以互相渗透的。在这个分外严肃的宇宙“升堕”(chutes and ladders)游戏中，一种生命形式会上升，也常常会堕落。佛教宇宙论之中的不同层次的存在，虽然表明了众生生命意识在精神层面上的重大差别，但却并不包含有西方文化传统之中所熟知的上帝中心主义与人类中心主义之类的观点或特权。它们描述的是一系列众生都能达到的逐渐进步的意识与伦理的不同程度之分。我们可以认为，这是一个关涉动态性伦理之可能性的排列，而不是关涉静态性本体论之等级形式的特权与状态之分。

这一区别至关重要。当然，这也是我们极容易忽略的一点，尤其是对于我们中的一些人而言，即那些不喜欢西方静态本体论等级概念，以及对之持批评态度的人。确实，在当代许多佛教徒的思想之中，这一点常常会引起反对看法。假若正如佛教所言，万物究其本质就固有相互关联性，那么纵向的发展维度如何是，以及为什么是如此地具有补足性的，而且还因此变得如此必要呢？如果万事万物都已经成为它需要成为的样子，那么可能会是什么样的需要在促使人们还要有所作为呢？如果我们已经理解了佛法的关联维度，那么于发展维度与有所作为而言，又是出于什么样的需要呢？尤其是正因为“人类作为”才导致了我们今天所面临的种种环境危机。追问这些问题所带来的愤怒与挫败，常常明显地是以一种义愤填膺的语气表达出来。毫无疑问，这些感受为我们所有人此时或彼时所共有，并且我们往往易于感受到此不耐烦情绪，这也是可以理解的。然而这些问题却反映了一种严重误解，即误解了佛教关于缘起与觉悟之中也含有发展性维度的教义。我们应该特别注意表达这些问题时所常用的那种带正义感的义愤填膺的语气，此外，我认为，它暴露了伦理怀疑论(ethical skepticism)甚或是犬儒主义(cynicism)的最终绝望感，这与认为人类潜能大体上是积极的这一概念根本相悖，而此概念正是佛法的特性。在西方，我们已经逐渐变得畏惧起来，畏惧有同我们新近获得的与横向关联认识相反的任何纵向的发展观点的出现。因而,我们就没能认识到,对于佛教而言,此二者相互之间是不可或缺的。发展与关联这两大维度不仅互为补足,而且互为缘起。最后一点,这对我在上文中所表达的关注点意义重大,即我们之中的那些最受绿色佛教吸引的人,也可能是最易于严重误解佛教的人,就因为我们努力将佛教视为解决环境问题的一部分。

## 绿色佛教与佛教纵向维度的丧失

上文我已论证了,在佛教伦理之中,发展与关联维度是不可避免地紧密联系在一起的。同时,我也表明,当代佛教徒强烈地倾向于忽略甚至否认此点的真实存在性。我们需要更进一步地考察,这一奇特境况究竟是如何形成的。我想要论证的是,尽管人们在佛教传统中明晰地阐述一些值得称道的环境伦理主题,但时下的绿色佛教也呈现出一种微妙倾向,这种倾向会导致严重歪曲佛教,以至于佛教会被西方文化所同化,这一倾向也会把佛教简化成仅具有简单缘起理论的一维教义。我还认为,此倾向的危险性在于更具有讽刺性,更潜藏有危害性,因为这一倾向是从我们自己的文化背景之中产生出来的。这是一个被我们带入到佛教中的,而不是佛教传统本身就具有的问题。正是由于这些原因,对我们当下正奋力拼搏想要理解的佛教伦理而言,这一倾向很可能会暗中破坏佛教中的一些潜能,即佛教中那些的确具有潜在贡献的潜能教义。

因此,我所关心的问题是:在我们致力于将佛教作为自己文化中最不足之处的替代品时,最终可能会剥夺佛教自身最本质的某些要素。这一过程中,我们或许会在不知情的情况下,剔除西方佛教中有关佛教的最本质内容,而这正是我们需要用来面对当前极为严重的环境危机的内容。但是,我们也许会追问,为什么当代佛教特别是绿色佛教,会有这种否认甚至是拒绝传统佛教中至关重要之元素的倾向呢?毫无疑问,此问题的答案,部分就存在于这么一个历史事实中,即最初吸引西方世界特别是北美大众的佛教形态,都是那些在我们看来,更为强调佛教传统中横向关联维度的形态,都是那些使得人们一开始就会忽略其发展性维度之重要性的形态。这一点最明显的例证是西方对禅宗的剽窃,尤其是西方禅宗中最大众化的形态，即那些基于铃木大拙与艾伦·沃茨的著述而建立的禅宗派别。然而，最初这些特定的佛教形态，在西方的大多数地方盛行，却并非是历史上的偶然事件；因此，我仅将之视为不过是源于环境之深层根源(deeper circumstance)的又一表征，这一点更多地是与我们自己的文化历史相关而不是与亚洲的佛教有关。此处我指的是，促使我们对自己环境实践历史展开批评的西方文化的敏感性，也同样意味深长地塑造着我们对佛教的看法，甚至影响到我们对哪些佛教形态是最具吸引力的判别。此外，同样是这一西方式的敏感性，驱使我们走在通往严重扭曲佛教的道路之上，而使我们畏惧等级之分，并设想一种不需任何纵向结构或等级化之分来解决我们在"佛教"之中所面临的问题的办法。

我论证的关键在于，我们绿色佛教圈中的许多人，对佛教中任何意义的等级分别观念极度不满甚或感到羞辱的程度颇深，以至于我们之中的一些人感到有必要来重新界定佛教，以清除任何略微类似我们竭力要摆脱的西方统治论与特权这些不顾及环境形式的东西。此处，这一动机是可以理解的，甚至其部分内容还是值得赞许的。然而，其过度的行为却具有欺骗性，并且它导致的结果也可能是灾难性的——当然这是针对西方佛教而言的，但若从更宽泛的角度，即对西方环境伦理而言，亦是如此。怎么会是这样的结局呢？我们已经认可，在自己的文化历史中毫无疑问可以找出一种开采与控制自然的态度，而我们正好也将此态度与等级化和特权化的文化构成因子联系在一起。然而，当我们认为所有的等级分别都是一样的时候，就无意识地犯下了不知情的错误。我们认为，任何或每一等级分别之表现，都将不可避免地引来控制与开采这一必然结果，因此我们甚至将那个可怕的"h-词汇"(h-word)①从所有文雅的对话形式之中删除了。而且，作为西方佛教徒，我们确信在自己所珍视的佛法之中，任何貌似等级差别的成分都一定是搞错了的结果，也许是由某些杰出僧侣在其晚年所造成的错误所致。或许我们仅把它视为历史上的偶然，而能够且确实应当迅速地将其清扫出去。但是这种认为所有形式的等级分别都将导致控制与开采的未经思考的假设是真的吗？而且，即使在我们

① 此处"h"指"hierarchy"。——译注

自己文化历史的(有限的)背景之中,表面上看起来确实如此,难道我们因此就能简单地认为在他文化传统中也是如此吗?这实际上不是文化极度自大的表现吗?当我们在讨论六道轮回教义所传达的佛教等级思想所具有的基本的"渗透性"时,难道我们不是忽略了上文所提到的西方文化与佛教传统之间的显著不同吗?我可以肯定地回答所有上述问题。而且,我还认为,我们对心智成长生活中的任何纵向面向的恐惧,已经变得太强烈了,以至于我们的确很害怕面对佛教就其本质而言就是具有等级分别的这一事实。

让我们来考察一下以下这段由加里·斯奈德所写下的文字,他是最有影响力也是最受人尊敬的绿色佛教家之一,而且他也深刻地影响了我对佛教之"绿色"蕴意的正确认知。斯奈德认为,有必要区分一下佛教意义上的心智"训练"与他所认为的更加人为的关于精神培养的概念,他写道:

> "培养"(cultivation)一词,根据语源学是指"耕种"与"耕作"(wheel about)之意,通常喻指一种远离自然进程的运动。在农业中,此词指"连续种植、单一栽培"。当用于精神层面,它就意味着"苦行与服从于宗教权威",做长期苦读的学者,或坚持某些传统的二元化的宗教信仰(明确区分"被造物"与"造物主"),这还意味着那种把神性"中心化"的高于一切的意象,一种需要致力于达到的遥远而非凡的完美之境。这一精神性实践所必需的努力,有时是一种与自然对抗的战争——把人类置于动物之上,把神置于人类之上。德日进神父对灵性等级种类进行了最完善的现代化区分。他声称,在高等意识名义之下,人类的精神进化有一种特殊的宿命。某些最极端的灵性达尔文主义者(Spiritual Darwinists),会欣然将附着于地球上的其他动、植物的生命抛诸脑后,而企图进入一个超越生物以至脱离于地球的王国。①

① 斯奈德:《野生界之实践》,第91页。

这或许是对西方宗教所持的某些观点的有效而恰当的批评,但是它如此非难任何形式的纵向观念的存在,责备任何一种有关意识发展或进化的观念,以至于也就排斥了佛教的很大一部分内容,不管是多么无意识地。斯奈德在上面这段文字中,至少含蓄地表达出了,一切有关意识进化的观念通过一种"灵性达尔文主义者"具压迫性的等级形式,都会不可避免地导致对自然及一切"自然物"的排斥。但是佛教的发展维度,如果不是一种有关意识进化转变的教义,那又是什么呢?佛教的定义就是指更高一层伦理敏感性的逐步实现,而此伦理敏感性表现为对一切有情与无情的存在都充满着慈悲。

斯奈德关注的是,要避免任何将精神脱离自然,并与自然对抗的出世(world-denying)二元论,当然,对此我亦同样关注。只是我还在意的是,他所采取的解决方法太过于激烈。他采用的"治疗方法"可能与"疾病"一样有害,因为它迫使西方佛教徒不仅要摒弃西方宗教里的不足,同时也要摒弃佛教中的精华,虽然斯奈德主张,后者已经是确定无疑的、仅有的几种可供我们用来代替前者的选择之一。此处,到底是什么内容被忽略了呢?我认为,在继续批判那些的确歪曲了西方自然观与环境观的某些特定的等级化形式的同时,西方佛教徒只有公开承认与肯定佛教的发展方面的确是等级式的,他们才能够在自己的文化历史背景中解决这个问题。

因而,有一点对我所要论证的观点极其关键,那就是要证明,在佛教的纵向或等级式观念与一贯主宰着西方文化史的等级形式之间,事实上存在着本质差异。只有当这种差异论述清楚了,我才能够论证本文的中心论点,那就是为了构建更好的环境伦理,我们需要积极而明确地肯定佛教的这种纵向发展观念,正如我们基于同样的理由,需要摒弃我们最为熟悉的西方式等级观念一样。然而,此差异并非即刻就能明了。而且,即便是那些完全赞同可能存有这么一种差异的读者,也一定会惊奇,为什么我要选择,甚至坚持使用此一可憎的且有损于我所说之一切内容的"h-词汇"。因当我谈到佛教的纵向维度时,完全可以很容易地回避这一盛行的文化禁忌,并暗自使用一个更无伤大雅的与"等级"同义的词。虽然,我确实可以因此避免在我还没能阐述清楚差异一事之前,就被当做一个无可救药的返祖人物而被驳回的风险,但我选择不这么做是有理由的,我希望这个理由很快就会变得明了。

然而，首要的任务是要区分这两个根本不同的等级形式。此刻，请不仅从历史的角度，而更多地要从理论的角度来思考一下韦伯式的(Weberian)“理想类型学”(ideal typology)。我要说明的是，有两种形式的人类实践紧密相联，以至于同属于“等级”这一泛称的名下，虽然它们各自的产物却具有截然相反的性质。

## 压迫式等级形式(The Hierarchy of Oppression)

要说明等级的两种类型，我们可以再次想象，每种形式都包含着人类经验的发展与关联维度，每种形式都可以像我们在上文所考虑的那样，可以把它们绘制到 x—y 图上。然而，重要的是，要注意到我们现正绘制的图表的不同之处。起先，我们借图 8—1 所注意到的是，不同的佛教形态给予佛法的发展维度与关联维度以不同的侧重，现在，我们将运用同样的轴图来探讨一个非常不同的论点。在下面两图中，我们将描绘出两种不同模式的等级形式中，关于发展与关联维度所表现出来的相对平衡性。在每幅图中，我们越是水平地(朝两个方向的任意一方)远离中心点，相互关联的程度也就越深。而当我们顺着纵轴越往上移动，取得发展性进展的程度也就越强。但是，我们也会看到，在这两种情况中，构成其纵向移动的因素却是相当不同的，而正是此不同造就了一切皆异的境况。

我们可以称第一种等级形式或等级结构类型为“压迫式等级形式”。通过想象在 x—y 图上加一个三角形，或是想象为一个基座很宽而顶部为一点的锥型物(见图 8—2)，我们就能了解其独特的机制。现在让我们想象一下，当沿着纵轴向上移动，与当前纵向位置所对应的锥型物的每一水平部分都代表着一个表示相互关联性的圆圈。此处，使用“相互关联性”一词，不仅指的是任何意义上的关联，更是特指一切存在物共同享有一个利益共同的集合这一观点。“压迫式等级形式”的本质是这样的：随着一个生命在纵向维度的攀升，此生命的“相互关联圈”(circle of interrelatedness)就会变得越来越小。这是因为，一种生命在压迫式等级之中的攀升，是通过对所有在它之下的生命的控制与主宰来实现的。结果，一个生命在纵向维度的攀升，就必然会让它越来越意识不到它与它之下的那些生命之间的相互关联性。

当然，实际上，从佛教的角度来看，一个生命所具有的相互关联性，永远是持续不断的、绝对的。图 8—2 中，随着一个生命的上升所真正改变的，并不是它实际上如何与他物相关联，而是它在自己的行为中所认识与传达出来的相互关联性的程度如何。换言之，在压迫式等级形式中的“进展”，要求一个生命主动地否认与压制相互联系，即它与自己想要主宰的他物之间的联系。当一个生命向金字塔顶部攀爬时，作为对下层生命之统治特权与权利的回报，它会顺从地接受来自上层生命的奴役。同时，如水平轴所表现，它显示出来的相互关联性就会变得越来越窄、越来越受局限，而达到积极主动地排斥它与自己下层生命之间任何利益与需求的根本共同性，否则它就不能成功地主宰处于它之下的生命。

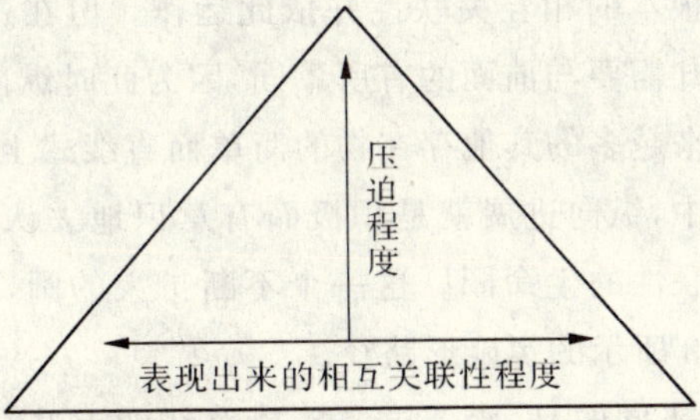


**图 8－2：压迫式等级形式**

在压迫式等级形式中，一个生命只有通过获得统治其他生命的权力，才能向上攀升，而为了捍卫这种权力与安全，它就必须得实现能最终控制其他万物的追求，无论这种热望最终显得是多么的不切实际或多么的具有欺骗性。此外，只有当它主动压制和否定自己与其他一切在它之下的生命之间的任何有意义的关联时，它才能够维系这一热望。若达到图 8—2 中的锥顶，那么，在这种模式下，就代表一个生命实现了它所能渴望的终极“成功”，但是这最终的“成功”，显然就是一种完全的疏离——不仅是与他者也是与其自身相疏离——因为成功的取得，只能靠摒弃自己与他物的相互关联性这一真正的本质属性来实现。如果这幅图还不能清楚地显示人们对待生命的这种愚蠢方式，我们只要回顾一下人类历史的进程，特别是(虽然并不是独有的)现代西方史就能明白个中道理了。

## 慈悲式等级形式(The Hierarchy of Compassion)

现在让我们来想象一下，将同样的图形上下颠倒过来，即如图 8—3 那样，尖顶着地的情形。此时，我们看到的是，锥体的顶点在底部，同时，我们也将看到，随着它的上升，锥体逐渐扩大，这就是我所说的“慈悲式等级”模式。请注意二者的根本差异。随着一个生命朝纵向，即沿着发展维度轴上升时，会出现与前面非常不同的情况，即会出现与前面完全相反的情形。随着一个生命向上移动，它的相互关联圈(或是它所展现出来的相互关联圈)就会增大。实际上，一个生命可以上升的唯一途径是，积极认识到万物间具有根本的相互关联性并依此运作。但在这种情况下，纵向上升路线的画法却需要与前面的有所不同，因为此时纵向上升的运动，并不是逐步控制越来越多的其他存在物的简单而直线式上升的描绘。在慈悲式等级形式之中，纵向进展就是积极而有意识地去认可一个不断扩大着的具有相互关联性的生命圈。这一个不断扩大的圆，若画成发展性线条，就成了图 8—3 所示的螺旋形路径。

此外，与前者不同的是，沿着这条螺旋路线的上升，不会增加优于该路径之下那些存在物的特权。相反，随着上升不断增加的是责任感。这种意识到关联圈越来越大的深刻的伦理责任感，就是佛教术语“karunā”，即“悲心”或“行为中的智慧”所要表达的内容。此时，关于我为什么如此关注，要尝试澄清西方佛教并不重视佛教传统，认为发展与关系维度间具有至关重要的互补性之理由可能已经开始逐渐变得清晰了。佛教的确能为我们提供一种伦理，而这种伦理可能会转变我们当前错误的环境行为，但对于这一伦理而言，佛教传统中的发展维度却是至关重要的，因为，慈悲这一佛教美德，是人们只能通过沿着慈悲等级之中的螺旋阶梯向上发展才能培养出来的。然而，在更深入探讨最后这一断言之前，我们必须先思考一下我在本文引言中所提出的一个问题。

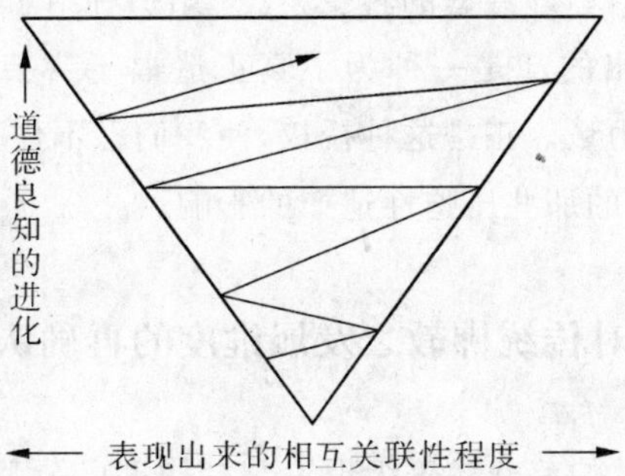


**图 8—3:慈悲式等级制**

刚才我所展示的两种模式,各自都具有一个纵向维度,然而我已讨论过,它们之间存有关键性的不同。既然,此两种形式的"进展"或"个体发展"是如此不同,那么,特别是当"等级"一词在许多现代人听起来非常刺耳的情况下,为什么我还如此强烈地认为,此两种模式都应被称之为"等级形式"呢?我旨在强调二者间虽然决然不同而又具有非常紧密的联系,如果我们认为这两种生活方式之间完全没有联系的话,那至关重要的一点就不会被察觉到。依照慈悲式等级形式与他物或环境联结成为一个整体,不仅仅是与压迫式等级形式完全不同,而且是比在压迫式等级形式之中攀爬好。从某种角度说,如果我们没能重视此两者间的固有联系,只遵照一种等级形式来行事,另外一种存在就根本不可能了——这一点就会被我们忽略掉。因此,传统佛教赋予"远离"这一概念重要性。一个生命只有当其有效远离压迫式等级追求对其所带来的回报时,才可能沿着慈悲等级式螺旋之路前进。佛教的确不同于某些"新时代"想法,认为我们能完全拥有它。相反,佛教认为,只有当人们远离想要完全拥有它的热望之时,才有可能在慈悲式等级形式之中取得进展。因为"拥有"一词在这里表示"控制",而它只有在压迫式等级形式语境中,才有存在的可能。假若看不到此两种等级制之间是如何相关联的,人们就可能仍然想象能够同时追求两种等级之中所包含的内容。

强调两者之间的联系还有另外一个原因。两种等级形式都共同享有一个关键特性,那就是二者皆关乎权力。或许我应该说,一种关乎权力,而另一种则关乎授权,即慈悲的转变力。① 第一种给予的是控制一切的权力,而第二种培养出的却是一种为了真正造福于芸芸众生(包括我们自己)而转变自己的力量。正是这种授权,使我们忍不住下定决心要逃离由过去与现在所留下的那些压迫性遗产的影响。

## 对传统佛教之发展维度的再确认

现在,如果佛教的慈悲式等级理论与结构都已清楚明白了,人们可能仍然会想知道,它们在实际的实践中会是什么样子。就是在这一问题上,人们忽视佛教纵向发展维度所带来的危害变得显而易见,因为正是在发展维度的背景下,佛教传统对于如何把相互关联的洞察付诸实践的问题提出了非常具体的建议。如果没有发展维度,佛教所能提供给当代环境伦理学的就是,万物皆是相互关联的这一形而上学主张,而失去的却是这么一个事实:佛教也能提供一套系统而综合的技能,人们可以利用这套技能,于实践之中真正地实现万物皆是相互关联的理论。

我已经考察过佛教传统之发展维度的教义根源,但我们当前讨论的问题,要求我们现在把重点放在将教义视为实际的修行之道这一点上。佛陀一贯推崇有用的佛法而不是形而上学的玄想,他指出,我们能认识实践中的慈悲式等级形式的唯一办法就是实实在在地修炼佛法,而此当然不仅仅包括具有环保意识或正确的环保行为这些内容,虽然它们也是很重要的。佛教告诉我们的是:确切而言,直到我们能够培养出一种更广泛的能依慈悲与智慧来行事的能力之时,我们才可能期待以一种更加环保的伦理方式来行事。如何才能做到这一点,是佛教大部分传统教义与修行技巧的主题内容,但它们却常被归纳到"三学"(triśiksā)这一词汇之下:

① 我关于压迫式等级与慈悲式等级形式区别的观点,部分是受到了冯·桑拉卡西塔(Ven. Sangharakshita)提出的"权力模式"与"爱之模式"之区分的启发,他于1971年8月在《中道》(*Middle Way*)中刊发文章《思维——反应与创造》("Mind—Reactive and Creative"),提出这一区分。他提出的这种区别却并没有我在本文中想强调的那种明显的积极的赋予权力(即精神力或道德力)的含义。

即在实际存在的本质之中，对戒、定、慧的系统培养。佛教的不同流派对三学之中的每一学都进行了广泛研究，要想全面阐述其中所蕴涵的甚深内容却是本文篇幅所远不能及的。只要简单地提及一下，佛教修行的这三元素之间是如何相互联系在一起的，以及这些联系对于基于佛教原理之上的当代环境伦理学有何意义就足够达到我们当前的目的了。

佛教的三学之道具有清楚的连续性，因为，每一步都建立在前者的基础之上。然而，这一过程的三步骤之间的确又有重叠之时。因此，要点在于，并不是说一个人在完成守戒之前就不能开始禅修，而是说，一个人只有当其在前一阶段取得实质性进步的基础之上，才可能期望在下一阶段取得进步。换言之，要对存在之真实本质有着有效洞察，就必须通过禅修能取得更高层次之觉知状态的真正进步才能达到。反过来说，只有在伦理戒律与基本美德的培养基础之上，这才是可能的。这点看似简单，但只有当我们追问一种佛教环境伦理会是什么样子时，它才具有重要的含义。

佛教认为，只有当我们已经熏养至一种完全不同的意识觉知层次之后，我们才可能期望遵循万物之间的基本联系去行事。但仅仅试图去改变一些对环境有害的具体行为是不会起作用的。我们在改变环境行为方面所作的努力，很可能就是伦理戒律实践的一部分，而此实践是为了体验更高层次的禅修觉知所必需的基础，也是最终为了实现自我之洞察力转变所必需的基础，但是这些努力只有在作为三学的部分来行事时，才会具有实际效用。因此，佛教解决环境危机的方法，除了觉悟这个基本的佛教目标就什么都不是了。这看起来似乎像是一个不可想象的遥不可及且高不可攀的目标，但实际上，其中包含了一种对"我们自身所是为何"的根本而彻底的转变——当然也仅此而已。同时，佛教徒们也无须为这一事业的无限性而感到非常沮丧，因为觉悟至少在某种意义上只不过就是(如果不是轻易的)一件人类要变得更加完善的事情，因为这一根本性的转变是所有人都具有的潜能，实际上也是一切众生都具有的潜能。虽然只有在对此目标以及对实现此目标的道路都有着清楚认识的基础之上，同时还必须坚持不懈地努力才能实现此潜能，但寻求到解决此问题的方法却是具有极大可能性的。

因而，佛教的环境伦理就是一种"美德伦理"，它不仅要追问保护环境需要采取什么样的具体行动，而且，其更深一层的含义是，我们必须熏养的以之指导生活的美德(即戒律与完美)究竟是什么。[①] 为了确保此目标具有生态意义上的切实可行性，佛教的关联维度就是必需的；但是佛教传统的发展维度同样也是非常必要的，因为它为我们提供了一条能够真正实现此目标所需要的道路。于是，西方佛教徒在倡导一种新的"绿色"佛教之时，是否真的存有忽略佛教基本伦理之核心内容的危险？我猜想，他们并不是有意识地这么做，但当我们努力想要摒弃压迫式等级形式这一自己的文化遗产时，却可能无意识地会把它也当做其中的一部分而摒弃掉了。

让我们思考一下下面这一段来自另一位杰出而受人尊敬的绿色佛教家的评论。乔安娜·梅西在文章《自我的绿化》中，讨论了"自我实现"这一概念，它是阿恩·奈斯受佛教启发而产生的深层生态学的核心内容，梅西声称，它将成为一种与环境友好的新自我概念之基础。[②] 引用奈斯关于自我实现过程的观点，如果理解正确的话，它包含抛弃了"利他主义与道德责任之观念"，于是，梅西就屈从于一种好像极有吸引力的也是非常危险的观点。当奈斯认为，他所想象的"自我实现"伦理，不要求个人出于一种舍弃自我的"责任"而为了他人的利益行事，他力求说明的是一个非常特殊的，但是却可能会产生歧义的观点。此处，他完全从字面意义把"利他主义"理解为是与自我利益相悖的"为他人"做事。他还断言，当一个人达到"自身利益"与他人利益自然交会于一处之时，他所认为的"利他主义"就变得没有必要了。他没能阐述清楚的是，为了实现那种状态，某些形式的伦理修行(佛教徒还会加上禅修)仍然是必需的，而此有歧义观点的危害性借梅西对其论点的拓展性论述得到了证实。

在一定范围内，奈斯的基本论点似乎是很合理的。我们需要一种关于自我的更宽泛的含义，在此意义中，为他人与生态圈谋事，最终就是依

---

① 比较杰弗里·B. 弗雷兹(Geoffrey B. Frasz)：《环境道德伦理学：环境伦理学的新方向》("Environmental Virtue Ethics: A New Direction for Environmental Ethics")，载《环境伦理学》15, no. 3，第259—274页。

② 乔安娜·梅西：《自我的绿化》，载阿伦·亨特·巴德纳编：《达摩盖娅：佛教与生态论文集》，第53—63页。

照“觉悟后的自身利益”(enlightened self-interest)行事,而不是出于某种道德义务、责任,甚至也不是出于被看做与我们自身利益相区分的他人之权利。[①] 虽然梅西赞同这点,但是却成了其中所固有歧义的牺牲品,她被严重地引入歧途。她坚持说,“对于自我的绿化或生态大我的形成,德行并无必要”[②](她文中是斜体)。在她的这一明确陈述中,没有模糊不清之处,而我们却的确落脚于伦理的流沙之上。很清楚,她不是在论说那最终的目标而是在论述实现目标的道路,她论说的是她所认为的能产生生态“大我”的修行方式。显然,坚持否决一种伦理义务,会否决所有的道德判断或辨别力——即所有陶冶情操的努力——她得出这样的结论:在她所构想的“新佛教”之中,伦理训练与发展没有自身的位置。如果一个人仅仅把“自我实现”作为一个目标,那么就不需要再有更进一步的伦理努力。不需要任何的实际行动,不过她勉强承认的一个开端非常接近于基督教的“恩典”概念。让我们期望,她所说的一切至少在这一点上并非是她有意所为。因为这一状况,必然会造成在承认佛教此面的同时,抛弃其中关键的彼面。

## 结　语

在上文我们已经探讨了,一些绿色佛教家由于不接受任何等级化或纵向发展观念,正有意无意地走向一种无维度之分的佛教。在这么一种佛教模式之中,那个将慈悲式等级形式颠倒过来的锥体,就仅仅变成了一个具有相互关系的单一扁平圆。这样做的结果就是他们容易倾向于强调佛教横向关联维度与环境伦理的相关性,却忽略甚或否认具有同等重要意义的纵向维度,而佛法中的这一维度将觉悟看成一个意识在不断进步的过程。在佛教中,这种意识的进步,实际上被明确表述为是为了众生利益而不断增强的依慈悲心行事的责任感;因而,它与任何基于佛教启发的环境伦理学相关联。由于没能成功地区分上述两种等级类型的不同,也

---

① 当寂天指出当脚上有了刺,虽然并不是手痛,但是手帮助脚(拔除刺)的时候,寂天提出了与奈斯“觉悟后自我利益”相平行的佛教传统观念。参见《入菩萨行论》(*Bodhicaryāvatāra*),8:91—99。

② 梅西:《自我的绿化》,第62页。

由于受到了需要泼掉的西方压迫式等级形式这一肮脏洗澡水的困扰，一些绿色佛教家就没有意识到他们同时也泼掉了一切具有发展潜能——一种通往有意义的具更广关联感的潜能，一种在此术语的最深刻的意义之上的，通往具有更广意义之环境伦理学的潜能——的“幼子”。

因而，有两个理由可以说明，为什么对佛教纵向维度的再确认具有非常重要的意义：第一，因它对于保全佛教传统的整体性具有很重要的作用；第二，也正是佛教传统中的这一部分能够为当前的环境伦理增添一些有益内容。后者似乎不是很清楚明了，即使人们已经作好准备要接纳前者。即使那个相互关联的圆看起来有点扁平或是一维的，难道我们就不能依此而做得很好，甚或更好吗？在历史上的这一特殊时刻，为了彻底保护长期以来被忽视的关系横轴而失去纵向维度，这难道不是付出了一个太大的代价吗？佛教需要作出断言，它一贯也是这么做的，断言究竟为什么我们所有这些经常是不忠不义的人类，在某种程度上是“更高级的意识形态”，比如高于一条忠实的狗，或是高于一条香蕉虫？至少香蕉虫满足于料理好自己的事务。

想到那些可怕的环境境况，想到人类在造成那些危机之中所扮演的角色，上面这最后的几个问题所展示的立场确实具有吸引力，虽然是一种欺骗性的吸引力。虽然如此，我的确认为，这种新近出现的、无维度之分的水平式绿色佛教具有根本性缺陷。它的缺陷不仅在于，它误传了佛教传统的真正本质；而更为严重的是，它还放弃了可以从中发现我们所处困境以及脱离此困境的那种伦理责任与伦理潜能，无论它是多么的无心，或多么的无意。如果我们拒认佛法的纵向维度，就否认了发展我们现在所明显缺少的更高级之伦理意识的可能。而且，如若否认了那种潜力，我们自己就只能是无助地等待，眼看人类的贪、嗔、痴继续下去，继续破坏着生态圈，或是带着无能为力的愤怒或绝望旁观一切，或是寄希望于更高形式的生命来涉足此事，把我们从罪恶之中拯救出来。

如果对佛教实践中之根本的纵向问题没有一种清楚的认知，就会失去对伴随有更高层次伦理意识之觉悟的发展性追求，因为，一种观点认为我们实际上是无事可做——的确，除了听天由命，我们什么也做不了，但这并不是一种佛教式的环境伦理。实际上，佛教所传达与我们的是与此完全不同的信息。而且那并不仅仅是一个由佛法传与我们的信息，还是一种方法。这里具有关键性的不同。如果我们只吸收佛陀关于关联性的教诲，那么对于万物间相互关联的深刻认识就仅仅变成了一种信仰，变成了一种人们要去热切坚信的东西。一种明确的信息，一种深植于我们自身文化历史之中的信息就是，如果我们仅仅是足够虔诚地去相信那些正确的启示，那么——借某种仁慈而高级的中介力量，一切都会变得很好。如若剥去老一套神中心主义中的"言说上帝"(God-talk)理论，此一甚合时宜的恩典福音(gospel of grace)看起来似乎既舒适又亲切，但这却掩盖不了它并非佛法这一事实。对于佛教而言，万物间的关联维度并不仅仅是一个只需要"信"的问题；它实际上是一个需要积极培养更高意识层次过程所必须经历的真实状况。若从佛教的观点来看，只是确认万物间的相互联系，无论是把它作为一种信仰还是作为一种智慧推论的结果，都不具有佛教的转变力量。只有通过进行佛教传统之发展维度所展示的伦理与禅定修行，人们的实际行为才会开始变得与相互关联之深刻认识相符合。

西方生态学已经为我们提供了一个适当的模式，让我们理解万物是如何相互关联的这一伦理蕴意。佛教肯定了这一看法，这很好。但如果那就是我们从佛教传统之中所看到的一切，那么我们得自佛教的收益就极其微小。如果我们认为，仅仅是确认相互关联性本身，就足够为我们的伦理实践带来必要的改变，那么我们从中得到的收获甚或会更少。因而，针对我们今天的情况而言，佛教的真正价值，与其说在于它清楚地阐明了相互关联性，不如说它是在其他的某关健维度之上，即在它的把伦理生活看成一种修行之道的概念上，此修行之道还同时伴随着实际的可以培养慈悲心增长的行为技巧。绿色佛教倾向于完全聚焦于关注相互关联性的横向面，这就危害到了我们最缺少的佛教传统的那一部分内容。绿色佛教需要更彻底探究的是佛教的法则，这一法则是指环境实践之中有意义的变化，连同禅定觉知所包含的日益增强的伦理意识，只有作为一个发展更高层次的禅定觉知的更广泛内容之一时才会发生。否则，我们似乎就只能是在原地打转而停滞不前了。

（闫艳　译）

# 佛教及环境关怀话语：对方法论问题的一些思考

伊恩·哈里斯
(Ian Harris)

在欧美近代宗教发展史上，对传统宇宙观的消蚀业已证明是一条重要的主线。确实，所有主要的宗教传统仍然与现代性的潮流泾渭分明，这方面，基督教的创世论是最为明显的例子。然而，随着这股潮流的日益壮大，宗教现代主义者已经(常常满怀热情，有时却也不太情愿地)抛弃了长期以来的观念，这种观念反映的是地球和人类在世界秩序中的位置——宗教传统最为珍视的一些信仰——而有所掩饰地接受了现代科学的宇宙图景。总的来说，这样的妥协如今已得到承认，并成为了历史事实。然而，关于人类在自然秩序中的位置的争论还未得到神学家的认可。这种秩序与现代科学方法雄辩的逻辑产生的可靠效用不相容，也与科学的逻辑内涵不相容。在这样的情形下，有关环境关怀的话语在全世界主流神学家的言论中已经占据显赫的地位或许就不足为奇了，这种讨论的部分动机是要把意义和目的重新引入荒凉、无限的现代宇宙。

基督教当然不是卷入这场保卫性的论争中的唯一宗教传统。在佛教当中同样也有生态保护的倡导者。实际上，人们常常援引佛教的一套比基督教更有益于环境的信仰和实践，一些作者甚至认为，在所有主要的宗教传统中，佛教最有潜质成为新的全球环境伦理的核心。如今，积极地针对环境问题的讨论并非源自某一具体的宗教领域，虽然科学显然促进了浪漫主义的产生，但是讨论浪漫主义运动①对科学的批判却不在本文的

① 关于浪漫主义如何融入新英格兰超验主义并随后融入美国生态佛教，参见我的《佛教环境伦理学与反传统：以生态佛教为例》，载《宗教》(*Religion*) 25, no. 3 (July 1995)，第199—211页。

讨论范围内。不过，这一讨论在20世纪下半叶已成为重大的政治主题。在世界史上，还没有哪种宗教运动希望通过否认这种“不言自明”的真理（关于世界和我们在世界中的位置）来危及其地位。因为，采取这样的态度显然是有诸多好处的。

现在有充分的证据表明，佛教内部的许多人，①以及那些明智地赞同把佛教的某些传统作为对抗“技术社会”恶性膨胀的一种武器的人，已经声称他们支持生态促进运动，而不管这一运动带来的变化是肤浅的还是深刻的。有组织的佛教至少从表面上看，无疑包含有与环境关怀话语②同样的优点。本文旨在从整体上评价佛教传统，以及生态佛教的方法论预设，并肯定或否定这些信念的真实性。我的中心论点是，除了一两个明显的例外（此时想到了斯密特豪森③），真正的佛教环境伦理的支持者们已经对佛教传统的历史和复杂性表现出一种积极的不偏不倚的态度。在他们信奉这样一种“高姿态”的事业的热望中，或者说得消极一点，在他们无力阻止现代的全球化这一个重大要素的影响力时，佛教环境论者如果再抱持一种牺牲性的智慧（sacrificium intellectus）也许就是有罪的，因为这背

① 这一点表现得很庞杂。实际上有关这一主题的活动和文献正快速地增加。例如泰国的“为树木授皈依之运动”（tree ordination movement），以及从事社会工作的西方佛教徒的作品。

关于泰国，参见佛使比丘：《佛教徒与保护自然》（*Buddhasāsanik Kap Kān Anurak Thamachāt* [Buddhists and the conservation of nature], Bangkok: Kōmol Khīmthong Foundation, 1990）。又见J. L. 泰勒：《森林僧侣与单一民族国家：泰国东北部的人类学和历史学研究》；莱斯利·E. 施蓬泽尔与波拉妮·纳塔德查-施蓬泽尔：《泰国的佛教、生态与森林：过去、现在与未来》，载约翰·达加维尔、凯·迪克森和诺埃尔·森普尔编：《正在变化的热带森林：以历史的眼光来看待亚洲、澳大拉西亚和大洋洲目前的挑战》，第305—325页；莱斯利·E. 施蓬泽尔和波拉妮·纳塔德查-施蓬泽尔：《佛教在泰国建设更加可持续发展社会中的作用》（"The Role of Buddhism in Creating a More Sustainable Society in Thailand"），载乔纳森·里格编：《代价测算：泰国的经济增长与环境变化》；Depvedī比丘（Phra Depvedī）：《僧侣与森林》（*Phra Kap Pā* [Monks and the forest], Bangkok: Vanaphidak Project, 1992）；以及泰国农业大学（Kasetsart University）：《请到Buddhamonton来植树》（*Invitation to Tree Planting at Buddhamonton*, Bangkok: Public Relations Office, 1987）。

佛教在它的国际协调人南希·纳什（Nancy Nash）的启发下，于1985年开始对自然项目有所了解，并对西藏和泰国佛教有很大影响；参见尚恩·戴维斯编：《生命之树：佛教与保护自然》（Hong Kong: Buddhist Perception of Nature Project, 1987）。

关于生态佛教及有关事宜的论文，参见阿伦·亨特·巴德纳编：《达摩盖娅：佛教与生态论文集》，以及肯尼思·克拉夫特编：《内心安宁与世界和平：佛教与非暴力评论》。

② 迄今为止，对正反两方面的证据最为详尽的的考察，见兰伯特·斯密特豪森：《早期佛教传统与生态伦理学》，载《佛教伦理学期刊》4（1997），第1—42页。

③ 同上注。

离了佛教的批判精神，这种精神从佛陀时代到现代一直在佛教中占有重要的地位。

对佛教传统的“对自然的态度”进行任何严谨的考察所要面临的一个根本性问题是语言。其中第一步应当是辨别与我们的“自然”(nature)一词的内涵相对等的佛教术语或词组。然而，这比表面上看来的要复杂得多。首先，源自经典的可供选择的术语就有很多。我们只能选择对印度语词汇和起源于东亚地区的更为艰深的词汇进行区分，这些词汇我自己都不太确定，虽然这听起来像是有些诡辩。这里的每一种语言都与特定的文化相系，这些文化都具有自己特殊的发展模式。实际上，在最初尝试把梵文的专业术语翻译成汉语的时候就曾遭遇到许多难以克服的困难，部分原因就是因为在佛教传人以前，在汉语里已经存在着深奥的哲学词汇。在当代处境下，我们不能忘记文本材料的阐释绝不能是一种与文化相脱离的活动，无论这种阐释是由当代的佛教徒本身，还是那些在佛教传统中寻求思想印证的人作出的。如汉斯·格奥尔格·伽达默尔(Hans Georg Gadamer)所指出的那样，我们必须意识到我们带到文本理解中的先见，必须承认我们和文本作者之间的历史距离。如果不这样，我们就很容易自欺欺人地认为，我们能够不加批判地“与过去建立直接的联系”①。同时，我们也不要忽略这样一个事实，佛教经典的语言，大体上反映了对广阔的文化背景中某一部分的关注，并且和少数极具影响力的精英的世界观相一致。所以在此必须要提出这样的问题，这些神圣的作品及其注释究竟在多大程度上可以表现普通人的认识和实践，毕竟这些普通人终将成为佛教与自然界相互作用中的根本中介，因为僧侣由于严持戒律造成的品德，使他们在实践上禁绝了最潜在的破坏性行为，比如农耕等。这样，显而易见的是，所有这一切必须得到比迄今为止所做的更为严格的审查，我们才能自信地断言，佛教，无论任何形式的佛教，都具有语言的、文化的和哲学的构造，可以毫无歪曲地接受环境关怀话语。

---

① 约翰·C.马拉尔多(John C. Maraldo):《佛教研究中的释经学和史实性》(“Hermeneutics and Historicity in the Study of Buddhism”)，载《东方佛教徒》19(1986)，第23页。

还有一个要素必须考虑到，这次关涉到的是在西方文化下“自然”一词的内涵的范围。凯特·索珀(Kate Soper)[①]区分出了在现代环境主义话语中自然被概念化的三种方式。第一种，也即形而上学式，这一概念只与超越于人类的或完全人造的世界有关。自然/文化两分法很明显是这一定义的核心。第二种含义与“物质世界的结构、过程和原动力”相关，因此表现了被认为是自然科学研究中恰当目标的那一部分存在。最后“层面”或“表面”概念关注的是，“自然”与城市或工业化景象相反的差别，以及自然与审美判断的紧密联系。索珀认为第三种意义在绿色运动(green movement)的讨论中占有主导地位，虽然这一意义明显与其他的含义相辅相成。

“自然”和“自然的”两词的现代生态学定义的演变，只有在西方思想史的背景下才能得到充分理解。但是只记住了这一点，而忽视另外两种关键的区别则是不明智的：亚里士多德学说中被当做一切存在物的整体来理解的“自然”与被当做事物的质料或动力法则的“自然”，以及中世纪的自然/超自然二元论。虽然超自然(supernaturalis)一词在基督宗教思想史上似乎出现较晚，在托马斯·阿奎那(Thomas Aquinas)的作品中才出现较明确的使用，现代的分析事实的方式则使自然界缺乏充分认识事物所必需的许多线索这一观念得到认同，或至少是批评。因此，科学的世界观，很明显是对超自然的有神论的拒斥，但是有意思的是，环境保护主义——特别是生态有灵论(ecospiritual type)，一种对当代生态佛教有很大影响的理论——表现了近代科学出现以前的思维模式的重新配置，这种模式坚持斯宾诺莎(Spinozist)式的泛神论，把创造万物的力(natura naturans)看做近乎泛神论的自然之力。

近来佛教的学者和活动家们已经提供了一系列他们认为与英语的“自然”一词相符合的佛教术语。在这种情况下一个明显的问题是，他们认为这些差别细微而含义丰富的术语究竟是什么意思呢，他们在此事上全都达成共识了吗？我认为这个问题甚至还没有开始着手解决，本文或

① 凯特·索珀：《自然是什么？文化、政治以及非人化》(*What Is Nature? Culture, Politic, and the Non-Human*, Oxford and Cambridge, Mass.: Blackwell, 1995)，第155页。

许可以被看做是一次微不足道的对这一问题展开讨论的尝试。在印度语中最常提到的与“自然”等同的词语包括轮回、本性（prakṛti）、本质（svabhāva）、缘起、法界（dharmadhātu）、法性（dharmatā）[①]和法类（dhammajāti）[②]。这些词语所涵盖的意思非常宽泛，对它们进行详尽的分析超出了我们目前的讨论范围，虽然持续的研究无疑会有助于提高我们目前对这一问题的认识水平。一个例子就足以说明问题。轮回通常意指缚于生命轮转之中有情众生（sattvaloka）的总体，即使它也可能堕落成宇宙中无情的部分，这一宇宙是无始的生命轮回运行的舞台或容器（bhajanaloka）。然而，即便以这种宽泛的方式，轮回仍很难在任何明显的西方意义上被看做创造万物的自然力量（natura naturata），因为除去人类和动物以外它还包括了地狱、天众和魔。实际上，在这个欲界之上另外还有两个更加微妙的实在世界，它们构成了传统的佛教的三界。这一模式建立了凭借在禅定中获得的精神力量的活动使生命从一界转移到另一界的可能性。那么，轮回的构成要素从西方的视角来看，就既包括自然的因素也包括超自然的因素。学者们提出的其他与“自然”一词相对应的佛教术语往往表现出类似的不符。

诸如“佛教是……”这样的陈述都是有问题的，因为它们常常没有考虑到佛教传统中历史的、教义的和文化的多样性。比如，需要在印度系的佛教（我把南亚和东南亚的小乘佛教以及西藏大乘佛教归到此类）与作为印度佛教的本土化的中国和东亚佛教之间保持根本性的区别。把佛教思想和实践发展的不同历史阶段区分开也是很有意义的。比如海茵茨·贝歇特（Heinz Bechert）就把佛教史划分成圣典的、古典的和现代的三个阶段[③]，而查尔斯·F. 基斯，用一种可能更有助于我们研究佛教对“环境”的

---

① 戴维·J. 卡鲁帕哈纳认为“缘起常被认为是法性，也就是佛教所指的自然”。见戴维·J. 卡鲁帕哈纳：《通往生存的中道》（“Toward a Middle Path of Survival”），载 J. 贝尔德·克利考特和安乐哲编：《亚洲传统思想中的自然观：环境哲学论文集》，第 252 页。

② 唐纳德·K. 斯威勒：《当代泰国的佛教生态诠释学介绍：佛使尊者与法藏长老》，见本书内。

③ 海茵茨·贝歇特：《僧伽、国家、社会和“民族”：在后传统社会中坚守传统》（“Sangha, State, Society, and ‘Nation’: Persistence of Traditions in ‘Post-Traditional’ Societies”），载《代达罗斯》（*Daedalus*）102, no. 1（1973），第 85—95 页（重印在 S. N. 艾森斯塔德[S. N. Eisenstadt]编：《后传统社会》[*Post-Traditional Societies*, New York: Norton, 1972]）。

认识的方法，把一种前现代宇宙论的佛教，和受到西方思想和社会组织影响的现代主义的佛教进行了区分。[①] 不管我们选择哪一种分类方案，如果脱离了佛教传统的、历史的、地理的或文化的各方面，去试图概括佛教的理念或实践，把佛教作为某种单一体去看待它的地位，在很大程度上是不合理的。

有一个例子应该可以很好地解释这一点。弗兰克·E. 雷诺兹在对呈现于东南亚传统佛教国家的三类重叠的宇宙观进行的一次重要的讨论中，指出教义中的因果轮回综合体（karma/samsāra complex）——他的“轮回宇宙论”[②]（samsāric cosmogong）——为信徒和僧侣们指出了一个又一个的伦理目标。这样的相互作用生发了“整体领域”（total field）[③]体系，在这一体系中人们当下的存在，在伦理上卷入了一种广阔的、因果相系的、高度层次化的宇宙秩序中，其中包含了人类、动物、天众等等，按等级从诸天排到地狱。在《正法念处经》（*Saddharmasmrtyupasthāna Sūtra*）（Sūtra of the remembrance of the good law）[④]中，中国佛教传统将其归到小乘阿毗达摩（Hīnayānist Abhidharma）之中，其重要性主要是它为源信（Genshin）（942—1017）进一步把地狱细分为八热地狱（Ōjōyōshū）[⑤]提供了基础。在“等活地狱”（samjiva）当中有一处地方称为“屎泥”（place of excrement），这里是惩罚那些曾捕杀禽鸟和麃鹿却无悔意的罪人的地方，

① 查尔斯·F. 基斯：《柬埔寨的共产主义革命和佛教历史》（“Communist Revolution and the Buddhist Past in Cambodia”），载查尔斯·F. 基斯、劳雷尔·肯德尔（Laurel Kendall）及海伦·哈达克（Helen Hardacre）编：《亚洲的威权影像：东南亚的宗教与现代国家》（*Asian Visions of Authority: Religion and the Modern States of East and Southeast Asia*, Honolulu: University of Hawaii Press, 1994），第 43 页。

② 弗兰克·E. 雷诺兹：《多样的宇宙生成论和伦理学：以小乘佛教为例》（“Multiple Cosmogonies and Ethics: The Case of Theravada Buddhism”），载罗宾·W. 洛文（Robin W. Lovin）、弗兰克·E. 雷诺兹编：《宇宙生成论和伦理秩序：比较伦理学的新研究》（*Cosmogony and Ethical Order: New Studies in Comparative Ethics*, Chicago and London: University of Chicago Press, 1985），第 203—224 页。此处提到的三种类型是轮回说、退化说（rūpic），以及达摩说（dhammic）。有理由相应地将这些分别称为心理学的、神话学的和出世（supramundane）的或净化的存在。

③ 关于此短语的讨论，参见查尔斯·F. 基斯：《黄金半岛：东南亚的文化及其调适》（*The Golden Peninsula: Culture and Adaptation in Mainland Southeast Asia*, SHAPS Library of Asian Studies, Honolulu: University of Hawaii Press, 1995），第 88 页。

④ 大藏经刊行会（Daizōkyō Kankōkai）编：85 卷《大正新修大藏经》（*Shōbōnenjokyō* in *Taishō Shinshu Daizōkyō*, Tokyo: Taishō Issaikyō Kankōkai, 1924—1932）17, text 721（此后均注为 T.）。

⑤ T. 84, text 2682。

他们必须吞吃爬满食肉蛆虫的粪便。“大叫地狱”(place where everything is cooked)在“炎热地狱”(tapana)的上一层，专为那些故意纵火焚毁森林的罪人设立。无间地狱(avīci)中的“恶鸟处”(bird hell)收容的全是破坏水源故意造成饥荒的罪人。①很可能这些教义的道德意义在前现代时期确实有助于禁止毁坏环境的行为，但是在我们尝试将它们引入现代语境之前应当厘清两个问题。首先，现代佛教的主要特征之一正是其传统的(神秘主义的或前科学的)宇宙论遭遇到了困境。因此，它表现了一种对传统的侵蚀，以及对占主导地位的科学思想的调适。实际上，大多数社会活动家，包括环境保护主义者，②以及各种形式的当代佛教都可以被看做是侧重点转移所产生的结果。然而，非常奇怪的是，现代的佛教徒们所声称的要与自然和谐相处，似乎却是以启蒙运动的科学主义作为思想前提的，在欧洲历史上，启蒙运动更多地是为了把个人从“自然的奴役”③中解放出来，同时也释放了那些现在导致毁灭的潜在力量。其次，除非出现相反的证据，否则我们将不得不怀疑佛教地狱观念的约束力，因为至少从环境主义的角度看来，在亚洲的前现代时期，这种约束力基本上没有受到那些有可能导致大规模生态退化的各种因素的挑战。

雷诺兹把传统佛教的世界体系称做“rūpic”④，或退化的宇宙生成论。然而对这一层级化组织和相互联系的宇宙图景的任何正面解释——在这种情况下人们常会使用“自然”一词——都被传统的对一切条件性存在的事物的无自性的判定削弱了。印度的，特别是早期《奥义书》的以及前佛教时期的这种思维方式的根源现在已经非常清楚了。对于传统的小乘佛教来说，宇宙是一个巨大的无人管理的循环工厂，无自性的实体从一种存在形式转变为另一种存在形式——一种乔伊斯式(Joycean)的“commodius

---

① 对佛教的地狱较完整的讨论，参见大伊干·松永(Daigan Matsunaga)和艾丽西亚·松永(Alicia Matsunaga)著：《佛教的地狱观》(*The Buddhist Concept of Hell*, New York: Philosophical Library, 1972)，尤其第107—136页。

② 我承认并不是所有的佛教环境保护主义者都会采用现代主义的方法。此外我提出当代佛教环境主义的四种类型——精神生态学、保护生态学、忏悔生态学以及正义生态学——其中只有最后一种是严格意义的现代主义。参见我的《掌握佛教环境主义的要害：一种临时的类型学》，载《佛教伦理学期刊》2(1995)，第173—190页。

③ 索珀：《自然是什么?》，第29页。

④ 雷诺兹：《多样的宇宙生成论和伦理学》，第209页。

vicus 循环”。从环保主义者角度来看这是一种理想的隐喻，因为，如果佛教徒用这种方式来设想世界的进程，那就有理由得出结论，我们应当尽量去复制这种我们属于其内在部分的过程。但是有两个异议立刻就出现了。首先，环保主义者当然会忠于循环利用非生命材料的原则，比如木制品等，但是他们会在多大程度上循环使用有情之物呢？在我看来，在西方的思想世界中很少有思想体系支持这样的行动！其次，从“对存在的最终评价”[①]角度来看，佛教的宇宙欠缺任何真实的终极目的。它是无目的的。[②]正如我们已经注意到的，雷诺兹在他关于退化宇宙生成论的讨论中采用了“退化”一词，这个词暗示了物质世界的一种虽然很漫长但却成规则的退化，这一过程反映在人类不可避免的道德沦丧之中。小乘佛教的出世(outworldly)的特征至此显露无遗，尽管要全面地说明这一存在的详细阐释，我们必须引入最后一个因素——解脱/涅槃综合体。如果我们现在回到环境主义者的立场上来，显而易见，循环是与轮回紧密联系的。这是这一教义的正面内容。然而，这多少是和这样的事实相折中的，这一事实就是佛陀教法的最终目标是超脱轮回之缚。

生态学，甚至于它所谓的深层形式，都必须以人类与自然之间的一些区别为前提，因为若没有这种区别，我们的行动，按照定义，就会变成“自然的”，因此，在这样的情况下，与其让我们还不如让其他物种为我们行动中的负面影响负责。然而，在这些人中，马丁·海德格尔(Martin Heidegger)已经指出了这种根本区别中的各种内在困难。他认为，“把人与自然的关系解释成主客观的对立就是已经预设了‘主体’和‘客体’的分离，而严格说来，这种预设的分离是不合理的”[③]。海德格尔的观点是，尽管“强烈地反直观”[④]已经让我们习惯了把世间万物都看做“客体”，但是，科学的思维模式却使作为西方知识传统继承人的我们与早期的、前现代的“对世界的前理解”相疏离。这点很有意思，因为它似乎是与佛教瑜伽

① 斯密特豪森所用术语，见斯密特豪森：《早期佛教传统与生态伦理学》，第4页。

② 关于佛教世界观语境中的这一术语，见伊恩·哈里斯：《因果关系和“终极目的”：佛教环境伦理学问题》，载《佛教伦理学期刊》1(1994)，第45—56页。

③ 索珀：《自然是什么?》，第47页。

④ 伊拉齐姆·科哈克：《余烬与群星：对自然之道德观的哲学探索》，第11页。

行学派/唯识学(Yogācāra/Vijñānavāda)的观点相联系的,这种观点认为,主体/客体二元论(grāhyagrāhakakalpanā)的臆想是由于我们的心灵活动被无明(avidyā)污染的结果。那么,证得涅槃就是回复心灵的本来清净,铲除沉沦于轮回的根源。用世亲(Vasubandhu)的话来说,就是:

> 由二[主体与客体]无有可得故,当能缘得于法界;由缘得于法界故,当能得圆满究竟。①

法界一词代表的是"法的领域"(realm of dharmas),是那些构成事物总体的存在要素,包括人类的知识、文化、技能等,它们组成了佛教的宇宙,因此,我们也许可以试着(正如某些当代佛教徒所为)把法界翻译为"自然界"。日本哲学家西田木太郎在他颇具特色的纯粹的不二体验的学说中,似乎采用了瑜伽行派的路数。然而,他谨慎地指出,这种体验"与西方的自然主义是不协调的"②。我举这个例子是要说明,西田把佛教的终极目标理解为一种纯粹的、超自然的主体性。这当然符合海德格尔的"真实是反科技的"这一思想标准,但却难以担当一种权威的环境伦理的基础概念。事实上,觉悟者的究竟之见在瑜伽行派的经典中有一定的论述,但它们并不能给环境论者带来多少慰藉。比如,瑜伽行派学者安慧(Sthiramati)(510—570)告诉我们,佛眼是以这样的方式得以净化的:"外在世界不能被看做由黏土、卵石、荆棘、深渊等组成,而应是由黄金、珠宝

① 《确显三性颂》(*Trisvabhāvanirdeśa*) 37,在伊恩·哈里斯的《印度佛教中观派与瑜伽行派的连续性》(*The Continuity of Madhyamaka and Yogācāra in Indian Buddhism*, Leiden: E. J. Brill, 1991)第149页有讨论。(译文采用韩镜清藏文汉译。——译注)

② 安德鲁·费恩伯格(Andrew Feenberg):《西田哲学中的现代性问题》("The Problem of Modernity in the Philosophy of Nishida"),载詹姆斯·W. 海西希(James W. Heisig)和约翰·C. 马拉尔多编:《粗鲁的觉醒:禅宗、京都学派以及民族主义问题》(*Rude Awakenings: Zen, the Kyoto School, and the Question of Nationalism*, Honolulu: University of Hawaii Press, 1995),第156页。又见西田木太郎:《善的研究》(*An Inquiry into the Good*, New Haven and London: Yale University Press, 1990),第72页。有趣的是,海德格尔也许在他后期的思想中汲取了西田和其他京都学派哲学家的思想元素。关于这一重要的话题,参见格雷厄姆·帕克斯:《海德格尔与日本人的思想:他知道多少?他是何时知道的?》("Heidegger and Japanese Thought: How Much Did He Know, and When Did He Know It?"),载克里斯托弗·E. 马卡恩(Christopher E. Macann)编:《马丁·海德格尔:批判性的评价》(*Martin Heidegger: Critical Assessments*, London and New York: Routledge, 1992)。

等组成。”[①]当然，我们完全可以用隐喻的方式来阐释这样的主张，但令人惊讶的是，大乘佛教圣者净化的眼光与雷诺兹的第三种即最后一种小乘“达摩”(Dhammic)宇宙类型是多么契合！[②]毫无疑问，这与后来怛特罗(Tantric)的观念有些重叠。怛特罗认为，虽然世间万物在平常显现为“自然”，但从终极的角度看，他们都只不过是法身的各个部分，是它无数形式中的一种，例如，毗卢舍那佛(Vairocana)。[③] 实际上，深深地植根于印度传统的怛特罗世界观，包含了许多看起来对环境事业相当有害的内容，尤其是它强调征服——或者任何程度的强力控制——自然。[④] 这样，聚焦于圆满圣者的神秘观照的怛特罗，或许还包括整个佛教的法的宇宙论，就有了一些与犹太教—基督教传统相同的支配性的理念[⑤]，这些理念在生态学的观点看来是毫无用处的。

再给事情添加一点复杂的因素，我们现在转向东亚佛教。很明显，印度教义中的因果/轮回的出世特征使佛教在中国早期的传播，人们接受起来有一些的困难，部分原因是它与已成型的儒家社会伦理有着明显的抵触。中国知识精英的思想中新的“病态虚无主义”(morbid nihilism)的观念，在东亚佛教中造成了一种新的倾向，这一倾向以一种与东南亚小乘佛教的印度化截然不同的方式刻画“自然界”。当然，比方说在最早的印度典籍中就得到确认的对动物福利的关怀，比如阿育王的法令，这种类型的思想就能够很容易移植到中国的语境中，因为它与中国本土的传统相契

---

① *Sūtrālamkāravrttibhāsya*(Peking Tanjur, *Sems-tsam*. vol. Mi)，210 b8 页；转引自兰伯特·斯密特豪森：《佛教与生态责任》(“Buddhism and Ecological Responsibility”)，载劳伦斯·苏兰德拉(Lawrence Surendra)、克劳斯·辛德勒(Klaus Schindler)和普拉沙纳·拉马斯瓦米(Prasanna Ramaswamy)编：《他们讲的故事：哲学家、科学家与环境主义者的对话》(*The Stories They Tell: A Dialogue among Philosophers, Scientists, and Environmentalists*, Madras: Earthworm Books, 1997), 71, n. 73。这段引文似乎与早期大乘经典对佛教净土，比如极乐世界的非自然描绘非常一致。

② 雷诺兹：《多样的宇宙生成论和伦理学》，第 213 页。

③ 例如，托妮·休伯(Toni Huber)讨论了藏南(southern Tibet)地区的景色与上乐金刚本尊(Yidam Cakrasaṃvara)的关系，参见托妮·休伯：《西藏传统环境保护主义再认识》(“Traditional Environmental Protectionism in Tibet Reconsidered”)，载《西藏杂志》(*Tibet Journal*) 16, no. 3 (1991)，第 70 页。

④ 比较戴维·L. 斯内尔格罗夫(David L. Snellgrove)：《印度—西藏佛教：印度佛教徒与他们的西藏后继者》(*Indo-Tibetan Buddhism: Indian Buddhists and Their Tibetan Successors*, London: Serindia, 1987)，第 235 页；及斯密特豪森：《佛教与生态责任》，第 68 页。

⑤ 例如《创世纪》(*Gen*) 9:2。

合。它似乎也抵消了印度来世思想的消极性。据说梁武帝(Liang emperor, Wu Ti, 502—550)就把在寺院池塘里喂鱼作为他对佛教奉献的一部分;而在759年,据说唐朝的皇帝捐赠了大笔的金钱建造了81个这样的池塘(放生池)来保护动物的生命。艾术华(Johannes Prip-Møller)[①]在对中国佛教寺庙的经典描述中说道,直到20世纪30年代中期,全国佛教协会的广播仍在宣讲保护动物的必要性,特别是在传统的佛诞日期间,那些天也成了"动物保护日"。甚至时至今日,寺院是自然保护区的看法仍有民族植物学上的证据[②]支持。然而,并不是所有的证据都指向结论。例如,我们知道,在中国佛教的鼎盛时期唐朝,寺院"参与了各种商业和经济活动"[③]。这些活动很可能会对自然环境造成负面影响。所以,在宁波附近,一座大约在836年坍塌的寺院能够凭借对周边山坡的大规模滥砍滥伐来挽回损失,而在几年之后的841年,另一座寺院与能源开采商合谋开采树木和其他森林资源以牟取经济利益。[④]看来,至少有一些破坏环境的商号已经与那些我们可以称为"利益僧团"的参与破坏环境的可疑僧人联合在一起了,似乎他们选择出家为僧只是作为逃税的一种手段。然而仅以少数不法分子为据,就对寺院的活动匆忙地作出总的结论,是不明智的。

---

① 艾术华:《中国佛教寺院:作为佛教寺院生活的设计及其功能》(*Chinese Buddhist Monasteries: Their Plan and Its Function as a Setting of Buddhist Monastic Life*, Copenhagen: G. E. C. Gads Forlag, and London: Oxford University Press, 1937),第161—163页。

② 关于佛教寺院对植物种类分布的影响,参见裴盛基(Sheng-ji Pei):《傣族的文化信仰与实践对西双版纳植物环境的影响》("Some Effects of the Dai People's Cultural Beliefs and Practices on the Plant Environment of Xishuangbanna, Yunnan Province, Southwest China"),载卡尔·L.赫特勒(Karl L. Hutterer)、A. T.兰博(A. T. Rambo)和G.洛夫莱斯(G. Lovelace)编:《东南亚的文化价值与人类生态学》(*Cultural Values and Human Ecology in Southeast Asia*, Michigan Papers on Southeast Asia, 24, Ann Arbor: Center for South and Southeast Asian Studies, University of Michigan, 1985),第321—339页。

③ 崔瑞德(D. C. Twitchett):《唐代的庙产》("Monastic Estates in T'ang China"),载《亚洲专刊》(*Asia Major*) n. s., 5(1956),第123页。("D. C. Twitchett"也译为"崔维泽"或"杜希德"。——译注)

④ 崔瑞德:《唐代的庙产》,第138页;又见崔瑞德:《中古时期的寺院与中国经济》("The Monasteries and China's Economy in Medieval Times")(对谢和耐[Jacques Gernet]《中国5—10世纪的寺院经济》[*Les aspects economiques du bouddhisme dans la société chinoise du Ve au Xe siècle*, Saigon, École Française d'Extrême Orient, 1956]的评论),载《东方及非洲研究院通报》(*Bulletin of the School of Oriental and African Studies*) 19, no. 3 (1957),第536—537、541页。

毋庸置疑，西方文化下的环境话语成为了社会批判的一部分，这种社会批判针对的是资本主义/科学技术的联合的消极方面，尤其针对近来出现的完全为了满足物欲而进行的大规模生产及大量消费的体制。①把这一批判的系谱追溯到欧洲思想史的广阔原野也不是没有道理。要说明这一点，我们只需要看看像阿恩·奈斯这样的人就可以了。② 他对佛教的赞同虽是满怀同情但又不加鉴别，③不过却成功地在几乎纯粹的斯宾诺莎的基础上建立起他的“深层生态学”体系。这并不令人意外，因为古典佛教是独特的亚洲社会和经济因素作用的结果。当然，我们不得不承认，就其生产方式而言，亚洲各国并不完全一样，而这可以使我们对类似“亚细亚生产方式”、“半封建主义”④，或者，更确切地说，“东方专制主义”⑤等用来描述印度和中国的前现代经济的术语产生怀疑。不过，没有什么确凿的证据表明本土经济体系的存在，依赖于前现代时期佛教文化中的高度工业化生产，即使现代以来的情形已今非昔比。

这样看来，像许多佛教环境主义阐释者那样，宣称佛教包含了可以抵消现代性的负面影响所必需的思想和实践资源，其实并不明智。我对这种高度的信心所作的回应是提出下面两个更深层的问题：那些认为佛教

① 雅恩·帕托切克(Jan Patocka)用“前历史”(prehistoric)一词刻画这种文化。参雅恩·帕托切克著，埃丽卡·亚当斯(Erika Adams)译：*Essais hérétiques sur la philosophie de l'histoire*, La Grasse: Éditions Verdier, 1981；转引自科哈克《余烬与群星》，第21页。

② 阿恩·奈斯：《由斯宾诺莎通达大乘佛教或是由大乘佛教通达斯宾诺莎?》(“Through Spinoza to Mahayana Buddhism or Through Mahayana Buddhism to Spinoza?”)，载 J. 韦特莱森(J. Wetlesen)编：《人类的斯宾诺莎哲学：1977年斯堪的纳维亚斯宾诺莎学术讨论会纪要》(*Spinoza's Philosophy of Man: Proceedings of the Scandinavian Spinoza Symposium 1977*, Oslo: University of Oslo Press, 1978)，第136—158页；奈斯：《斯宾诺莎与深层生态学运动》(*Spinoza and the Deep Ecology Movement*, Delft: Eburon, 1992)；以及奈斯：《斯宾诺莎与生态学》(“Spinoza and Ecology”)，载西格弗里德·赫西格(Siegfried Hessig)编：《斯宾诺莎的镜子，1677—1977》(*Speculum Spinozanum, 1677—1977*, London: Routledge and Kegan Paul, 1977)，第418—425页。

③ 我的《佛教在美国的擅用》(“The American Appropriation of Buddhism”)一文对此有所讨论，载《佛教论坛卷 IV：1994—1996 会议论文》(*The Buddhist Forum Volume IV. Seminar Papers 1994—1996*, London: School of Oriental and African Studies, 1996)，第125—139页，特别是第133—134页。

④ 巴里·辛迪斯(Barry Hindess)和保罗·Q. 赫斯特(Paul Q. Hirst)：《前资本主义生产方式》(*Pre-Capitalist Modes of Production*, London: Routledge and Kegan Paul, 1975)，第182页。

⑤ 比较卡尔·奥古斯特·维特福格尔(Karl August Wittfogel)：《东方专制主义：对集权的比较研究》(*Oriental Despotism: A Comparative Study of Total Power*, New Haven: Yale University Press, 1963)。(“卡尔·奥古斯特·维特福格尔”又名“魏特夫”。——译注)

代表了一种可靠的环境伦理的人能否确定，他们并没有沦为“原始生态智慧的神话”[1]（似乎是近来一些对工业化的批判的共同构成要素）的俘虏？以及，他们是否对身处其中的现代佛教的系谱给予了充分的思考？因为，只要这两个问题解决了，那就会非常清楚，不同于古典佛教特点的一系列特征——倾向于西化的宗教和社会经济组织形式的特征——已经深深地嵌入了亚洲当代佛教的中心。因此，如果我们查阅近来泰国佛教[2]对类似多国伐木活动对环境产生的不良后果的批评，我们就能发现这些批评并没有显著的佛教特征。批评所用的措辞实际上混合了我们在当今世界的任何地方都会遇到的全球化了的环境话语——实际上，是一种罗曼蒂克的“召唤……是从‘自然’的内在和外在中，去发现一种能够弥补工业化对人的异化和掠夺，以及‘金钱关系’对人际关系的扭曲的资源”[3]，再加上一剂19世纪的民族主义良方。

日本提供了一个非常恰当的例证，说明了把佛教、民族主义以及环境话语编织在一起的诸多方式。在一篇发人深省的文章中，或许是最伟大的现代佛教的传播者铃木大拙对比了东方和西方对山的看法，他得出的结论是，欧洲人的特点是通过诸如登山探险来寻求对山的“征服”，而日本人对山，实际包括对整个自然界，却是以一种更为尊敬的方式。他写道：

> 所谓“征服自然”的思想源自于古代希腊……在古希腊文明中，地球是为人奴役之物，风和海洋也要顺从于人。希伯来文化也同样如此认为。然而，在东方，从未有过这种使自然臣服于人类、出自私欲的命令和役使的观念。因为自然对于我们而言从来不是无情的，她并不是受人的强力控制的敌人。我们东方人从没有把自然当做敌

① 凯·米尔顿（Kay Milton）：《环境保护主义和文化理论：环境保护话语中的人类学角色探讨》（*Environmentalism and Cultural Theory: Exploring the Role of Anthropology in Environmental Discourse*, New York: Routledge, 1996），第109页。

② 参见 Chaiwat Satha-Anand 和 Suwanna Wongwaisayawan：《佛教经济学回顾》（“Buddhist Economics Revisited”），载《亚洲文化季刊》（*Asian Culture Quarterly*）7, no. 4（1979），第37—45页。又见苏拉克·西瓦拉科萨：《佛教与当代国际趋势》（“Buddhism and Contemporary International Trends”），载《内心安宁与世界和平：佛教与非暴力论文集》。

③ 索珀：《自然是什么？》，第27页。

对的力量。相反,自然是我们永远的朋友和伙伴,尽管地震常常袭击我们的这片土地,但她还是绝对值得信赖的。征服自然的观念仍然令人憎恶。①

我们要注意到,铃木在一种与东方主义相反的"东方"的名义之下,不加批判地对既有佛教也有非佛教的各种异质文化进行了合并。然而,我们不应当苛求他,因为缺乏精确性是普遍的弱点,而实际上,铃木的"东方"一词所指的远比表面上看到的更加具体。在他看来,东方的实质就是禅宗的精神。因此,禅宗以其特别是在艺术方面,对"自然主义"的坚持,恰恰把握到了一种发展出真正的佛教生态伦理的关键。

为了更有效地探讨这个问题,有必要把铃木作为禅宗传播者的文学事业放到它的社会历史语境中去。在铃木年轻的时候,日本佛教徒还处在明治天皇(1868—1912)迫害佛教导致的创痛之中。为了在官方的敌意中重新崛起,一种现代主义兼民族主义的《新佛教》(*shin bukkyō*)出现了,它突出强调东西方思维模式的本质差异。日本人(nihonjinron)的独特性得到凸显,特别是被极具影响力的京都学派成员比如西田(Nishida)所强调。在对这些研究日本人的思想家的最近一次讨论中,罗伯特·H. 沙尔夫(Robert H. Scharf)评论说,他们——

常常断言日本人在种族上和/或文化上比其他民族更倾向于直接地体验世界。②

从我们前面引用的铃木的话可以很清楚地看到,他非常急于接受这种类

---

① 铃木大拙:《禅与日本文化》(London: Routledge and Kegan Paul, 1959)第二版,第 334 页。

② 罗伯特·H. 沙尔夫(Robert H. Scharf):《日本民族主义之禅》("The Zen of Japanese Nationalism"),载小唐纳德·S. 洛佩兹(Donald S. Lopez, Jr.)编:《佛陀的监管人:殖民主义下的佛教研究》(*Curators of the Buddha: The Study of Buddhism under Colonialism*, Chicago and London: University of Chicago Press, 1995),第 124 页。又见他的《谁的禅?禅之民族主义回顾》(Whose Zen? Zen Nationalism Revisited),载詹姆斯·W. 海西希(James W. Heisig)和约翰·C. 马拉尔多编:《粗鲁的觉醒:禅宗、京都学派以及民族主义问题》,第 48 页。对日本人(nihonjinron)的思想的详细分析,对照彼得·N. 戴尔(Peter N. Dale):《日本优异性的神话》(*The Myth of Japanese Uniqueness*, London: Routledge, 1986)。

型的思想,他的意义,特别是对西方对佛教思想的接受方面,是双重的。首先,从他作为日本独特的自然观念的推广者这一方面来说,他与现代生态学的目的和理想是完全一致的。其次,他把禅宗看做这种自然观的根本要素。对这些观点的回应也还能在社会科学家和艺术史家的学术论著中找到,比如,他们通常都声称日本文化使"作为与环境对立的主体的重要性相对最小化……"[①]据说这使得自然价值稳固,或者,如奥古斯丁·伯夸(Augustin Berque)所说:

> 日本文化……一直都将自然和自然物置于文化的顶点……对位置(bashosei)的感受在有些文化,比如日本文化中特别显著,这样的文化不会将主体的地位提高到欧洲文化所达到的程度。[②]

这是对前面谈到的西田的位置——"东方化"或许是一个更好的词——的一个有趣的讹误。[③] 虽然如此,大多数人都相信一切事物,包括那些与"自然界"有关的事物,都能获得涅槃,这样的信仰是东亚佛教的显著特征。尽管相信植物具有部分的知觉或许曾经是最早的大众佛教的一个特征,但是那种认为树木花草,甚至大地本身,都注定会觉悟的观念很可能在印度的原始资料中找不到。[④] 这一教义据称有多种起源,它要么源自大乘佛教的《大般涅槃经》(*Mahāparinirvāṇa Sūtra*),或是《妙法莲花经》的《药草》章。[⑤]前一文本,主要是关于一切众生皆具如来的种子(如来藏)的

---

① S. N. 艾森斯塔德:《日本人对自然的态度:存在的基本概念的框架》("The Japanese Attitude to Nature: A Framework of Basic Ontological Conceptions"),载奥尔·布隆和阿恩·卡兰德编:《亚洲对自然的理解:一条批判之路》(*Asian Perceptions of Nature: A Critical Approach*, London: Curzon Press, 1995),第190页。

② 奥古斯丁·伯夸:《自然的意义及其与日本的空间关系》("The Sense of Nature and Its Relation to Space in Japan"),载乔伊·亨德里(Joy Hendry)和乔纳森·韦伯(Jonathan Weber)编:《解释日本社会:人类学方法》(*Interpreting Japanese Society: Anthropological Approaches*, JASO Occasional Papers, 5, Oxford: JASO, 1986),第103页。

③ 见第360页注②。

④ 关于这一重要主题,参见兰伯特·斯密特豪森:《早期佛教中植物的感知觉问题》。

⑤ 参见利昂·赫维茨(Leon Hurvitz)英译自鸠摩罗什(Kumārajiva)的汉译本:《妙法莲花经》,载《文明档案:资料与研究》(*Records of Civilization: Sources and Studies*, 94, New York: Columbia University Press, 1976),第101页。

教义，据说大约在公元 417 年就由法显（Fa-hsien）和佛陀跋陀罗（Buddhabhadra）翻译为汉语。但是由于这部经没有梵文本，因此一些学者认为这部经也许是没有梵文原本的汉语伪经。如今，虽然"无情众生亦具佛性"（日语 hijō jōbutsu）或许真的能够追溯到前面提到的大乘佛典，但这一教义最早是在隋朝（581—617 年）时的高僧如慧远（Hui-yuan）和智颢（Chih-i）之间的辩论中被明确提到的。唐朝（624—907 年）天台宗的湛然（Chan-jan）进一步发展了这些辩论。最澄和空海似乎是最早把这一教义传入日本的人，虽然在杰出的台密大师安然（Annen, 814—915）看来，我们应该观照以发现对万物本觉（hongakushiso）教义的完全系统化和捍卫之道。他的《斟定草木成佛私记》（*Shinjo sōmoku jōbustsu shiki*）①对这一教义进行了最为详尽的阐述，并通过诉诸密教教义"法界即是佛界"来巩固它。

在这一点上，看看日本画家伊藤若冲（Itō Jakuchū）（1716—1800）画的《野菜涅槃图》（*Yasai Nehan*）会有些启发。目前收藏在京都国家博物馆中的这幅画轴原属誓愿寺（Seiganji），一座位于京都的西本愿寺（Nishi Honganji）式的净土宗或净土真宗寺院。这幅画带有明显的佛教色彩，画了各种蔬菜围绕在中心的大萝卜（daikon）周围，这个大萝卜恰巧放在某种席子或床上面。当我们意识到这幅画实际上是暗示着佛陀涅槃（parinirvāṇa）的场景时，它的意义才部分地清晰起来。而这一场景常常较集中地表现为在茫茫的森林中，横卧的释迦牟尼四周围绕着悲伤的僧众。只有在我们已经知道了前面提到的草木亦能成佛的教义（sōmoku jōbutsu），我们才可能对画作出适当的理解。②我们也许还想知道为什么画家选择了如此微不足道的——至少在西方文化看来——萝卜来代表佛

① 最近，这部著作连同现代日语翻译和注释首次用活字（moveable type）印刷出版，见末木文美士（Fumihiko Sueki）：《平安初期佛教思想研究》（*Heian shoki Bukkyo shiso-shi no kenkyu*, Shunjusha, 1995）。又见末木文美士：《安然：日本化的佛教哲学家》（Annen: The Philosopher Who Japanized Buddhism），载 *Acta Asiatica* 66（1994）。

② 关于草木成佛的详细讨论，参见威廉·拉斐尔：《西行与自然的佛教价值》第 1 章的第 1、2 节，载《宗教史》13, no. 2（November 1973），第 93—128 页；no. 3（February 1974），第 227—248 页。本文的缩写和修订本也许能在《亚洲传统思想中的自然观：环境哲学论文集》第 183—209 页找到。

陀。当我们更多地了解了自13世纪早期以来，萝卜这一主题在日本绘画中的兴起和风行的时候，这一点也就不难理解了。清水义明(Yoshiaki Shimizu)曾对此主题作过详论。[①] 显然，这幅画是对包括蔬菜在内的万物皆有达到开悟潜能的东亚信仰的一次视觉展示。不过，这幅画所包含的远不止我们看到的那些。这幅画很可能是在1792年，为了纪念画家的长兄逝世而捐赠给净土宗寺院的。因此，这幅画既是对佛陀的纪念，又是对若冲的兄长的哀思。画家碰巧又是一个菜贩家庭的第四代，[②]因此这幅作品还可以解读为对祖业的赞颂。作为新一代的家长，若冲将不得不把更多的精力投入这项家业。

清水义明把他对若冲作品的重要研究作了总结，他指出，上面提到的那种复杂的隐喻式的纪念在其他文化中往往没有，因此必须看做"日本本土"的。[③] 如果是这样话，我们所面临的问题就是怎样对这些作品作出最好的归类。它们是应当归在"佛教"的名下呢，还是说它们反映的主要是日本文化？这一问题的答案关系到东亚文化领域的特征如何合理被用于促成一种可信的佛教环境保护主义事业的问题。实际上，这也正是家永三郎(Ienaga Saburō)在思考日本宗教思想中自然的拯救作用这一问题时提出的观点。在讨论12世纪具有净土真宗倾向的诗人西行作品中的类似主题时，家永指出，当时的一些佛教徒将自然绝对化为一种宗教范畴，使得与神圣的自然合一的愿望与对"自然迷人的美"[④]的怀疑之间产生了矛盾。家永把前一种愿望与日本文化中的本土因素紧密联系在一起，而后者却是日本文化混合部分中的佛教因素。

在这点上，很值得进一步援引另一个证据，这一证据在一定程度上是对草木成佛教义的肤浅解释的折中。道元是《正法眼藏》的作者，他属于曹洞宗，虽然他不是天台宗的僧人(尽管他最初是在天台宗受的教育)，却

---

① 清水义明：《多重的纪念：伊藤若冲的蔬菜涅槃》("Multiple Commemorations: The Vegetable Nehan of Itō Jakuchū")，载詹姆斯·桑福德(James Sanford)、威廉·拉斐尔和永富正俊编：《流动的痕迹：日本的文学与视觉艺术中的佛教》(*Flowing Traces: Buddhism in the Literary and Visual Arts of Japan*, Princeton: Princeton University Press, 1992)，第201—233页，尤其是217页。

② 同上书，第229页。

③ 同上书，第233页。

① 引自拉斐尔：《西行与自然的佛教价值》，载《亚洲传统思想中的自然观》，第204页。

似乎在非常狭窄的意义上承认了这一教义。他说：

既然植物和树木在（我们的）意识中是真实存在的，那它们就是周边一切佛性的一部分。①

这一看法包含的唯心主义很难对一般的环境伦理提供有用的支持。实际上，在东亚佛教语境中，类似的表达极为普遍，这些表达似乎强化了反实在主义的印度的和瑜伽行派的世界图景，这一图景是从人们对纯粹神圣的理解的根本转变而来。②

迄今为止，在我们的讨论中显而易见的一点是，植物界，正如它在日本文学源流中所显现的那样，可以解读为意义转换的场所。这一点的例证是芭蕉树（bashō）的主题。松尾芭蕉是日本最著名的诗人。他的名字从字面上讲可以解释为“芭蕉大师”③，来源于他在茅屋外的小园里种的一株芭蕉树，这是他的一位弟子送给他的，他非常喜爱它。在芭蕉看来，芭蕉树柔弱、奇异，而且珍贵。由于并非日本所产，这种植物极易被秋天的风雨所毁：

秋风中的芭蕉——
听夜雨
滴漏盆中。④

因此，在某种意义上，这种植物被来自于它自然家园的更温暖的气候所摧残，还必须在一个令其生长艰难，无法结果的环境中毫无抵御地独自承受。传说诗人虽然过着严格的禁欲生活，但他体质羸弱，易遭病患。因

---

① T. 82:97c—98a, text 2582；转引自桑福德、拉斐尔和永富正俊编：《流动的痕迹》，第214页。

② 见本书第360页注①。

③ 对诗人与植物之间的联系的思考，参见唐纳德·H. 希夫利（Donald H. Shively）：《芭蕉——人与植物》（“Bashō — the Man and the Plant”），载《哈佛亚洲研究杂志》（*Harvard Journal of Asiatic Studies*）16，no. 1—2(1953)，第146—161页。

① *Bashō nowaki shite/tarai ni ame o/kiku yo kana*；转引自同上书，第152页。

此，芭蕉树就道出了芭蕉的境况，也突出了人类存在全体的柔弱。在日本文学里，在更多时候芭蕉树既是一种真实的植物，又是非实在性的象征符号。所以能剧的谣曲（The Nō text Yōkyoku）才有"人生无常，世如蕉沫，昨日之花今日梦……"[①]之语，芭蕉树与幻灭的联系来自它中空的特征。剥去外面一层层的皮，其中心空空如也，这似乎是源自《维摩诘经》（*Vimalakīrtinirdeśa Sūtra*）[②]和印度传统的文学暗示。[③] 芭蕉的俳句写道：

寺院
的园子满是
芭蕉。[④]

这非常清楚地阐明了芭蕉一词的两个基本含义。

印度和东亚佛教最显著的差别之一是它们对待善的艺术（fine arts）的不同态度。两者都习惯于用艺术来达到教化的目的，我们绝大多数人都很熟悉佛陀觉悟和涅槃的场景，以及诸天菩萨、夜叉（yakṣas）、地狱众生等等。然而，重要的是，把现实描绘成与宗教的和想象的主题相反的艺术——即写实主义的艺术——在印度佛教源流中几乎没有，尽管人们必须承认，自然的因素有时会用于弥合作品中重要的神话因素之间的鸿沟。另一方面，风景画（也许其中最著名的就是禅僧雪舟［1421—1506］的画作）以及与自然主义相关的艺术形式，比如园艺，几乎就是东亚佛教特别是日本佛教的标志性特征。[⑤] 我们也应该注意到，在这一点上，包含了在

---

① 转引自唐纳德·H. 希夫利：《芭蕉——人与植物》，第 148 页。

② 威廉·拉斐尔：《文字之业：日本中古时期的佛教与文学》（*The Karma of Words: Buddhism and the Literary Arts in Medieval Japan*, Berkeley: University of California Press, 1983），第 68—69 页，以及同上。

③ 印度一点都不缺乏关于植物王国的非实在性的参考资料，比如，月称（Candrakirti）就常把轮回描写成一座森林。参见我的《环保主义者怎么会是信奉佛教的?》，载《宗教》21，April 1991，第 101—114 页，尤其是 108 页。

④ *Kono tera wa/niwa ippai no/Bashō kana*；转引自 R. H. 布莱思（R. H. Blyth）：《俳句》（*Haiku*）（Tokyo）4（Autumn-Winter 1952），第 127 页。

⑤ 比对第 365 页注①，以及紧随其后的讨论。

严格意义的佛教之外的,尤其是道教的一些因素。不过,毋庸置疑的是,印度佛教的艺术家们很少被自然界的美所感动。阿难陀·K.库马拉斯瓦米(Ananda K. Coomaraswamy)对印度宗教艺术中肖像的首要性的看法,证明了这一点。在他看来,用自然主义艺术家所要求的那种方式,“印度的肖像画能够在当下立刻占据人的全部视野……眼光不会再四处游移”①。作品是对美化的、神圣的、绝对非自然的领域的几何式呈现。典型的例子是对理想世界的描绘,如极乐世界的宝树、变化所作之鸟,及没有女人;或是香巴拉国的景色,至少在西藏传统中,显现在时轮金刚(Kālacakra)高度几何化的坛城(maṇḍala)中。②

虽然印度,特别是印度教的作品更注重技巧而不是美感,这是常例,不过,东亚传统佛教尽管保留了相当多的美学方面的资料,但它们却似乎都不是印度佛教徒创作的,这显然非常有趣。③ 当然,一部分原因肯定是早期佛教的教义认为感官的欲望是危险的。在寺院的传统中,对所谓的美的思考,也许有着深深的怀疑,他们倾向于适度的禁欲主义,在任何情况下,世界都被看做要被弃绝的,而不是要对它进行美的沉思。④ 如果我们考察佛教盛行时期在印度文本中发展起来的各种美学形式,也会对其总体情况得出相同的结论。有关这一主题现存最早的作品是4—5世纪的《舞论》(*Nāṭyaśāstra*),它的作者与把印度美学发展到顶点的新护(Abhinavagupta)(10世纪晚叶),都认为美感是味(rasa)的功能。但是书中提到的八九种味(rasas)里,没有一种显出是由对自然界的沉思而引发的。⑤

---

① 阿难陀·K.库马拉斯瓦米:《自然在艺术中的转化》(*The Transformation of Nature in Art*, New York: Dover, 1956),第29页。

② 对神秘的香巴拉国的描绘的更多讨论,参见玛丽琳·M.丽艾和罗伯特·A.F.瑟曼:《智慧与慈悲:神圣的西藏艺术》(London: Thames and Hudson, 1996)修订本,第378—379、482页。

③ 与专业的印度艺术术语有关的著作信息,参P.哈迪(P. Hardie):《艺术的概念》(“Concept of Art”),载简·特纳(Jane Turner)编:《艺术辞典》(*The Dictionary of Art*, London and New York: Grove's Dictionaries, 1996)第6卷,第633—635页。

④ 说到这儿,我们也许会发现一两个关于“自然神秘主义”的例子。比如,在早期的巴利文经典中就有。参见我的《环保主义者怎么会是信奉佛教的?》,第107页。

⑤ 关于味的理论,参见拉尼艾罗·诺里(Raniero Gnoli):《新护的美学体验》(*The Aesthetic Experience according to Abhinavagupta*, Varanasi: Chowkhamba Sanskrit Series Office, 1968)第2版,xvff。

综上所述，我们已经看到，通过在佛教传统内外对消费提出一种积极的生态讯息，佛教领域中的各个部分对现代性的挑战作出的回应是多么有影响力，特别是对传统宇宙论的侵蚀。这样就使佛教与其他大多数主要的宗教相一致了。虽然这会得到各种不同方式的赞同，但是我在这里想要提出的是，对植根于欧美文化的经济和理性思想中的全球化环境保护主义话语的方方面面不加批判地认可，会造成许多棘手的难题。其中最重要的是生态佛教对佛教传统本身的历史的、哲学的、文化的多样性的漠视，虽然这很可能是无意识的。我已经试图在本文中表明，如果在佛教的语境下翻译"自然"一词，那么就会不可避免地出现一系列由"自然"一词含义的丰富性所导致的哲学的和语言学上的问题。我也已经指出，当某些印度基本概念的多歧，比如轮回和涅槃——尤其是后者的反自然主义意味——用于环境保护主义的语境中时。从美学角度讲，以及从与其教义形成的历史有关的许多方面看来，东亚佛教在此方面似乎更有希望。然而，这也不能够让我们无视东亚历史记载的模糊性，也不能无视那些把一种"原环境保护主义"(proto-environmentalist)的佛教用来表现日本和其他亚洲民族主义的伎俩。

很明显，要把西方的环境保护主义话语真实地转移到佛教文化背境中，或者确切一点说，要求佛教为生态运动提供基础理论，确实困难重重。这并不是说这项工作毫无希望，我本人仍然对此保持乐观。不过，必须承认，这项工作无论对于学者还是学术研究来说，都只不过是刚刚开始。

（覃江　译）

# 参考书目

邓肯·R. 威廉斯
（Duncan Ryūken Williams）

阿部正雄（Abe，Masao）：《基督教与佛教中的人与自然》（"Man and Nature in Christianity and Buddism"），载《日本宗教》（*Japanese Religion*）7，no. 1（July 1971），第1—10页。

亚伯拉罕，拉尔夫（Abraham，Ralph）：《奥尔弗斯主义：绿色佛教的远古根源》（"Orphism：The Ancient Roots of Green Buddhism"），载阿伦·亨特·巴德纳（Allan Hunt Bodiner）编：《达摩盖娅：佛教与生态论文集》（*Dharma Gaia：A Harvest of Essays in Buddhism and Ecology*），第39—49页。

艾特肯，罗伯特（Aitken，Robert）：《三叶草之心：禅宗伦理论文集》（*The Mind of Clover：Essays in Zen Buddhist Ethics*，San Francisco：North Point Press，1984）。

艾特肯，罗伯特：《甘地、道元与深层生态学》（"Gandhi，Dogen，and Deep Ecology"），载比尔·德韦尔和乔治·塞申斯编：《深层生态学：仿佛与自然相关的生活》（*Salt Lake City：Peregrine Smith Books*），第232—235页。再版于弗雷德·埃普斯坦纳编：《慈悲之路：关于入世佛教的文章》（*The Path of Compassion：Writings on Socially Engaged Buddhism*），第86—92页。

艾特肯，罗伯特：《论西方佛教徒的正命》（"Right Livelihood for the Western Buddhist"），载阿伦·亨特·巴德纳编《达摩盖娅：佛教与生态论文集》，第227—232页；再版于《原点》（*Primary Point*）7，no. 2（Summer 1990），第19—22页。

艾特肯,罗伯特:《圆满解脱之修行:禅修行者眼中的波罗蜜多》(*The Practice of Perfection: The Pāramitās from a Zen Buddhist Perspective*, New York: Pantheon Books, 1994)。

阿尔蒙,伯特(Almon, Bert):《加里·斯奈德新近诗作中的佛教与能源观》("Buddhism and Energy in the Recent Poetry of Gary Snyder"),载《万花筒》(*Mosaic*) 11(1977),第117—125页。

安德森,比尔(Anderson, Bill):《科学中动物之用途:一种佛教视野》("The Use of Animals in Science: A Buddhist Perspective"),载《禅弓时事通讯》(*Zen Bow Newsletter*) 6, no. 2—3 (Summer-Fall 1984),第8—9页。

Ariyaratne, A. T. 与乔安娜·梅西(Joanna Macy):《寺庙与人工水库之岛。萨尔乌达耶:斯里兰卡的自助理想》("The Island of Temple and Tank. Sarvodaya: Self-help in Sri Lanka"),载马丁·巴彻勒和克里·布朗编:《佛教与生态》(*Buddhism and Ecology*, London and New York: Cassell, 1992);第78—86页。

巴德纳,阿伦·亨特文:《达摩盖娅:美国佛教的绿色环保之根》("Dharma Gaia: The Green Roots of American Buddhism"),载《金刚界太阳》(*Vajradhatu Sun*), April-May 1988,第7页。

巴德纳,阿伦·亨特:《佛陀转眼消失了吗?》("Is the Buddha Winking at Extinction?"),载《三轮》(*Tricycle*) 3, no. 2 (Winter 1993),第52—54页。

巴德纳,阿伦·亨特编:《达摩盖娅:佛教与生态论文集》。

巴拉什,D. P. (Barash, D. P.):《作为禅宗大师的生态学者》("The Ecologist as Zen Master"),载《美国内陆博物学家》(*American Midland Naturalist*) 89(1973),第214—217页。

巴里,朱迪(Bari, Judi):《我们皆居于此:与朱迪·巴里的一次访谈录》("We All Live Here: An Interview with Judi Bari"),苏珊·穆恩(Susan Moon)整理,载《法轮常转》(*Turning Wheel*), Spring 1994,第16—19页。

巴恩希尔,戴维·L. (Barnhill, David L.):《作为食物链的因陀罗网:论加里·斯奈德的生态观》("Indra's Net as Food Chain: Gary Snyder's Ecological Vision"),载《十方》(*Ten Directions*), Spring-Summer 1990,第

20—28 页。

巴恩希尔，戴维·L.:《爱之大行:反思第一戒》(“A Giant Act of Love: Reflections on the First Precept”)，载《三轮》(*Tricycle*) 2, no. 3 (Spring 1993)，第 29—33 页。

巴彻勒，马丁(Batchelor, Martine)编:《顽石亦会微笑:经文选集》(“Even the Stones Smile: Selections from the Scriptures”)，载马丁·巴彻勒和克里·布朗(Kerry Bravn)编:《佛教与生态》。

巴彻勒，马丁和克里·布朗编:《佛教与生态》(*Buddhism and Ecology*)。

巴彻勒，斯蒂芬(Batchelor, Stephen):《佛教经济学再思考》(“Buddhist Economics Reconsidered”)，载阿伦·亨特·巴德纳编《达摩盖娅:佛教与生态论文集》，第 178—182 页。

巴彻勒，斯蒂芬:《生态前景》(“Images of Ecology”)，载《原点》7, no. 2 (Summer 1990)，第 9—11 页。

巴彻勒，斯蒂芬:《恒河之沙:通往佛教生态哲学的注释》(“The Sands of the Ganges: Notes towards a Buddhist Ecological Philosophy”)，载马丁·巴彻勒和克里·布朗编:《佛教与生态》。

伯奇，普鲁(Birch, Pru):《个人责任与温室效应》(“Individual Responsibility and the Greenhouse Effect”)，载《金色之鼓:西方佛教徒杂志》(*Golden Drum: A Magazine for Western Buddhists*), February-April 1990，第 10—11 页。

布卢姆，艾尔弗雷德(Bloom, Alfred):《佛教、自然与环境》(“Buddhism, Nature, and the Environment”)，载《东方佛教徒》(*Eastern Buddhist*, n. s.) 5, no. 1 (May 1972)，第 115—129 页。

布卢姆，艾尔弗雷德:《佛教与生态展望》(“Buddhism and Ecological Perspective”)，载《生态中心时事通讯》(*Ecology Center Newsletter*), December 1989，第 1—2 页。

布朗，布赖恩·爱德华(Brown, Brian Edward):《生态视野之中的佛教》(“Buddhism in Ecological Perspective”)，载《太平洋世界》(*Pacific World*), n. s. 6, Fall 1990，第 65—73 页。

佛使比丘(Buddhadāsa Bhikkhu):《佛教生态学概念》("A Notion of Buddhist Ecology"),载《和平的种子》(*Seeds of Peace*) 2(1987),第 22—27 页。

伯基尔,I. H. (Burkill, I. H.):《关于佛教最亲密树种的分布情况》("On the Dispersal of the Plants Most Intimate to Buddhism"),载《阿诺德树园期刊》(*Journal of the Arnold Arboretum*) 27, no. 4 (1946),第 327—339 页。

拜尔斯,布鲁斯·A. (Byers, Bruce A.):《通往生态中心社区:从人类自我到生态自我》("Toward an Ecocentric Community: From Ego-self to Eco-self"),载《法轮常转》,Spring 1992,第 39—40 页。

卡尔代拉佐(Calderazzo),约翰:《在泰国森林之中禅修》("Meditation in a Thai Forest"),载《奥特朋》(*Audubon*),January-February 1991,第 84—91 页。

查普尔,克里斯托弗·基(Chapple, Christopher Key):《佛教与耆那教对待动物的非暴力方式》("Nonviolence to Animals in Buddhism and Jainism"),载汤姆·里根(Tom Regan)编:《动物祭品:关于在科学实验之中使用动物的宗教视野》(*Animal Sacrifices: Religious Perspectives on the Use of Animals in Science*, Philadelphia: Temple University Press, 1986),第 213—235 页;再版于肯尼思·克拉夫特(Kenneth Kraft)编:《内心安宁与世界和平:佛教与非暴力论文集》(*Inner Peace, World Peace: Essays on Buddhisim and Nonviolence*)。

查普尔,克里斯托弗·基:《亚洲对待动物、地球与人的非暴力传统》(Albany: State University of New York Press, 1993)。

科奇达,道格:《禅宗修行与地域感》("Zen Practice and a Sense of Place"),载阿伦·亨特·巴德纳编:《达摩盖娅:佛教与生态论文集》,第 106—111 页。

科尔特,埃姆斯·B. (Colt, Ames B.):《把世界作为自己来认识:生态伦理学的出现》("Perceiving the World as Self: The Emergence of an Environmental Ethic"),载《原点》7, no. 2 (Summer 1990),第 12—14 页。

库克,弗朗西斯(Cook, Francis):《华严宗:因陀罗网》(*Hu-yen*

*Buddhism*: *The Jewel Net of Indra*, University Park: Pennsylvania State University Press, 1977)。

库克,弗朗西斯:《道元论真我及其社会—伦理学蕴意》("Dōgen's View of Authentic Selfhood and Its Socio-ethical Implications"),载威廉·R.拉斐尔(William R. LaFleur)编:《道元研究》(*Dōgen Studies*, Honolulu: University of Hawaii Press, 1985),第131—149页。

库克,弗朗西斯:《因陀罗网》("The Jewel Net of Indra"),载J.贝尔德·克利考特和安乐哲(J. Baird Callicott and Roger T. Ames)编:《亚洲传统思想中的自然观:环境哲学论文集》(*Nature in Asian Traditions of Thought: Essays in Environmental Philosophy*),第213—229页。

克劳福德,克伦威尔(Crawford, Cromwell):《佛教对环境视野之中正常与病态的回应》("The Buddhist Response to Health and Disease in Environmental Perspective"),载《极端保守主义:当今世界之佛教:纪念佛使比丘诞辰84周年论文集》(*Radical Conservatism: Buddhism in the Contemporary World: Articles in Honour of Bhikkhu Buddhadāsa's 84th Birthday Anniversary*, Bangkok: Thai Inter-Religious Commission for Development/International Network of Engaged Buddhists, 1990),第162—171页。再版于傅伟勋(Charles Wei-hsun Fu)与华珊嘉(Sandra A. Wawrytko)编:《佛教伦理与现代社会》(*Buddhist Ethics and Modern Society*, New York: Greenwood Press, 1991),第185—193页。

柯里尔,拉维尼亚(Currier, Lavinia):《来自Rio的报告:地球之巅》("Report from Rio: The Earth Summit"),载《三轮》2, no. 1 (Fall 1992),第24—26页。

柯廷,迪恩(Curtin, Deane):《道元、深层生态学及生态自我》("Dōgen, Deep Ecology, and the Ecological Self"),载《环境伦理学》(*Environmental Ethics*) 16, no. 2 (Summer 1994),第195—213页。

达林顿,苏珊·玛丽(Darlington, Susan Marie):《佛教、道德和变化:一些地方对泰国北部发展的响应》("Buddhism, Morality, and Change: The Local Response to Development in Northern Thailand", Ph. D. diss., University of Michigan, 1990)。

达林顿，苏珊·玛丽：《僧侣和环境保护：对南省个案研究》（"Monks and Environmental Conservation: A Case Study in Nan Province"），载《和平的种子》9, no. 1 (January-April 1993)，第 7—10 页。

达林顿，苏珊·玛丽：《僧侣和泰国的环保行为》（Monks and Environmental Action in Thailand），载《佛教论坛》（*Buddhist Forum*），1994。

戴维斯，尚恩（Davis, Shann）：《生命之树：佛教与保护自然》（*Tree of Life: Buddhism and the Protection of Nature*, Hong Kong: Buddhist Perception of Nature Project, 1987）。

德·西尔维娅，莉莉：《佛教徒对待自然的态度》（"The Buddhist Attitude towards Nature"），载克拉斯·桑德尔编：《生态危机的佛教视野》（*Buddhist Perspectives on the Ecocrisis*），第 9—29 页。

德·西尔维娅，莉莉：《我的心灵为之振奋的小山：故事与教义之探究》（"The Hills Wherein My Soul Delights: Exploring the Stories and Teachings"），载马丁·巴彻勒和克里·布朗编：《佛教与生态》，第 18—30 页。

德·西尔维娅，Padmasiri（De Silva, Padmasiri）：《佛教环境伦理》（Buddhist Environmental Ethics），载阿伦·亨特·巴德纳编：《达摩盖娅：佛教与生态论文集》，第 14—19 页。

德·西尔维娅，Padmasiri：《环境伦理学：一种佛教视野》（"Environmental Ethics: A Buddhist Perspective"），载傅伟勋（Wei-hsun Fu）与华珊嘉（Sandra A. Wawrytko）编：《佛教伦理与现代社会》（*Buddhist Ethics and Modern Society*），第 173—184 页。

德韦尔，比尔（Devall, Bill）：《简单的措施，丰厚的回报：深层生态学实践》（*Simple in Means, Rich in Ends: Practicing Deep Ecology*, Salt Lake City: Peregrine Smith Books, 1988）。

德韦尔，比尔：《以生态为中心的僧伽》（"Ecocentric Saṅgha"），载阿伦·亨特·巴德纳编：《达摩盖娅：佛教与生态论文集》，第 155—164 页。

德韦尔，比尔和乔治·塞申斯（George Sessions）：《深层生态学：仿佛与自然相关的生活》（*Deep Ecology: Living As If Nature Mattered*, Salt

Lake City：Peregrine Smith Books，1985）。

Dhamma Bhikkhu Rewata：《佛教与环境》（"Buddhism and the Environment"），载《极端保守主义：当今世界之佛教：纪念佛使比丘诞辰84周年论文集》，第156—161页。

多纳根，帕特丽夏（Donegan，Patricia）：《俳句与生态灾难》（"Haiku and the Ecotastrophe"），载阿伦·亨特·巴德纳编：《达摩盖娅：佛教与生态论文集》，第197—207页。

达特，德尼丝·曼西（Dutt，Denise Manci）：《禅宗与对个人和环境研究的整合》（"An integration of Zen Buddhism and the Study of Person and Environment"，Ph. D. diss.，California Institute of Integral Studies，1983）。

杜瓦，R. 香农（Duval，R. Shannon）与戴维·沙纳（David Shaner）：《保护伦理学与日本智力传统》（"Conservation Ethics and the Japanese Intellectual Tradition"），载《保护伦理学》（*Conservation Ethics*）11，Fall 1989，第197—214页。

埃尔哈特，H. 拜伦（Earhart，H. Byron）：《日本宗教的自然理想及其可能的环保意义》（"The Ideal of Nature in Japanese Religion and Its Possible Significance for Environmental Concerns"），载《日本当代宗教》（*Contemporary Religions in Japan*）11，no. 1—2（March-June 1970），第1—25页。

埃里奇，格雷特尔（Ehrlich，Gretel）：《皮科·艾尔与格雷特尔·埃里奇的谈话：地球边缘的佛教徒》（"Pico Iyer Talks With Gretel Ehrlich：Buddhist at the Edge of the Earth"），载《三轮》5，no. 3（Spring 1996），第77—82页。

艾纳森，约翰（Einarsen，John）：《亚洲圣山》（*The Sacred Mountains of Asia*，Boston：Shambhala Press，1995）。

埃普斯坦纳，弗雷德（Eppsteiner，Fred）编：《慈悲之路：关于入世佛教的文章》（*The path of compassion：Writings on Socially Engaged Buddhism*，Berkeley：Parallax Press，1988）。

菲尔兹，里克（Fields，Rick）：《众生会》（A Council of All Beings），载

《瑜伽期刊》(*Yoga Journal*), November-December 1989,第 52、108 页。

菲尔兹,里克(Fields, Rick):《遭遇佛陀与女神的极短之经》("The Very Short Sūtra on the Meeting of the Buddha and the Goddess"),载阿伦·亨特·巴德纳编:《达摩盖娅:佛教与生态论文集》,第 3—7 页。

菲茨西蒙兹,苏(Fitzsymonds, Sue):《轻盈地漫步在此地球之上》("Treading Softly on this Earth"),载《金色之鼓:西方佛教徒杂志》, February-April 1990,第 12 页。

弗兰基,乔(Franke, Joe):《森林之虎:一次与为树授皈依之僧的漫步》("The Tiger in the Forest: A Walk with the Monk Who Ordained Trees"),载《香巴拉太阳》4, no. 2 (November 1995),第 48—53 页。

盖特,巴巴拉(Gates, Barbara):《热诚管理地球的反思》("Reflections of an Aspiring Earth-Steward"),载《觉心》(*Inquiring Mind*) 7, no. 2 (Spring 1991),第 18—19 页。

格茨,安德鲁(Getz, Andrew):《天赋存在:泰国一位僧人的重造森林工程》("A Natural Being: A Monk's Reforestation Project in Thailand"),载《佛教和平友谊会时事通讯》(*Baddhist Peace Fellowship Newsletter*), Winter 1991,第 24—25 页。

Giryo, Yanase:《噢,佛啊!来自濒死世界的叫喊》(*O Buddha! A Desperate Cry from a Dying World*, Nagoya, Japan: KWIX, 1986)。

Giryo, Yanase:《恳请您为了人类后代帮助因受到破坏而蹒跚的世界环境》(*An Appeal for Your Help in Halting World Environmental Destruction Now for Future Generations*, Obtainable from Jiko-bukkyo-kai, Okaguchi 2 chome 3—47, Gojo, Nara Prefecture, Japan 637。)

格雷迪,卡拉·戴克(Grady, Carla Deicke):《女性与生态中心良知》("Women and Ecocentric Conscience"),载《国际佛教女性运动时事通讯》(*Newsletter on International Buddhist Women's Activities*) 21, October 1989。再版为《女性与生态中心论》("Women and Ecocentricity"),载阿伦·亨特·巴德纳编:《达摩盖娅:佛教与生态论文集》,第 165—168 页。

格雷迪,卡拉·戴克:《佛教对泰国现代化的回应:特别关于森林保护主义派僧人》("A Buddhist Response to Modernization in Thailand: With

Particular Reference to Conservation Forest Monks”), Ph. D. diss., University of Hawaii, 1995。

格雷,丹尼斯·D.(Gray, Dennis D.):《佛教用于帮助拯救亚洲环境》(“Buddhism Being Used to Help Save Asia's Environment”),载《和平的种子》2(1987),第24—26页。

格罗斯尼克,威廉·亨利(Grosnick, William Henry):《草木成佛:生态敏感与经典误读》(“The Buddhahood of the Grasses and the Trees: Ecological Sensitivity or Scriptural Misunderstanding”),载迈克尔·巴恩斯(Michael Barnes)编:《灵性生态学:宗教反思与环境觉知》(*An Ecology of the Spirit: Religious Reflection and Environmental Consciousness*, Lanham, Md.: University Press of America, 1994),第197—208页。

格罗斯,丽塔(Gross, Rita):《通往一种佛教环境伦理》(“Toward a Buddhist Environmental Ethic”),载《美国宗教学会期刊》(*American Academy of Religion*) 65, no. 2 (Summer 1997),第333—353页。

哈利法克斯,琼(Halifax, Joan):《第三身:佛教、萨满教与深层生态学》(“The Third Body: Buddhism, Shamanism, and Deep Ecology”),载阿伦·亨特·巴德纳编:《达摩盖娅:佛教与生态论文集》,第20—38页。

哈利法克斯,琼:《多产的黑夜:与地球之身的再结合》(*The Fruitful Darkness: Reconnecting with the Body of the Earth*, San Francisco: Harper San Francisco, 1993)。

汉南,皮特(Hannan, Pete):《肖像与动物》(“Images and Animals”),载《金色之鼓:西方佛教徒杂志》,August-October 1989,第8—9页。

哈里斯,伊恩(Harris, Ian):《环保主义者怎么会是信奉佛教的?》(“How Environmentalist Is Buddhism?”),载《宗教》(*Religion*) 21, April 1991,第101—104页。

哈里斯,伊恩:《因果关系和“终极目的”:佛教环境伦理学问题》(“Causation and ‘Telos’: The Problem of Buddhist Environmental Ethics”),载《佛教伦理学期刊》(*Journal of Buddhist Ethics*) 1 (1994),第46—59页。

哈里斯,伊恩:《佛教环境伦理学与反传统:以生态佛教为例进行分析》(“Buddhist Environmental Ethics and Detraditionalization: The Case of Eco-Buddhism”),载《宗教》25, no. 3 (July 1995),第 199—211 页。

哈里斯,伊恩:《掌握佛教环境主义的要害:一种临时的类型学》(“Getting to Grips with Buddhist Environmentalism: A Provisional Typology”),载《佛教伦理学期刊》2(1995),第 173—190 页。

海沃德,杰里米(Hayward, Jeremy):《生态学与神圣体验》(“Ecology and the Experience of Sacredness”),载阿伦·亨特·巴德纳编:《达摩盖娅:佛教与生态论文集》,第 64—74 页。

黑德,苏珊妮(Head, Suzanne):《佛教与深层生态学》(“Buddhism and Deep Ecology”),载《金刚界太阳》(*Vajradhatu Sun*), April-May 1988,第 7—8、12 页。

黑德,苏珊妮:《为自然创造伸展空间》(“Creating Space for Nature”),载阿伦·亨特·巴德纳编:《达摩盖娅:佛教与生态论文集》,第 112—127 页。

霍,莫比(Ho, Mobi):《动物之法》(“Animal Dharma”),载阿伦·亨特·巴德纳编:《达摩盖娅:佛教与生态论文集》,第 129—135 页。

藤,内伊(Htun, Nay):《今日环境状态:明日之需》(“The State of the Environment Today: The Needs for Tomorrow”),载尚恩·戴维斯编:《生命之树:佛教与保护自然》(Hong Kong),第 19—29 页。

休斯,詹姆斯(Hughes, James)编:《绿色佛教宣言》(*Green Buddhist Declaration*, Moratuwa: Sarvodaya Press, 1984, Obtainable from 98 Rawatawatte Rd., Moratuwa, Sri Lanka)。

池田大作(Ikeda, Daisaku):《自然中的人》(“Man in Nature”),载《关于生命的对话》(*Dialogue on Life*, Tokyo: Nichiren Shoshu International Center, 1976),卷 1,第 26—56 页。再版于查尔斯·S. 特里(Charles S. Terry)译:《生命:如谜,如宝石般珍贵》(*Life: An Enigma, A Precious Jewel*, Tokyo and New York: Kodansha International, 1982),第 28—46 页。

池田大作:《生命与环境》(“Life and the Environment”),载《关于生命的对话》(Tokyo: Nichiren Shoshu International Center, 1977),卷 2,第

78—90页。

稻田,肯尼思·K.(Inada, Kenneth K.):《环境问题》(“Environmental Problematics”),载J.贝尔德·克利考特和安乐哲编:《亚洲传统思想中的自然观:环境哲学论文集》,第231—245页。

英格拉姆,凯瑟琳(Ingram, Catherine):《追随甘地的足迹:与社会精神主义激进分子对话》(*In the Footsteps of Gandhi: Conversations with Spiritual Social Activists*, Berkeley: Parallax Press, 1990)。

英格拉姆,保罗·O.(Ingram, Paul O.):《自然界的因陀罗网:空海的生态佛教观》(“Nature's Jeweled Net: Kūkai's Ecological Buddhism”),载《太平洋世界》(*Pacific World*) 6(1990),第50—64页。

井上新一(Inoue, Shin'ichi)著,邓肯·R.威廉斯(Duncan R. Williams)译:《让佛教运转起来:一种新的管理与经商理论》(*Putting Buddhism to Work: A New Theory of Management and Business*, Tokyo: Kodansha International, 1997)。

杰尼,帕德玛拉赫·S.(Jaini, Padmanabh S.):《印度人的动物灵性观》(“Indian Perspectives on the Spirituality of Animals”),载戴维·J.卡鲁帕哈纳(David J. Kalupahana)和W. G.威拉拉特尼(W. G. Weeraratne)编:《佛教哲学与文化:纪念N. A.贾亚维奇雷玛随笔》(*Buddhist Philosopy and Culture: Essays in Honour of N. A. Jayawickrema*, Columbo: N. A. Jayawickrema Felicitation Volume Committee, 1987),第169—178页。

Jayaprabha:《伦理与想象》(“Ethics and Imagination”),载《金色之鼓:西方佛教徒杂志》,August-October 1989,第10—11页。

约翰逊,温迪(Johnson, Wendy):《绿峡谷农场的植树活动》(“Tree Planting at Green Gulch Farm”),载《觉心》7, no. 2 (Spring 1991),第15页。

约翰逊,温迪:《世纪末之树》(“The Tree at the Bottom of Time”),载《三轮》5, no. 2 (Winter 1995),第98—99页。

约翰逊,温迪:《春天的除草》(“Spring Weeds”),载《三轮》5, no. 3 (Spring 1996),第92—93页。

约翰逊，温迪：《风之女儿》（“Daughters of the Wind”），载《三轮》6，no. 3 (Spring 1997)，第 90—91 页。

约翰逊，温迪：《培植天堂》（“Planting Paradise”），载《三轮》6，no. 4 (Summer 1997)，第 85 页。

琼斯，肯（Jones，Ken）：《生态启蒙誓言》（“Enlightened Ecological Engagement”），载《佛教和平友谊会时事通讯》10. no. 3—4 (Fall 1988)，第 32 页。

琼斯，肯：《佛教的社会面貌：一种政治与社会激进主义径路》（*The Social Face of Buddhism：An Approach to Political and Social Activism*，London：Wisdom Publications，1989）。

琼斯，肯：《让我们放射出自己的光芒》（“Getting Out of Our Own Light”），载阿伦·亨特·巴德纳编：《达摩盖娅：佛教与生态论文集》，第 183—190 页。

琼斯，肯：《乐观的另一面：佛教政治生态学》（*Beyond Optimism：A Buddhist Political Ecology*，Oxford：Jon Carpenter，1993）。

Jung，Hwa Yol：《生态危机：来自东西方哲学的透视》（“The Ecological Crisis：A Philosophic Perspective，East and West”），载《巴克内尔评论》（*Bucknell Review*）20，no. 3 (Winter 1972)。

Jung，Hwa Yol：《生态学、禅宗与西方宗教思想》（“Ecology，Zen，and Western Religious Thought”），载《世纪基督教》（*Christian Century*）15，November 1972，第 1153—1156 页。

Jung，Hwa Yol 与皮蒂·荣格（Petee Jung）：《加里·斯奈德的生态虔敬观》（“Gary Snyder's Ecopiety”），载《环境历史评论》（*Environmental History Review*）41，no. 3 (1990)，第 75—87 页。

裘斯，辛西娅（Jurs，Cynthia）：《地球宝瓶：生态佛教徒汲取藏传佛教之古老教义来帮助治愈大地》（“Earth Treasure Vases：Eco-Buddhists Bring an Ancient Teaching from Tibet to Help Heal the Land”），载《三轮》6，no. 4 (Summer 1997)，第 68—69 页。

卡比辛，伽殊马（Rabilsingh，Chatsumarn）：《森林的哭叫：自然的佛教透视．保护主义教育的一种新视角》（*A Cry from the Forest：Buddhist*

*Perception of Nature, A New Perspective for Conservation Education*, Bangkok: Wildlife Fund Thailand, 1987)。

卡比辛,伽殊马:《佛教如何能够有助于保护自然》("How Buddhism Can Help Protect Nature"),载尚恩·戴维斯编:《生命之树:佛教与保护自然》(Hong Kong),第 7—15 页。再版于《金刚界太阳》,April-May 1988,第 9、20 页。

卡比辛,伽殊马:《佛教僧侣与森林保护》("Buddhist Monks and Forest Conservation"),载《极端保守主义:当今世界之佛教:纪念佛使比丘诞辰 84 周年论文集》,第 301—310 页。

卡比辛,伽殊马:《早期佛教对自然的看法》("Early Buddhist Views on Nature"),载阿伦·亨特·巴德纳编:《达摩盖娅:佛教与生态论文集》,第 8—13 页。

卡鲁帕哈纳,戴维·J.(Kalupohana, David J.):《通往生存的中道》("Toward a Middle Path of Survival"),载《环境伦理学》8, no. 4 (Winter 1986),第 371—380 页。再版于 J. 贝尔德·克利考特和安乐哲编:《亚洲传统思想中的自然观:环境哲学论文集》,第 247—256 页。

凯普乐,菲利普(Kapleau, Philip):《珍爱一切的生命:成为素食者的一佛教案例》(*To Cherish All Life: A Buddhist Case for Becoming Vegetarian*, San Francisco: Harper and Row, 1982)。

凯普乐,菲利普:《动物与佛教》("Animals and Buddhism"),载《禅弓时事通讯》(*Zen Bow Newsletter*) 5, no. 2 (Spring 1983),第 1—9 页。

Karunamaya:《为什么以及如何成为素食者》("The Whys and Hows of Becoming a Vegetarian"),载《金色之鼓:西方佛教徒杂志》,August-October 1989,第 12—13 页。

凯,林肯(Kaye, Lincoln):《关于白菜与文化:佛教取代泰国山地部落的"绿色"目标》("Of Cabbages and Cultures: Buddhist 'Greens' Aim to Oust Thailand's Hilltribes"),载《远东经济评论》(*Far Eastern Economic Review*), December 13, 1990,第 35—37 页。

卡扎,斯蒂芬妮(Kaza, Stephanie):《作为环境伦理之基础的空性》("Emptiness As a Basis for an Environmental Ethic"),载《佛教和平友谊会

时事通讯》,Spring 1990,第 30—31 页。

卡扎,斯蒂芬妮:《通往一种佛教环境伦理》(“Toward a Buddhist Environmental Ethic”),载《十字路口之佛教》(*Buddhism at the Crossroads*) 6, no. 4 (Fall 1990),第 22—25 页。

卡扎,斯蒂芬妮:《佛教与生态:暗示的解读》(“Buddhism and Ecology: Suggested Reading”),载《觉心》7, no. 2 (Spring 1991),第 20 页。

卡扎,斯蒂芬妮:《与慈悲同行:佛教、女权运动与环境危机》(“Acting with Compassion: Buddhism, Feminism, and the Environmental Crisis”),载卡罗尔·J. 亚当斯(Carol J. Adams)编:《生态女权主义与神圣》(*Ecofeminism and the Sacred*, New York: Continuum, 1993),第 50—69 页。

卡扎,斯蒂芬妮:《留心:与树交谈》(*The Attentive Heart: Conversations with tree*, New York: Ballantine Books, 1993)。

卡扎,斯蒂芬妮:《与树交谈:通往基于生态学的灵性学》(“Conversation with Trees: Toward an Ecologically Grounded Spirituality”),载《修订》(*ReVision*) 15, Winter 1993,第 128—136 页。

Ketudat, S. 等:《为了泰国的未来坚守中道:与文化和环境和谐共处的技术》(*The Middle Path for the Future of Thailand: Technology in Harmony with Culture and Environment*, Honolulu: Institute of Culture and Communication, East-West Center; Chiang Mai: Faculty of the Social Sciences, Chiang Mai University, 1990)。

科洛奇,彼得(Khoroche, Peter)译:《佛陀曾转世为猴:阿亚·苏拉的本生鬘论》(*Once the Buddha Was a Monkey: Arya Sura's Jatakamala*, Chicago: University of Chicago Press, 1989)。

科米托,戴维(Komito, David):《中观、密教与“绿色佛教”》(Mādhyamika, Tantra, and 'Green Buddhism'),载《太平洋世界》(*Pacific World*) 8,1992。

克拉夫特,肯尼思(Kraft, Kenneth):《佛教实践的绿色层面》,载《禅修季刊》(*Zen Quarterly*) 5, no. 4 (Winter 1994),第 11—14 页。再版于罗杰·S. 戈特利伯编:《神圣的地球:宗教、自然与环境》,第 484—498 页。

克劳斯,詹姆斯·W.(Kraus, James W.):《加里·斯奈德的生命诗学观:对其作为生态学者型诗人的研究》"Gary Snyder's Biopoetics: A Study of the Poet as Ecologist", Ph. D. diss., Uiniversity of Hawaii, 1986。

拉斐尔,威廉·R.(LaFleur, William R.):《西行与自然的佛教价值》, Parts 1 and 2, 载《宗教史》(*History of Reliqions*) 13, no. 2 (November 1973),第93—127页;no. 3 (February 1974),第227—247页。再版于J.贝尔德·克利考特与安乐哲编:《亚洲传统思想中的自然观:环境哲学论文集》,第183—209页。

拉斐尔,威廉·R.:《为了植物与树木觉—萨埵》("Sattva—Enlightenment for Plants and Trees"),载阿伦·亨特·巴德纳编:《达摩盖娅:佛教与生态论文集》,第136—144页。

Lakanaricharan, Sureerat:《泰国北部资源冲突与保护的现状与佛教哲学》("The State and Buddhist Philosophy in Resource Conflicts and Conservation in Northern Thailand", Ph. D. diss., University of California, Berkeley, 1995)。

兰福德,唐纳德·斯图尔特(Langford, Donald Stewart):《加里·斯奈德生态视野之中的处所首位观》("The Primacy of Place in Gary Snyder's Ecological Vision", Ph. D. diss., Ohio State University, 1993)。

拉森,杰拉尔德·詹姆斯(Larson, Gerald James):《南亚关于"环境伦理"的"概念资源"》("Conceptual Resources' in South Asia for 'Environmental Ethics'"),载J.贝尔德·克利考特与安乐哲编:《亚洲传统思想中的自然观:环境哲学论文集》,第267—277页。

莱斯科,菲利普·A.(Lesco, Phillip A.):《不要伤害:关于在研究中使用动物的佛教看法》("To Do No Harm: A Buddhist View on Animal Use in Research"),载《宗教与健康期刊》(*Journal of Religion and Health*) 27, Winter 1988,第307—312页。

莱维特,彼得(Levitt, Peter):《一种亲密观》("An Intimate View"),载阿伦·亨特·巴德纳编:《达摩盖娅:佛教与生态论文集》,第93—96页。

莱维特,彼得(Levitt, Peter):《为了树木》("For the Trees"),载《十

方》,Spring-Summer 1993,第 34—35 页;再版于《法轮常转》,Spring 1994,第 25—26 页。

林,T. O. (Ling, T. O. ):《人口增长与控制之中的佛教因素:泰国与锡兰的一次调查研究》("Buddhist Factors in Population Growth and Control: A Survey Conducted in Thailand and Ceylon"),载《人口研究》(*Population Studies*) 23, no. 1 (March 1969),第 53—60 页。

罗曼,拉里(Lohmann, Larry):《谁在保护生物多样性?泰国的保护策略与状态》("Who Defends Biological Diversity? Conservation Strategies and the Case of Thailand"),V. 西娃·槟榔(Vandana Shiva. Penang)编:《生物多样性:社会与生态视野》(*Biodiversity: Social and Ecological Perspectives*, World Rainforest Movement; London and Atlantic Highlands, N. J. : Zed Books, 1991)。

罗曼,拉里:《东方的绿色习俗》("Green Orientalism"),载《生态学家》(*Ecologist*) 23, no. 6 (1993),第 202—204 页。

罗曼,拉里:《下院的访客:以一种西方的起点观接近泰国的环境战斗》("Visitors to the Commons: Approaching Thailand's 'Environmental' Struggles from a Western Starting Point"),载布朗·雷蒙德·泰勒(Bron Raymond Taylor)编:《生态抵抗运动:全球浮显出激进与大众化的环保运动》(*Ecological Resistance Movements: The Global Emergence of Radical and Popular Environmentalism*, Albany: State University of New York Press, 1995),第 109—126 页。

卢里,约翰·戴多(Loori, John Daido):《天赋的地球》("Born As the Earth"),载《大山实录》(*Mountain Record*), Winter 1991,第 2—10 页。

卢里,约翰·戴多:《天赋的地球:摘自与约翰·戴多·卢里战斗的饱满之法》("Being Born As the Earth: Excerpts from a Spirited Dharma Combat with John Daido Loori"),载《大山实录》,Winter 1992,第 14—18 页。

卢里,约翰·戴多:《旷野之神圣义:关于山河之活曼荼罗法语》("The Sacred Teachings of Wilderness: A Dharma Discourse on the Living Mandala of Mountains and Rivers"),载《大山实录》,Winter 1992,第 2—9 页。

卢里,约翰·戴多:《河瞧着河》(“River Seeing the River”),载《大山实录》,Spring 1996,第 2—10 页。

梅西,乔安娜(Macy, Joanna):《核时代的绝望感与个人力》(*Despair and Personal Power in the Nuclear Age*, Philadelphia: New Society Publishers, 1983)。

梅西,乔安娜著,韦斯特·哈特福德(West Hartford)修编:《佛法与发展:作为萨尔乌达耶自助社会运动的宗教》(*Dharma and Development: Religion as Resource in the Sarvodaya Self-Help Movement*, Conn.: Kumarian Press, 1985)。

梅西,乔安娜:《核时代的缘起法:斯蒂芬·博德里安与乔安娜·梅西的会谈》(“Interdependence in the Nuclear Age: An Interview with Joanna Macy by Stephan Bodian”),载《悲心》(*Karuna*), Fall 1985,第 8—9 页。

梅西,乔安娜:《因陀罗网》(“In Indra's Net”),载弗雷德·埃普斯坦纳编:《慈悲之路:关于入世佛教的文章》,第 170—181 页。

梅西,乔安娜:《神圣的弃物》(“Sacred Waste”),载《佛教和平友谊会时事通讯》10, no. 3—4 (Fall 1988),第 22—23 页。

梅西,乔安娜:《使人类能够走出绝望:乔安娜·梅西关于自我绿化的一次谈话》(“Empowerment beyond Despair: A Talk by Joanna Macy on the Greening of the Self”),载《金刚界太阳》11, no. 4 (April-May 1989),第 1、3、14 页。

梅西,乔安娜:《深层生态学与精神修炼》(“Deep Ecology and Spiritual Practice”),载《一个地球》(*One Earth*), Autumn 1989,第 18—21 页。

梅西,乔安娜:《盖娅之护卫者》(“Guardians of Gaia”),载《瑜伽期刊》(*Yoga Journal*), November-December 1989,第 53—55 页。

梅西,乔安娜:《生态自我:权利运动的后现代基础》(“The Ecological self: Postmodern Ground for Right Action”),载戴维·雷·格里芬编:《神圣的关联:后现代精神、政治性的经济以及艺术》(*Sacred Interconnections: Postmodern Spirituality, Political Econamy and Art*),第 35—48 页。

梅西,乔安娜:《自我的绿化》(“The Greening of the Self”),载阿伦·亨特·巴德纳编:《达摩盖娅:佛教与生态论文集》,第 53—63 页。

梅西，乔安娜：《把世界当成爱人，当成自己》(*World as Lover, World as Self*, Berkeley: Parallax Press, 1991)。

梅西，乔安娜：《训练我们的心念》("Schooling Our Intention")，载《三轮》3, no. 2 (Winter 1993)，第48—51页。

前角，泰山(Maezumi, Taizan)：《佛陀种子自觉成长：论杀戒》("The Buddha Seed Grows Consciously: The Precept of Non-killing")，载《十方》，Spring 1985，第1、4页。

前角，泰山：《水之半浸》("A Half Dipper of Water")，载《十方》，Spring-Summer 1990，第11—12页。

麦克莱伦，约翰(McClellan, John)：《非二元生态》("Nondual Ecology")，载《三轮》3, no. 2 (Winter 1993)，第58—65页。

麦克丹尼尔，杰伊·B.(McDaniel, Jay B.)：《修正神与自我概念：来自佛教的功课》("Revisioning God and the Self: Lessons from Buddhism")，载查尔斯·伯奇、威廉·埃金(William Eakin)与杰伊·B.麦克丹尼尔(Jay B. McDaniel)编：《生命的解脱：生态神学的当代径路》(*Liberating Life: Contemporary Approaches to Ecological Theology*, Maryknoll, N. Y.: Orbis Books, 1990)，第228—257页。

麦克德莫特，詹姆斯·P.(McDermott, James P.)：《早期佛教中的动物与人》("Animals and Humans in Early Buddhism")，载《印度伊朗学报》(*Indo-Iranian Journal*) 32, no. 2 (1989)，第269—280页。

梅茨格尔，迪纳(Metzger, Deena)：《众兽之佛》("The Buddha of the Beasts")，载《创造》(*Creation*), May-June 1989，第25页。

梅茨格尔，迪纳：《四禅修》("Four Meditations")，载阿伦·亨特·巴德纳编：《达摩盖娅：佛教与生态论文集》，第209—212页。

明尼恩伯格，马克·桑多(Mininberg, Mark Sando)：《与环境共坐》("Sitting with the Environment")，载《大山实录》，Winter 1993，第44—47页。

宫川，秋良(Miyakawa, Akira)：《是人与自然还是人在自然之中?》("Man and Nature or in Nature")，载《法界》(*Dharma World*) 21, March-April 1994，第47—49页。

奈斯，阿恩（Naess，Arne）：《与阿恩·奈斯交谈》（"Interview with Arne Naess"），载比尔·德韦尔和乔治·塞申斯编：《深层生态学：仿佛与自然相关的生活》，第74—76页。

奈斯，阿恩：《自我实现：对于存在于世的一种生态径路》（"Self-Realization：An Ecological Approach to Being in the World"），载约翰·锡德、乔安娜·梅西与阿恩·奈斯编：《像山一样思考：通往所有存在的联合》（*Thinking Like a Mountain：Towards a Council of All Beings*，Philadelphia：New Society Publishers，1988），第19—30页。

奈斯，阿恩：《山脉与神话》（"Mountains and Mythology"），载约翰·艾纳森编：《亚洲圣山》（*The Sacred Mountains of Asia*，Boston：Shambhala Press，1995），第89页。

龙智（Nagabodhi）：《佛教与素食主义》（"Buddhism and Vegetarianism"），载《金色之鼓：西方佛教徒杂志》，August-October 1989，第3页。

龙智：《佛教与环境》（"Buddhism and the Environment"），载《金色之鼓：西方佛教徒杂志》，February-April 1990，第3页。

纳什，南希（Nash，Nancy）：《自然工程的佛教理解》（"The Buddhist Perception of Nature Project"），载尚恩·戴维斯编：《生命之树：佛教与保护自然》（Hong Kong），第31—33页。

纳塔德查-施蓬泽尔，波拉妮（Natadecha-Sponsel，Poranee）：《佛教信仰与作为自然理解之会聚的科学生态学》（"Buddhist Religion and Scientific Ecology as Convergent Perceptions of Nature"），载黛安娜·M.德卢卡（Diana M. DeLuca）编：《感知自然评论集》（*Essays on Perceiving Nature*，Honolulu：Perceiving Nature Conference Committee，1988），第113—118页。

纳塔德查-施蓬泽尔，波拉妮：《泰国的自然与文化：通过行为社会学实施文化生态和环境教育》（"Nature and Culture in Thailand：The Implementation of Cultural Ecology and Environmental Education through the Application of Behavioral Sociology" Ph. D. diss.，University of Hawaii. 1991）。

纽伯里，罗克西·基恩（Newbury，Roxy Keien）:《绿色容器:照管垃圾》（"The Green Container：Taking Care of the Garbage"），载《大山实录》，Winter 1991，第 51—53 页。

一行禅师（Nhat Hanh，Thich）:《活得安详》（*Being Peace*，Berkeley：Parallax Press，1987）。

一行禅师:《互即互入:注解 Tiep Hien 戒律》（*Interbeing：Commentaries on the Tiep Hien Precepts*，Berkeley：Parallax Press，1987）。

一行禅师:《个体、社会与自然》（"The Individual，Society，and Nature"），载弗雷德·埃普斯坦纳编:《慈悲之路:关于入世佛教的文章》，第 40—46 页。

一行禅师:《最后一棵树》（"The Last Tree"），载阿伦·亨特·巴德纳编:《达摩盖娅:佛教与生态论文集》，第 217—221 页。

一行禅师:《以慈眼观万物》（"Seeing All Beings with the Eyes of Compassion"），载《悲心:佛教禅修期刊》（*Karuna：A Journal of Buddhist Meditation*），Summer-Fall 1990，第 6—10 页。

一行禅师著，阿诺德·卡特勒（Arnold Kotler）编:《步步安详:在日常生活之中持修正念》（*Peace Is Every Step：The Path of Mindfulness in Everyday Life*，New York：Bantam Books，1991）。

一行禅师:《深入观察与微笑面对:一位越南僧人的思想与体验》（"Look Deep and Smile：The Thoughts and Experiences of a Vietnamese Monk"），载马丁·巴彻勒与克里·布朗编:《佛教与生态》（London and New York：Cassell，1992），第 100—109 页。

一行禅师:《行动之中的爱:非暴力社会变革文集》（*Love in Action：Writings on Nonviolent Social Change*，Berkeley：Parallax Press，1993）。

一行禅师等:《为了一个可能实现的未来:五大戒律之注》（*For a Future to Be Possible：Commentaries on the Five Wonderful Precepts*，Berkeley：Parallax Press，1993）。

一行禅师等:《喜乐之道:社会变型与和平》（*A Joyful Path：Community Transformation and Peace*，Berkeley：Parallax Press，1994）。

诺兰，凯西·F.（Nolan，Kathy Fusho）:《大地》（"The Great Earth"），

载《大山实录》,Spring 1996,第70—72页。

诺伯格-霍奇,海伦娜(Norberg-Hodge, Helena):《悠久的未来:向拉达克学习》(*Ancient Futures: Learning from Ladakh*, San Francisco: Sierra Club Books, 1991)。

诺伯格-霍奇,海伦娜:《一颗种子可以长出一百种植物吗:拉达克的生态传统直面未来》("May a Hundred Plants Grow from One Seed: The Ecological Tradition of Ladakh Meets the Future"),载马丁·巴彻勒与克里·布朗编:《佛教与生态》,第41—54页。

奥菲尔斯,威廉(Ophuls, William):《佛教政纲》("Buddhist Politics"),载《生态学家》(*Ecologist*) 7, no. 3 (1977),第82—86页。

波林,克里斯(Pauling, Chris):《佛教徒的生活就是绿色生活》("A Buddhist Life Is a Green Life"),载《金色之鼓:西方佛教徒杂志》,February-April 1990,第5—7页。

Payutto, Prayudh:《佛教经济:一种市场中道》(*Buddhist Economics: A Middle Way for the Marketplace*, Bangkok: Buddhadhamma Foundation, 1994)。

裴,盛基(Pei, Shengji):《为了保护生物多样性而管理寺院和圣山:中国西南部西双版纳傣族人地区的惯常做法》("Managing for Biological Diversity in Temple Yards and Holy Hills: The Traditional Practices of the Xishuangbanna Dai Community, Southwestern China"),载劳伦斯·S.汉密尔顿与海伦·F.竹内(Helen F. Takeuchi)编:《伦理、宗教和生物多样性:保护和文化价值之间的关系》(*Ethics, Religion, and Biodiversity: Relations Between Conservation and Cultural* (*Values*, Cambridge: White Horse Press, 1993), Cambridge: White Horse Press 1993,第118—112页。

皮特,马丁(Pitt, Martin):《卵石与潮水》("The Pebble and the Tide"),载阿伦·亨特·巴德纳编:《达摩盖娅:佛教与生态论文集》,第102—105页。

佩尔,雅各布(Perl, Jacob):《心灵生态》("Ecology of Mind"),载《原点》7, no. 2 (Summer 1990),第4—6页。

Pongsak，Ajahn：《曾经的鱼米之乡：唤醒泰国逝去的和谐生态》（"In the Water There Were Fish and the Fields Were Full of Rice：Reawakening the Lost Harmony of Thailand"），载马丁·巴彻勒和克里·布朗编：《佛教与生态》，第 87—99 页。

兰德哈瓦，M. S.（Randhawa，M. S.）：《佛教与印度教经典中关于树木与树木崇拜的仪式》（*The Cult of Trees and Tree Worship in Buddhist and Hindu Scripture*，New Delhi：All-Indian Arts and Crafts Society，1964）。

雷，博尼·德尔（Raye，Bonnie del）：《关心动物的佛教徒》（"Buddhists Concerned for Animals"），载桑德·鲍彻（Sandy Boucher）编：《转法轮：美国女性缔造新佛教》（*Turning the Wheel：American Women Creating the New Buddhism*，San Francisco：Harper and Row，1988），第 289—294 页。

里德，克里斯托弗（Reed，Christopher）：《落于地球》（"Down to Earth"），载阿伦·亨特·巴德纳编：《达摩盖娅：佛教与生态论文集》，第 233—235 页。

理想构成会（Rissho Kosei-kai）：《蕴涵在提交与联合国环境与发展大会筹备委员会的"地球宪章"之中的佛教观》（*A Buddhist View for Inclusion in the Proposed "Earth Charter" Presented to the Preparatory Committee of the United Nations Conference on Environment and Development*（*UNCED*），*December 15*，*1991*，Obtainable from 2-11-1 Wada，Suginami-ku，Tokyo 166，Japan）。

罗伯茨，伊丽莎白（Roberts，Elizabeth）：《盖娅佛教》（"Gaian Buddhism"），载阿伦·亨特·巴德纳编：《达摩盖娅：佛教与生态论文集》，第 147—154 页。

罗伯茨，伊丽莎白编：《地球祷文》（*Earth Prayers*，San Francisco：Harper Collins，1991）。

鲁滨逊，彼得（Robinson，Peter）：《一些佛教与生态伦理学思想》（"Some Thoughts on Buddhism and the Ethics of Ecology"），载《新墨西哥—西得克萨斯哲学会会议录》（*Proceedings of the New Mexico-West Texas Philosophical Society*）7（1972），第 71—78 页。

罗尔斯顿,霍姆斯(Rolston, Holmes):《尊重生命:禅宗能有助于形成一种环境伦理吗》("Respect for Life: Can Zen Buddhism Help in Forming an Environmental Ethic"),载《今日禅宗》(*Zen Buddhism Today*) 7, September 1989,第11—30页。

拉德洛,安妮(Rudloe, Anne):《松林说法:为环境战斗带去喜乐与慈悲》("Pine Forest Teachings: Bringing Joy and Compassion to the Environmental Wars"),载《原点》7, no. 2 (Summer 1990),第14—15页。

鲁埃格,D. 西福特(Ruegg, D. Seyfort):《佛教史中的不杀生与吃素》("Ahimsā and Vegetarianism in the History of Buddhism"),载 Somaratna Balasooriya 等编:《纪念沃波拉·罗睺罗佛学研究》(*Buddhist Studies in Honour of Walpola Rahula*, London: Gordon Fraser; Sri Lanka: Vinamsa, 1980),第234—241页。

海意(Sagaramati):《佛教徒吃肉吗?》("Do Buddhists Eat Meat?"),载《金色之鼓:西方佛教徒杂志》,August-October 1989,第6—7页。

萨迦天津(Sakya Trizin):《论与动物为友和保护动物的佛教观》(*A Buddhist View on Befriending and Defending Animals*, Portland: Orgyan Chogye Chonzo Ling, 1989)。

桑德尔,克拉斯(Sandell, Klas)编:《生态危机的佛教视野》(Buddhist Perspectives on the Ecocrisis, SirLanka: Buddhist Publication Society, 1987)。

桑德尔,克拉斯:《作为生态发展之灵感的佛教哲学》("Buddhist Philosophy as Inspiration to Ecodevelopment"),载桑德尔,克拉斯编:《生态危机的佛教视野》,第30—37页。

佐佐木,赵州(Sasaki, Joshu):《谁污染了世界》("Who Pollutes the World"),载《零:当代佛教徒的生活与思想》(*Zero: Contemporary Buddhist Life and Thought*, Los Angeles: Zero Press, 1979), vol. 2,第151—157页。

谢林,安德鲁(Schelling, Andrew):《佛本生经心要:从古印度到地球最早时期激进分子所实践的物种间之慈悲》("Jataka Mind: Cross-Species Compassion from Ancient India to Earth First! Activists"),载《三轮》1, no.

1 (Fall 1991),第10—19页。

斯密特豪森,兰伯特(Schmithausen, Lambert):《佛教与自然:1990年展示会讲演扩充》(*Buddhism and Nature: The Lecture Delivered on the Occasion of the EXPO 1990 [An Enlarged Version with Notes]*, Tokyo: International Institute for Buddhist Studies, 1991),含注释。

斯密特豪森,兰伯特:《早期佛教中视为有情众生之植物》(*Plants as Sentient Beings in Earliest Buddhism*, Faculty of Asian Studies, Australian National University, 1991)。

斯密特豪森,兰伯特:《早期佛教中植物的感知觉问题》(*The Problem of the Sentience of Plants in Earliest Buddhism*, Tokyo: International Institute for Buddhist Studies, 1991)。

斯密特豪森,兰伯特:《早期佛教传统与生态伦理学》("The Early Buddhist Tradition and Ecological Ethics"),载《佛教伦理学期刊》4(1997),第1—42页。

Schneider, David Tensho:《拯救地球的愈合资源》("Saving the Earth's Healing Resources"),载《瑜伽期刊》,July-August 1992,第57—63页。

舒马赫,E. F. (Schumacher, E. F.):《佛教经济学》("Buddhist Economics"),载赫尔曼·E. 戴利(Herman E. Daly)与肯尼思·N. 汤森德(Kenneth N. Townsend)编:《珍爱地球:经济学、生态学与伦理学》(*Valuing the Earth: Economics, Ecology, Ethics*, Cambridge, Mass.: MIT Press, 1993),第173—181页。

塞德,约翰(Seed, John):《生态雨林中人:与斯蒂芬·博德里安的一次访谈》("Rainforest Man: An Interview by Stephen Bodian"),载《瑜伽期刊》,November-December 1989,第48—51、106—108页。

塞德,约翰:《唤醒无生命者》("Wake the Dead"),载阿伦·亨特·巴德纳编:《达摩盖娅:佛教与生态论文集》,第222—226页。

塞德,约翰:《如同老师的生态雨林:与约翰·塞德的一次访谈录》("The Rainforest as Teacher: An Interview with John Seed"),载《觉心》8, no. 2 (Spring 1992),第1、6—7页。

塞德,约翰、乔安娜·梅西与阿恩·奈斯编:《像山一样思考:通往所有存在的联合》(*Thinking Like a Mountain*: *Towards a Council of All Beings*, Philadelphia: New Society Publishers, 1988)。

森吉米尔,简(Sendzimir, Jan):《卫星眼与化学鼻》(“Satellite Eyes and Chemical Noses”),载《原点》7, no. 2 (Summer 1990),第15、16、18页。

崇山(Seung Sahn):《不仅是一个人类世界》(“Not Just a Human World”),载《原点》7, no. 2 (Summer 1990),第3—4页。

沙纳,戴维·爱德华(Shaner, David Edward):《自然的日本式体验》(“The Japanese Experience of Nature”),载J.贝尔德·克利考特和安乐哲编:《亚洲传统思想中的自然观:环境哲学论文集》,第162—182页。

沙纳,戴维·爱德华:《保护伦理学与日本人智力传统》(“The Conservation Ethics and the Japanese Intellectual Tradition”),载《保护伦理学》11, Fall 1989,第197—214页。

肖,米兰达(Shaw, Miranda):《道元哲学及其诗歌之中的自然》(“Nature in Dōgen's Philosophy and Poetry”),载《国际佛教研究协会期刊》(*Journal of the International Association of Buddhist Studies*) 8, no. 2 (1985),第111—132页。

谢泼德,菲利普·T.(Shepard, Philip T.):《在没有拒绝其他人的前提之下连通环境》(“Turning On to the Environment without Turning Off Other People”),载《十字路口之佛教》6, no. 4 (Fall 1990),第18—21页。

清水义明(Shimizu, Yoshiaki):《多重的纪念:伊藤若冲的〈蔬菜涅槃〉》(“Multiple Commemorations: The Vegetable Nehan of Itō Jakuchū”),载詹姆斯·H.桑福德(Jams H. Sanford)等编:《流动的痕迹:日本的文学与视觉艺术中的佛教》(*Flowing Traces*: *Buddhism in the Literary and Visual Arts of Japan*, Princeton: Princeton University Press 1992),第201—233页。

希夫利,唐纳德·H.(Shively, Donald H.):《无情之佛性:能剧主题之一》(“Buddhahood for the Nonsentient: A Theme in Nō Plays”),载《哈佛亚洲研究期刊》(*Harvard Journal of Asiatic Studies*) 20, no. 1—2 (June 1957),第135—161页。

西瓦拉科萨,苏雷克(Sivaraksa, Sulak):《泰国、印尼与菲律宾乡村地区的贫穷与发展》("Rural Poverty and Development in Thailand, Indonesia, and the Philippines"),载《生态学家》15, no. 5—6(1985),第266—268页。

西瓦拉科萨,苏雷克:《暹罗之复兴:泰国佛教关于亚洲及世界变化之声》(*Siamese Resurgence: A Thai Buddhist Voice on Asia and a World of Change*, Bangkok: Asian Cultural Forum on Development, 1985)。

西瓦拉科萨,苏雷克:《入世佛教》(*A Socially Engaged Buddhism*, Bangkok: Thai Inter-Religious Commission for Development, 1988)。

西瓦拉科萨,苏雷克:《理想社会的佛教理解》("A Buddhist Perception of a Desirable Society"),载J.罗纳德·恩格尔(J. Ronald Engel)和琼·吉布·恩格尔(Joan Gibb Engel)编:《环境与发展伦理学:全球的挑战与国际的回应》(*Ethics of Environment and Development: Global Challenge, International Response*, Tucson: University of Arizona Press, 1990),第213—221页。

西瓦拉科萨,苏雷克:《真正的发展》("True Development"),载阿伦·亨特·巴德纳编:《达摩盖娅:佛教与生态论文集》,第169—177页。

西瓦拉科萨,苏雷克:《借经济社会发展与生态平衡构建信任》("Building Trust through Economic and Social Development and Ecological Balance: A Buddhist Perspective"),载《极端保守主义:当今世界之佛教:纪念佛使比丘诞辰84周年论文集》,第179—198页。

西瓦拉科萨,苏雷克:《和平的种子》(*Seeds of Peace*, Berkeley: Parallax Press, 1992)。

西瓦拉科萨,苏雷克:《社会如何能够遵守戒律》("How Societies Can Practice the Precepts"),载一行禅师编:《为了一个可能实现的未来:五大戒律之注》(*For a Future to Be Possible: Commentaries on the Five Wonderful Precepts*, Berkeley Parallax Press, 1993),第110—114页。

史可林姆斯基,亨利克(Skolimowski, Henryk):《生态哲学:设计生活的新技巧》(*Eco-Philosophy: Designing New Tactics for Living*, Salem, N. H.: Marion Boyars, 1981)。

史可林姆斯基,亨利克:《生态哲学与佛教:个人之旅》("Eco

Philosophy and Buddhism: A Personal Journey"),载《十字路口之佛教》6, no. 4 (Fall 1990),第26—29页。

史可林姆斯基,亨利克:《一个可居的圣地:生活在对地球的敬畏之中》(*A Sacred Place to Dwell: Living with Reverence upon the Earth*, Rockport, Mass: Element, 1993)。

斯奈德,加里(Snyder, Gary):《地球之家:追随佛法革新的技术可能与质疑》(*Earth House Hold: Technical Notes and Queries to Fellow Dharma Revolutionaries*, New York: New Directions Press, 1957)。

斯奈德,加里:《龟岛》(*Turtle Island*)。

斯奈德,加里:《碎石与寒山诗》(*Riprap and Cold Mountain Poems*, 1976)。

斯奈德,加里:《无尽山河之六部分》(*Six Sections from Mountains and Rivers without End*, San Francisco: Four Seasons Foundation, 1976)。

斯奈德,加里:《真正的工作:1964—1979年访谈录》(*The Real Work: Interview and Talks, 1964—1979*, New York: New Directions, 1980)。

斯奈德,加里:《佛教与行星际文化的可能》("Buddhism and the Possibilities of a Planetary Culture"),载比尔·德韦尔和乔治·塞申斯编:《深层生态学:仿佛与自然相关的生活》,第251—253页;再版于弗雷德·埃普斯坦纳编:《慈悲之路:关于入世佛教的文章》,第82—85页。

斯奈德,加里:《自由之仪》("The Etiquette of Freedom"),载《塞拉》(*Sierra*), September-October 1989,第75—77、113—116页。

斯奈德,加里:《野生界之实践》(*The Practice of the Wild*, San Francisco: North Point Press, 1990)。

斯奈德,加里:《自然不再:新诗选》(*No Nature: New and Selected Poems*, New York and San Franclso: Pantheon Books, 1992)。

斯奈德,加里:《人类自己的因陀罗网》("Indra's Net As Our Own"),载一行禅师编:《为了一个可能实现的未来:五大戒律之注》,第127—135页。

斯奈德,加里:《一切生命之地球村:生态、处所与慈悲的觉醒》("A Village Council of All Beings: Ecology, Place, and Awakening of

Compassion"),载《法轮常转》,Spring 1994,第 12—15 页。

斯奈德,加里:《告诫幼虎:冷战结束与自然之末》("Exhortations for Baby Tigers: The End of the Cold War and the End of Nature"),载《香巴拉太阳》4, no. 2 (November 1995),第 31—33 页;再版于《宇宙中的某处:其伦理学、美学与分水岭意义》(*A Place in Space: Ethics, Aesthetics, and Watershed*, Washington, D. C: Counterpoint, 1995)。

斯奈德,加里:《宇宙中的某处:其伦理学、美学与分水岭意义》。

斯奈德,加里:《漫步在钻石宫径之上的大脊峰》("Walking the Great Ridge Omine on the Diamond-Womb Trail"),载约翰·艾纳森编:《亚洲圣山》,第 71—77 页。

斯奈德,加里:《因陀罗网与细胞之网》("Nets of Beads, Webs of Cells"),载《大山实录》14, no. 3 (Spring 1996),第 50—54 页。

Sōtōshū Shūmuchō:《国际研讨会:地球与禅宗的未来》(*International Symposium: The Future of the Earth and Zen Buddhism*, Tokyo: Sōtōshū Shūmuchō, 1991)。

斯朋伯格,艾伦(Sponberg, Alan):《评阿伦·亨特·巴德纳编〈达摩盖娅:佛教与生态论文集〉》("Review of Dharma Gaia: A Harvest of Essays in Buddhism and Ecology, edited by Allan Hunt Bodiner"),载《环境伦理学》14, Fall 1992,第 279—282 页。

斯朋伯格,艾伦:《绿色佛教与慈悲式等级形式》("Green Buddhism and the Hierarchy of Compassion"),载《西方佛教评论》(*Western Buddhist Review*) 1, December 1994,第 131—155 页。

施蓬泽尔,莱斯利·E. (Sponsel, Leslie E.):《文化生态和环境教育》("Cultural Ecology and Environmental Education"),载《环境教育期刊》19, no. 1 (1987)第 31—42 页。

施蓬泽尔,莱斯利·E 和波拉妮·纳塔德查-施蓬泽尔:《泰国的佛教、生态与森林:过去、现在与未来》("Buddhism, Ecology, and Forests in Thailand: Past, Present, and Future"),载约翰·达加维尔(John Dargavel)、凯·迪克森和诺埃尔·森普尔编:《正在变化的热带森林:以历史的眼光来看待亚洲、澳大拉西亚和大洋洲目前的挑战:1988 年 5 月

16—18 日堪培拉专题研讨会》(*Changing Tropical Forests Historical Perspectives on Today's Challenges in Asia, Australasia and Oceania: Workshop Meeting, Canberra, 16—18 May 1988*, Canberra: Australian National University Centre for Resource and Environmental Studies, 1988),第 305—325 页。

施蓬泽尔,莱斯利·E 和波拉妮·纳塔德查-施蓬泽尔:《非暴力生态学:佛教的种种可能》("Nonviolent Ecology: The Possibilities of Buddhism"),载格伦·D. 佩奇(Glenn D. Paige)和萨拉·吉列特(Sarah Gilliatt)编:《佛教与全球问题的非暴力解决》(*Buddhism and Nonviolent Global Problem-Solving*, Honolulu: Center for Global Nonviolence Planning Project, Spark M. Matsunaga Institute for Peace, University of Hawaii, 1991),第 139—150 页。

施蓬泽尔,莱斯利·E. 和波拉妮·纳塔德查-施蓬泽尔:《佛教与保护生物多样性环境伦理学发展的相关性》("The Relevance of Buddhism for the Development of an Environmental Ethic for the Conservation of Biodiversity"),载劳伦斯·S. 汉密尔顿(Lawrence S. Hamilton)与海伦·F. 竹内编:《伦理、宗教和生物多样性:保护和文化价值之间的关系》(*Ethics, Religion, and Biodiversity: Relations between Conservation and Cultural Values*),第 75—97 页。

施蓬泽尔,莱斯利·E. 和波拉妮·纳塔德查-施蓬泽尔:《佛教在泰国创建更加可持续发展社会的作用》,载乔纳森·里格编:《代价测算:泰国的经济增长与环境变化》(*Counting the Costs: Economic Growth and Enviromental Change in Thailand*),第 27—46 页。

斯普瑞特奈克,夏琳(Spretnak, Charlene):《绿色政治的灵性维度》(*The Spiritual Dimension of Green Politics*, Santa Fe, N. M.: Bear and Co., 1986)。

斯普瑞特奈克,夏琳:《区域之法》("Dhamma at the Precinct Level"),载弗雷德·埃普斯坦纳编:《慈悲之路:关于入世佛教的文章》,第 199—202 页。

斯普瑞特奈克,夏琳:《绿色政治及之上》("Green Politics and

Beyond”)，载桑德·鲍彻编：《转法轮：美国女性缔造新佛教》(*Turning the Wheel: American Women Creating the New Buddhism*)，第284—288页。

斯普瑞特奈克，夏琳：《优雅之邦：后现代意义之恢复》(*States of Grace: The Recovery of Meaning in the Postmodern Age*, San Francisco: Harper San Francisco, 1991)。

斯通，戴维(Stone, David)：《我们该如何生活？纳洛帕学院深层生态学周》(“How Shall We Live? Deep Ecology Week at the Naropa Institute”)，载《金刚界太阳》，August-September 1990，第13—14页。

斯托里，弗朗西斯(Story, Francis)：《动物在佛教之中的地位》(*The Place of Animals in Buddhism*, Kandy, Sri Lanka: Bodhi Leaves, Buddhist Publication Society, 1964)。

棚桥一晃(Tanahashi Kazuaki)：《垃圾优先》(“Garbage First”)，载《法轮常转》，Winter 1994，第39页。

泰勒，J. L.(Taylor, J. L.)：《森林僧侣与单一民族国家：泰国东北部的人类学和历史学研究》(*Forest Monks and the Nation — State: An Anthropological and Historical Study in Northeastern Thailand*, Singapore: Institute of Sou-Cheast Asian Studies, 1993)。

泰勒，J. L.：《泰国边境的社会激进主义与抵制运动：普拉甲·库塔吉多之案例分析》(“Social Activism and Resistance on the Thai Frontier: The Case of Phra Parajak Khuttajittö”)，载《亚洲相关学者公告牌》(*Bulletin of Concerned Asian Scholars*) 25, no. 2 (1993)，第3—16页。

汤普森，詹姆斯·双信(Thompson, James Soshin)：《互即之心》(“The Mind of Interbeing”)，载《十方》，Spring-Summer 1990，第16—17页。

汤普森，詹姆斯·双信：《归回资源：极端信赖环保论者》(“Returning to the Source: Radical Confidence for Environmentalists”)，载《十方》，Spring-Summer 1993，第31—33页。

汤普森，詹姆斯·双信：《极端的信心：生态激进主义迷失了什么》(“Radical Confidence: What is Missing from Eco-Activism”)，载《三轮》3, no. 2 (Winter 1993)，第40—45页。

瑟曼，罗伯特(Thurman, Robert)：《佛教的自然观：母父之和谐主题的演变》(“Buddhist Views of Nature: Variations on the Theme of Mother-Father Harmony”),载勒罗伊·S. 郎纳(Leroy S. Rouner)编:《论自然》(*On Nature*, Notre Dame, Ind., University of Notre Dame Press, 1984),第96—112页。

蒂默曼,彼得(Timmerman, Peter):《外面一团黑:从涅槃到全球危机的西方佛教》(“It Is Dark Outside: Western Buddhism from the Enlightenment to the Global Crisis”),载马丁·巴彻勒和克里·布朗编:《佛教与生态》,第65—77页。

蒂特马斯,克里斯托弗(Titmuss, Christopher):《缘起》(“Interactivity”),载弗雷德·埃普斯坦纳编:《慈悲之路:关于入世佛教的文章》,第182—189页。

蒂特马斯,克里斯托弗:《论绿色教义》(“On the Green Credo”),载《三轮》3, no. 2 (Winter 1993),第55—57页。

蒂特马斯,克里斯托弗:《绿色佛陀》(*The Green Buddha*, Devon, U. K.: Insights Books, 1995)。

霍韬晦(Tou-hui, Fok):《绿色佛教趋向何方》(“Where Is the Green Movement Going”),载《达摩之光》(*The Light of Dharma*) 81, February 1989。

Treace, Bonnie Myotai:《家园:生于地球训练》(“Home: Born As the Earth Training”),载《大山实录》,Winter 1991,第36—41页。

维沙罗,怀森比丘(Visalo, Phra Phaisan):《森林寺庙及其与当代泰国社会的关联性》(“The Forest Monastery and Its Relevance to Modern Thai Society”),载《极端保守主义:当今世界之佛教:纪念佛使比丘诞辰84周年论文集》,第288—300页。

文彻里尼,里卡多(Venturini, Riccardo):《佛教之生态平衡观》(“A Buddhist View on Ecological Balance”),载《法界》17, March-April 1990,第19—23页。

沃利丝,尼克(Wallis, Nick):《佛教与环境》(“Buddhism and the Environment”),载《金色之鼓:西方佛教徒杂志》,August-October 1989,第4—5页。

Wasi，Prawase：《备选择的佛教农业》（“Alternative Buddhist Agriculture”），载《极端保守主义：当今世界之佛教：纪念佛使比丘诞辰84周年论文集》，第172—178页。

瓦斯科，亚瑟（Waskow，Arthur）：《什么是生态洁净的？》（“What is Eco-Kosher”），载一行禅师编：《为了一个可能实现的未来：五大戒律之注》，第115—121页。

渡边学（Watanabe，Manabu）：《西行诗之中的宗教象征主义：为讨论西行论自然与宗教而作》（“Religious Symbolism in Saigyō's Verses：Contribution to Discussions of His Views on Nature and Religion”），载《宗教史》26，no. 4（May 1987），第382—400页。

威廉斯，邓肯（Williams，Duncan）：《北美地区佛教与环境保护主义的界限》（“The Interface of Buddhism and Environmentalism in North American”，B. A. thesis，Reed College，1991）。

怀斯，尼娜（Wise，Nina）：《岩身树肢》（“Rock Body Tree Limb”），载阿伦·亨特·巴德纳编：《达摩盖娅：佛教与生态论文集》，第99—101页。

怀斯，尼娜：《如同至善中之圆满》（“Full，As in Good”），载《法轮常转》，Spring 1994，第26—27页。

国际野生动植物基金（World Wildlife Fund International）：《阿西西宣言：来自佛教、基督教、印度教、伊斯兰教与犹太教的人与自然的信息》（*The Assisi Declarations：Messages on Man and Nature from Buddhism，Christianity，Hinduism，Islam and Judaism*，Geneva：World Wildlife Fund International，1986）。

山冈，清源·H.（Yamaoka，Seigen H.）：《环境的佛教论》（*A Buddhist View of the Environment*，San Francisco：Buddhist Churches of America，1991）。

山内，杰弗里·斯科特（Yamauchi，Jeffrey Scott）：《美国禅宗的绿化：历史概览与具体运用》（*The Greening of American Zen：An Historical Overview and a Specific Application*，M. A. thesis，Prescott College，1996）。

横山，W. S.（Yokoyama，W. S.）：《绕山而行：日本生活方式观察报告》("Circling the Mountain: Observations on the Japanese Way of Life"),载马丁·巴彻勒和克里·布朗编:《佛教与生态》,第55—64页。

(何则阴　译)

## 作者简介

戴维·兰迪斯·巴恩希尔(David Landis Barnhill):获斯坦福大学哲学博士学位,主修宗教学,辅修日本文学。现为跨文化研究副教授,获北卡罗莱纳州吉尔福德大学(Guilford College)宗教研究系教授席位。他有一些关于日本诗人芭蕉的研究文章见刊,他也有关于日本宗教与文学的其他方面的文章问世。他也获美国宗教学会宗教与生态学研究学组教授席位。

克里斯托弗·基·查普尔(Christopher Key Chapple):神学教授,洛杉矶罗耀拉玛丽蒙特大学(Loyola Marymount University)亚太研究中心主任。著有《业力论与创世论》(*Karma and Creativity*, State University of New York Press, 1986)、《亚洲对待动物、地球与人的非暴力传统》(纽约州立大学出版社,1993),与人合译《瑜伽经》(*Yoga Sutras*, Sri Satguru Publications, 1990)。编有几本书,其中有《生态学前景展望:进行科学的、宗教的与美学的透视》(*Ecological Prospects: Scientific, Religious, and Aesthetic Perspectives*,纽约州立大学出版社,1994)。

马尔科姆·戴维·艾可(Malcolm David Eckel):波士顿大学艺术与科学学院宗教系宗教学副教授。著有《见佛:一位哲学家对空性的探索》;负责《哈珀科林斯宗教词典》(*The HarperCollins Dictionary of Religion*, Harper San Francisco, 1995)中的佛教编辑,该词典总编为乔纳森·Z.史密斯(Jonathan Z. Smith)。

丽塔·M.格罗斯(Rita M. Gross):威斯康星大学奥克莱尔分校研究比较宗教学教授。著有《父权制之后的佛教:女权史,分析与重建佛教》

(*Buddhism after Patriarchy: A Feminist History, Analysis, and Reconstruction of Buddhism*, State University of New York Press, 1993)和《女权运动与宗教导论》(*Feminism and Religion—An Introduction*, Beacon Press, 1996)。

鲁本·L. F. 哈比托(Ruben L. F. Habito):南卫理公会大学(Southern Methodist University)珀金斯神学院(Perkins School of Theology)世界宗教与灵性研究教授,得克萨斯州达拉斯市玛丽亚·凯诺恩禅修中心(Maria Kannon Zen Center)常住导师。1978—1989年期间,曾在东京索菲娅大学(Sophia University)任教。为三宝教团(Sanbō Kyōdan)禅脉山田·Koun禅师之法嗣。著有《治愈呼吸:以禅宗灵性应对受创之地球》与一些其他的日文与英文著作。

伊恩·哈里斯(Ian Harris):英格兰兰开夏圣马丁大学宗教研究高级讲师。著有《印度佛教中观派与瑜伽行派的连续性》一书,与S. 缪斯(S. Mews)、P. 莫里斯(P. Morris)、J. 谢泼德(J. Shepherd)合编《当代世界宗教手册》(*Contemporary Religions: A World Guide*, Longman, 1992)。曾就读于英国剑桥大学与兰开夏大学,获兰开夏大学佛教哲学博士学位,写了许多关于佛教与生态伦理方面的文章。英国佛教研究协会(the U. K. Buddhist Studies Association)的创建者之一,编有《英国宗教研究协会公告》(*Bulletin of the British Association for the Study of Religions*)。目前他的研究重点是20世纪佛教与政治。

保罗·O. 英格拉姆(Paul O. Ingram):太平洋路德教会大学(Pacific Lutheran University)宗教学教授,现为佛教—基督教研究协会(the Society for Buddhist-Christian Studies)会长。著有《现代佛教—基督教对话》(*The Modern Buddhist-Christian Dialogue*, E. Mellen Press, 1988),与弗雷德里克·J. 斯特伦(Frederick J. Streng)合编《佛教—基督教对话:关于相互转换的论文集》(*Buddhist-Christian Dialogue: Essays in Mutual Transformation*, University of Hawaii Press, 1986)。最新出版著作为《与牛格斗:宗教体验神学》(*Wrestling with the Ox: A Theology of Religious Experience*, Continuum Publications, 1997)。

斯蒂芬妮·卡扎(Stephanie Kaza):佛蒙特大学(the University of

Vermont)环境学研究副教授，教授宗教与生态、环境哲学与自然写作(nature writing)课程。她与绿峡谷禅修中心有密切联系，修习曹洞禅为时甚久。其著作《留心：与树交谈》(*The Attentive Heart: Conversations with Trees*, Fawcett Columbine, 1993)，是关于西海岸树木的禅修论文集。

肯尼思·克拉夫特(Kenneth Kraft)：现为里海大学(Lehigh University)宗教研究系主任。获普林斯顿大学东亚研究方向哲学博士学位。著有《有说服力的禅宗》，与人合编有《内心安宁与世界和平》和《禅：传统和变迁》。其关于入世佛教的论文，使人们对核废料的伦理与文化意义产生了兴趣。

刘易斯·兰卡斯特(Lewis Lancaster)：伯克利加利福尼亚大学东亚语言与佛教研究教授，现负责该校佛教研究博士项目组工作，新近著有《高丽佛教经典来源：寻找文本证据》(*The Sources for the Koryo Buddhist Canon: A Search for Textual Witnesses*)和《敦煌本赝品20世纪研究史》(*The History of the Study of Twentieth Century Forgeries of Dunhuang Manuscripts*)，编有《当代韩国宗教与社会》(*Religion and Society in Contemporary Korea*, Institute of East Asian Studies, University of California at Berkeley, 1997)。他积极活跃于计算机领域，组织电子佛典推进协议会(the Electronic Buddhist Text Initiative)的工作，该协议会在世界各国拥有四十多个成员团体，处理佛教与新科技方面的问题，一张梵语的佛教光盘正在制作之中。

约翰·戴多·卢里(John Daido Loori)：纽约州北部禅宗山中心常住导师和精神领袖。他已经完成严格的公案禅参究与道元大师禅甚深教义的正式训练。因为卢里方丈具有科学家、艺术家、博物学家、前辈与禅修僧人的身份，所以他以多种背景对西方学生传授佛教。著作包括：《禅宗八门》(*The Eight Gates of Zen*, Dharma Communications, 1992)，《两箭相遇半空中：禅宗公案》(*Two Arrows Meeting in Mid-Air: The Zen Koan*, Charles E. Tuttle, 1994)与《存在之心：佛教禅宗的道德与伦理教义》(*The Heart of Being: Moral and Ethical Teachings of Zen Buddhism*, Charles E. Turtle, 1996)。

波拉妮·纳塔德查-施蓬泽尔(Poranee Natadecha-Sponsel):俄亥俄州大学文学硕士,主修哲学,夏威夷大学教育学博士,教育基础方向;美国火奴鲁鲁市夏曼纳德大学(Chaminade University)兼职(adjunct)哲学教授,专业研究院院长,主管学术工作,教授哲学、宗教和性别学课程。她现在在夏威夷大学教授女性研究项目课程,之前曾多年在曼谷农业大学宗教与哲学系教学。她与莱斯利·E. 施蓬泽尔合作进行田野调查,因之而有多方面的佛教与生态关系研究出版物。她也从事有关泰国女性、经济发展与环境联系方面的研究,她在夏威夷国际佛教徒协会执行委员会任职。与莱斯利·E. 施蓬泽尔合编《泰国的生态、种族与宗教》(审阅中)。

史蒂夫·奥丁(Steve Odin):获纽约州立大学石溪分校(the State University of New York, Stony Brook)哲学博士学位。夏威夷大学马诺亚分校(the University of Hawaii at Manoa)哲学系副教授,教授日本哲学与美国哲学。著有《过程形上学与华严宗:累积渗透与圆融无碍》(*Process Metaphysics and Hua-yen Buddhism: A Critical Study of Cumulative Penetration vs. Interpenetration*, State University of New York Press, 1982)和《禅宗的社会我与美国实用主义的社会本质》(*The Social Self in Zen and American Pragmatism*, State University of New York Press, 1996)。

格雷厄姆·帕克斯(Graham Parkes):夏威夷大学哲学教授,曾为哈佛大学世界宗教研究中心资深教授。编有《海德格尔与亚洲思想》(*Heidegger and Asian Thought*, University of Hawaii Press, 1987)和《尼采与亚洲思想》(*Nietzsche and Asian Thought*, University of Chicago Press, 1991);译有西谷启治(Nishitani Keiji)的《虚无主义的自我超克》(*The Self-Overcoming of Nihilism*, State University of New York Press, 1990);著有《构建灵魂:尼采哲学之延伸》(*Composing the Soul: Reaches of Nietzsche's Psychology*, University of Chicago Press, 1994)。

史蒂文·C. 洛克菲勒(Steven C. Rockefeller):佛蒙特州米德尔伯里学院(Middlebury College in Vermont)宗教学教授,曾为该学院院长。获纽约联合神学院(Union Theological Seminary)硕士学位,获哥伦比亚大学宗教哲学系哲学博士学位。著有《约翰·杜威:宗教信仰与民主人文主义》(*John Dewey: Religious Faith and Democratic Humanism*, Columbia University Press, 1991),与人合编《基督与菩萨》(*The Christ and the Bodhisattva*, State University of New York Press, 1987)和《灵与自然:为何环境是一个宗教问题》。

艾伦·斯朋伯格(Alan Sponberg):他在普林斯顿和斯坦福大学教授佛教研究课程达十一年,而后在蒙大拿大学(the University of Montana)开展一项亚洲人文项目,现为亚洲哲学与宗教学研究教授。其研究兴趣在佛教的跨文化转型方面,他既关注历史上的变化,又关注当代的情形;他既出版了一些关于早期大乘佛教发展方面的著作,也出版了一些关于中国、印度和西方当代佛教的复兴运动的著作。与 Dh. Saramati 一样,他从事佛教修行二十多年,是一名接受西方佛教皈依仪式的佛教徒。

莱斯利·E. 施蓬泽尔(Leslie E. Sponsel):印第安纳州大学地质学专业农学士,康奈尔大学人类学专业文学硕士、哲学博士。夏威夷大学教授,负责生态人类学项目,教授人类生态学原理、热带雨林生态系统案例探讨、心灵生态学、和平研究与人权学课程。自 1986 年以来,他几乎是每年造访泰国南部,与宋卡王子大学(Prince of Songkhla University)的同事通力合作,探讨宗教与生态之间的种种关系。在 1994 与 1995 年夏天,他主持富布莱特基金(Fulbright grant)项目,研究在保护泰国南部的生物多样性中关于神圣树木与神圣森林的作用。编有《原住民与亚马逊河的未来:濒危物种世界的生态人类学》(*Indigenous Peoples and the Future of Amazonia: An Ecological Anthropology of an Endangered World*, University of Arizona Press, 1996);与托马斯·格雷戈尔(Thomas Gregor)合编《和平与非暴力人类学》(*The Anthropology of Peace and Nonviolence*, Lynne Rienner Publisher, 1994);与托马斯·黑德兰德(Thomas Headland)和罗伯特·贝利(Robert Bailey)合编《热带森林的砍伐:人类维度》(*Tropical Deforestation: The Human Dimension*, Columbia University Press, 1996);与波拉妮·纳塔德查-施蓬泽尔合编《泰国的生态、种族与宗教》(审阅中)。

唐纳德·K. 斯威勒(Donald K. Swearer):斯沃思莫尔学院(Swarthmore College)查尔斯(Charles)与哈丽特·考克斯·麦克道尔

(Harriet Cox McDowell)宗教学教授,在该学院教授亚洲与比较宗教学课程。他为夏威夷大学1993年佛教研究沼田(Numata)访问教授,1994年古根海姆学者(Guggenheim Fellow)。他的新作包括:《东南亚佛教界》与《遮女王的传说》(*The Legend of Queen Cama*, State University of New York Press, 1998)。

玛丽·伊芙琳·塔克尔(Mary Evelyn Tucker):宾夕法尼亚州路易斯堡(Lewisburg)巴克内尔大学宗教学副教授,教授世界宗教、亚洲宗教、宗教与生态课程。获哥伦比亚大学宗教史方向哲学博士,专攻日本儒学。已出版《日本新儒家的道德与精神修养》;与丈夫约翰·格里姆合编《世界观与生态》。她和约翰·格里姆在哈佛大学世界宗教研究中心组织前后10次的系列研讨会,研讨世界宗教与生态问题。他们编辑有生态与正义方面的系列丛书,由奥比斯出版社(Orbis Press)出版。她还是联合国"环境安息日项目"委员会成员、美国泰雅尔协会(American Teilhard Association)副会长。

邓肯·R.威廉斯(Duncan Ryūken Williams):哈佛大学宗教学博士学位在读生,专攻日本宗教史研究。布朗大学、三一学院(Trinity College)与东京索菲娅大学客座讲师(visiting lecturer)。翻译了井上新一的《让佛教运转起来》。

杰夫·山内(Jeff Yamauchi):博物学家,常住禅宗山中心;地球见证基金创始人。地球见证基金致力于通过教育将佛教与环保主义整合起来。1996年,他获亚利桑那州普利斯考特学院(Prescott College)环境研究硕士学位,他正在计划一次沿加利福尼亚至内华达齿状山脊的约翰·缪尔路径(John Muir Trail)的个人旅行。

(何则阴 译)

# 译后记

何则阴

佛教与生态，是近几年来的一个热门话题。国际上已经开始了诸多相关研究及实践运动，本书对此作了一些极有价值的介绍。而汉传佛教，作为世界佛教的一大板块，本书却几未涉及！这不能不引起我们的深思。一方面，我们知道，佛教认为人自身的解脱是非常重要的，无论是求小乘果位，还是求大乘佛教的自觉觉他之弘愿，这也确实容易让一些人误以为佛教不太看重环境问题。但另一方面，汉传佛教因基于"无我"教义而有无情亦具佛性的说法，如三论宗的吉藏、禅宗的南阳慧忠以及天台宗的湛然都曾提出过这一命题，这不能不说是在提醒当今世人，人与环境之间的关系实在是不可分的。因此，佛教追求人的解脱与当下佛国净土的实现，本当是二而一之事。故而，展示在学者面前的，应是另一个新研究领域，即汉传佛教与生态的关系研究。此外，藏传佛教与生态的问题也有待学界同人去探讨。

在出版社一再宽延交稿日期之后，这本《佛教与生态》文集总算结束翻译，我们对出版社的宽限与包容深表感谢！对于译组成员而言，我们每一个人无不是尽心竭力，热诚付出。当然本书的翻译质量如何，还待读者明鉴。所以，此时可以欣慰的只有我们译者自己，因为努力过、耕耘过，也因走完了一段汗水挥洒的旅程，在此旅程中（再次）收获了作为年轻学人所应具备的诸多素质。

翻译本书面临着较大的难度。邓肯·R. 威廉斯在"导言"中讲，"本册文集，虽然在本质上是学术性的，但旨在针对大学本科生与研究生，以及那些对佛教教义有一些基本了解并受过教育的普通大众"，从这句话我们很容易读出类似本书难度不够之类的含义，但读者如若能仔细地读一读其中的某一两篇文章，这种看法多半就会发生改变，此其一。其二，对于译者而言，所面临的难度或许更胜于读者。如我们在快速阅读理念的指导之下，很多人在一日之内可以翻阅数十页至数百页专业书籍，既不会影响对该文本基本内容的把握，也不会影响到自己对学术兴趣点观念的关注。而翻译，由于其中涉及的背景知识与术语等有待查询，人名、地名等有待核准，故一日翻译一至二自然段也是常事。而本书所涉及的人名、地名、机构名、佛教术语、书名文章名与非佛教术语（含生态术语等）条目众多，要对这些专业性极强的学术术语或专有名词进行逐一查阅与标准统一，自是需要不少时间！

当然本书的翻译难度还表现在其他几个方面。如从地域上来讲，本书主要涉及了泰国、日本、印度与美国等较广的地域；从时间跨度上讲，虽然主要是现当代，但也涉及了印度的佛陀时代，中国南朝的梁武帝时期，与日本的平安、镰仓、室町与明治时代，时间跨度较长；从学科领域上讲，涉及佛教、生态、人类学、哲学、神学、植物学与地质学等，学科领域覆盖较宽。古人常说：难者不会，会者不难。作为译者，我们自身在知识与能力的储备方面也不是没有欠缺的。我们凭着一股初生牛犊不怕虎的豪情，凭着愚公移山的精神，终于走到今天。译组成员们的艰辛，我自有深切体会！可以说，我们大部分同志都有着繁重的教学工作，常常是在晚上、周末与节假日分秒必争以尽心翻译！

我们深知翻译的责任，故在翻译的过程之中，遵循着信、达、雅的黄金翻译原则：忠实作者原意，尽量准确无误，而后尽可能文辞优美。本着大胆假设、小心求证的严谨治学精神，句句推敲。虽然我们一直竭力让本书的译文变得完善或完美，但自己的确不敢有丝毫的念头可以认为，本译作是到了或是临近了"尽善尽美"之程度！由于我们能力有限，缺乏一些相关资料，也由于时间的仓促，本书翻译至此，仍然具有诸多不足，这也是我们深感遗憾之处！在此，恳请各位专家学者读者，不吝赐教，以待来日逐一修订！

关于本书的分工，除文中标注译者外，其余没有标注的内容由何则阴完成。书中的人名、地名、机构名、书名与文章名翻译标准的统一以及全书的统稿工作，主要由何则阴完成。每篇的翻译，其文责主要由译者负责。

本书翻译工作的完成，当特别感谢中国社会科学院的陈霞教授，她一直指导我们全程的翻译！也是她乐于培养后学的师者风范，鼓舞着我们完成这项对我们而言实乃庞大的翻译工作！当然，站在译组的角度，如果本书的翻译取得了什么成绩的话，那么功劳当属于教育我们的师长，培养我们的领导，关爱、支持与协助我们的同事、朋友与家人！比较而言，我们自己的付出的确是不足挂齿的。另外，以我个人而言，由于才疏学浅，由于佛教知识的积累有限，经常遇到不知从何下手查阅的难题，而在这方面，有幸得到四川师范大学的哈雷博士、四川大学的刘朝霞博士不时的指导，让我既节约了时间又查到了详实的相关资料，对他们的热心帮助，本人亦在此深表谢意！我个人亦对译组其他各位成员的辛勤劳动表示感谢！特别是闫艳与覃江，他们承担了很繁重的翻译任务。能与这些既热忱又乐于献身学术事业的翻译同人共事一段时间，实乃我的荣幸，因为在此合作之中，我深感受益匪浅！

再次致谢！